Stiftsköpfe

Stiftsköpfe

Herausgegeben von

Volker Henning Drecoll, Juliane Baur
und Wolfgang Schöllkopf

Mohr Siebeck

Volker Henning Drecoll, geboren 1968, ist seit 2004 Professor für Kirchengeschichte an der Evangelisch-Theologischen Fakultät der Eberhard-Karls-Universität Tübingen und seit 2005 Ephorus des Evangelischen Stifts, Tübingen.

Juliane Baur, geboren 1968, ist seit 2007 Studieninspektorin des Evangelischen Stifts, Tübingen.

Wolfgang Schöllkopf, geboren 1958, ist seit 2008 Beauftragter der Evangelischen Landeskirche in Württemberg für Kirchengeschichte am Stift Urach.

ISBN 978-3-16-152231-4

Die Deutsche Nationalbibliothek verzeichnet diese Publikation in der Deutschen Nationalbibliographie; detaillierte bibliographische Daten sind im Internet über *http:// dnb.dnb.de* abrufbar.

© 2012 Mohr Siebeck Tübingen. www.mohr.de

Das Buch wurde von Gulde-Druck in Tübingen aus der Minio Pro gesetzt, auf alterungsbeständiges Werkdruckpapier gedruckt und gebunden.

Vorwort

»Stiftsköpfe« – unter diesem Titel veröffentlichte Ernst Müller eine Darstellung der Stiftsgeschichte, die berühmte Stiftler herausstellte. Der Untertitel »Schwäbische Ahnen des deutschen Geistes aus dem Tübinger Stift« lässt nicht nur den Kontext des 1938 erschienenen Bandes aufblitzen, sondern signalisiert auch, dass die Stiftler als »Ahnengalerie« vorgeführt werden sollen. »Es gibt keinen besseren Weg zur Selbsterkenntnis als den Weg in die eigene Ahnengalerie«, heißt es denn auch im Vorwort von Theodor Haering. Gemeint ist die Selbsterkenntnis einer Institution, die nun, 1938, ihren Beitrag zu der neuen Besinnung auf den »deutschen Geist« leisten will. Der erschreckend nationalistische wie antisemitische Beigeschmack, den das Wort »deutscher Geist« so bekommt, steht dem heutigen Leser des Vorworts nur zu deutlich vor Augen.

Nun stand allerdings am Anfang der Arbeit an dem vorliegenden Band gar nicht die Absicht, Müllers »Stiftsköpfe« zu ersetzen. Vielmehr war die Idee, eine Sammlung von Lebensbeschreibungen einzelner Stiftler zu bieten, aus den verschiedenen Jahrhunderten, nicht verherrlichend, nicht auf der Suche nach dem Geist des Hauses, des Schwabentums oder von was auch immer, vielmehr schlicht aus Interesse an Personen, die in den Mauern des ehemaligen Augustinerklosters seit 1536 Stipendiaten waren. Kurze Beschreibungen waren angedacht, die die Studentenzeit betreffen (besonders bei den »Berühmtheiten«), aber auch in den Blick nehmen sollten, was so alles aus Stiftlern geworden ist. Erst bei der Suche nach einem Titel drängte sich das Stichwort »Stiftsköpfe« auf, das schon Müller damals in Anführungszeichen setzte, um zu signalisieren, dass es sich um einen gleichsam umgangssprachlichen Ausdruck handelt. Aus dem Arbeitstitel wurde schließlich der Titel des vorliegenden Bandes.

Unter den Tausenden von Stiftlern, die das Stipendium durchlaufen haben, eine wohl begründete Auswahl zu treffen, erwies sich schon in den ersten Gesprächen im Herausgeberkreis als völlig unmöglich. Schnell kamen umfangreiche Listen mit mehreren hundert Namen zusammen. Für den vorliegenden Band haben die Herausgeber entschieden, den Anspruch einer begründeten Auswahl erst gar nicht zu erheben. Zwar sollten einige berühmte Namen, die man sicher in einem Band wie dem vorliegenden sucht, auch nicht fehlen, doch ansonsten haben die Herausgeber die Auswahl aus einer wesentlich längeren Liste zu einem erheblichen Teil denen überlassen, die als potentielle Autorinnen und Autoren angeschrieben wurden. Das Ergebnis ist in mehrfacher Weise interessant. Zum einen fällt das besondere Interesse am 19. Jahrhundert auf. Daran zeigt sich nicht nur, dass die Beschäftigung mit dem 19. Jahrhundert für eine Beschreibung der Moderne von besonderer Bedeutung ist, sondern auch, dass die Zahl berühmter Namen unter den Stipendiaten in dieser Zeit besonders groß ist (und der Aktenbestand erstaunlich gut). Daraus den Schluss zu ziehen, dass das 19. Jahrhundert dann ja eben wohl die »große Zeit« des Stifts gewesen sein muss, wäre voreilig. Das zeigt sich nicht nur rasch beim Blick auf die anderen Jahrhunderte, sondern würde auch das Ausgangskriterium einseitig überbewerten, das eben von Personen ausgeht. Für das 20. Jahrhundert wurden nur verstorbene Personen in Betracht gezogen, daher fehlen auch Frauen, die erst ab 1969 Stipendiatinnen sein konnten.

Zum anderen ist die Breite dessen, was sich in den verschiedenen Lebensbeschreibungen tummelt, erstaunlich. Das betrifft etwa die Frömmigkeitsgeschichte: Zentrale Gestalten des württembergischen Pietismus und der Erweckungsbewegung gehören ebenso dazu wie Vertreter der Aufklärung. Es betrifft aber auch die Fachrichtungen, in die Stiftler hineingewirkt haben, vom Theologen zum Astronom, vom Festungsbaumeister über den Botaniker und Polarforscher bis zum Musiker und Literaten. Und schließlich zieht sich – wie ein roter Faden – durch die Stiftsgeschichte die Reihe derer, die mit der Obrigkeit, dem Stipendium, dem Studienrat, dem Oberkirchenrat in Konflikt gerieten.

Diese Breite redaktionell zu bearbeiten, war keineswegs einfach, weil die jeweiligen zeit- und fachspezifischen Besonderheiten zu berücksichtigen waren. Kompliziert war hier insbesondere die Vereinheitlichung der Bibliographien, aber auch vieler anderer Angaben. Diese Aufgabe der redaktionellen Arbeit, die eigentlich erst aus den Einzelbeiträgen das eine Buchmanuskript gemacht hat, hat Frau Johanna Jebe übernommen. Ihr danken die Herausgeber besonders herzlich für unermüdlichen Einsatz und vielfältige Recherchen, die in den Registerarbeiten ihren Abschluss gefunden haben. Noch verbleibende Unstimmigkeiten und Fehler gehen natürlich auf die Kappe der Herausgeber. Abkürzungen wurden weitgehend vermieden, bis

auf unten genannte[1]. Bei der Beschaffung der Bilder war Frau Vanessa Bay-
ha beteiligt, bei der Verwaltung der Manuskripte, Adressen, Druckfahnen
etc. Frau Christine Schwabl. Auch dafür sei herzlich gedankt.

Die Herausgeber danken den Autorinnen und Autoren, die sich, in den
meisten Fällen sehr rasch, zur Mitarbeit bereit gefunden haben. Sehr erfreulich ist, dass neben erfahrenen Verfassern auch viele jüngere Autoren
ihren Beitrag geleistet haben, aus dem Kollegium der Repetentinnen und
Repetenten wie aus dem Kreise der Assistentinnen und Assistenten der
Evangelisch-theologischen Fakultät. Eine gewisse Besonderheit besteht zudem darin, dass oftmals die Archivalien des Evangelischen Stifts herange-
zogen werden konnten. (Die Archive sind wie unten stehend abgekürzt.[2])

Den Förderern des Buchprojekts sei ausdrücklich gedankt, namentlich
der Berthold Leibinger Stiftung und der Firma Kärcher. Auch der Evangelische Oberkirchenrat hat es substantiell unterstützt, der Dank richtet sich
namentlich an Herrn Oberkirchenrat Prof. Dr. Ulrich Heckel. Den An-
sprechpartnern beim Verlag, insbesondere Herrn Dr. Henning Ziebritzki
und Frau Ilse König, sei für das Interesse an dem Buch und die gewohnt
hervorragende Umsetzung herzlich gedankt.

Tübingen/Bad Urach,   Volker Henning Drecoll
September 2012   Juliane Baur
                                         Wolfgang Schöllkopf

---

[1] ADB = Allgemeine Deutsche Biographie; BBKL = Biographisch-Bibliographisches
Kirchenlexikon; MGG = Musik in Geschichte und Gegenwart; RE = Realencyklopädie
für protestantische Theologie; RGG = Religion in Geschichte und Gegenwart; TRE =
Theologische Realenzyklopädie; VD 16 = Verzeichnis der im deutschen Sprachbereich
erschienenen Drucke des 16. Jahrhunderts; WA = Weimarer Ausgabe.
[2] AEvST = Archiv des Evangelischen Stifts, Tübingen; HStAS = Hauptstaatsarchiv
Stuttgart; LKA = Landeskirchliches Archiv, Stuttgart; WLB = Württembergische Landesbibliothek; UAT = Universitätsarchiv Tübingen

Inhaltsverzeichnis

18./19. Jahrhundert

19. Jahrhundert

19./20. Jahrhundert

20. Jahrhundert

Jakob Andreae

* 25. März 1528
† 7. Januar 1590
Stiftseintritt: 1541

Andreaes Weg in das Tübinger Stift war nicht leicht: Die erste Aufnahmeprüfung absolvierte er mit zehn Jahren. Aber trotz des übermäßigen Wohlwollens seines Prüfers Erhard Schnepf konnte er nicht zugelassen werden. Der damals in Stuttgart tätige Reformator ließ ihn den Satz »Ich habe zwölff Thier daheimbd« ins Lateinische übersetzen. Da der Knabe stockte, fragte Schnepf ihn jedes einzelne Wort ab und sagte ihm sogar einzelne Übersetzungen vor. Dennoch kam als Ergebnis der wenig überzeugende Satz heraus: *Ego habes domus duodecim animal* (Leben des Andreae: 22).

Diese plastische Geschichte verdanken wir den Erinnerungen Andreaes selbst. Das heißt, sie teilt die Probleme autobiographischer Texte: nah am Geschehenen und doch möglicherweise durch Selbstdarstellung des Erinnernden überlagert zu sein. Im Falle Andreaes kommt hinzu, dass nicht nur er selbst seine Erinnerungsarbeit geschönt haben mag, sondern vielleicht auch sein Enkel Johann Valentin das Seine hierzu beigetragen hat, der die Erinnerungen seines Großvaters 1630 in der *Fama Andreana* herausbrachte (zu den quellenkritischen Problemen s. Ehmer, in: Leben des Andreae: 12). So liegen hier Schichten von Erinnerungen und Konstruktionen ineinander. Hinter den Stilisierungen dürfte aber wohl in jedem Falle der wahre Kern einer (zu) frühen Prüfung durch Schnepf stecken – für die Erfindung eines solchen Scheiterns kann auch die kritischste Biographieforschung schwerlich einen Anlass angeben. Die weiteren Umstände mag Andreae oder sein Enkel dann im Sinne einer positiven Memoria zurecht gerückt haben: Angeblich sei Andreaes Lehrer vom Waiblinger Rat vorgeladen und wegen seiner Sorglosigkeit im Umgang mit dem begabten Nachwuchs getadelt worden – und habe sich dafür an dem armen Jakob *non modo verbis, sed etiam verberibus* gerächt: nicht nur mit Worten, sondern auch mit Schlägen (Leben des Andreae: 22). Nach der weiteren Erinnerung Andreaes habe der Rat Geld aus den der Kommune zukommenden Pfründen dafür investiert, ihm in Stuttgart eine bessere Ausbildung angedeihen zu lassen. Die für das Herzogliche Stipendium insgesamt vorgesehene Nutzung des mittelalterlichen kirchlichen Besitzes für die reformatorische Theologenausbildung (Mayer: 13 f.) wurde hier also offenbar gezielt für die individuelle Förderung genutzt – und dies mit Erfolg: Andreae erhielt Unterricht bei Magister Alexander Märklin (gest. 1554) in Stuttgart. Erinnerungskritisch betrachtet ist die Bemerkung auffällig, dass Erhard Schnepf ihn nun bei einer weiteren Prüfung für *non indignum* (Leben des Andreae: 24) betrachtet habe, das Studium aufzunehmen und dennoch zu einem weiteren Jahr Unterricht bei Märklin geraten habe. Danach sei dann eine erneute Prüfung, nun durch Valentin Vannius (1495–1567), den Prediger an St. Leonhard in Stuttgart, erfolgt, die Andreae bestanden habe (Leben des Andreae: 24). Der Verdacht legt sich auch hier nahe, dass Andreae in seiner Erinnerungen Misserfolge schönt – vielleicht gar nicht einmal funktional zur Beeinflussung anderer, sondern nur zur Glättung der eigenen Wahrnehmung seiner Lebensgeschichte.

Jedenfalls wurde er dann zu Pfingsten 1541, genauer am 1. Juni 1541, in Tübingen immatrikuliert und als Jacobus Schmid von Waiblingen ins Stift aufgenommen. Da das Augustinerkloster den Stipendiaten noch nicht zur Verfügung stand (Hahn: 230), wohnte Andreae in der Burse, und zwar in dem im späten Mittelalter den Realisten zugewiesenen östlichen Teil (Leben des Andreae: 24). Allerdings dauerte der Aufenthalt hier nicht lange, denn schon im Herbst wurde die Universität wegen der Pest nach Hirsau verlagert. Hier hat Andreae dann 1543 den Grad eines Baccalaureus erlangt (Leben des Andreae: 24). Nach der Rückkehr nach Tübingen, die noch im selben Jahr erfolgte, bezog er ein Zimmer zusammen mit dem Präzeptor der Studenten Magister Jakob Braun. Das brachte ihn nach seiner Erinnerung in verdächtige Nähe zu den Autoritäten des Stifts: Ihm wurde vorgeworfen, Kommilitonen bei Braun oder dessen Kollegen Hieronymus Gerhard denunziert zu haben (Leben des Andreae: 24). Wiederum wird man sich fragen müssen, ob seine Abwehr dieses Verdachts in der Autobiographie möglicherweise auch dazu dient, das eigene Leben gerader darzustellen als es tatsächlich verlaufen war. Selbst aber wenn dies nicht der Fall sein sollte, erstaunt die theologische Einordnung, die er im Rückblick diesen

eher pennälerhaften Konflikten gab: So sei die Grundlage für eine lebenslange Geduldsübung gelegt worden.

Seine Studienzeit währte dann nicht mehr lange. 1545 absolvierte er das
artistische Magistrat, in der Rangfolge als Zweiter (Leben des Andreae: 26).
Danach folgte nur noch ein Jahr des Studiums der Theologie, in dessen
Zusammenhang er im Rückblick noch einmal Erhard Schnepf hervorhob
(Leben des Andreae: 26) – offensichtlich war dies die Persönlichkeit, die
ihn am nachhaltigsten beeindruckt hat.

Schon 1546 aber, mit achtzehn Jahren, folgte der Wechsel auf ein Diakonat in Stuttgart (Leben des Andreae: 26). Aus dem Stiftler wurde eine der
wirkungsvollsten Persönlichkeiten des konfessionellen Zeitalters, deren
Tätigkeit im vorliegenden Zusammenhang nur kurz umrissen werden
kann. Die begonnene kirchliche Laufbahn wurde zunächst durch das Interim unterbrochen, mit dem den Evangelischen im Reich eine Ordnung
aufgezwungen wurde, die ihnen außer Priesterehe und Abendmahl unter
beiderlei Gestalt keine besonderen Kennzeichen ihres Glaubens ließ. Unter
der Drohung kaiserlicher Truppen musste Württemberg dieses Oktroy
ernsthafter durchführen als andere Territorien (Kohnle: 86–90). Erhard
Schnepf verließ daraufhin das Herzogtum, Andreae wurde aus Stuttgart
nach Tübingen versetzt und diente hier als »catechista«, eine Amtsbezeich-
nung, die, wie Andreae später schreibt, vielen evangelischen Pfarrern
übertragen wurde, um politische Schwierigkeiten zu vermeiden (Leben des
Andreae: 42). Nach dem Passauer Vertrag von 1552 konnte ihm dann eine
würdigere Stelle übertragen werden: In Göppingen wurde er 1553 Pfarrer
und Superintendent und noch im selben Jahr Generalsuperintendent. Von
hier aus hat er in Württemberg selbst und in benachbarten Regionen die
Stabilisierung eines konfessionellen Luthertums gefördert. 1562 kam er erneut nach Tübingen, nun als Propst, Kanzler und Theologieprofessor.

Bedeutsam wurde er freilich weniger durch seine akademischen Leistungen. Martin Brecht hält zu Recht fest: »Die eigentliche kirchliche Gabe
Andreaes war wohl zunächst das Predigen« (Brecht: 673). Von dieser Gabe
sprechen die zahlreichen Predigten, die gedruckt wurden. Ein Zyklus, die
Sechs christlichen Predigten von den Spaltungen aus dem Jahre 1573, stand
im Rahmen seiner Bemühungen, »Darmit wa miiglich / durch Gottes Gnad
/ vnder den Theologen Augspurgischer Confession / on allen Abbruch der
Göttlichen warheit / widerumb ein Chirstliche eingkeit angestelt werden
möcht« (Predigten von den Spaltungen: A 2ᵛ). Die hier dargelegten Vorstellungen bildeten eine der Grundlagen für die Einigung des Luthertums;
seine Mitwirkung hieran hat Andreae eine bleibende Bedeutung in der

evangelischen Kirchengeschichte gesichert. Ausgehend von den unterschiedlichen Haltungen zum Interim war es zu scharfen Kontroversen innerhalb der entstehenden Konfession gekommen: Die Gegner des Interim formierten sich als »Gnesiolutheraner« und vertraten eine harsch antipäpstliche Auslegung des Luthertums. Vor allem wandten sie sich gegen Philipp Melanchthon, der im lutherischen Kurfürstentum Sachsen einer Landtagsvorlage zugestimmt hatte, die eine moderate Umsetzung des Interims erlaubte. So wurden die Gegner der schroffen Lutheraner mit einem heute fragwürdigen Begriff als »Philippisten« zusammengefasst. Andreae teilte den Antipapalismus der Gnesiolutheraner, vermochte aber zwischen beiden Gruppen zu vermitteln. Seine Predigten bildeten die Grundlage für die sogenannte Schwäbische Konkordie als wichtige Grundlage für die weiteren Einigungsbemühungen: »Die Rolle eines lutherischen Musterlandes und Ordnungsmodells für andere Territorien wurde in der zweiten Hälfte des 16. Jahrhunderts zunehmend von Württemberg eingenommen« (Ludwig: 149) – und personalisiert wurde sie durch Jakob Andreae. Von 1576 bis 1589 stand er sogar offiziell in kursächsischen Diensten und konnte so seine Brückenfunktion noch nachhaltiger gestalten. Er stellte maßgeblich die Weichen für die Konkordienformel von 1577, der sich wenigstens ein Großteil des werdenden Luthertums anschließen konnte.

In der Leichenpredigt würdigte Lukas Osiander neben dem rastlosen äußeren Wirken Andreaes vor allem seine innere Haltung: »Er hat auch seinem Herren Christo redlich Trawen vnd Glauben gehalten / biß in sein seligs End. Dann er sich von der einmal auß Gottes wort erlehrneten vnnd erkandten reinen Religion, kein menschliche Spitzfindigkeit / noch gelehrter leuth Sophisterey hat jrr machen lassen: sonder die reine Lehr / wider die Papisten / Calvinisten / vnd andre Secten / beständig biß ans End verthädiget« (Fama Andreana: 409 f.).

Werke und Werkausgaben

ANDREAE, Jakob:
- Sechs Christlicher Pre-|dig/| Von den Spaltun-| gen / so sich zwischen den Theologen | Augspurgicsher Confession / von Anno 1548. | biß auff diß 1573. Jar / nach vnnd nach erhaben /| Wie sich ein einfältiger Pfarrer vnd gemeiner Christli-| cher Leye / so dadurch möcht verergert sein | worden / auß seinem Catechismo | darein schicken | soll. | Durch | Jacobum Andree / D. Probst zů Tü-| bingen / vnd bey der Vniuersitet da-| selbsten Cantzlern, Tübingen: Gruppenbach 1573.

- Fama | andreana | reflorescens, | sive | Jacobi Andreæ | Waiblingensis | Theol. Doctoris. | Vitæ, | funeris, | scriptorum, | peregrinationum, | et progeniei, recitatio,| hg. von Johann Valentin Andreae, Straßburg: Johannes Reppius 1630.
- Leben des Jakob Andreae, Doktor der Theologie, von ihm selbst mit großer Treue und Aufrichtigkeit beschrieben, bis auf das Jahr Christi 1562. Lateinisch u. deutsch hg. von Hermann Ehmer (Quellen und Forschungen zur württembergischen Kirchengeschichte 10), Stuttgart 1991.
Eine moderne Edition der Werke Andreaes bleibt ein Desiderat. Ein Verzeichnis der Drucke findet sich in VD 16 A 2479–2728.

Weitere Literatur

BRECHT, Martin: Art. Andreae, Jakob, TRE 2 (1978), 672–680.

HAHN, Joachim: Baugeschichtlicher Abriß, in: ders./Mayer, Hans (Hgg.): Das Evangelische Stift in Tübingen. Geschichte und Gegenwart – Zwischen Weltgeist und Frömmigkeit, Stuttgart 1985, 226–275.

HERMLE, Siegfried: Reformation und Gegenreformation in der Herrschaft Wiesensteig. Unter besonderer Berücksichtigung des Beitrags von Jakob Andreae (Quellen und Forschungen zur württembergischen Kirchengeschichte 14), Stuttgart 1996.

KOHNLE, Armin: Die Folgen des Interims am Beispiel Württembergs, in: Dingel, Irene/Wartenberg, Günther (Hgg.): Politik und Bekenntnis. Die Reaktionen auf das Interim von 1548 (Leucorea-Studien 8), Leipzig 2007, 83–96.

LUDWIG, Ulrike: Philippismus und orthodoxes Luthertum an der Universität Württemberg. Die Rolle Jakob Andreäs im lutherischen Konfessionalisierungsprozeß Kursachsens (1576–1580) (Reformationsgeschichtliche Studien und Texte 153), Münster 2009.

MAYER, Hans: »… cum patria statque caditque sua« – Das Evangelische Stift als württembergisch-kirchliche Bildungseinrichtung, in: Hahn, Joachim/Mayer, Hans (Hgg.): Das Evangelische Stift in Tübingen. Geschichte und Gegenwart – Zwischen Weltgeist und Frömmigkeit, Stuttgart 1985, 11–102.

Volker Leppin

Johann Walter, der Jüngere

* 8. Mai 1527
† 8. November 1578
1548 hospes im Evangelischen Stift

Martin Luther klagt 1523: »Quis enim dubitat, eas olim fuisse voces totius populi, quae nunc solus Chorus cantat vel respondet Episcopo benedicenti?« (Formula Missae et Communionis: 218; denn wer bezweifelt, dass es einst die Stimmen des ganzen Volkes gewesen sind, was nun der Chor singt oder dem segnenden Bischof anwortet?). Luther will es künftig anders machen: Die Gemeinde selbst soll zur Trägerin des Kirchengesangs werden. Die der Gemeinde zugedachte, neue Rolle führte allerdings zu einer pädagogischen Herausforderung: Wie sollte man die vielen, neu entstandenen, volksprachlichen Lieder verbreiten und die Gemeinden, die im Gottesdienst bisher fast nur zugehört hatten, zum Singen befähigen? Eine große Aufgabe für die neu gegründeten Klosterschulen im Herzogtum Württemberg.

Johann Walter d. J. war der erste Anreger, der die Singbegeisterung aus Wittenberg nach Tübingen trug und die Stiftler zum Singen anstiftete. Der wittenbergische Funke sprang über.

Die ersten Stiftlerpromotionen entdeckten das Mit-Singen der Gemeinde als Ausdruck des allgemeinen Priestertums, lernten mit »Lust und Liebe zu singen« (Luther, Nun freut euch liebe Christen g'mein, Evangelisches Gesangbuch: Nr. 341,1)

Wer war Johann Walter d. J.?

Die Nachrichten sind spärlich. Doch fügt man die historischen Fakten zusammen, ergibt sich aus den Puzzleteilen ein lebendiges Bild. Am 8. Mai 1527 wurde Johann Walter in Torgau geboren und nach dem Besuch der Lateinschule in seiner Heimatstadt im etwa 40 Kilometer entfernten Wittenberg als »Johann Waltherus Torgensis« immatrikuliert. Der Sieg von Kaiser Karl V. im Schmalkaldischen Krieg führte am 19. Mai 1547 zur Wittenberger Kapitulation. Johann Walter muss Wittenberg fluchtartig verlassen haben, denn 1547 taucht sein Name in Schnaitheim a. d. Brenz auf, wo er in kirchlichem Dienst gestanden haben soll (Stalmann: 436 f.). Im November 1547 bat er dann beim Konsistorium in Stuttgart um ein Amt, auf das er allerdings 17 Wochen warten musste. Er brauche Kleidung, da seine bisherige zerrissen sei (Leube: 86). Als man erkannte, dass man den Sohn des berühmten Torgauer Kantors Johann Walter, des Älteren, eines engen Freundes und musikalischen Beraters Martin Luthers vor sich hatte, schickte man den jungen Mann weiter nach Tübingen zu den Stipendiaten, damit er sie in der Musica unterrichte.

Er ist vom 29. Februar bis 20. August 1548 im Tübinger Stift als »hospes« (Gast) nachweisbar (HStA Stuttgart: A 274 Büschel 84). Der Herzog finanzierte seinen Aufenthalt, um dessen musikalische Kompetenz für die praktische Ausbildung der Stipendiaten am Stift zu nutzen. Walter war somit der erste »Rector musices« (Leube: 86). Dem Konsistorium in Stuttgart werden Sätze von Luther in den Ohren geklungen haben, wie sie in seinen Tischreden zu finden sind: »Daher lieset man in der Bibel, daß die frommen Könige Sänger und Sängerinnen verordnet, gehalten und besoldet haben. [...] Musicam habe ich allzeit lieb gehabt. Wer diese Kunst kann, der ist guter Art, zu Allem geschickt. Man muß Musicam von Noht wegen in Schulen behalten. Ein Schulmeister muß singen können, sonst sehe ich ihn nicht an. Man soll auch junge Gesellen zum Predigtamt nicht verordnen, sie haben sich denn in der Schule wol versucht und geübt« (Luther, Tischreden 1: 490).

Sein Vater, Johann Walter, der Ältere (1496–1570), war als Autor des ersten Wittenberger Gesangbuchs, des mehrstimmigen *Geystliche gesangk buchleyn* (1524), sicher auch in Württemberg kein Unbekannter. Als Kantor in Torgau war er Luthers musikalischer Ratgeber, »mit welchem ich gar manch liebe Stunde gesungen«, wie er selbst schreibt (Stalmann: 431). Eine Freundschaft verband den Vater auch mit Philipp Melanchthon. Das Konsistorium in Stuttgart versprach sich von seinem Sohn nun vor allem einen musikalischen Input für die 1547 von der Burse ins säkularisierte Augustinerkloster umgezogene Stipendiatenschar.

Im August 1548 verließ Johann Walter d. J. Tübingen wieder, denn er fand eine Anstellung in der von seinem Vater neu gegründeten Hofkapelle in Dresden. Später kehrte er nach Torgau zurück. Überliefert ist noch, dass er im Jahr 1570 dem Weimarer Herzog ein Kantional seines Vaters übergab. Er starb im November 1578 als Kornschreiber in Torgau. Im Tübinger Stift aber hat sein Aufenthalt offensichtlich zu einer hohen Wertschätzung des Singens in der theologischen Ausbildung beigetragen.

Was wird Johann Walter d. J. den Stipendiaten erzählt und beigebracht haben?

Es ist anzunehmen, dass er in seinem Reisegepäck die ersten Drucke reformatorischer Lieder und mehrstimmiger Liedsätze mitbrachte, mit denen er bei den Stipendiaten die Lust am Singen wecken und fördern konnte. Zum Beispiel das 1523 in Nürnberg herausgekommene, weit verbreitete »Achtliederbuch«, das erste Neue-Lieder-Heft der reformatorischen Bewegung mit dem Originaltitel *Etlich Cristliche lyeder Lobgesang und Psalm*. Es enthält das Balladenlied Luthers *Nun freut euch lieben Christen gmein* (das Lied und das Titelblatt befinden sich als wertvolles Fragment eines Drucks von 1524 im Besitz der Stiftsbibliothek; s. Abb. unten). Ebenso wird er das schon erwähnte, drei-fünfstimmige Wittenberger Gesangbuch seines Vaters verwendet haben. Die Ausgabe besteht aus fünf einzelnen Stimmbüchern. Der Tenor war die wichtigste Stimme, denn er singt den cantus firmus. Deshalb ist der Titel der Sammlung nur im Tenorstimmbuch zu finden. Vielleicht hat Walter den Stiftsstipendiaten aus der Vorrede Luthers zu diesem ersten mehrstimmigen Gesangbuch mit reformatorischen Liedern die Stelle vorgelesen: »Demnach hab ich auch, sampt ettlichen andern, zum guten anfang und ursach zu geben denen die es besser vermö-

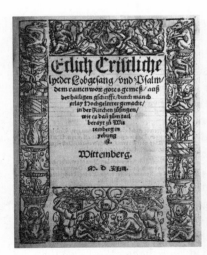

Titelseite des sogenannten Acht-Lieder-Buchs
(Erstdruck durch Jobst Gutknecht, Nürnberg 1523, 1524 / Blume S. 29)
Fragment der Titelseite und des Lutherliedes aus dem Druck von 1524 /
Stiftsbibliothek Signatur 28 an q 635

gen, ettliche geystliche lieder zusamen bracht, das heylige Euangelion, so itzt von Gottes gnaden widder auffgangen ist, zutreiben und inn schwanck zu bringen [...]. Und sind dazu auch inn vier stime bracht, nicht auß anderer ursach, denn das ich gerne wöllte, die iugent, die doch sonst soll und müs inn der Musica und andern rechten künsten erzogen werden, etwas hette, damit sie der bul lieder und fleyschlichen gesenge loß würde und an derselben stat etwas heylsames lernete, unnd also das guete mit lust, wie den iungen gepürt, eingienge. [...] Es ist sunst leyder alle welt all zulaß und zuvergessen, die arme iugent zu zihen und leren, das man nicht aller erst darf auch ursach dazu geben. Gott geb uns seine gnade. Amen« (Geystliche gesangk Buchlein, Tenorstimmbuch: Vorrede). Richard Gölz (1920–1935 Musikdirektor am Evangelischen Stift) hat einige Sätze von Johann Walter d. Ä. erstmals für die heutige Praxis erschlossen, indem er sie in seinem Chorgesangbuch von 1934 im Chorsatz veröffentlichte (s. Abb. S. 10).

Welche Entwicklung stieß Walter an?

Nach dem Tode von Herzog Ulrich übernahm sein Sohn Herzog Christoph (1515–1568) 1550 die Regentschaft in Württemberg. Sein Ziel war es, die Reformation im Lande auch ordnungspolitisch zu befestigen. Der Passauer Vertrag von 1552 und schließlich der Augsburger Religionsfriede von 1555 schafften die dafür notwendigen Grundlagen. In der Großen Kirchenordnung von 1559, elf Jahre nach dem Aufenthalt Johann Walters im Stift erlassen, erfuhr die Musik in den Statuten für das »Stipendio zu Tuebingen« eine institutionelle Verankerung in der theologischen Ausbildung:

»So wöllen wir, dass auch jederzeit im Stipendio ein gottesförchtiger, erfahrener und gelahrter Musicus mit gebührlicher Besoldung bestellt und erhalten, welcher alle Wochen zum wenigsten drei Tage nach den Mahlzeiten morgens und abends jedes Mals ein Stund mit den Jungen allwegen neue Mutäten [gemeint sind Motetten] und gute Gesang übe und also das Exercitium Musices in Gebrauch halte« (zitiert nach: Leube: 84).

Die jungen, angehenden Pfarrer sollten von Anfang an gründlich im Singen unterwiesen werden, um später das neue, reformatorische Liedgut in ihre Gemeinden hinaustragen zu können. Lukas Osiander, der Ältere (1534–1604), Sohn des Nürnberger Reformators Andreas Osiander, hat sich bei der Verfolgung dieser Ziele bleibende Verdienste erworben. Seine Nachfahren hatten noch Jahrhunderte lang bedeutende Ämter im Herzogtum Württemberg inne. Sein Sohn gleichen Namens, Lukas Osiander d. J.

Dreistimmiger Liedsatz aus dieser Sammlung von Johann Walter dem Älteren
zu »Nun freut euch, lieben Christen gmein« mit Melodie in der Mittelstimme
(Abdruck aus: Chorgesangbuch – Geistliche Gesänge zu ein bis fünf Stimmen –
Im Auftrag des Verbandes evangelischer Kirchenchöre in Württemberg
unter Mitarbeit von Konrad Ameln und Wilhelm Thomas
herausgegeben von Richard Gölz 1934, S. 8)

war später Stiftstipendiat, sollte aber nicht mit ihm verwechselt werden.
Der Vater selbst taucht zwar nicht in den Zeugnislisten des Stifts auf, die
erst im Oktober 1553 beginnen. Er wurde aber mit einem Stipendium des
Herzogs am 13. April 1553 an der Tübinger Universität immatrikuliert. Seine Biographie weist zahlreiche, enge Verbindungen zu Stiftlern auf, die in
seine kurze Tübinger Studienzeit zurückreichten. Kein Wunder, denn in

einer Stadt mit damals etwa 3400 Einwohnern waren die Wege kurz und der Zusammenhalt angesichts der Bedrohung der reformatorischen Kräfte von außen groß. Bereits 1554 schloss Osiander sein in Königsberg begonnenes Studium in Tübingen mit dem Magister ab. Eine beispiellose Karriere folgte: 1555 ist Osiander Diaconus in Göppingen und dort Kollege seines Schwagers Jakob Andreae, eines ehemaligen Stiftlers und späteren Kanzlers der Universität Tübingen.

Nach Stationen als Pfarrer in Blaubeuren und Superintendent in Stuttgart wird Osiander 1567 das Amt des Hofpredigers und Erziehers von Herzog Ludwig in Stuttgart übertragen. Sein Freund und Kollege im Amt dort ist wiederum ein ehemaliger Stiftler: Balthasar Bidembach. Dieser war am 15. Dezember 1545 ins Stift aufgenommen worden und muss deshalb Walter noch als Stiftsstipendiat persönlich erlebt haben. Bidembach und Osiander, die beiden Hofprediger, gaben 1569 den ersten vierstimmigen, deutschen Psalter heraus, komponiert von dem Sänger in der Stuttgarter Hofkapelle, Sigmund Hemmel (gest. 1565). Dessen Psalter hatte überörtliche Verbreitung gefunden und wurde deshalb in Tübingen mit dem Titel gedruckt: *Der gantz Psalter Davids/ wie derselbig in Teutsche Gesang verfasset/ Mit vier Stimmen kunstlich und lieblich von newem gesetzt/ durch Sigmund Hemmeln seligen/Fürstlichen Württembergischen Capellmeistern/ dergleichen im Truck nie außgangen. Mit einer Vorred der beiden Württembergischen Hoffprediger. Gedruckt zu Tübingen/bei Ulrich Morharts Wittib/1569.* An der Formulierung auf der Titelseite (»dergleichen nie im Truck außgangen«) ist ein gewisser Stolz auf die Pioniertat zu spüren. In der Vorrede der beiden Hofprediger klingt immer wieder Luthers Musikbegeisterung durch: »Es ist vnd bleibt Gottes wort / man lese oder singe es / in vilen und mancherley hohen und nidern Stimmen / welche doch alle sampt lieblich zusammen gericht werden / und wol lauten und seine Wunder und Wolthaten rühmen und preisen« (Psalter Davids, Tenorstimmbuch: Vorrede).

Wie im französischsprachigen Genfer Psalter, der 1562 erschienen war, liegen die Melodien im Tenor. Doch es muss Beschwerden gegeben haben: Zwar seien jetzt beim Zuhören die Worte gut zu verstehen, aber wer mitsingen wolle, erkenne die Melodie durch die Mittelstimmenlage nicht genügend. Deshalb schrieb der schon an der Herausgabe des ersten Württembergischen Gesangbuchs 1583 beteiligte Lukas Osiander sechzehn Jahre später selbst ein neues Choralbuch. Es erschien am 1. Januar 1586 im Druck und trug den Titel *Fünffzig Geistliche Lieder und Psalmen mit vier Stimmen/auf Contrapunktsweise (für die Schulen und Kirchen im löblichen Fürstenthumb Würtenberg) also gesetzt/das eine gantze Christliche Gemein*

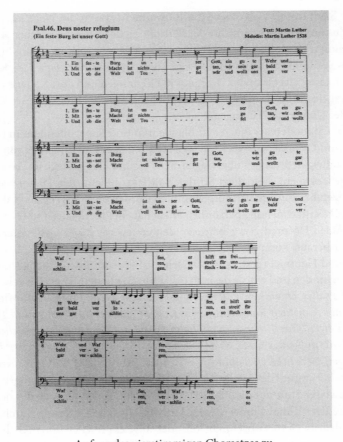

Anfang des vierstimmigen Chorsatzes zu
»Ein feste Burg« aus dem Hemmelpsalter
(aus den originalen Stimmbüchern spartiert von Christian Hofius,
Tübingen 2011)

durchauß mitsingen kann. In der Vorrede heißt es: »Ob wol auch (dem All-
mechtigen sey gedanckt) vil Teutscher geistlicher gesang, künstlich, lieblich und herrlich mit vilen Stimmen gesetzt: Jedoch ob man gleich die me-
lodi unnd den text versteht, so kann doch ein Ley, so der Figural Music
nicht berichtet, nicht mit singen, sondern muss allein zuhören. Deswegen
ich vor dieser zeit nachgedenckens gehabt, wie bey einer Christlichen Gemein solche Music anzurichten were, da gleichwohl vier stimmen zusammen giengen und dannoch ein Christ wol mit singen köndte. Hab derwe-

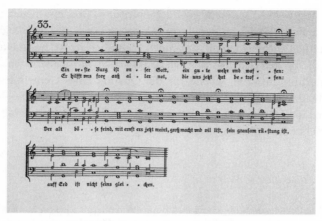

»Fünfftzig Geistliche Lieder und Psalmen« Nr. 33
(Quelle FZ S. 14) »Ein veste Burg«
Kantionalsatz von Lukas Osiander 1586 mit der Melodie
in der Oberstimme

gen, also zur prob (in den stunden, da ich sonsten von andern wichtigern geschefften müd gewesen) diese fünfftzig geistliche Lieder und Psalmen mit vier Stimmen also gesetzt, das ein gantze Christliche Gemein, auch junge Kinder mit singen können unnd dannoch diese Music daneben (zur zierde des Gesanges) iren fortgang hat« (Zelle: Vorrede).

Osiander behält die schlichte Vierstimmigkeit bei, legt aber die Liedmelodie in die gut hörbare Oberstimme, den Diskant. Diese Idee schlug ein. Der Gemeindegesang im Gottesdienst war zum ersten Mal in der Geschichte eingebettet in einen bisher der Kunstmusik vorbehaltenen, vierstimmigen Klang. Für Jahrhunderte war der Prototyp des Choralbuchsatzes geschaffen, der viele Nachahmer fand. Eine weitere Pioniertat. Mit gedruckten Noten konnte das reformatorische Liedgut nun vierstimmig in den Klosterschulen und im Stift geübt und verbreitet werden. Der Same, den Johann Walter d. J. im Stift gelegt hatte, war aufgegangen.

Das Singen der versammelten Gemeinde im Gottesdienst ist eine Errungenschaft der Reformation, die entscheidend zu ihrer Verbreitung beitrug. »Das heylige Evangelion in Schwanck bringen« – schöner, als Luther es in der Vorrede zum Walterschen Gesangbuch von 1524 ausdrückte, lässt es sich nicht sagen.

Über Jahrhunderte wuchs so in der evangelischen Kirche des deutschen Sprachraums ein gemeinsames Liedrepertoire. Heute hat sich die Perspektive zur weltweiten Ökumene geöffnet. Spirituals, Gospels, Lieder aus anderen Ländern, Jazz- und Popularmusik haben ein großes Spielfeld eröffnet. Letztlich entscheiden die singenden Menschen selbst, was davon bleiben wird. Von den reformatorischen Anfängen an bleibt aber nach wie vor ein Kriterium ausschlaggebend für die Qualität eines Gemeindesliedes, nämlich »dass die gantz Gemein mitsingen kann« (Titelseite des Kantionals von Lukas Osiander). Der wittenbergische Import, Johann Walter d. J., war der erste Anstifter dieser Entwicklung.

Zitierte musikalische Werke

Etlich Cristliche lyeder Lobgesang und Psalm, Nürnberg 1523 (Fragment der Titelseite und des Lutherliedes aus dem Druck 1524, Bibliothek des Ev. Stifts Tübingen: 28 an q 635).

[OSIANDER, Lucas]: Der gantz Psalter Dauids/ wie derselbig in Teutsche Gesang verfasset/ Mit vier Stimmen kunstlich vnd lieblich von newem gesetzt/ durch Sigmund Hemmeln seligen/ Fuerstlichen Würtenbergischen Capellmeistern/ dergleichen zuuor im Truck nie außgangen, Tübingen 1569 (VD 16 ZV 18761).

OSIANDER, Lucas: Fuenfftzig Geistliche Lieder vnd Psalmen. Mit vier Stimmen/ auff Contrapunctsweise fuer die Schulen vnd Kirchen im loeblichen Fuerstenthumb Wuertenberg also gesetzt/ das ein gantze Christliche Gemein durchauß mit singen kan. Lucas Osiander D. Wuertenbergischer Hofprediger, Nürnberg 1586 (VD 16 ZV 23228).

[WALTER, Johann d. Ä./LUTHER, Martin]: Geystliche gesangk Buchlein, Wittenberg 1524 (VD 16 L 4776).

Archivalien

HStA Stuttgart: A 274 Büschel 84.

Weitere Literatur

BLUME, Friedrich: Geschichte der Evangelischen Kirchenmusik, Kassel 1965.
GÖLZ, Richard (Hg.): Chorgesangbuch. Geistliche Gesänge zu ein bis fünf Stimmen, Kassel 1934.
LEUBE, Martin: Geschichte des Tübinger Stifts, 1. Teil: 16. und 17. Jahrhundert (Blätter für württembergische Kirchengeschichte, Sonderhefte 1), Stuttgart 1921.
LUTHER, Martin: Formula missae et communionis, in: D. Martin Luthers Werke, WA 12, Weimar 1891, 197–220.

LUTHER, Martin: D. Martin Luthers Werke, WA Tischreden Bd. 1: Tischreden aus der ersten Hälfte der dreitziger Jahre, Weimar 1912.

STALMANN, Joachim: Art. Walter, Familie: Johann d. Ä., sein Sohn Johann d. J., MGG² 17 (2007), 430–437.

ZELLE, Friedrich (Hg.): Das erste evangelische Choralbuch. Osiander 1586, Berlin 1903.

ZYWIETZ, Michael: Art. Osiander, Lucas, MGG² 2 (2004), 1446 f.

Hans-Peter Braun

Nikodemus Frischlin

* 22. September 1547
† 28./29. November 1590
Stiftseintritt: 1563

Alles wird Drama:
Theologie und Philologie, Poesie und das eigene Leben
Das Streben nach Höherem

Nikodemus Frischlin wurde am 22. September 1547 in Balingen geboren. Seine Eltern entstammen der Bildungsschicht der kleinen württembergischen Amtsstadt am Rande der Schwäbischen Alb. Sein Vater war evangelischer Pfarrer und zählte zu den ersten Stiftlern. In der Kinderzeit von Nikodemus unterlag er zeitweilig einem Berufsverbot, denn mit Hilfe der Spanier wurde in Württemberg eine Rekatholisierung betrieben. Die Zukunft des Protestantismus in Württemberg war gänzlich offen. Immerhin förderte Herzog Ulrichs Bildungssystem bereits landesweit die fähigsten Köpfe, um mit ihnen sein evangelisches Territorium zu festigen.

So besuchte auch Nikodemus Frischlin die Latein- und Klosterschulen in Balingen, Tübingen, Königsbronn und Bebenhausen. Eine stupende Begabung für Sprachen zeichnete ihn aus. Er soll mit dreizehn Jahren den Psalm 23 fehlerfrei aus dem Hebräischen übersetzt haben – in lateinische Distichen. Später bekam er den Titel »Professor Virgilii«, weil er die Aeneis und viele andere lateinischen Klassiker auswendig zu beherrschen schien. In der Literaturwissenschaft wurde bedauert, dass er ein zu versierter Lateiner war, um dem deutschsprachigen Drama den Weg zu ebnen (Vilmar: 260). Für Frischlin aber hatte nur die Latinität europäische Zukunft. Es galt als die Sprache der Befreiung – auch von der Provinzialität der deutschen Dialekte.

Mit 15 Jahren bezog Frischlin die Universität und ein Quartal später am 20. Februar 1563 wurde er herzoglicher Stipendiat. Er begann in der 3. Klasse und seine Halbjahresnoten von 1563–1565 waren sehr gut. Auch wenn die Klassifikation der Stiftler in der Folge landesweit plakatiert und ihre Leistungen öffentlich hervorgehoben wurden – sie selbst galten neben den Studenten aus Bürgertum und Ritterschaft als drittklassig. Frischlin aber fand Anschluss. Nun heißt es im Quartalsexamen Herbst 1565 er sei *non diligens* (zerstreut); im Januar 1566: er sei ein *excellens ingenium*, aber es fehle an *diligentiae obstinato*. Eine Repetentur im Hebräischen wird ihm nach wenigen Monaten wieder entzogen; er sei *negligens, petulans, nullius ... spei*. Im Quartalsreskript an den Herzog 1566 heißt es, dass er sich »über die Verwarnung und Ermahnung lang gehabter Geduld noch nicht bessern will«. Nachdem er also zunächst als hochbegabt, aber dann als zu zerstreut zurückgestuft wurde, tat sich 1567 ihm das Repetentenamt für Griechisch auf. In den Stiftsakten wird notiert: »Er beginnt sich zu bessern. Es möge aus ihm ein gelehrter Mann werden, der aber fleißigen Aufsehens bedürfe.« Eine Eintragung 1567 bemerkt knapper: »Frischlin, Nicodemus – ist ein Poet.«

Ein Poet war er, aber kein Spötter. Bibelkenntnis und Glaubenstreue waren ihm selbstverständlich. Metaphysik und Scholastik waren ohnehin in der Lehre zurückgetreten. Fragen der christlichen Lebensführung und die Leitung der Gewissen standen im Vordergrund. Beispiele der Lebensführung boten aber vor allem die Schriftsteller der Antike. Damit war Frischlin bald wieder bei den alten Sprachen. Entscheidend wird sein Lehrer Martin Crusius. Frischlin hörte bei ihm im Grundstudium die Rhetorik Melanchthons, Ciceros Reden, Ilias und Odyssee und wird zum Magister Artium promoviert (1565). Er hörte auch den Botaniker Leonhard Fuchs, für den sein Vater schon Kräuter gesammelt hatte. Die Gaben des jungen Frischlin gefielen, er konnte lehren, er konnte dichten und so wurde er mit keinen 20 Jahren am 2. April 1567 in Tübingen zum außerordentlichen Professor für Geschichte und Poetik berufen. Das geschah freilich nicht ohne Widerspruch des Universitätskanzlers und Propstes Jakob Andreae, der manches Ungutes über seinen Lebenswandel aus dem Kloster und Stift gehört haben wollte.

Wegestreit im Humanismus

Über die Würde und den mannigfaltigen Nutzen der Dichtkunst – so lautet
der Titel seiner Antrittsrede von 1568. Sie ist im Wesentlichen ein Versuch
der Vereinigung antiker und christlicher Traditionen. Plato und Mose stehen nebeneinander als Zeugen für das göttliche Wesen der Dichtkunst.
Auch heidnische Dichtung verbessert die Sitten. Auch Bücher der Bibel
haben komödiantische Züge. Einspruch gegen eine völlige Ineinssetzung
erhebt Frischlin nur bei der heidnischen Anrufung des Olympiers Phöbus
Apoll und der Musen: die sind Gebilde gottlosen Wahns, ja, im Grunde
genommen Teufel! »Drum, ihr Dichter, hinweg mit des Phöbus trüge-
rischer Gottheit: Christus stehe voran in eurem geweihten Gesange, Christus, der mit olympischem Hauch ...« (Strauß: 29).

   In immer neuen Anläufen, in Elegien, Umdichtungen der Bibel, biblischen Komödien, christlichen Schauspielen ringt Frischlin um die Ver-
schmelzung von antiker Kultur und Protestantismus. Damit ist die ganze
Spannweite der Möglichkeiten des protestantischen Humanismus zwischen rückwärtsgewandter, schulmeisterlicher Gelehrsamkeit mit luthe-
rischer Staatsuntertänigkeit und genauso lutherischem, gewissensgebun-
denen Freiheitsgeist eröffnet (Schreiner: 134). In einer langen Elegie (1569)
rührt Frischlin unversehens an diese Mehrdeutigkeit als er das Stift ein
›trojanisches Pferd‹ nennt, aus dessen Leib noch viele Geisteshelden ent-
steigen werden. Kein Jubiläum des Stiftes ist seitdem ohne ausdrücklichen
Bezug auf diesen nom de guerre begangen worden. Und doch war es zunächst nur ein pathetisches Dankeswort an seine Lehrer (Martin Crusius,
Leonhard Fuchs, Samuel Heiland) und für das ihm vom Herzog gewährte
Stipendium.

Die Dramatisierung der Bildung

Die Aufgabe des jungen Poeten war zunächst die Auslegung alter Dichtung. Seine Liebe galt Vergil. Die Fabeln und Geschichten der Aeneis erläu-
terte er ausführlich. An Beispielen menschlicher Unzulänglichkeiten gegenüber allem höheren Streben zeigte er den Wert des neuen Glaubens und
warnte vor Rückfall in die Barbarei. Ohne Bedenken leitet Frischlin das
ganze Papsttum aus den heidnischen Gebräuchen und Zeremonien ab: Hat
denn nicht die Fürbitte Mariens ihr Vorbild in der Fürbitte der Venus für
die Trojaner? Ist nicht die Totenfeier für Anchises eigentlich eine katho-

lische Seelenmesse? Und gar der Polyphem, das fürchterliche Monstrum, ist er nicht ein treffliches Ebenbild eines Papstes? Süffisant schwelgt er in diesen Attacken. Seine Paraphrasen dienten den Studenten als Übersetzung und Vergegenwärtigung. Dem lebendigen Geist dieses Humanisten war eine antiquarische Geschichtsbetrachtung fremd.

Zu diesen und weiteren Aufgaben – nebenher lehrte Frischlin Astronomie (1569–1570) – schoben ihm die Ordinarien noch die leidigen Disputationsübungen zu. Hier war Frischlin in seinem Element. Aus den langweilig hergedroschenen Argumentationsfiguren, den ewig wiederkehrenden moralinsauren Übungsthemen und der starren Vortragsform gestaltete er mitreißende Disputationen und dramatische Wechselreden. Er ließ die Studenten um den Vorrang unter den sieben freien Künsten disputieren, stellte die Rangfolge der fünf Sinne zur Debatte und lehrte die Argumentationsgänge effektvoll zu verknüpfen. Zum Examen führte jeder Student eine Rolle aus, besprach sich ausführlich mit dem Lehrer und als dann die 38 Prüflinge den erstaunten Fakultäten ihre Reden und Widerreden vorführten und sich ein spannendes Wechselspiel der Lobredner entspann, waren selbst die Professoren zu Beifall hingerissen und wünschten sich das Werk gedruckt.

So sehr Witz und Spiel hier Raum erhielten und Frischlin seinen Neigungen folgen konnte, das Ziel war die Beherrschung der lateinischen Sprache. Durch die »imitatio« sollte der Student fähig werden, selbst zu sprechen, mündig zu werden. Frischlin begann dafür Komödien und Tragödien für Schule und Universität zu schreiben. Es war ein ganz praktisches Verfahren, eine Weckung der Lust und des Spiels, ein Zeugnis seltener pädagogischer Gabe, ja des pädagogischen Eros. Frischlin scheute auch nicht davor zurück seine Studenten anzuhalten, biblische Geschichten in vergilschem Stil ins Lateinische zu übersetzen und heilige Formeln in profanen Worten wiedergeben zu lassen. Er wollte sie alle mitnehmen auf dem Wege christliche Virgile zu werden!

Seine ausgezeichnete Lehrgabe zog viele Studenten an und er hätte, dank seiner umfassenden Bildung, die Zierde jeder europäischen Hochschule sein können. Aber seine christlich-antiken Grenzüberschreitungen, sein sorgloser Lebenswandel und forsche Reformpläne hatten den Beifall seiner Lehrer längst verstummen lassen. Es herrschte eine andere Weise vor, das Christliche mit der Antike zu verbinden, und sie wurde vehement von Martin Crusius vertreten. Kein »christlicher Vergil« war dessen Devise, sondern Christentum hier und Vergil dort, hier Rechtgläubigkeit und untadeliger Lebenswandel, dort Wissenschaft und Lehre. Nicht die dyna-

mische Verknüpfung von Antike und Christentum, sondern die zunftmä-
ßige Trennung entsprach dem Geist der Zeit. In Crusius und Frischlin gewann der alte Gegensatz Gestalt, der alle Humanistengenerationen in zwei
Lager spaltete: hier der tradierende, dort der vagierende Humanist, hier
Textkritik, dort Lebenskritik, hier der zukünftige Altphilologe, dort der
immer unzeitgemäße Idealist. Es waren verschiedene wissenschaftlicher
Konzepte: Crusius stellte vor allem philologische Fragen in den Vordergrund, für Frischlin spielte der lebenspraktische Bezug eine wichtigere
Rolle. Und nebenbei ging es ums ganze Leben: Crusius war hager von Gestalt, steif in der Haltung, gemessen im Gang, ganz Selbstkontrolle – aber
unversöhnlich im Hass. Die Erlebnisse des Tages werden einem genauso
unerschöpflich informierenden wie unsäglich selbstgerechten Tagebuch
anvertraut. Frischlin dagegen war Sanguiniker, frisch und unbekümmert,
empörend laut und heftig, Ausschweifungen zugeneigt, vor allem dem
Wein, aber dabei gutwillig und versöhnlich. Alles Wissen, das Crusius sich
mühsam erworben hatte und den Studenten als langwierigen Prozess ge-
bückt vor Augen stellte, hatte Frischlin leicht und in kühnen Sprüngen erworben und gab es heiter spielerisch wieder weiter. Was dem einen sein
Tagebuch, das war dem anderen die fröhliche Abendrunde. So nimmt das
Drama seinen Lauf. Frischlin fordert seinen alten Lehrer mit einer erneu-
erten Grammatik heraus und schmähte dessen lyrische Versuche. Crusius
sorgte dafür, dass Frischlin weder in Tübingen noch sonst auf Dauer einen
Fuß auf den Boden bekam. Strauß hat die Hassliebe der beiden Narzissten
auf hunderten Seiten auserzählt.

Der Kampf um öffentliches Gehör wird zum Wettlauf um höfische Gunst

Von höherer Seite aber war man Frischlin gnädig gestimmt. Der junge
Herzog Ludwig war seinem ernsten und umsichtigen Vater auf den Thron
gefolgt und liebte den ebenso jugendlichen Poeten aus Tübingen. Herzog
Ludwig war nicht minder strenggläubig und in theologischen Fragen ver-
siert wie Herzog Christoph und dazu sprachenkundig. Aber er war auch
sehr dem Zeitvertreib durch die Jagd, einem höfisch ausgelassenen Treiben, schweren Getränken und spannenden Turnieren zugeneigt. Frischlin
hat geschickt Anschluss gefunden. Den Theologen war er seit 1568 durch
Einheirat in die Brenzsche Reformatorenfamilie verbunden. Am Hof trat
er 1575 mit einer ausladenden Hochzeitsbeschreibung des Herzogs mit ei-

ner badischen Prinzessin hervor, in der er die badische und württembergische Linie bis ins Dunkel der Geschichte zurückverfolgte und den Häusern unbekannten Ruhm verkündete. Herzog Ludwig erbat sich Komödien
des Dichters. Dieser schrieb flink humorige Stücke und hatte großen Erfolg. Alle Augenblicke wurde er nun nach Stuttgart gerufen, um dort neue
Stücke zu inszenieren und mithilfe einiger Stiftler und Studenten aufzu-
führen. Er war zugleich Dichter und Regisseur, aber auch Zechgenosse des
Herzogs, den er durchaus unter den Tisch zu trinken vermochte.

Kaum war der württembergische Hof gewonnen, stand sein Sinn nach
kaiserlichen Auszeichnungen. Er besang die Hochzeit der Kaisertochter
und stellt die österreichische Thronfolge schmuck dar, ohne sich mit den
Konfessionskriegen mit den Protestanten aufzuhalten. Rudolph II. wusste
sich verständig geehrt und erhebt Frischlin zum *Poetus Laureatus* (Hof-
dichter), ein Jahr darauf sogar zum »kaiserlichen Pfalzgraf«. Frischlin wird
diese Auszeichnung nicht lange seinen Tübinger Kollegen und Provinzma-
tadoren vorenthalten haben. Doch ein hochfahrender kaiserlicher Titel
galt ihnen nichts, solange er nicht vor seinen Lehrern zu Kreuze kroch.
Erneut wurde Frischlin bei der Besetzung einer Stelle übergangen.

Frischlin war düpiert. Doch er revanchierte sich bitter mit seinem *Julius
Redivivus*, einem vergnüglichen Drama zur Verherrlichung Deutschlands.
Julius Caesar und Cicero treten als Lobredner auf. Nur an den Versen eines
gewissen Crusius mäkelt Cicero herum: »So kindisch, töricht, aller Redekunst entfremdet, hab ich lange nichts gesehen« (Strauß: 140; Frischlin,
Sämtliche Werke 3,1: 518). Diesem frechen Spott Frischlins war die Fakultät
immer weniger gewachsen, aber solange der Herzog seine Hand über ihn
hielt, konnten sie ihn nicht verjagen. Und der Herzog ergötzte sich an
Frischlins Komödien mit ihrem scharfen Blick für menschliche Schwächen, versteckten Bosheiten und Sittenkritik. In diesen Stücken wird der
steife Handlungsablauf alter Stoffe – wie Susanne im Bade – zu einer le-
bensnahen Szene. Dem Volk wird aufs Maul geschaut und seine Sorgen
ausgesprochen. Lachend sollen die Sitten verbessert werden. Das geht aber
nicht ohne harsche Kritik ab. Zur Verteidigung der Bauern lässt Frischlin
in seiner *Rebecca* (1576) die Jagdherren zur Rede stellen: »Dürfen diese Jäger / Menschen wie Vieh behandeln?« (Froeschlin: o. S.). Gegen die pflicht-
vergessenen und weinseligen Hofbeamten heißt es: » Ja, ja, mit Bechern
pflegt man jetzt bei Hof / Trankopfer für der Fürsten Wohl zu bringen;/
Das ist ihr Gottesdienst dort, ihr Gebet.« Im hohen Lied der Liebe und
Gattentreue, dem Schauspiel *Wendelgard* preisen Bettler ihr bequemes Leben: »Bei uns wirst du kein Mangel haben. / Du darfst nicht schaffen und

nicht sorgen, / Schlaf von dem Abend bis an Morgen. / Was du ein Tag hast zsammenbracht, / Verzehren wir bis Mitternacht. / Und kommen dann die Bettelweiber / Mit ihren graden starken Leibern.« Aber den übelsten Missstand sieht der Sprachenmeister natürlich im Küchenlatein der Gelehrten. Der Lateiner weiß nicht wohin sich flüchten: »Mehr todt schon als lebendig, wankt er nun /den Theologen zu, ein Tröpflein Trost /von ihnen zu genießen. Schöner Trost! / Wie Steine fallen ihre Wort' auf ihn.«

Kaum war ein Stück geschrieben, kaum war es aufgeführt, schon ging es in Druck. Bei der Fülle von Elegien, Scherzgedichten, Komödien und Tragödien, die der Autor hintereinander weg aufs Blatt warf, verwundert es nicht, dass er Zeit seines Lebens von einer eigenen Druckerei träumte, sich sogar einmal in einer Antrittsrede als Schulrektor für die Anschaffung einer Druckmaschine aussprach und sich rühmte, er wolle sie drei Jahre lang ununterbrochen mit seinen Werken am Laufen halten. Auch wäre er gern der Zensur ausgewichen und dem Veto des Senats mit allen seinen Verzögerungen enthoben gewesen.

Streit mit Adel und Ritterschaft

Der Hofpoet und kaiserliche Pfalzgraf setzte sein Komödienspiel nach den Mahlzeiten in Kreisen des Tübinger Adels fort und spottet über Dummheit und Unbildung seiner Gönner. Es kommt nach einer Prunkmahlzeit mit dem Adel und Rittern zu einer Szene. Diese fühlen sich durch Frischlins Witzeleien beleidigt und einer schlägt ihm seine Pelzmütze ins Gesicht. Frischlin schlägt zurück – allein mit Worten und in aller Öffentlichkeit. Sein Auditorium ist seine Zuflucht, die Druckerpresse seine Waffe. Vom Schreibtisch holt er ein schon genehmigtes Werk über Vergils *Georgica* und fügt noch eine Rede über das »Redliche Leben der Bauern« hinzu. Der Drucker ahnt die Umgehung der Zensur, der Senat der Universität mag die Publikation nicht verantworten, der Herzog versucht den Streit zwischen seinem Hofpoeten und dem Adel, auf dessen Gefolgschaft er angewiesen ist, privat beizulegen. Aber schon ist das Manuskript heimlich ausgegangen, wird verschärfend ins Deutsche übersetzt und öffentlich vorgetragen.

Es kommt zu Tumult und Ausschreitungen. Sein Haus in der Clinikumsgasse 18 – mit separatem oberen Eingang auf die Stiftskirche – wird attackiert. Frischlin geht nur noch mit zwei Gewehren bewaffnet aus der Tür. Polemiken und Apologien werden ausgetauscht. Frischlin beruft sich auf Luthers Vermahnungen des Adels und fordert Freiheit des Worts: »Das seyn Freiheiten Academiae; wo das nicht ist, so hat man keine Freiheit« (Strauß: 203). Kanzler Andreae hält dagegen: »Ihr seid ein Poet, kein Prophet, haltet Euch an die Grenzen Eures Berufes! [...]. Es kann Euch nicht geholfen werden. Ihr bekennet denn rund, Ihr habet übel getan« (Strauß: 204). Frischlin hielt dagegen: »Das ist ja der Poeten Amt, zu dem sie von Gott berufen und mit sonderlichem Geschick zu reden und zu schreiben vor Andern geziert sind, daß sie in den süßen Weisen Gott und Gottes Freunde loben, den Teufel aber und seine Knechte mit satirischer Bitterkeit verfolgen sollen« (Strauß: 206). Nur sein langmütiger Herzog Ludwig schützte Frischlin vor weiterer Verfolgung. Ihn konnte Frischlin überzeugen, dass seine Adelskritik durchaus nicht auf eigenen Beobachtungen beruhte, sondern nur eine Zusammenstellung verschiedener neuerer und älterer Quellen war. Die Kritik am Adel war nach diesem zutreffenden Eingeständnis ganz konventionell, sie hielt sich an die Einteilung der Stände und rüttelte nicht an dieser Ungleichheit von Geburt an. Das Neue war, dass Frischlin seine Fehde in der Öffentlichkeit zu entscheiden suchte, sich in Flugschriften und Pamphleten äußerte und mitten im würdigen akademischen Leben weltlichen Streit erzeugte. Neu war, dass er den Mut zur Erziehung mit dem Mut zum öffentlichen Engagement des Lehrers verknüpfte, dass er hierfür einen Ort jenseits der Stände suchte, einen Ort des öffentlichen Austausches, an dem nur bestehen konnte, wer seine Sache mit Argumenten und Gründen vertreten konnte. Nicht die Gesellschaftskritik ist das trojanische Pferd im Tübinger Stift, sondern das durch die humanistische Bildung entzündete Vertrauen auf das Argument in einer öffentlichen Auseinandersetzung.

Der Absturz

Der Kanzler und der Senat kamen überein, Frischlin die Privilegien der Universität zu entziehen und stellten ihn unter Hausarrest. Vermittlungsversuche scheiterten. Moralische Vorwürfe prallten bei Frischlin ab. Die Erleichterung der Stadt war groß, als Frischlin endlich nach Laibach in Slowenien ging, um dort – auf Vermittlung von Primus Truber – als Rektor einer Schule zu wirken. Dort fehlte ihm zum Unterricht der Jugend eine taugliche lateinische Grammatik, so schrieb er sie selbst und verband sie mit einer Streitschrift gegen die bisherigen Versuche. Dieses Werk macht ihn zum letzten großen Humanisten des 16. Jahrhunderts. Sein philologischer Protestantismus lässt nichts gelten, das nicht nachzuweisen ist in klassischen Schriften, sucht die Logik der Regeln herauszustellen und nicht ihre Vielzahl und lehrt durch Beispiele und nicht durch Schemata.

Ein Versuch der Heimkehr scheiterte endgültig, da man ihm auch noch das Bürgerrecht in Tübingen verweigerte. Crusius notiert: »Frischlin und Familie aus Tübingen von Gott ausgerottet, Sonntag den 23. April 1587.« Frischlin geht auf Wanderschaft von Hof zu Hof, von Stadt zu Stadt. Auch in Kassel und Marburg wird der Vagant jetzt ausgewiesen und sieht seine letzte Zuflucht in Frankfurt. Da ihm die Mittel für eine eigene Druckerei fehlen, wendet er sich an Herzog Ludwig mit der untertänigen Bitte, die Herausgabe des väterlichen Erbes seiner Frau zu erlauben – vergeblich. Außer sich vor Wut und Hilflosigkeit beschwert er sich über dieses »lotterisch Rescriptum« dies »Canzleysche Drecketum«. Der Herzog zieht seine Hand von Frischlin endgültig ab. Eine kleine Truppe bricht nach Norden auf, verhaftet ihn und kerkert ihn schließlich auf der Feste Hohenurach ein. Dort wurde er monatelang mit Ungeziefern im Keller gefangen gehalten. Die Feder wurde ihm vorübergehend entzogen wie auch das Papier. Frischlin wollte gern seine Fehler eingestehen, aber Demut stand ihm nicht. Alles klang zweideutig in den Ohren seines Herzogs. In diesen widrigen Umständen hat er in vier Monaten in ungebrochener Schaffenskraft ein gewaltiges Heldengedicht der Könige Israels in 12500 Hexametern geschrieben, mit unzerstörbarem Humor seine ersten ganz deutschen Komödien entworfen und endlose Bittschriften und Elegien abgesandt. An seinem Ende steht ein verzweifelter Fluchtversuch (Strauß: 579 f.; Schädlich). Durch einen verriegelten Kamin kämpfte sich Frischlin nachts am 28./29. November 1590 hinaus. Das Leinenzeug war doppelt geknüpft, nur am Anker, einem Holzstück, nicht. Der Sturz war tief und tödlich. Er habe am Abend doch noch gut zu essen gehabt, wird noch heute kolportiert. Strauß, Schubart und viele andere haben seinen Freiheitswillen verstanden und sahen sich als Verwandte seines Geistes. Inhaftiert auf dem Asperg ruft Schubart: »Wo liegt Frischlin, der Bruder meines Geistes« (Strauß: 569). Seine Stücke wurden später gespielt in der Schola Anatolica (Hauer: 421) und zuletzt auf der Alb (2005) und vielleicht wird einmal sein rechtgläubiges Fassnachtspiel Phasma (Baur) im Stift aufgeführt. Da würde man staunen, was die Theologie für ein Drama ist.

Werke und Werkausgaben

FRISCHLIN, Nikodemus:
- Sämtliche Werke. Kritische Ausgabe mit Übersetzungen und Kommentaren, erarbeitet von Adalbert Elschenbroich, Wilhelm Kühlmann, Lothar Mundt, David Price, Fidel Rädle und Hans-Gert Roloff, 3 Bde., Stuttgart-Bad Cannstatt 1992; 2003; 2007. (Drei Bände mit den Dramen *Rebecca, Susanna, Priscianus vapulans, Julius redivivus* und *Phasma* sind erschienen).
- Stipendium Tubingense, illustrissimi principis ac domini, domini Ludovici, ducis Wirtembergici & Teccensis, comitis Montbelgardi, &c. unà cum superattendentibus & magistris domus omnibus: itemque gymnasia monastica, cum eorum abbatibus, descripta carmine encomiaste / m. Nicodemo Frischlino Balingensi, poetices in schola Tubingensi professore, theologiae studioso, Tübingen 1569 (mit einleitendem Text von Martin Crusius).
- Die Religionsschwärmer oder Mucker; als da sind Wiedertäufer, Nachtmahlsschwärmer und Schwenkfelder. Ein Fassnachtspiel. Aus dem Lateinischen übersetzt (und zensiert) von Immanuel Hoch, Stuttgart 1839 (Nachdruck Tübingen 1979).
- Rede über das bäuerliche Leben, hg. von Ulrich Gaier, Gerhart von Graevenitz, Hans Pörnbacher, Wolfgang Schürle u. Kurt Widmaier (Bibliotheca Suevica 34), Eggingen 2012.
- (Übers.): Julius Redivivus, hg. von Richard E. Schade, Stuttgart 1983.
- Julius Redivivus. Caesar et Cicero in comoedia. Text und Kommentar, ausgewählt, eingeleitet und kommentiert von Johannes Hamacher, Münster 1997.

Weitere Literatur

BAUR, Jörg: Nikodemus Frischlin und die schwäbische Orthodoxie, in: ders.: Luther und seine klassischen Erben. Theologische Aufsätze und Forschungen, Tübingen 1993, 307–334.

CONZ, Karl Philipp: Nikodemus Frischlin, der unglückliche Wirtembergische Gelehrte und Dichter. Seinem Andenken, Schwäbisches Archiv 2 (1793), 1–68.

ELSCHENBROICH, Adalbert: Imitatio und Disputatio in Nikodemus Frischlins Religionskomödie »Phasma«. Späthumanistisches Drama und akademische Unterrichtsmethoden im Ausgang des 16. Jahrhunderts, in: Schöne, Albrecht (Hg.): Stadt, Schule, Universität, Buchwesen und die deutsche Literatur im 17. Jahrhundert. Vorlagen u. Diskussionen e. Barock-Symposions d. Dt. Forschungsgemeinschaft 1974 in Wolfenbüttel (Germanistische Symposien-Berichtsbände 1), München 1976, 335–370.

FROESCHLIN, Eckhard: Ein unbehäb Maul wider die Obrigkeit. Leben und Wirken des Dichters Nikodemus Frischlin (1547–1590). Mit Texten, Dokumenten, sowie Zeichnungen und Radierungen, Tübingen 1979.

HAUER, Wolfram: Lokale Schulentwicklung und städtische Lebenswelt. Das Schulwesen in Tübingen von seinen Anfängen im Spätmittelalter bis 1806 (Contubernium 57), Stuttgart 2003. (Zur Schola Anatolica 421 f.).

HOLTZ, Sabine/MERTENS, Dieter (Hgg.): Nicodemus Frischlin (1547–1590). Poetische und prosaische Praxis unter den Bedingungen des konfessionellen Zeitalters. Tübinger Vorträge (Arbeiten und Editionen zur mittleren deutschen Literatur 1), Stuttgart-Bad Cannstatt 1999.

JENS, Walter: Eine deutsche Universität. 500 Jahre Tübinger Gelehrtenrepublik, in Zusammenarbeit mit Inge Jens und Brigitte Beekmann, München 1977.

KINDERMANN, Heinz: Theatergeschichte Europas, Bd. 2: Das Theater der Renaissance, 2. Aufl., Salzburg 1969, 264–267.

RÖCKELEIN, Hedwig/BUMILLER, Casimir: ... ein unruhig Poet. Nikodemus Frischlin 1547–1590 (Veröffentlichung des Stadtarchivs Balingen 2), Balingen 1990.

SCHÄDLICH, Hans Joachim: Kurzer Bericht vom Todesfall des Nikodemus Frischlin, in: ders.: Versuchte Nähe. Prosa, Reinbek bei Hamburg 1977, 196–202.

SCHREINER, Klaus: Frischlins »Oration vom Landleben« und die Folgen, Attempto 43/44 (1972), 122–135.

STRAUSS, David Friedrich: Leben und Schriften des Dichters und Philologen Nikodemus Frischlin. Ein Beitrag zur deutschen Culturgeschichte in der zweiten Hälfte des sechzehnten Jahrhunderts, Frankfurt a. M. 1856.

VILMAR, August F.C.: Geschichte der deutschen National-Literatur, 24., verm. Aufl., Marburg/Leipzig 1898.

WILHELMI, Thomas/SECK, Friedrich: Nikodemus Frischlin (1547–1590). Bibliographie (Tübinger Bausteine zur Landesgeschichte 4), Leinfelden-Echterdingen 2004.

Martin M. Penzoldt

Jurij Dalmatin

* 1547
† 31. August 1589
Stiftseintritt: 1566

Der im Schatten von Primus Truber stehende Reformator und Theologe legte durch seine präzise Bibelübersetzung ins Slowenische die Grundlagen für die Entstehung der hochslowenischen Sprache. Der bedeutendste unter den slowenischen »Tifferniten« des Tübinger Stiftes war Prediger und Liederdichter und zeigte mit seinem kurzen Leben bedingungslose Treue zum Evangelium Christi.

Als Jurij Dalmatin im Jahr 1547 geboren wurde, befand sich Europa in einer unruhigen und ereignisvollen Zeit, in der die Machtfrage, Kriege und Aufstände die Politik beherrschten. Im Heiligen Römischen Reich siegten die Truppen von Kaiser Karl V. in der Schlacht bei Mühlberg über den Schmalkaldischen Bund, der ein Verteidigungsbündnis der evangelischen Fürsten und Reichstädte in Deutschland war. In der Wittenberger Kapitulation verlor der sächsische Kurfürst Johann Friedrich I. Land und Kurwürde an die Albertiner der Wettinischen Dynastie, die durch Moritz von Sachsen repräsentiert wurde. Giovanni Luigi de Fieschi unternahm in Genua 1547 mit anderen einen Aufstand gegen die Herrschaft des in Genua herrschenden Andrea Doria. In mehreren Staaten kam es in dieser Zeit zu Regierungswechseln: In England wurde der neue König Edward VI. gekrönt, in Russland kam der erste gekrönte russische Zar Iwan IV. »der Schreckliche« an die Regierung und in Frankreich wurde durch den Tod des Königs Franz I. sein Sohn Heinrich II. neues Staatsoberhaupt. Das Konzil von Trient wurde 1547 nach Bologna in den päpstlichen Machtbereich verlegt und setzte dort seine Beratungen fort.

In seiner Heimat Slowenien ist Jurij Dalmatin in einer Zeit der Bauernunruhen und der häufigen Türkeneinfälle aufgewachsen. Bis zu seinem 18. Lebensjahr wurde der aus Gurkfeld in Unterkrain stammende Dalmatin von Adam Bohorič, dem späteren slowenischen Grammatiker, unterrichtet. Als Sohn armer Eltern erhielt er durch die Gunst einiger krainischer Edelleute seine Ausbildung in Württemberg, wo ihn ganz besonders der Reformator Primus Truber in seinen Schutz nahm, welcher, aus seinem Vaterlande vertrieben, als Pfarrer in Württemberg lebte.

Studium im Stift in Tübingen 1566–1572

Jurij Dalmatin begann seinen Weg im Ausland in der Klosterschule zu Bebenhausen bei Tübingen, die er von 1565 bis 1566 besuchte. Die Immatrikulation an der Universität Tübingen erfolgte am 19. August 1566. Am Tage danach zog er unters Dach des Tübinger Stifts als ein »Tiffernit«. »Stipendium Tifferniticum« oder einfach »Tiffernum« bezeichnete eine Studienstiftung, die im 16. Jahrhundert von einem aus Krain stammenden Protestanten gegründet wurde und die sich durch die Jahrhunderte bis zum heutigen Tag erhalten hat: die Studienstiftung des Magisters Michael Tiffern (Tiffernus) am Tübinger Stift.

Michael Tiffern war seit 1527 der Erzieher des damals in Österreich lebenden 12-jährigen Herzogs Christoph und blieb lebenslang sein Ratgeber und Begleiter. Nach dem Tod Tifferns im Jahre 1555 nahm die herzogliche Regierung das Nachlassverfahren in die Hand, da Tiffern als Findelkind und Junggeselle keinerlei Verwandtschaft hatte. Durch dieses Verfahren wurde er posthum zum bedeutendsten Mäzen des jungen Tübinger Stifts und damit zugleich zu einem der verdienstvollsten Förderer der evangelischen Kirche in seiner slowenischen Heimat.

Bei der Inventarisierung seines umfangreichen Nachlasses durch die Stuttgarter Hofbeamten und durch Befragung seiner letzten Gesprächspartner ergab sich, dass Tiffern die Aufsetzung eines Testaments vorhatte, es aber vor seinem Tod nicht mehr dazu kam. So musste sein letzter Wille durch gutachterliche Äußerungen seiner Vertrauten und Freunde ermittelt werden, die der Herzog schriftlich und mündlich einholen ließ. Zwei herzogliche Spitzenbeamte, der Landhofmeister Balthasar von Gültlingen und der Kirchenratsdirektor Sebastian Hornmold, hatten die Aufgabe, dem Herzog aus den Inventaren, den Zeugenaussagen und sonstigen einschlägigen Akten ein Generalgutachten zu erstellen. Dieses Papier, *Bericht und bedencken Maister Michels Tifferni halben*, ist das zentrale Dokument der Nachlassstiftung.

Wie vom Herzog schon ausdrücklich vorgegeben bildet das zweifelsfrei dem Willen und Plan Tifferns entsprechende Legat an das 1536 gegründete Tübinger Stift den Mittelpunkt des Gutachtens und somit auch die Grundlage der Verteilung der Erbes, einer Aktion, bei der vielerlei Empfänger und Gesichtspunkte berücksichtigt werden mussten.

Die Tiffernstiftung besteht aus zwei Teilen. Der erste umfasst die sehr ansehnliche und wertvolle Privatbibliothek Tifferns, eine typische Humanistenbibliothek des 16. Jahrhunderts. Die Bücher gehen ganz überwiegend ans Stift und bilden dort den Anfang und Grundstock der heute noch bestehenden, inzwischen über 100 000 Bände umfassenden Stiftsbibliothek. Sie kamen im September 1557 nach Tübingen und wurden später vom Herzog noch durch Klosterbestände und weitere Erwerbungen vermehrt. Zusammen mit einem festen Beschaffungsetat war diese Büchersammlung eine der fortschrittlichsten protestantischen Bibliotheken ihrer Zeit und die erste überhaupt, die vorwiegend den Studenten zur Verfügung stand.

Der zweite Teil des Vermächtnisses, die als »Stipendium Tifferniticum« oder einfach als »Tiffernum« bezeichnete Studienstiftung bestand aus einem Kapital von 2 320 Gulden (rund 500 000 € nach heutigem Wert). Von den Zinsen dieses Kapitals konnte man vier Freistellen am Stift finanzieren. Während die 100 bisherigen Freistellen des herzoglichen Stipendiums, die 1565 auf 150 erweitert wurden, ausschließlich Württembergern vorbehalten waren, konnte nun erstmals auch Nichtwürttembergern, also »Ausländern«, ein volles kostenfreies Studium in diesem Haus gewährt werden.

Am 5. Mai 1557 zog der erste »Tiffernit« – so die Bezeichnung für diese Stipendiaten bis in die Neuzeit – ins Stift ein: ein Johannes Musicus aus Danzig, dem wenig später als zweiter Paul Wonecker aus Baden folgte. Und dann am 13. Juni 1558 kamen die ersten beiden Studenten aus Tifferns Heimatland, für das die Stiftung von jetzt an so wichtig werden sollte: Samuel Budina und Johannes Gebhardt aus Laibach. Noch nicht von Truber, der damals noch in Kempten lebte, sondern wahrscheinlich von Pietro Paulo Vergerio vermittelt, wurden sie ins Tiffernum aufgenommen. So waren schon in der ersten Gruppe der Tifferniten zwei Krainer, und diese hälftige Besetzung der Freiplätze mit Landsleuten Tifferns wurde zu einem Gewohnheitsrecht, für das sich dann vor allem Truber bis an sein Lebensende einsetzte.

Als Truber im Juni 1561 zum ersten Mal nach seiner Vertreibung wieder nach Krain reiste, war Samuel Budina einer seiner Begleiter. Seit dieser Zeit hat es bis zu Trubers Tod keinen slowenischen Tifferniten mehr gegeben, der mit Truber nicht in ständigem Kontakt stand. Es ist außerordentlich eindrucksvoll, was Truber von seinem späteren Derendinger Pfarrhaus aus in dieser Hinsicht an Hilfe, auch materieller Art, und an Beratung und Seelsorge geleistet hat, und dies nicht nur an Studenten aus seiner Heimat, sondern auch an solchen aus seinen früheren Wohnorten Kempten, Rothenburg ob der Tauber und Nürnberg.

Solange Truber noch in Laibach tätig war, bis zu seiner zweiten Vertreibung Ende Juli 1565, konnte Krain allerdings nur drei Tifferniten schicken:

die beiden Genannten und seit Februar 1565 noch Caspar Mirus, der aber nur anderthalb Jahre in Tübingen blieb. Im August 1566 trat für Mirus auf Betreiben Trubers der bedeutendste slowenische Tiffernit ins Stift ein: der spätere Bibelübersetzer Jurij Dalmatin.

Dalmatin war fast sechs Jahre lang Tiffernit und verbrachte das ganze Studium 1566 bis 1572 im Tübinger Stift. Truber zog sich mit ihm einen Nachfolger seiner theologisch-literarischen Tätigkeit in slowenischer Sprache heran und ließ ihn schon in Tübingen das Buch Genesis in die slowenische Sprache übersetzen (1572). Bereits am 10. August 1569 ist Dalmatin Magister geworden. Im Jahre 1572 wurde er zum Kirchendienst in sein Vaterland berufen, wohin er nach einer vor dem Konsistorium in Stuttgart bestandenen theologischen Prüfung und daselbst erhaltener Ordination zurückkehrte.

Wege und Werke, Wirrungen und Wirkungen

Nach dem Studium an der Universität Tübingen wurde Jurij Dalmatin in seine Heimat berufen und als evangelischer Prediger in deutscher und slowenischer Sprache in Laibach angestellt. Neben der Stelle in Laibach hatte er von 1574 bis 1585 zusätzlich noch die Predigerstelle in der evangelischen Kirche zu Vigaun (heute Begunje) in Oberkrain übernommen. Auf Wunsch der Freiherren von Auersperg wurde er von 1585 bis 1589 noch in der Pfarrei St. Canzian (heute Skocjan) bei Schloss Auersperg tätig.

1575 wurde Dalmatin von Primus Truber als Herausgeber und Dichter slowenischer Kirchenlieder in die Öffentlichkeit eingeführt. In Übereinstimmung mit Luther betrachten die beiden neben der Predigt das geistliche Lied als wichtiges Verkündigungsinstrument der »reinen« Lehre, da es die Menge der Gläubigen erreicht und durch Wiederholbarkeit ein vorzügliches mnemotechnisches Hilfsmittel darstellt.

Genauso wie Luthers Bibelübersetzung eine Grundlage für die Entstehung einer deutschen Hochsprache war, hatte auch Dalmatins Bibelübersetzung einen großen Einfluss auf die Entwicklung der slowenischen Sprache. Im Jahre 1584 konnte die komplette slowenische Bibelübersetzung im Druck erscheinen. Als Grundlagen dienten Dalmatin die Übersetzungen von Luther und Truber, sowie die hebräischen und griechischen Originaltexte. Diese Bibel wurde nicht mehr in Tübingen gedruckt, da das Angebot des örtlichen Druckers Georg Gruppenbach zu teuer war, sondern bei Johann Kraffts Erben in Wittenberg in einer Auflage von 1500 Exemplaren.

Dalmatin reiste mit einer kleinen Gruppe, zu der auch der alte Rektor Bohorič, dazu ein Druckergeselle und zwei Studenten gehörten, selbst nach Wittenberg um den aufwändigen Druck zu überwachen und Finanzierung und Vertrieb zu organisieren. Während seines fünf Monate dauernden Aufenthaltes in der sächsischen Residenzstadt wohnte er bei dem dortigen Theologieprofessor Polykarp Leyser, einem alten Freund aus dem Tübinger Stift. Im gleichen Jahr wie die Bibel erschienen, von Dalmatin herausgegeben, noch ein Gebetbuch und die fünfte Ausgabe des krainischen Kirchengesangbuches in slowenischer Sprache, dazu die erste Ausgabe von Bohoričs Grammatik, alle drei beim gleichen Wittenberger Drucker hergestellt. Das evangelische Kirchengesangbuch der Slowenen bereicherte Dalmatin mit 28 Liedern, darunter eigene Dichtungen und Übersetzungen bzw. Übertragungen anderer Verfasser.

Am 31. August 1589 starb Jurij Dalmatin in Laibach und wurde am 1. September 1589 bei St. Peter begraben.

Werke und Werkausgaben

DALMATIN, Jurij:
- De catholica et catholicis disputatio, Praeside D. Iacobo Heerbrando, Theologiae Doctore ac Professore in inclyta Tubingensium Schola. M Georgius Dalmatinus Gurgfeldianus, ad Quaestionem propositam et subsequentes Propositiones, 27. Martij, exercitij gratia, respondere conabitur, Tübingen 1572.
- mit TRUBER, Primus/SHVVAGERIA, Jansha: Try Duhouske peissni. Ettliche Geistliche Gesäng zuuor nicht gedruckt, Tübingen 1575.
- (Hg. und Übers.): Jesvs Sirah. Ali negove bvquice (Latinski Ecclesiasticvs). Jesus Syrach Windisch sampt kurtzen Argumenten, Ljubljana 1575.
- (Übers.): Passion tv ie, britkv terplene. Der gantze Passion, auß allen vier Evangelisten in die Windische sprach verdolmetscht, Ljubljana 1576.
- Biblie, tv ie, vsiga svetiga pisma pervi deil. Die Fünff Bücher Mosis, sambt kurtzen Argumenten, Ljubljana 1578.
- (Hg.): Ta celi catehismvs, eni Psalmi, od P. Truberia, S. Krellia, 4. Ausg., Ljubljana 1579 (5. Ausg. 1584; 6. Ausg. 1595).
- Salomonove pripvvisti, Ljubljana 1580.
- Biblia, tv ie, vse svetv pismv, Stariga inu Noviga Testamenta. Bibel, das ist, die gantze heilige Schrifft. Windisch, Wittenberg 1584.
- Karszanske lepe molitve. Betbüchlin Windisch, Wittenberg 1584.
- (Übers.): Agenda, tv ie, kokv se te imenitishe boshie slvshbe opravlajo po Wirtemberski cerkovni ordnungi, Wirtembergische Kirchenagend Windisch, Wittenberg 1585.

- (Hg. und Übers.)/BRENZ, Johannes: Ta kratki wirtemberski catechismvs. Cate-
  chismus windisch, Wittenberg 1585.
- Biblia 1584, hg. von Branko Berčič, Teil 1: Faksimiledruck, München 1968; Teil 2:
  Abhandlungen, München 1976.

Verzeichnisse der erschienenen Drucke Dalmatins finden sich in:

- VD 16 B 2867; VD 16 D 44; VD 16 M 7137–7138; VD 16 ZV 2947.
- Index Aureliensis, Bd. 11, Baden-Baden 1996, 196 f.: Nr. 149,347–351.
- BADALIĆ, Josip: Jugoslavica usque ad annum MDC. Bibliographie des südslawi-
  schen Frühdrucks, 2. Aufl., Baden-Baden 1966, s. v. Dalmatin [ergänze Nr. 165a
  und 185].

Weitere Literatur

BERČIČ, Branko: Das slowenische Wort in den Drucken des 16. Jahrhunderts, in:
ders.: Abhandlungen über die slowenische Reformation. Literatur, Geschichte,
Sprache, Stilart, Musik, Leksikographie, Theologie, Bibliographie, München
1968, 152–268.

BURKHART, Dagmar: Art. Dalmatin, Jurij (Georg), Biographisches Lexikon zur
Geschichte Südosteuropas 1 (1974), 360–362.

EISMANN, Wolfgang: Zur Übersetzung der Württembergischen Kirchenordnung
durch Jurij Dalmatin, in: Toporišič, Jože (Hg.): Kopitar Zbornik, Ljubljana 1996,
171–183.

ELZE, Ludwig Theodor: Art. Dalmatin, Georg, ADB 4 (1876/1986), 712 f.

ELZE, Theodor: Die Universität Tübingen und die Studenten aus Krain, Tübingen
1877 (Neudruck München 1977).

KIDRIČ, France: Art. Dalmatin, Jurij, Slovenski biografski leksikon 1 (1925–1932),
16–124.

LORENZ, Sönke/SCHINDLING, Anton/SETZLER, Wilfried (Hgg.): Primus Truber
1508–1586. Der slowenische Reformator und Württemberg, Stuttgart 2011.

RUPEL, Mirko: Primus Truber. Leben und Werk des slowenischen Reformators,
deutsche Übersetzung und Bearbeitung von Balduin Saria, München 1965.

WEISMANN, Christoph: Der Humanist Michael Tiffern (1488/89–1555). Mentor
Herzog Christophs und Mäzen des Tübinger Stifts, in: Hertel, Friedrich (Hg.):
In Wahrheit und Freiheit. 450 Jahre Evangelisches Stift in Tübingen (Quellen
und Forschungen zur württembergischen Kirchengeschichte 8), Stuttgart 1986,
47–80 (slowen. Übersetzung von Primož Simoniti, in: Zgodovinski Časopis 41
[1987], 439–464).

WEISMANN, Christoph: »Der Winden, Crabaten und Türken Bekehrung«. Reformation und Buchdruck bei den Südslawen 1550–1595, Kirche im Osten 29 (1986),
9–37.

Michael Mästlin

* 30. September 1550
† 26. Oktober 1631
Stiftseintritt: 1569

Allzu oft steht Michael Mästlin als *praeceptor* von Johannes Kepler (1571–1630) – so nennt dieser ihn in ihrem langjährigen Briefwechsel – in dessen Schatten. Gelingt Kepler nach Kopernikus ein weiterer entscheidender Schritt für die Himmelsmechanik, so ist ihm Mästlin Wegbereiter und in gewissem Maß Begleiter. Im ruhigen und recht prosperierenden Umfeld des Herzogtums Württemberg und seiner reformatorisch gefestigten Universität im ausgehenden 16. Jahrhundert erweist sich Mästlin als stabilisierend für das kopernikanische Weltbild. Während Kepler durch seine abweichenden theologischen Ansichten drei weit von Tübingen entfernte Lebensstationen durchläuft, lebt und wirkt Mästlin seit Beginn seines Studiums im Wesentlichen in Tübingen. Bis zu seinem Tod ist er insgesamt 47 Jahre Professor der Mathematik und damit auch der Astronomie – »durch Gottes Gnade«, so sein eigenes Urteil (Cod. Guelf. 15.3 Aug 2°: 6).

Geboren ist Michael Mästlin am 30. September 1550 in Göppingen als Sohn von Jakob und Dorothea Mästlin (geb. Simon) in eine protestantische, mäßig wohlhabende Familie hinein. Mästlins Schullaufbahn ist geprägt und wird gefördert von den Einrichtungen Herzog Christophs: Er besucht die Klosterschule im knapp fünfzig Kilometer entfernten Königsbronn und zieht 1566/1567 nach Herrenalb im Schwarzwald um. Von dort kommt er zum Stipendium ins Evangelische Stift, in dessen Quartalsberichten er seit Juli 1569 als *Baccalaureus classicus* dokumentiert ist. Die Immatrikulation an der Universität war bereits am 3. Dezember 1568 erfolgt. Er liefert meist hervorragende Ergebnisse in den Stiftsexamina, die zusätzlich zu den Prüfungen der Artistenfakultät abgelegt wurden. Im Juli-Bericht von 1571, nach Universitätsakten am 1. August 1571, ist Mästlin Magister artium und kann nach dem propädeutischen Studium der Sieben Freien Künste nun das Theologiestudium beginnen. Damit wechselt sein Platz im Speisesaal des Evangelischen Stifts von der nördlichen Seite auf die Fensterseite im Süden.

Von April 1573 bis Oktober 1576 wird Mästlin als Repetent für Mathematik geführt, so dass er nun nahe der Hausleitung am Herrentrippel im Ostteil des Speisesaals sitzen darf. Seine Begabung hierfür bestätigt ein Universitätszeugnis: Für die Mathematik »scheint er nicht gemacht, sondern geboren, nicht unterrichtet, sondern eingeweiht zu sein« (Cod. Guelf. 15.3 Aug 2°: 3). Die Aufgabe der Repetenten war es, die Baccalaurei für das Quadrivium der Artistenfakultät, bestehend aus den Fächern Arithmetik, Geometrie, Musik und Astronomie bzw. Mathematik vorzubereiten, indem sie Vorlesungen wiederholten.

Bereits in dieser Zeit, noch während des Theologiestudiums, kann sich Mästlin als Vertretung von Philip Apian (1531–1589) empfehlen, dessen Professur für Mathematik er 1575 kurzzeitig übernimmt. Seine Zeit an der Tübinger Universität wird zunächst durch ein Diakonat, d. h. eine zweite Pfarrstelle, von 1576–1580 in Backnang unterbrochen. Mit dem Urteil »ohngesehen bei ihm ein defectus und Mangel an Red sich befindet« (Kommerell: 88) wird er am Ende als für das Kirchenamt ungeeignet dargestellt. Theologisch ist also von Mästlin nicht viel geblieben. 1574 fungiert er bei der Dissertatio *Von der Ehe und dem priesterlichen Zölibat* des Jakob Heerbrand (1521–1600) in seiner Magisterzeit als Respondent. Die astronomischen Interessen kann er bei chronologischen Fragen mit Theologie verbinden: Immer wieder beschäftigt er sich auch im Dialog mit Kepler mit der richtigen Datierung biblischer Ereignisse über eine astronomische Fixierung. Es kommt nie zu einer Veröffentlichung, doch posthum wird die akribische Arbeit Mästlins von Johann Valentin Andreae in dem Büchlein *Synopsis Chronologiae* von 1641 gewürdigt. Ansonsten erscheinen Mästlins astronomische Werke – im Gegensatz zu Keplers – wenig theologisch aufgeladen.

War also seine kirchliche Laufbahn nach kurzem Probelauf bereits beendet, so lernt er während dieser Zeit immerhin seine erste Ehefrau kennen. Er heiratet Margarethe Grüninger, die Bürgermeistertochter aus Winnenden, am 9. April 1577. Sie schenkt ihm im Laufe der Jahre sechs Kinder, von denen die beiden letzten wohl bald nach der Geburt sterben. Mit seinen Söhnen hat er wenig Glück: Ludwig (* 1581 oder 1582) entweicht im September 1600 mit Wertgegenständen aus dem Elternhaus, und sein Bruder Michael (* 1586) flüchtet zu den Jesuiten. An Kepler schreibt er darüber: »Wie es mir geht, kannst Du vermuten. Fürwahr, ich bin vor Traurigkeit kaum bei mir. Gott möge helfen« (Kepler, Gesammelte Werke 14: 157). Mit seiner Familie zieht Mästlin dann 1580 für eine Professur nach Heidelberg. In diese Zeit fällt der Streit um die Kalenderreform. Der astronomische Ostertermin nach dem ersten Frühlingsvollmond und der kalendarische nach dem 21. März waren durch eine falsche Jahreslänge seit dem Konzil von Nicäa 325 n. Chr. um zehn Tage auseinandergefallen. Papst Gregor XIII. verordnet daher am 24. Februar 1582 die Auslassung von 10 Tagen bereits im Oktober desselben Jahres. Dass diese Reform trotz organisatorischer Schwierigkeiten aufgrund der Spontanität sinnvoll war, kann man im Blick auf das bis heute tragfähige Ergebnis nicht bestreiten. Und doch äußert sich Mästlin auf Anfrage von Ludwig des Pfalzgrafen bei Rhein in seiner Schrift *Außführlicher und gründtlicher Bericht* [...] vehement als Gegner der Kalenderreform und wird, sonst eher still und bescheiden, zum Wortführer des protestantischen Lagers. Dies hat mehrere Gründe: Einerseits beanspruchte Papst Gregor XIII. mit dem Erlass ohne Legitimation Einfluss in politischen Fragen. »Der ander Schimpff ist/nach dem der Bapst sihet/daß bey uns Euangelischen sein authoritet nit groß gehalten wirdt/ hat er durch diese Practick ein Fuß widerumb in unsere Kirchen zusetzen begeret [...]« (Mästlin 1583: 120) – ein Affront gegen die Stände der Augsburgischen Konfession. In seinem Traktat mit dem Charakter von »Streitschriften in spätreformatorischem Stil« (Betsch/Hamel: 36) statt wissenschaftlicher Sachlichkeit bringt Mästlin zudem viele praktische Bedenken vor: Der »Gemeyne Man« habe längst seinen Lebensrhythmus, zum Beispiel auch in vielen Bauernregeln, auf den Kalender eingestellt und sich »gewisse Merckzeychen im Kalender notiert« wie z. B. »Sanct Gregor/und das Creutze macht/Den Tag so lang gleich als die Nacht« (Außführlicher und gründtlicher Bericht: 33). Eine Änderung des Kalenders könne also nur Verwirrung stiften. Daneben stellt er fest, dass auch der neue Kalender nur auf unzureichenden astronomischen Daten basiere. Das evangelisch-theologische Hauptargument ist, dass eine Rückführung des Ostertermins auf das nicänische Konzil unbegründet sei: »Oder /Ist das Osterfest mehr ein Gedächtnüß des Nicenischen Conilij/dann des bittern Leidens/Sterbens unnd sigreichen Aufferstehung Christi?« (Außführlicher und gründtlicher Bericht: 82). Katholische und evangelische Christen feierten bis Februar 1700 Ostern zu verschiedenen Terminen. Mästlin zeigt sich in dem Streit als loyaler Protestant, sogar entgegen einsichtiger Sachargumente.

Daher fällt es ihm nicht schwer, die ab 1580 von Universitätskanzler und Theologieprofessor Jakob Andreae (1528–1590) eingeführte Konkordienformel zu unterzeichnen. Anders ergeht es Philip Apian. Dieser unterzeichnet die Konkordienformel nicht, so dass eine Nachfolge für seinen Lehrstuhl nötig wird. Mästlin kann 1584 seine Professur antreten. Kepler wird ab 1589 sein Schüler, 1610 dann Wilhelm Schickard (1592–1635), der ihm nach seinem Tod auf der Professur folgen sollte. Mästlin ist in seiner zweiten Tübinger Zeit insgesamt für sieben Amtszeiten Dekan der Artistenfakultät und damit für viele, ihm manche Nacht raubende organisatorische Aufgaben zuständig. Nach dem frühen Tod von Margarethe heiratet er 1588 ein zweites Mal nach einem knappen Jahr als alleinerziehender Vater.

Für die Feier kann er nun als Tübinger Professor das Universitätssilber verwenden. Mit Margarete Burkhardt, Tochter des Philosophieprofessors Georg Burkhardt, hat er weitere acht Kinder. Sein Sohn Gottfried (1595–1635) hilft ihm bisweilen bei astronomischen Beobachtungen. Diese macht Mästlin belegbar ab 1609 von der Burgsteige 7 aus, am Tübinger Aufstieg zum Schloss über dem Neckartal gelegen, meist allein mit seiner hervorragenden Sehkraft – ein Fernrohr erwähnt er erst 1613. Immer wieder ist ein früher Tod der Kinder Thema: »Ah, wo ist jene meine Hoffnung? meine Freude? jene Glückwünsche? in Schwermut, Tränen und unüberbietbarer Trauer sind alle aufgelöst« klagt Mästlin über seinen Sohn August (Kepler, Gesammelte Werke 13: 209). Dass solch persönliche Dinge Eingang in die Briefe fanden, zeigt, wie freundschaftlich vertraut sich das Verhältnis zwischen Mästlin und Kepler gestaltete.

Was seine wissenschaftliche Laufbahn betrifft hat sich Mästlin bis dahin zu einem anerkannten Astronomen gemausert. Bereits in Esslingen, wohin die gesamte Universität wegen eines Pestausbruchs 1571–1572 geflüchtet war, hat er ein erstaunliches Ereignis beobachtet und eine entscheidende Interpretation dazu gewagt. Am 11. November 1572 fiel ihm ein neuer Stern im Sternbild Cassiopeia (»Himmels-W«) auf, eine Nova, bei der sich ein bereits vorhandener Stern durch einen plötzlichen Helligkeitsanstieg bemerkbar macht. Nach dem ptolemäischen Weltbild auf Basis aristotelischer Philosophie konnte ein neues Himmelsobjekt nur innerhalb der Mondsphäre, sublunar, sein. Mästlin zeigte jedoch mit Hilfe der fehlenden Parallaxe, dass die Nova im supralunaren Bereich zu verorten sei. Er brachte die nicht zu beobachtende Bewegung des Sterns mit Kopernikus Einsicht über den Zusammenhang von Geschwindigkeit und Entfernung von der Sonne in Verbindung. Wenige Jahre später konnte er von Backnang

aus durch die Beobachtung des Kometen von 1577 diese Interpretation bestätigen, da sich auch der Komet supralunar in der Sphäre der Venus bewegte. In seiner 1578 publizierten Schrift *Observatio et demonstratio cometae aetherei* legt er seine Erkenntnisse ausführlich dar, nicht ohne die
Wahrheit der ihm sich aufdrängenden Beobachtungen zu betonen: »Die
Forderung scheint notwendig, dass ich meine Beobachtungen erwähne,
die ich in jenen selben Tagen sorgfältig gemacht habe, so dass aus diesen
klar werde, welche Meinung mit der Wahrheit übereinstimmt« (Observatio et demonstratio cometae aetherei: 6). Mästlin ist sich des Traditions-
bruchs bewusst. Die Interpretation beider Ereignisse zeigt ihn als vorsich-
tigen, aber von der Beobachtung überzeugten Überwinder des aristoteli-
schen Paradigmas von der Unveränderlichkeit des supralunaren Bereichs.
Für Mästlin war dies ein Beleg für die Richtigkeit des kopernikanischen
Weltbildes, das Tycho Brahe (1546–1601) sich nicht aneignete. Mit einfachs-
ten apparativen Methoden – einem Kreuz aus zwei gespannten Fäden –
war er zu seinen Ergebnissen gekommen, was Tycho Brahe, der in Prag ein
exzellent ausgestattetes Observatorium besaß, kritisierte. Und doch erhielt
Mästlin aufgrund seiner Schlussfolgerungen dessen höchste Wertschätzung, indem Brahe das Manuskript zur Nova in seinen *Progymnasmata*
vollständig abgedruckte.

Wie verhalten sich diese innovativen Deutungen zu Mästlins täglicher
Lehrtätigkeit an der Universität? Es ist sehr wahrscheinlich, dass die *Epitome Astronomiae* [...], ein äußerst erfolgreiches Lehrbuch im didaktisch
wertvollen katechetischen Stil von Frage und Antwort, am besten das wi-
derspiegelt, was Mästlin in seinen Vorlesungen lehrte. Ihm gelingt es darin, konventionell das Basiswissen der Astronomie nach dem ptolemäischen
Weltbild darzustellen, ohne das kopernikanische auszuschließen. Hält er
sich also in seinen Vorlesungen im Wesentlichen bedeckt, auch wenn ihm
Kepler bescheinigt, durch Kopernikus erfreut worden zu sein, »den jener
sehr häufig in seinen Vorlesungen erwähnte« (Gesammelte Werke 1: 9), so
vertritt er doch in Fachkreisen deutlich das kopernikanische System und
mutet interessierteren und fortgeschrittenen Schülern mehr zu. Daher ist
es sicherlich nicht nur ein Freundschaftsdienst, dass er Kepler ausgiebig bei
der Herausgabe des *Mysterium Cosmographicum* unterstützt, sondern eine
eigene Positionierung. Neben fachlicher Beratung und Ergänzungen für
die bessere Verständlichkeit von Keplers neuartigen Gedanken hält sich
Mästlin hierfür wohl häufiger in seinem Nachbarhaus in der Burgsteige 5
auf. Dort hat Mästlins Verleger Gruppenbach seine Druckerei, die er auch
für Keplers Werk vermittelt hat. »So kans kein setzer setzen. Ich muß sie all

selbs setzen«, bricht es aus ihm über seinen teils mühevollen Einsatz für Kepler heraus (Kepler, Gesammelte Werke 13: 95). In einem Empfehlungsschreiben an Herzog Friedrich von Württemberg beschreibt Mästlin, was ihn an Keplers Gedanken besonders beeindruckt: Bisher verfahre Astronomie über Beobachtungen »à posteriori«. »[D]as oder wie aus einer natürlichen, Geometrischen, richtigen *proportion* auch die *obseruationes* selbs, und dann die *hypotheses, quantitates et magnitudines Orbium coelestium* zu regulieren und zu examinieren weren, wie aus disem *inuento* zu verhoffen, hatt sich keiner niemals understanden« (Kepler, Gesammelte Werke 13: 68). Kepler jedoch ist diese Sichtweise a priori über die Entdeckung der regelmäßigen Proportionen im Sonnensystem und die Verbindung mit den fünf Platonischen Körpern gelungen. Er nähert sich später mit weiteren Theorien über die Ursachen dieser Verhältnisse und der Planetenbewegungen einer Verknüpfung von Physik und Astronomie und damit einem Paradigmenwechsel an. Deutlich lehnt Mästlin dies trotz der Bewunderung für die Ästhetik des Systems im Jahr 1616 ab, immer mit dem Blick des Didaktikers, der die Leser nicht verwirren möchte: »Ich glaube aber, dass man sich hier von den physikalischen Ursachen fernhalten muss, und dass Astronomisches mit astronomischen Methoden, durch astronomische Begründungen und Hypothesen, nicht durch physikalische, behandelt werden muss« (Kepler, Gesammelte Werke 17: 187).

Für Mästlin ist die Zeit noch nicht reif für methodische Neuerungen. Für ihn zählt die einfache Übereinstimmung von Rechnung und Beobachtung und damit eine einfache Empirie als Wahrheitskriterium. So würdigend er sich zu Keplers Arbeit äußert, das kühne Denken seines Schülers scheint ihm über den Kopf zu wachsen. Daher erklärt er die Unterbrechung der Korrespondenz zwischen 1600 und 1605 damit, dass er »nichts hatte, was ich Euch, dem hervorragendsten Mathematiker, angemessen hätte antworten können« (Kepler, Gesammelte Werke 15: 31). Über weitere Gründe der ab 1600 rar werdenden Briefe kann nur spekuliert werden. Offenbar kämpft Mästlin immer wieder mit Melancholie. Herwart von Hohenburg wendet sich 1602 mit der Bitte um Klärung eines Suizid-Gerüchts an Kepler, indem er über die Umstände schreibt, »das Er *in calculo* sich geirrt, darüber, als ime solliches demonstriert worden, in ein *melancholiam* gerathen, auch darauf also sein leben geendet haben solle« (Kepler, Gesammelte Werke 14: 213). Letzteres kann Kepler widerlegen, bestätigt aber die Depression, die Mästlin aufgrund der Flucht seines Sohnes Michael habe. Ein weiterer Grund für das Schweigen könnte aber auch gewesen sein, dass Mästlin den Hilferufen des von der Gegenreformation bedrängten Kepler, ihm eine Stelle in Tübingen zu besorgen, aus Scheu vor einem Konflikt mit den kirchlichen Autoritäten nicht nachkommen will. Aus den letzten Jahren Mästlins ist nicht viel bekannt. Eine weitere seiner vielen beobachteten Mondfinsternisse ist 1628 dokumentiert. Er stirbt 1631, ein Jahr nach seinem Schüler Kepler. Als kritischer Begleiter Keplers und als Professor von Generationen von Stiftlern und anderen Studenten, konnte er den Paradigmenwechsel vom aristotelisch geprägten zum helio-zentrischen Weltbild festigen und dadurch den Weg für kühnere Gedan-ken anderer bereiten.

Werke und Werkausgaben

MÄSTLIN, Michael:
- Observatio et demonstratio cometae aetherei, qui anno 1577 et 1578 constitutus in sphaera Veneris apparuit: cum passionibus admirandis, adhibitis demonstra-tionibus geometricis et arithmeticis, Tübingen 1578.
- Epitome Astronomiae: Qua Brevi Explicatione Omnia, Tam Ad Sphaericam quam Theoricam eius partem pertinentia, ex ipsius scienti[a]e fontibus deducta, perspicue per quaestiones traduntur, Heidelberg 1582.
- Außführlicher und gründtlicher Bericht von der allgemainen und nunmehr bey sechtzehen hundert Jaren von dem ersten Keyser Julio biß auff jetzige unsere Zeit im gantzen H. Römischen Reich gebrauchter Jarrechnung oder Kalender: in was Gestalt er anfänglich gweßt und was durch länge der Zeit für Irthumb dareyn seyen eyngeschlichen; item ob und wie er widerumb ohn merckliche verwürrung zu verbessern were; sambt erklärung der newen Reformation, wel-che jetziger Bapst zu Rom Gregorius XIII. in demselben Kalender hat angestellet und an vilen Orten eyngeführet, und was darvon zuhalten seye, Heidelberg 1583.
KEPLER, Johannes: Gesammelte Werke, Bde. 1.13–15.17, hg. von Max Caspar, Mün-chen 1938–1955. (Briefwechsel mit Mästlin)

Archivalien

Augusteische Handschriften, Herzog August Bibliothek Wolfenbüttel: Cod. Guelf. 15.3 Aug 2°. (Darin u. a. ein Zeugnis der Universität von 1581 und ein autobiogra-phischer Traktat von 1609)
AEvST E 1, 1 und 2.

Weitere Literatur

BETSCH, Gerhard /HAMEL, Jürgen (Hgg.): Zwischen Copernicus und Kepler. M. Michael Maestlinus Mathematicus Goeppingensis 1550–1631, Frankfurt a. M. 2002. (Darin ein Verzeichnis der Maestliniana in Tübingen)
JARRELL, Richard A.: The Life and Scientific Work of the Tübingen Astronomer Michael Maestlin. 1550–1631, Toronto 1972.
KOMMERELL, Viktor: Michael Maestlin, Schwäbische Lebensbilder 4 (1948), 86–100.
METHUEN, Charlotte: Maestlin's teaching of Copernicus, Isis 87/2 (1996), 230–247.

Stefanie Schoor

Johannes Kepler

* 27. Dezember 1571
† 15. November 1630
Stiftseintritt: 1589

Da naves, aut vela caelesti aurae accomoda,
erunt qui ne ab illa quidem vastitate sibi metuant.

Es ist nahezu unmöglich, über Kepler irgendetwas zu schreiben, was nicht schon tausendfach und womöglich besser geschrieben worden wäre. An dieser Stelle soll im Grunde nur seine Rolle in der Astronomie geschildert werden; er hat aber auch wichtige Beiträge zu Mathematik, Optik, Kristallographie, Kalenderberechnung, Musiktheorie, Hydraulik, Technik und anderen Gebieten geleistet und sich selbstverständlich auch theologisch geäußert, ja, er sieht sich auch während seiner Beschäftigung als Mathematiker *ad Deum ex Natura cognitionem*, zur Erkenntnis Gottes aus der Natur verpflichtet, wie er 1596 an die Universität Tübingen schreibt (Gerlach/List: 231). Charlotte Methuen definiert ihn als einen »theologischen Mathematiker«.

Keplers Privatleben (er hatte ein sehr problematisches Elternhaus, war vor allem als Kind häufig krank, später dann zweimal verheiratet und hatte vier Kinder aus erster und sechs Kinder aus der zweiten Ehe) und seine Rolle im Hexenprozess gegen seine Mutter können hier nicht angesprochen werden.

Immer wieder gerne zitiert wird der obige Satz aus seiner 1610 publizierten *Dissertatio cum nuncio sidereo*, mit der er in einer Art »offenem Brief« ausgesprochen schnell auf den von Galileo Galilei im März 1610 veröffentlichten *Sidereus Nuncius* (»Sternenbote«) reagierte.

In diesem Werk hatte Galilei seine mit Hilfe eines der ersten verfügbaren Teleskope durchgeführten Beobachtungen des (Erd-) Mondes und der Jupitermonde beschrieben. Gerade die Jupitermonde stellten eine ungeheuerliche Entdeckung dar, zeigten sie doch in kleinerem Maßstab ein Abbild des Sonnensystems und bestärkten das kopernikanische Weltbild. Wir können uns die Erregung und Begeisterung Keplers vorstellen, der die praktischen Beobachtungen Galileis theoretisch untermauern wollte. In der *Dissertatio* formuliert er dies so (Dissertatio: 12): »Es stehe also Galileo neben Kepler, jener den Mond beobachtend, den Blick in den Himmel gewandt, dieser die Sonne, abgewandt in Richtung Tafel (damit der Spiegel nicht das Auge verbrenne), ein jeder mit seiner Kunstfertigkeit.« Das eingangs erwähnte Zitat, in dem Kepler die Raumfahrt voraussieht, lautet in größerem Zusammenhang:

»Ich erinnere daran, dass es nicht unwahrscheinlich ist, dass es nicht nur auf dem Mond, sondern auch auf dem Jupiter selbst Bewohner gibt. [...] Sobald aber jemand die Kunst des Fliegens gelehrt haben wird, werden Siedler aus unserem Menschengeschlecht nicht fehlen. Wer hätte früher geglaubt, dass die Schifffahrt auf dem riesigen Ozean ruhiger und sicherer sein könnte als die auf der engen Adria, der Ostsee und dem Englischen Kanal? *Gib Schiffe oder Segel, die für die Himmelsluft angepasst sind, und es wird Menschen geben, die sich nicht einmal vor dieser unermesslichen Weite fürchten.* Deshalb wollen wir für die Künftigen, die diesen Weg wagen wollen, als ob es schon morgen wäre, die Astronomie begründen, ich die des Mondes, du, Galileo, die des Jupiter« (Dissertatio: 26). In der Tat sind die berühmten Keplerschen Planetengesetze eine wichtige Grundlagenerkenntnis der Himmelsmechanik, ohne die jeder Gedanke an eine Raumfahrt von Grund auf zum Scheitern verurteilt sein muss.

Wie aber konnte es dazu kommen, dass Kepler sozusagen der Urahn aller theoretischen Physiker wurde?

Johannes Kepler wurde am 27. Dezember 1571 nur sieben Monate nach der Eheschließung seiner Eltern in der Reichsstadt Weil der Stadt geboren. Kepler selbst schreibt: »Meine Mutter hatte eine Frühgeburt, und meine Kränklichkeit weckt den Verdacht auf die verkürzte Schwangerschaft als Ursache« (zitiert nach: Walz: 21). Schon drei Jahre später verließ der Vater die Familie, um als Söldner nach Belgien zu gehen (Walz: 23); ein Jahr später ließ die Mutter ihn bei den Großeltern zurück und reiste dem Vater nach. Kepler erlitt eine Pockenerkrankung, aus der er eine lebenslange Augenschwäche zurückbehielt. Nicht zuletzt deswegen mussten sich seine astronomischen Erkenntnisse später auch mehr auf Berechnungen denn auf

Beobachtungen stützen. Es gelang der Mutter, den Vater zur Rückkehr zu bewegen; die Familie zog ins württembergische Leonberg. Mit elfeinhalb Jahren bestand Kepler 1583 das Landexamen in Stuttgart, Voraussetzung für die Aufnahme ins herzogliche Stipendium. Ein Jahr später wurde er in die niedere Klosterschule Adelberg aufgenommen, 1586 in die höhere Klosterschule Maulbronn. Dort muss er häufiger krank gewesen sein und auch unter Mobbing durch seine Mitschüler sehr gelitten haben (Walz: 40), was aber seinen ausgezeichneten Leistungen keinen Abbruch tat. Schon 1587 erlaubte man ihm die Immatrikulation an der Universität Tübingen. Da im Tübinger Stift noch kein Platz frei war, setzte er seine Studien in Maulbronn fort und erwarb mit knapp 17 Jahren den Grad des Baccalaureus. Im September 1589 erfolgte dann sein Eintritt ins Stift in Tübingen, wo er sich als Joannes Keplerus Leomontanus (»aus Leonberg«) einschrieb.

Im Stift fiel Kepler niemals unangenehm auf, er entspricht »dem Bild eines begabten und eifrigen, frühreifen und verinnerlichten, von religiösen Zweifeln geplagten Schülers, der um keinen Preis negativ auffallen will und sich dadurch manche Feindschaft unreiferer Mitschüler zuzieht« (Seck 1971: 9). Seine Leistungen in den Quartalsprüfungen waren stets ausgezeichnet. Von besonderer Bedeutung war sein Studium der Mathematik bei Michael Mästlin, der ihm das heliozentrische System des Kopernikus nahebrachte, obwohl Martin Luther die Ideen des Kopernikus vehement abgelehnt hatte, da sie ihm im Widerspruch zur Bibel zu stehen schienen (Walz: 53): Wenn es bei Josua heißt: »Sonne, stehe still zu Gibeon, und Mond, im Tal Ajalon«, dann war damit für Luther klar, dass Sonne und Mond sich um die Erde drehten, da sie sonst ja nicht hätten stillstehen können. Die pragmatische Beobachtung Mästlins war, dass sich die Planetenbewegungen im kopernikanischen System einfacher als im ptolemäischen berechnen ließen, ohne sich die Frage zu stellen, welche der Ansichten nun »wahr« sei. Am 11. August 1591 erwarb Kepler den Grad des Magister als zweitbester von 15 Kandidaten; danach begann das eigentliche Theologiestudium. Trotzdem wurde Kepler nie württembergischer Pfarrer, wie er es bei seinem Eintritt ins Stift versprochen hatte: an der evangelischen Stiftsschule in Graz, die ein Gegenstück zu der von den Jesuiten betriebenen Grazer Universität bilden sollte, wurde 1594 die Stelle des Mathematikprofessors frei, und Kepler wurde wegen seiner hervorragenden Leistungen für dieses ehrenvolle Amt empfohlen und gewählt. Herzog Friedrich genehmigte ihm den Antritt der Stelle, die Kepler aber nur unter der Bedingung annahm, dass es ihm erlaubt sei, sich weiter für ein Amt in der Württembergischen Kirche zu qualifizieren.

1596 veröffentlichte er den *Prodromus dissertationum cosmographicorum, continens Mysterium Cosmographicum*, wozu er eine Druckerlaubnis der Universität Tübingen beantragte und – nach einer Änderung im Vorwort aufgrund eines Einspruchs der theologischen Fakultät – auch erhielt. Das Problem des Vorworts lag in der Andeutung, dass das kopernikanische Weltbild durchaus mit der Bibel vereinbar sein könnte. In diesem »Vorläufer kosmographischer Erörterungen« schildert Kepler ganz im Sinne des Platonischen Idealismus und unter Bezug auf die platonischen Körper, wie sich die Gesetze der Geometrie (heute würden wir sagen: Mathematik) im Kosmos wiederfänden, wodurch sich Gottes Wirken herrlich offenbare. Dabei stellte er sich einerseits bereits die Frage nach der Beziehung zwischen der Umlaufzeit von Planeten und ihrer Entfernung von der Sonne, aber andererseits auch die Frage nach der eigentlichen Ursache für die Planetenbewegungen, die er aber vorerst nur durch eine *anima motrix*, eine bewegende Seele, erklären konnte. Immerhin wurde er durch diese Schrift international bekannt und knüpfte Kontakte sowohl zu Galileo Galilei in Padua als auch zu Tycho Brahe in Prag.

1598 wurde er im Rahmen der Gegenreformation vorübergehend aus Graz vertrieben, durfte aber nach einem Monat wieder zurückkehren, was bei seinen evangelischen Kollegen in Tübingen Misstrauen hervorrief. Ihm wurde aber klar, dass er nicht dauerhaft in Graz würde bleiben können; er versuchte deshalb erfolglos, nach Tübingen zurückzukehren.

Von Februar bis Juni 1600 arbeitete Kepler mit Tycho Brahe in Prag. Nach den Überlegungen des Aristoteles, die sich im ptolemäischen Weltbild niedergeschlagen hatten, müssten sich Planeten mit gleichförmiger Geschwindigkeit auf Kreisbahnen bewegen (unabhängig von der Frage, wo der Mittelpunkt dieser Kreisbahnen liegt); alles andere als eine gleichförmige Kreisbewegung hätte das ästhetische Empfinden des griechischen Philosophen gestört. Die in der Praxis beobachteten Schleifen in den Planetenbahnen passten allerdings nicht in dieses Bild, weswegen die ptolemäische Theorie »Epizyklen« verwenden muss, also Bahnen von Kreisen, deren Mittelpunkte sich selbst auf einem größeren Kreis bewegen. Brahe sah die Schwächen der ptolemäischen Theorie; er war davon überzeugt, dass sich zwar die Planeten auf Kreisbahnen um die Sonne bewegten, die Sonne selbst aber samt ihren Planeten um die Erde als Mittelpunkt des Universums. Er hatte sich also vom ptolemäischen Weltbild verabschiedet, aber das kopernikanische nicht akzeptiert, sondern statt dessen eine eigene Theorie entwickelt, die aber mathematisch genau so kompliziert wie die ptolemäische ist.

Im August 1600 vertrieb die Gegenreformation die »Protestanten« aus Graz, weswegen auch Kepler die Stadt erneut verlassen musste. Zum Glück für ihn erreichte Brahe, dass Kaiser Rudolph II. ihn als seinen Assistenten nach Prag berief. Wenige Wochen später verstarb Brahe, und am 24. Oktober 1600 wurde Kepler auf Anordnung des Kaisers der Nachfolger Brahes als Kaiserlicher Mathematiker. Sein Auftrag war die Berechnung besserer astronomischer Tabellen, der später so genannten *Rudolphinischen Tabellen*, auf der Basis von Brahes Aufzeichnungen, als Grundlage für Astrologie und Seenavigation. Dabei traten große rechnerische Schwierigkeiten auf und Kepler gab sich mit der Theorie Brahes nicht zufrieden. In einem Brief (Gerlach/List: 114) schreibt er 1607: »Ich gebe eine Himmelsphilosophie oder Himmelsphysik anstelle der Himmelstheologie oder Himmelsmetaphysik des Aristoteles«. Dabei ist sein Bestreben nicht der Widerspruch zu den Lehren der Kirche, wie es Galilei immer wieder vorgeworfen wurde, sondern er sieht gerade in den mathematisch einfachen, eleganten Beschreibungen die Spuren von Gottes Wirken in der Natur.

In der 1609 im Druck erschienenen *Astronomia Nova* formuliert Kepler erstmalig die später so genannten ersten beiden Keplerschen Planetengesetze:

1. Die Planeten bewegen sich auf elliptischen Bahnen, in deren einem Brennpunkt die Sonne steht.

2. Der von einem Planeten zur Sonne weisende Strahl überstreicht in gleichen Zeiten gleiche Flächen.

Dies bedeutet, dass ein Planet sich umso schneller bewegt, je näher er seiner Sonne ist, eine wichtige Grundlage für Newtons spätere Entdeckung der Gravitationsgesetze. Friedrich Schiller formuliert es so: »Er trug Newton die Fackel voran« (Gerlach/List: 19). Es sollte noch weitere neun Jahre bis zur Formulierung des dritten Gesetzes dauern, welches die Umlaufzeit eines Planeten in Relation zu seiner Entfernung von der Sonne setzt.

Ebenfalls 1609 gibt es eine erste Version der *Astronomia Lunaris* (Gerlach: 10), die vollständig erst posthum erschien. Kepler erklärt hier Tag und Nacht auf dem Mond und die Beziehung zwischen Mond und Erde aus der Sicht eines Mondbewohners, um auf diese Weise seinen Lesern das heliozentrischen Weltbild näherzubringen: Für einen Bewohner auf der erdzugewandten Seite des Mondes steht die Erde immer fest an der gleichen Stelle, aber dreht sich um sich selbst, die Sonne dreht sich in 28 Tagen um die Erde, es gibt keine Jahreszeiten auf dem Mond und Tag und Nacht dauern jeweils 336 Stunden. Bewohner der erdfernen Seite des Mondes wissen nichts von der Erde.

1610 erschien dann die bereits angesprochene *Dissertatio cum Nuncio Sidereo*. Kepler sieht sich hier als Mathematiker und die Mathematik selbst (in seiner Terminologie: Geometrie) als Gottes Gabe: »Die Geometrie ist einzig und ewig, sie strahlt wider in Gottes Geist. Dass den Menschen die Teilhabe an ihr gestattet wurde, ist einer der Gründe, warum der Mensch Ebenbild Gottes wird« (Dissertatio: 30). Diese Gedanken erinnern sehr an die ungefähr zeitgleich vorgetragenen Formulierungen von René Descartes, der den Wahrheitsgehalt mathematischer (»geometrischer«) und philosophischer Erörterungen wie folgt beschreibt, was bis heute das Herz jedes Mathematikers erfreut: »Im übrigen besteht darin ein Unterschied, dass in der Geometrie – weil alle überzeugt sind, dass für gewöhnlich nichts geschrieben wird, wofür es keinen sicheren Beweis gibt – die Unerfahrenen häufiger darin fehlen, dass sie falsches akzeptieren, um vorzutäuschen, dass sie es verstehen, als dass sie wahres zurückweisen. In der Philosophie dagegen – weil man glaubt, dass es nichts gibt, worüber man nicht mit beiderlei Meinung disputieren kann – erforschen nur wenige die Wahrheit und viele andere erschleichen sich den Ruf eines Genies dadurch, dass sie sogar Hervorragendes anzufechten wagen« (Descartes, Meditationes: 4).

Im Jahr 1612 musste Kaiser Rudolph abdanken und seinem Bruder Matthias den Thron überlassen; Kepler versuchte daraufhin erneut, an die Universität Tübingen zurückzukehren. Die oberste Kirchenbehörde lehnte dies aber ab, weil Kepler sich weigerte, die Konkordienformel zu unterschreiben; er hatte vor allem gegen die dort festgeschriebene Abendmahlsauffassung Bedenken. Kepler ging nun nach Linz als Professor und »Landschaftsmathematiker«, um dort auch die Rudolphinischen Tabellen fertigzustellen. In Linz wurde er von einem ehemaligen Studienkollegen aus Tübingen, Daniel Hitzler, vom Abendmahl ausgeschlossen, eine Entscheidung, unter der er sehr gelitten hat und die trotz Anrufung des Stuttgarter Konsistoriums nicht zurückgenommen wurde.

1613 wurde Kepler als Gutachter zur Gregorianischen Kalenderreform auf den Regensburger Reichstag (Gerlach/List: 23) geladen. Dort verteidigte er den Gregorianischen Kalender, der bereits 1582 verkündet worden war, aber von den protestantischen Fürsten immer noch abgelehnt wurde, weil er ja vom Papst kam. Keplers Ansicht nach war der Gregorianische Kalender der »astronomisch richtige«; im Übrigen sei aufgrund astronomischer Gegebenheiten (»Stern von Bethlehem«) die wahre Geburt Christi im Jahre 6 nach Christus einzuordnen. Eine Einigung über die Kalenderfrage kam jedoch auch 1513 nicht zustande.

In den Jahren 1617–1620 reiste Kepler zweimal nach Württemberg wegen eines Hexenprozesses gegen seine Mutter und besuchte dabei auch seine Tübinger Freunde, vor allem Mästlin und Wilhelm Schickard, den Erfinder der Rechenmaschine. Interessant ist hier der Unterschied in der Geisteshaltung Mästlins auf der einen Seite und Schickards sowie Keplers auf der anderen Seite: während Mästlin die Vereinfachung von Multiplikationen durch die von John Napier (1550–1617) erfundenen Logarithmen im Gegensatz zu Kepler ablehnte (»Es steht einem Professor der Mathematik nicht an, sich über irgendeine Abkürzung der Rechnungen kindlich zu freuen«, Gerlach/List: 182), fand Schickard – und wir dürfen sicher vermuten: auch Kepler – großen Gefallen an der Automatisierung lästiger Rechnungen durch die Rechenmaschine. Kepler verwendete die Napierschen Logarithmen für die Rudolphinischen Tabellen und Schickard die Napierschen Rechenstäbchen (die mit den Logarithmen nichts zu tun haben), um mit seiner Additionsmaschine auch Multiplikationen und Divisionen durchführen zu können. Schickard schrieb 1623 an Kepler: »Du würdest hell auflachen, wenn du da wärest und erlebtest, wie sie die Stellen links, wenn es über einen Zehner oder Hunderter hinweggeht, ganz von selbst erhöht, bzw. beim Subtrahieren ihnen etwas wegnimmt« (Seck 1978: 289).

In den Jahren 1624 bis 1627 unternahm Kepler zahlreiche Reisen nach verschiedenen Orten, um die inzwischen fertiggestellten Rudolphinischen Tabellen drucken zu lassen. Wir können uns heute nur noch schwer vorstellen, wie schwierig es mitten im Dreißigjährigen Krieg gewesen sein mag, Druckereien nebst den notwendigen Typen und Druckpapier zu finden. Im Jahr 1627 konnte Kepler in Prag endlich Kaiser Ferdinand die fertiggestellten Rudolphinischen Tabellen überreichen. Bei dieser Gelegenheit legte man ihm nahe, zum katholischen Glauben überzutreten (Gerlach/List: 15), was er aber ablehnte. In Prag traf Kepler aber erneut auf Wallenstein, den er schon 1608 kennengelernt hatte und der ihn mit dem Versprechen einer eigenen Buchpresse zur Veröffentlichung seiner Arbeiten zu einer Übersiedlung nach Sagan (im heutigen Polen) überreden konnte und ihn dort unter anderem als Astrologen beschäftigte. Kepler stand der Astrologie als einem »abergläubischen, wahrsagerischen Affenspiel« (Gerlach/List: 215) durchaus skeptisch gegenüber: »Daß der Himmel im Menschen etwas thue, sihet man klar genug: was er aber *in specie* thue, bleibt verborgen.«

Am 15. November 1630 starb Kepler im Alter von 59 Jahren auf einer Reise in Regensburg an einem Fieber. Er selbst hatte als Grabinschrift das folgende Distichon verfasst; sein Grab in Regensburg ist schon in den Wirren des Dreißigjährigen Krieges untergegangen:

Mensus eram coelos nunc terrae metior umbras
Mens coelestis erat, corporis umbra iacet.

(Vermessen habe ich die Himmel, jetzt messe ich die Schatten der Erde. Der Geist war himmlisch, der Schatten des Körpers liegt hier.)

Werke und Werkausgaben

KEPLER, Johannes:
- Prodromus dissertationum cosmographicorum, continens Mysterium Cosmographicum, Tübingen 1596.
- Astronomia nova Aitiologetos Seu Physica Coelestis, tradita commentariis De Motibvs Stellae Martis: Ex observationibus G. V. Tychonis Brahe, Heidelberg 1609.
- Dissertatio cum nuncio sidereo nuper ad mortales misso a Galilaeo Galilaeo, Prag 1610. (Zugänglich im Internet, http://books.google.de/books?id=jBSq5Bx_NekC, Zugriff 4. 5. 2012).
- Somnium seu opus posthumum de astronomia lunaris, hg. von Ludwig Kepler, Frankfurt 1634.

Weitere Literatur

DESCARTES, René: Meditationes de Prima Philosophia (Paris 1647), hg. von Louis-Charles d'Albert de Luynes u. Genevieve Rodis-Lewis (Bibliothèque des Textes Philosophiques), Paris 1963.
GERLACH, Walther/LIST, Martha: Johannes Kepler. 1571 Weil der Stadt – 1630 Regensburg. Dokumente zu Lebenszeit und Lebenswerk, München 1971.
METHUEN, Charlotte: Kepler's Tübingen. Stimulus to a Theological Mathematics, Aldeshot/Brookfield 1998.
SECK, Friedrich: Kepler und Tübingen, Tübingen 1971.
SECK, Friedrich: Wilhelm Schickard 1592–1635. Astronom, Geograph, Orientalist, Erfinder der Rechenmaschine, Tübingen 1978.
WALZ, Eberhard: Johannes Kepler Leomontanus. »Gehorsamer Underthan vnd Burgerssohn von Löwenberg«, Leonberg 1994.

Herbert Klaeren

Balthasar Raith

* 8. Oktober 1616
† 30. November 1683
Stiftseintritt: 1635

ויהי כשמעי פטירת
בלשאצר ריט
מרפיץ תורה בטובינגא המהוללת
ואפתח פי מאון לבי
ואשא קינתי ואומר דברי

Mit diesen Worten beginnt ein hebräisches Gedicht in einem Sonderdruck mit der *Leichenpredigt* und literarischen Freundesgaben, der im Dezember des Jahres 1683 anlässlich des Todes des Theologieprofessors Balthasar Raith in Tübingen herauskam. Der anonyme Autor, offenbar ein Schüler Raiths, setzte unter seinen Lesern Sprachkenntnisse voraus; auch sollte die Andeutung von Endreimen goutiert werden:

Wajehi ke-shim'i petirat	Wenn ich höre vom Ableben
Balthasar Raith	Balthasar Raiths,
Marbiz Tora be-Tubinga hamehullelet	des Toralehrers im hochgelobten Tübingen,
We-äftah pi meun libbi	dann öffne ich meinen Mund mit sträubendem Herz
We-ässah qinati we-omar devari [...]	und erhebe ich meine Klage und sage meine Worte [...]

Der im Original unübersetzte (und unvokalisierte!) Text gibt Zeugnis von einem offenbar beliebten akademischen Lehrer, der das Ideal der aktiven Beherrschung der Sprachen der Theologie gepflegt hatte; dazu gehörte neben dem Lateinischen und Griechischen für Raith vor allem das Hebräische, Aramäische und Syrische, aber auch das Arabische.

Dass der 1616 in Schorndorf geborene Raith einmal nicht nur hebräische Texte untersuchen und übersetzen, sondern auch selbst verfassen und seine Studenten zu beidem anleiten würde, war ihm nicht an der Wiege gesungen worden. Nach dem frühen Tod seines Vaters und aufgrund der materiellen Not in der Zeit des Dreißigjährigen Krieges war für ihn eigentlich das Erlernen eines Handwerks vorgesehen gewesen. Da sein Lehrer Johann Jacob Wolffstirn aber seine Begabung erkannt hatte, durfte er die Lateinschule seiner Heimatstadt besuchen und studierte dort auch Dialektik und Rhetorik. Fünf Jahre später, am 22. Juni 1633, immatrikulierte er sich mit zwei Schorndorfer Freunden, Matthias Brecht und Johann Ludovicus Wetzel, in Tübingen und fand zunächst Unterkunft in der Burse. Nachdem er wenige Wochen später »Gradum Baccalaureatus und unter 51 (Bewerbern) Primum Locum« erlangt hatte, »verfügte (er) sich darauff wieder nachher Haus/ woselbsten Er mit etlich andern seines gleichen Declamando & Disputando privatim sich exercirt/ biß entlich den 25. Januraii Anno 1634.« Erst danach erwartete ihn die »so lang erwartende Promotion in das Closter Bebenhausen.« Doch erneut holten ihn dort die Kriegsereignisse ein. Nicht länger als sieben Monate konnte er in Bebenhausen bleiben, bis er sich wegen »feindlicher Lands occupatio [...] mit der Flucht nacher Schorndorff salviren« musste (Keller: 34).

Da seine Heimatstadt im November 1634 von kaiserlichen Truppen belagert und kurz darauf fast vollständig eingeäschert wurde (auch die Lateinschule fiel dem Brand zum Opfer), begann für Raith nun ein schrecklicher Winter. Sechs Wochen lang hatte er in einem Keller auszuharren, wo ihm wegen des Rauchs ein »mercklicher Nachtheil an seinem Gesicht« entstand, »so ihme sein Lebenlang nachgangen« (Keller: 34). Erst 1635 konnte er als Philosophiae Magister ins Stift einziehen, wo er auf der Rangliste von einundreißig Mitstudenten den zwölften Platz einnahm. Sogleich begann er mit dem Studium und spezialisierte sich dabei auf orientalische Sprachen. Sein Nachruf vermerkt, dass er die dazu notwendige Literatur, möglicherweise die hebräische Grammatik und die Wörterbücher von Johannes Buxtorf d. Ä., aus seiner Privatschatulle zu kaufen bereit war. Fünf Jahre später wurde Raith zum Diakon ordiniert. 1641 heiratete er Maria Margaretha geb. Rümelin, mit der er acht Kinder hatte; ein Sohn, Georg Balthasar Raith, wurde Diakon in Brackenheim, ein weiterer Sohn, Johann Ulrich Raith, widmete sich der Medizin. Nach dem Tod seiner Ehefrau am 1. Juni 1662 und einem Trauerjahr ging Raith im August 1663 eine neue Ehe mit der Witwe Anna Maria Schweick ein, die ihn aber am 25. Juli 1875 erneut als Witwer zurückließ.

Nach Ende der Kriegswirren in Württemberg bemühte sich Herzog Eberhard III. darum, die Verhältnisse an seiner Landesuniversität wieder zu normalisieren; bei einer Inspektion des Stifts im Jahre 1646 war besonders der deplorable Zustand des Hebräischunterrichts aufgefallen. In einem Brief vom September 1647 forderte Eberhard den Senat der Universität daher dazu auf, Balthasar Raith zum Lektor für hebräische Sprache einzusetzen – ein Vorschlag, der in dem Gremium aber auf Widerstand stieß. Offenbar meinte die Universität, nicht die nötigen Finanzmittel zur Besoldung Raiths zur Verfügung zu haben und schlug stattdessen den Stiftsrepetenten Ösenwein vor, der sich für ein geringeres Entgelt würde anstellen lassen (Zaschka: 150). In dieser Angelegenheit kam es zu einem Schriftwechsel zwischen dem Herzog und der Universität, der sich über mehrere Jahre hinzog und offenbar damit endete, dass der Senat sich durchsetzte. Raith 1649 blieb die universitäre Anstellung zunächst verwehrt (Zaschka: 151); stattdessen wurde er mit der Versehung des Pfarramtes in Derendingen und der Superintendenz »beeder Aempter Tübingen und Bebenhausen« betraut. Erst im Sommer 1652 wurde er zum Extraordinarius ernannt, »mit gnädigst anvertrauter Ducalis Stipendii Superintendenz und Lectione Hebraea« (Keller: 36).

Wie sehr dem Herzog, dessen Schwester Antonia in besonderer Weise hebraistischen und auch kabbalistischen Neigungen nachging, weiterhin am Fortkommen Raiths und am Sprachunterricht der Theologiestudenten lag, zeigte sich im Dezember 1656, als er diesen anlässlich seiner feierlichen Ernennung zum Magister Domus mit seiner Anwesenheit beehrte. Umso bemerkenswerter ist, dass die Universität Raith erst ein Jahr später als ordentlichen Theologieprofessor aufnahm. Danach diente Raith bis zu seinem alters- und krankheitsbedingten Rücktritt von allem Ämtern im Jahre 1680 sechs Mal als Rector Magnificus und mehrmals als Dekan der Theologischen Fakultät.

Das zunächst zögerliche Fortkommen Raiths mag, wie er in einem Brief vom 7. August 1655 an Johann Buxtorf d. J. in Basel gesteht, auch mit der Tatsache zu tun haben, dass er sich der Nachfolge des großen Hebraisten Wilhelm Schickard (1592–1635) in Tübingen zunächst kaum gewachsen fühlte (Seck 2002 2: 439). Zu seinen wichtigsten Aktivitäten gehörte dann auch die Pflege des Erbes seines Vorgängers mit der Neuherausgabe von Schickards Lehrbüchern: seiner *Hebräischen Uhr* (Horologium Hebraeum), eines Studienbuches in 24 Kapiteln, die jeweils in einer Stunde zu erlernen waren (Neuauflagen 1663, 1670 und 1682) und der *Rota Hebraea*, einer Konjugationstabelle in drehbaren Scheiben, die – übereinander gelegt

– die zu erlernenden Formen in Fenstern zeigen (Neuauflage 1663). Hinzu kamen Schickards Studienausgaben von biblischen Texten mit lateinischer Interlinearübersetzung (קצר מקרא, 1653 und 1663) und eine Ergänzung zu Schickards *Alphabetum Davidicum* aus dem Jahre 1622, einer exegetischen Vorlesung des großen Hebraisten zu Psalm 25, in der mit Verweis auf aramäische, syrische und griechische Versionen die Wortwurzeln des Hebräischen untersucht und etymologische Zusammenhänge erklärt worden waren (Ausgabe Raiths: 1656).

Aber die Interessen Raiths gingen noch weiter: dies zeigen die unter seiner Ägide entstanden Arbeiten, etwa Philipp Jacob Oswalds *Epitomen islamismi turcico-muhammedici* (1664), eine mit einem arabischen Titel (»Arba ʿīna ḥadīṯan«) versehene Erörterung von Traditionen (Hadithe) über den Propheten Muhammed mit problemgeschichtlichen Skizzen aus christlich-theologischer Sicht. Erörtert wird dort etwa die Frage, warum die Konversion von Muslimen zum christlichen Glauben so schwer zu bewerkstelligen sei und die »Verwechslung« Marias, der Mutter Jesu, mit Mirjam, der Schwester Moses und Arons, im Koran (Epitomen islamismi: 15.22). Erwähnenswert ist auch eine 1661 unter hebräischem Titel veröffentlichte Dissertation über das biblische Manna. Auf einunddreißig Thesen in lateinischer Sprache mit ausführlichen philologischen Nachweisen folgen dort Anmerkungen der Respondenten und ein gereimtes Lob des Doktorvaters:

> »Es ist ein grossses Lob in Sprachen seyn beflissen/
> Und auch derselben Arth mit rechtem Grunde wissen/
> Gewiß die Sprachen seyndt die Schlüssel aller Kunst/
> Ohn Sprachen etwas thun ist alles gantz umbsonst!
> Das hat Herr Schwilge recht und wohl bey sich betrachtet
> Indem er Gottes Sprach so hoch und thewer achtet;
> Daß er dieselbe nuhn erforscht mit grossem Fleiß/
> Wann er so fähret fort/so reicht es ihm zum Preiß«
> (De Manna: 12).

Wie spielerisch Raith seinen philologischen Interessen nachkam, zeigt ein Eintrag in dem von ihm nach dem Tode des Tübinger Mediziners Samuel Hafenreffer im September 1660 (Lyncker: 25) herausgegebenen *Leich= Sermon und Ehren=Gedächtniß*. In diesem Heft wurde der Name des Verstorbenen von Raith zunächst hebraisiert (שמואל הבן-רב-ער), diese Namensform dann, ausgehend von der entstandenen Wortwurzel (hebr. ער für »wach«), zurückübersetzt, zum Ausgangspunkt für eine lateinische Eloge gemacht (»Dum vigil in statione tua persistis«) und mit der Abkürzung des rabbinischen (also nachbiblischen!) Hebräisch für »seligen Angedenkens« (ז"ל) versehen. Solche Manierismen waren im Barock wohl nicht ungewöhnlich; im Anhang zur *Klag= und Trost=Predig* nach dem Tod von Sabina Regina Rümelin, möglicherweise einer Großnichte von Raiths verstorbener Frau, findet sich etwa eine zahlenmystische Deutung des Todesdatums der Verstorbenen am 3. Februar 1673 (»Cabbalistische Jahrzahl Berechnung der höchst=erfrölichen Heimführung der seel. Jungfrauen zur himmlischen Hochzeit«). Es ist schwer zu sagen, wann für die Zeitgenossen die Grenze des guten Geschmacks überschritten war. Vielleicht ist es aber kein Zufall, wenn Raith anlässlich der Einweihung der kabbalistischen Lehrtafel der Prinzessin Antonia in Bad Teinach im Frühjahr 1673 vor dem »aber=gläubisch seyn« warnte und betonte, das Christen nicht »vonnöthen hätten unsere Glaubens=Articul und Religions=Geheimnissen auff die Cabal als einen Grund zusetzen / sintemal wir ein vester Prophetisch wort haben / nemblich den Grund der Apostel und Propheten / darauff wie gebauet« (Turris: 7).

Balthasar Raith spielte als Vertrauter Philipp Jakob Speners eine wichtige Rolle bei der Umsetzung der pietistischen Studienreform in Tübingen. Spener, der ihn exklusiv in seinen *Pia Desideria* erwähnte, besuchte Raith, das Stift und die Universität bereits 1662.

Im Nachruf auf Raith heißt es, der Verstorbene habe »unsern Symbolischen Bucher gemäs docirt« und sich an der »reinen Lehr des Evangelii« orientiert. »Bey seiner Professur und Ehrenämbter war Er demutig/ allem eitelen Pracht und Ruhm hertzlich Abhold/ begehrte sich nirgend zu ostentiren/ und ob Er wol in denen 3. Oriental. Sprachen Hebr. Syrisch und Chald. Sehr erfahren/ ließ Er doch außer seiner Profession, Ihm solches nicht ansehen« (Keller: 39) – ein Lob, das die Redaktion des Gedächtnisheftes immerhin mit dem anfangs zitierten hebräischen Klagelied zu zieren wusste.

Werke und Werkausgaben

RAITH, Balthasar:
– קצר מקרא Epitome Bibliorum continens praecipua Vet. Test. Testimonia, primùm à Cl. Wilhelmo Schickardo Prof. Publ. Tubing. sub Titulo Eclogarum Sacrarum Ebraeo-Latinarum Vet. Test. Edita [...] Accurante Balthasare Raithio, Tübingen 1653.

- דגן שמים ולחם אבירים sive Dissertatio Philologico Historica *de Manna* quam exercit gratia Divino adminiculante auxilio sub praesidio viri Admodùm Reverendi atque excellentissimi Domini Balthasari Raithii Johan-Casparus Schwilgius in Auditorio Hebrae, Tübingen 1661.
- Leich=Sermon und Ehren=Gedächtniß über dem Tödtlichen Ableiben deß Samuel Hafenreffers/Philosophiae und Medicinae Doctoris Welcher den 26. Septemb. Anno 1660 Morgens zwischen 3. und 4. Uhr mit vernünfftigem sanfftem End in seinem Herrn Jesu sein Leben Seelig beschlossen, Tübingen 1661.
- Arba 'ina ḥadītan. Hoc est Pandecta dictorum factorumque Muhammed: Epitomen islamismi turcico-muhammedici Ad cognoscendam tesseram fidei hostis Othmannici Christianis terra Sub praeside Authore Balthasare Raithio. ad disputandum proposita a M. Philippo Jacobo Osvvaldo, Tübingen 1664.
- MÜLLERN, Johann Jakob: Klag= und Trost=Predig/Darinn auß der Gleichnus Christi Matth. XXV. Vers. 10 Die seelige Heimführungs=Frewd zur himmelischen Hochzeit / andächtig beschrieben und gewißlich versichert: und als Deß Wol=Edlen [...] Hoch=gelehrten Herrns Joh. Ulrich Rumelins [...] Ihro Durchl. Eberhard. III Hertzogs zu Würtemberg/ hoch=ansehlichen Ober=Justiz=Raths/ hertz=geliebte Einige Jungfrau Tochter/ Die Wol=Edle/Vil=Ehren= und Tugend=gezierte Jungfrau/ Sabina Regina/ so da von ihrem Seelen=Bräutigam JESU durch einen seeligen Tod den 3. Febr. Anno 1673. als Montags/gegen Tag umb 7. Uhr gnädigst abgefordert/ Den folgenden 6. diß auf des Spittals mittlern Kirchhof in ihr sanfftes Ruh=Kämmerlein/Christlöblichem Gebrauch gemäß/ eingesencket wurde; einer Christlichen Gemeinde vorgetragen und nun auf Begehren zum Truck gegeben worden von M. Johann Jacob Müllern/Pfarrer zu St. Leonhard in Stuttgart.
  (Im Anhang Raiths »Cabbalistische Jahrzahl Berechnung«).
- TURRIS ANTONIA / Oder / Einweyhungs Rede / Bey Auffrichtung / Der / Auss dem Cabalistischen Geheimnuss=Baum / entsprossnen / Und / Von der / Durchleuchtigsten Fürstin und Princessin / Princessin ANTONIA / Gebohrnen Hertzogin zu Würtemberg und Teck / Gräfin zu Montbelgard / und Fräwlein zu / Heidenheim / In die Kirch im Deynach gestiffteten / und auffgerichteten / Lehr=Tafel / Gehalten / Durch / Balthasar Raithen / S. S. Theol. D. und P. P. / Acad. Tubing. / Auch auff Gnädigsten Befehl gedruckt. / Tübingen: Joachim Hein 1673.

Weitere Literatur

BETZ, Otto: Licht vom unerschaffnen Lichte. Die kabbalistische Lehrtafel der Prinzessin Antonia, Metzingen 1996.

BRECHT, Martin: Konzeptionen der Theologenausbildung, in: Hertel, Friedrich (Hg.): In Wahrheit und Freiheit. 450 Jahre Evangelisches Stift in Tübingen (Quellen und Forschungen zur württembergischen Kirchengeschichte 8), Stuttgart 1986, 29–46; Neudruck in: ders.: Ausgewählte Aufsätze, Bd. 2: Pietismus, Stuttgart 1997, 231–250.

BRECHT, Martin: Philipp Jakob Spener und die Anfänge des Pietismus, Pietismus und Neuzeit 4 (1977/1978), 119–154.

BRECHT, Martin: Philipp Jakob Spener und die Reform des Theologiestudiums, Pietismus und Neuzeit 12 (1986), 94–108; Neudruck in: ders.: Ausgewählte Aufsätze, Bd. 2: Pietismus, Stuttgart 1997, 215–230.

BRECHT, Martin: Philipp Jakob Spener und die württembergische Kirche, in: Liebing Heinz/ Scholder, Klaus (Hgg.): Geist und Geschichte der Reformation. FS Hanns Rückert (Arbeiten zur Kirchengeschichte 38), Berlin 1966, 443–459.

GRUHL, Reinhard/MORGENSTERN, Matthias: Zwei hebräische Gebete der Prinzessin Antonia von Württemberg (1613–1679) im Kontext der Einweihung der kabalistischen Lehrtafel in Bad Teinach, Judaica 62 (2006), 97–130.

KELLER, Georg Heinrich: Christliche Leich=Predig aus dem CXXVI. Psalmen / Vers. 5.6. Bey Volckreicher Leichbegängniß des Weiland Hoch=Ehrwürdigen / GroßAchtbahrn / und Hochgelehrten / Herren Balthasar Raithen / Der heiligen Schrifft Doctoris, bey allhiesiger Universität zu Tübingen vieljährigen / wohlverdient= und berühmten Professoris Ordinarii, der Kirchen allda treu=eiferigen Decani und Ducalis Stipendii Superintendentis Senioris. Welcher den 30. Novembr. Anno 1683 Nachts umb 10. Uhr in seinem Erlöser sanfft entschlaffen/ und den 4. Decembr. Christlich zur Erden bestattet worden, Tübingen 1683.

LYNCKER, Peter: Samuel Hafenreffer (1587–1660). Leben, Werk, seine Bedeutung für die Dermatologie, Diss. Tübingen 1966.

SECK, Friedrich: Wilhelm Schickard (1592–1635). Astronom, Geograph, Orientalist, Erfinder der Rechenmaschine (Contubernium 25), Tübingen 1978.

SECK, Friedrich: Wilhelm Schickard. Briefwechsel, 2 Bde., Stuttgart-Bad Canstatt 2002.

STAMMBAUM der Familie Rümelin: http://www.weihenstephan.org/~ruemgerh/stammliste.html#fam5.2, Zugriff 09. 05. 2012.

WAGENMANN, Julius August: Art. Raith, Balthasar, ADB 27 (1888), 190–191.

ZASCHKA, Bernhard: Die Lehrstühle der Universität Tübingen im Dreißigjährigen Krieg. Zur sozialen Wirklichkeit von Professoren im vorklassischen Zeitalter, Tübingen 1993.

Mein Dank an Bernhard Homa für biographische und bibliographische Informationen aus seiner Magisterarbeit »Professoren und Lehrer der Philosophie an der Universität Tübingen 1652–1752«, Tübingen 2010.

Matthias Morgenstern

Johann Reinhard Hedinger

* 7. September 1664
† 28. Dezember 1704
Stiftseintritt: 1681

Er wurde zum maßgeblichen Übersetzer der Theologie Philipp Jakob Speners nach Württemberg, wagte durch seine kommentierte Bibelausgabe Kritik am Primat Luthers und prägte durch seine Lehrbücher der praktischen Theologie die nachfolgenden Pfarrergenerationen. In schon früh von ihm überlieferten Anekdoten von seinem Bekennermut vor Fürstenthronen kam die Obrigkeitskritik des frühen Pietismus ebenso zum Ausdruck, wie eine hagiographische Tendenz zur Darstellung der eigenen Geschichte.

Johann Reinhard Hedinger wurde am 7. September 1664 in Stuttgart geboren, wo sein Vater gleichen Namens, verheiratet mit der Prälatentochter Christiana, geb. Schübel, als Hofadvokat tätig war. Als der Vater bereits 1668 starb, verheiratete sich die Mutter mit Johann Bernhard Schmoller, dessen Sohn Christian Friedrich, damit Hedingers Stiefbruder, einer der ersten im Stift streng untersuchten Separatisten war. Vor dem Studium in Tübingen besuchte Johann Reinhard Hedinger die Klosterschulen in Hirsau, die 1692 durch französische Truppen zerstört wurde, und in Bebenhausen.

Studium im Herzoglichen Stipendium

Seiner besonderen Begabungen wegen wurde Hedinger »außer der Ordnung« (Schöllkopf 1999: 35) ins Tübinger Stipendium aufgenommen und stieß so im September 1681 zu der Promotion hinzu, die bereits im April dieses Jahres mit dem Studium begonnen hatte. Mit ihm gemeinsam studierte auch Gottfried Hoffmann (1669–1728), der später Professor für Logik und Metaphysik, schließlich für Theologie und auch Magister Domus des Stifts wurde. Als Hedinger gerade sein Magisterexamen ablegte, zog der berühmte Andreas Adam Hochstetter (1668–1717) ins Stift ein, der später Professor der Theologie und einer der Nachfolger Hedingers als Hofprediger werden sollte. Schon war die Reform des theologischen Studiums in Gang gekommen, die Philipp Jakob Spener durch seine *Pia Desideria* von 1675 mit ausgelöst hatte. Statt dem scholastischen Vorrang der Dogmatik lagen die neuen Schwerpunkte auf den exegetischen Fächern und biblischen Ursprachen, sowie bei der Kontroverstheologie. Als Lehrer in den biblischen Büchern verehrte Hedinger Johann Andreas Hochstetter (1637–1720), den man den »württembergischen Spener« nannte. Hedinger nahm auch am Konventikel der Stiftsrepetenten teil. Bei der umfassenden Visitation des Stipendiums und der Universität, an der auch der neu eingerichtete Extraordinarius Georg Heinrich Häberlin beteiligt war, wurde ausgerechnet Hedinger der Anhänglichkeit zur scholastischen Methodik verdächtigt und bekam deshalb ein schlechtes Quartalszeugnis wegen *periculose studiorum suorum* (Schöllkopf 1999: 36) verpasst, was sich jedoch bald wieder normalisierte. 1686 legte Hedinger ein glänzendes Examen ab und trat die gerade im Zuge der Spenerschen Studienreform 1687 eingeführte Bildungsreise an. Seine Berichte an das Konsistorium und vor allem sein wieder rekonstruiertes Stammbuch bezeugen seine umfangreichen Kontakte in der Welt des europäischen Pietismus. Auch ein Eintrag Speners in Dresden gehörte dazu. In London vertrat Hedinger für zwei Monate die Predigerstelle an der deutschen lutherischen Hofkapelle. Als Prinzenerzieher von Prinz Johann Friedrich (1669–1693), einem Sohn von Herzog Eberhard III. (1614–1674), begleitete er diesen auf seiner Kavaliersreise durch die Schweiz. 1692 geriet Hedinger als Reiseprediger mit Herzogadministrator Friedrich Carl (1652–1698) bei Ötisheim in französische Gefangenschaft. In diesen kirchlichen Funktionen bei Hof war Hedinger übrigens noch immer Mitglied des Stiftsverbandes.

Heirat und Hochschule

1694 verheirateten sich Johann Reinhard Hedinger und Christina Barbara, geb. Zierfuß aus Kirchheim/Teck. Erst nach seinem frühen Tod trat sie in 39 langen Witwenjahren aus dem Schatten ihres Gatten, empfing den Separatisten Johann Friedrich Rock (1678–1749) und den Grafen Nikolaus von Zinzendorf (1700–1760) und verweigerte dem württembergischen Konsistorium zunächst die posthume Herausgabe der Werke ihres Mannes wegen Meinungsverschiedenheiten.

Im Jahr der Heirat wurde Hedinger auf eine Professur für Naturrecht an die Universität Gießen berufen, die als erste deutsche Hochschule vom Pietismus geprägt war. Hedinger galt den pietistischen Professoren dort als lutherisch Orthodoxer, obwohl er doch die gleichen Inhalte wie der Pietismus vertrat, nur die Verfilzungen in Universität und Landespolitik anprangerte. Aus einem Hausarrest wegen Beleidigung des Fürsten befreite ihn nur seine württembergische Förderin, Herzogin Magdalena Sibylla (1652–1712), die aus dem Haus Hessen-Darmstadt stammte. Hedinger wurde als Hofprediger zurück nach Württemberg berufen.

Hofprediger

1699, mitten in anhaltender Kriegsgefahr, in den Spannungen des frühbarocken Hofes mit den württembergischen Ständen, in der Aufbruchszeit des Pietismus trat Hedinger sein Amt an, das er für seelsorgerliche Hilfe ebenso nützte wie für kräftige Fürstenschelte. Er war zugleich als Konsistorialrat Mitglied der herzoglichen Kirchenleitung und gestaltete dort die Umsetzung der Spenerschen Reformvorhaben in der Pfarrerausbildung mit. Hedingers Lebenswerk steht dabei nicht isoliert, sondern er gehörte zur Führungsschicht der Ehrbarkeit, die den Pietismus im Land förderte. Sein nächster Kollege war der Oberhofprediger Johann Friedrich Hochstetter (1640–1720), der Bruder des »württembergischen Spener« aus einer der einflussreichsten Familien des Landes. Sein diplomatisches Geschick war Hedinger zuweilen zu sanftmütig, so dass die beiden ein ähnliches Verhältnis verband, wie Luther und Melanchthon! Hedinger konnte die Amtskirche, deren Vertreter er doch war, scharf kritisieren und sympathisierte zeitlebens mit den Separatisten und ihrer elitären Ekklesiologie, was ihm scharfe Kritik aus der Tübinger theologischen Fakultät, vor allem von Johann Wolfgang Jäger (1647–1720) einbrachte. Trotz dieser unklaren Haltung trug er durch seine praktisch-theologischen Werke, die lange als Lehrbücher verwendet wurden, zur Verbesserung des Pfarrdienstes im Lande bei.

Pädagogik, Predigt und Poimenik

1700 erschien Hedingers Entwurf eines gründlichen Katechismus-Unterrichts nach dem Vorbild August Hermann Franckes in Halle, mit dem er in Briefkontakt stand. Ein echtes Unterrichtsgeschehen in freier Frage und Antwort sollte die Katechismus-Predigt ablösen und die Mündigkeit des Glaubens fördern. Ein handschriftlicher Entwurf von 1704 sah die Konfirmation als Abschluss dieser Unterrichtszeit vor, die ihre Mitte nicht in der Prüfung, sondern in der persönlichen Segnung hatte. Nach diesem Entwurf wurde die Konfirmation nach den Auseinandersetzungen mit dem Separatismus erst 1722 eingeführt. Hedinger verband in seinen pädagogischen Schriften Erkenntnisse des Pietismus und der Aufklärung, etwa in den eindrucksvollen Beobachtungen zu den Entwicklungsstufen von Kindern und Jugendlichen, differenziert wahrgenommen für Jungen und Mädchen. Sein Bekehrungseifer jedoch störte die Konsequenzen aus diesen Erkenntnissen immer wieder.

Ein weiterer Schwerpunkt in der praktisch-theologischen Arbeit bildete die Poimenik, die Seelsorge im Hirtenamt. Auch hier zeigen sich tiefe Erkenntnisse über den Menschen, besonders bei Schwermütigen. Hedinger gehört damit zu den ersten, die sich in der Seelsorgelehre mit der Depression auseinandersetzten. Tragischer Anlass dafür war, neben autobiographischen Zügen, die Selbsttötung eines Stuttgarter Hofmusikers, den Hedinger seelsorgerlich begleitet hatte. Er verweigerte erstmals die damals übliche Bestattung zweiter Klasse, nachts und ohne Liturgie, und bestattete den Hofmusiker wie jeden anderen Sterblichen. Das Aufsehen darüber nutzte er, um in zwei Predigten vor der großen Hofgemeinde über die Schwermut und ihre Annahme durch Gott aufzuklären. Seine Anweisung für Seelsorger, wie sie sich am Kranken- und Sterbebett zu verhalten haben, nahm sein Nachfolger im Hofpredigeramt Samuel Urlsperger (1685–1772) in seine Seelsorgelehre von 1723 auf und verbreitete sie damit weit.

In einer Kirche des Wortes bildet die Predigt den Höhepunkt der Theologenausbildung. Dazu verfasste Hedinger 1700 eine Predigtlehre, die gegenüber der systematischen Predigtweise der Orthodoxie nun ihre erbauliche und zu Herzen gehende Seite betonte. Erstmals kamen dabei ganz

modern auch die Hörerschaft und ihre Befindlichkeiten in den Blick. Den
Prediger befreite Hedinger vom Druck des Auswendiglernens (»Memorie-
ren«), erlaubte wegen der unterschiedlichen rhetorischen Begabungen ein
Gliederungsmanuskript auf der Kanzel, untersagte jedoch das bloße Vor-
lesen. Scharf kritisierte er die Kunstformen der barocken Rede in einem
sprechenden, fast schon wieder barocken Bild: Der Heilige Geist hat die
Gestalt einer Taube, nicht die eines Papageis! Die hörende und betende
Aneignung des biblischen Wortes im Prediger war für Hedinger grundlegend für den Weg zur Predigt.

In einem Gesangbuch für die Hofgemeinde sammelte Hedinger Lieder
aus der großen Singbewegung des europäischen Pietismus, von Halle bis
Herrnhut, und fügte eigene Texte hinzu. Seine Ausgaben des Bibeltextes
erregten großes Aufsehen und Widerspruch, da er in Einführungen und
Glossen die Übersetzung Luthers, die die Orthodoxie für kanonisch erklärt hatte, auf Grund des hebräischen und griechischen Wortlautes kritisierte.

Schließlich verfasste er gründliche und bedenkenswerte Gutachten zum
Konventikelwesen und seiner Herleitung aus der Kirchengeschichte, sowie
zu der heiklen Frage der Kirchenzucht: Ob ein Pfarrer einen hochgestellten
Sünder vom Abendmahl ausschließen dürfe? Gemeint war kein geringerer
als Herzog Eberhard Ludwig (1676–1733) wegen seines unmoralischen Le-
benswandels.

Der für den württembergischen Pietismus prägende Bibelgelehrte Johann Albrecht Bengel (1687–1752) begann seine Tagebucheintragungen am
1. Januar 1705 mit dem bewegenden Hinweis, dass der großer Lehrer Johann Reinhard Hedinger soeben verstorben sei, der trotz seiner nur vierzig
Lebensjahre ein eindrückliches theologisches Werk hinterlassen hatte. Für
Bengel war die Hedinger-Bibel wegweisend und wie er, so gingen noch lange nach ihm württembergische Pfarrer bei Hedinger in die Schule.

Werke und Werkausgaben

HEDINGER, Johann Reinhard:
- Andächtiger Hertzens-Klang in dem Heiligthum Gottes, Stuttgart 1700.
- Christliche wohlgemeinte Erinnerungen. Die Unterrichtung der lieben Jugend
  in der Lehre von der Gottseligkeit betreffend, Stuttgart 1700.
- Biblisches Schatz-Kästlein, Stuttgart 1701.

Eine ausführliche Bibliographie der Werke Hedingers findet sich in: MÄLZER, Gottfried: Die Werke der württembergischen Pietisten des 17. und 18. Jahrhunderts (Bibliographie zur Geschichte des Pietismus 1), Berlin/New York 1972, Nr. 1094–1177.

Weitere Literatur

FRITZ, Friedrich: Altwürttembergische Pietisten, Bd. 1 (Blätter für württembergische Kirchengeschichte. Sonderheft 10), Stuttgart 1950, 21–34.

FRITZ, Friedrich: Hedinger und der württembergische Hof, Blätter für württembergische Kirchengeschichte 40 (1936), 244–253.

KNAPP, Albert (Hg.): Christoterpe. Taschenbuch für christliche Leser (1836), 269–330.

KNAPP, Albert: Gesammelte prosaische Schriften, 1. Theil: Altwürttembergische Charaktere, Stuttgart 1870, 5–51.

KNAPP, Hermann: Johann Reinhard Hedinger (1664–1704) als Professor in Gießen und Oberhofprediger in Stuttgart. Auf Grund seither noch nicht erforschter Originalakten, Blätter für württembergische Kirchengeschichte 94 (1990), 280–287.

MACK, Rüdiger: Johann Reinhard Hedinger und die pietistischen Querelen in Giessen (1694–1699), Jahrbuch der hessischen kirchengeschichtlichen Vereinigung 30 (1979), 333–361.

SCHÖLLKOPF, Wolfgang: Johann Reinhard Hedinger (1664–1704). Württembergischer Pietist und kirchlicher Praktiker zwischen Spener und den Separatisten (Arbeiten zur Geschichte des Pietismus 37), Göttingen 1999.

SCHÖLLKOPF, Wolfgang: Art. Hedinger, Johann Reinhard, RGG[4] 3 (2000), 1501.

SCHÖLLKOPF, Wolfgang: Im Schatten des Gatten? Christina Barbara Hedinger (1674–1743), die Ehefrau des württembergischen Pietisten Johann Reinhard Hedinger (1664–1704), in: Ehmer, Hermann/Sträter, Udo u. a. (Hgg.): Beiträge zur Geschichte des Württembergischen Pietismus. Festschrift für Gerhard Schäfer zum 75. Geburtstag und Martin Brecht zum 65. Geburtstag (Pietismus und Neuzeit 24), Göttingen 1998, 186–196.

SCHÖLLKOPF, Wolfgang: »Zwischen Herzog und Herrgott«. Hofprediger zur Zeit Herzog Eberhard Ludwigs, Ludwigsburger Geschichtsblätter 55 (2001), 37–57.

Wolfgang Schöllkopf

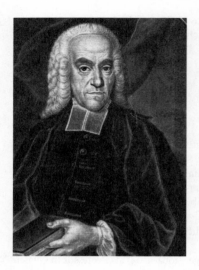

Johann Albrecht Bengel

* 24. Juni 1687
† 2. November 1752
Stiftseintritt: 1703

Johann Albrecht Bengel (1687–1752) gilt als die prägende Gestalt des württembergischen Pietismus. Einflussreich war er als Lehrer und Erzieher. Anerkennung fand er als Exeget und Textforscher. Bekannt geworden ist Bengel als Klosterpräzeptor in Denkendorf (1712–1741) oder auch als Verfasser des berühmten *Gnomon*, der in lateinischer Sprache verfassten Kommentierung des Neuen Testaments. Für den älteren Pietismus in Württemberg zählt Bengel nach wie vor zu den großen und verehrungswürdigen »Schwabenvätern«.

Nun zeigt das Bild, das wir uns von einflussreichen Persönlichkeiten machen, nicht deren ganzes Gesicht. Häufig steht uns nur die erwachsene und gereifte Persönlichkeit vor Augen. Wie deren Bild entstanden ist, welche Entwicklungen dazu beigetragen und welche Lebensereignisse sie geprägt haben, bleibt in dieser Perspektive naturgemäß verborgen. Auch Bengel war nicht von Anfang der klarsichtige Theologe und der gereifte Kirchenmann. Auch er ging durch Auseinandersetzungen hindurch, die ihn veränderten und formten. Unsere Fragestellung lautet daher: Wer oder was hat dazu beigetragen, dass Bengel zu jener einflussreichen Person geworden ist, als die wir sie heute sehen? Welche Auseinandersetzungen haben ihn als jungen Theologen reifen lassen? Wir stellen diese Fragen besonders im Blick auf Bengels Jahre im Evangelischen Stift.

Als Bengel nach den Osterferien 1703 als Sechzehnjähriger ins Stift einzog, hatte er einen ganzen Rucksack an theologischer und klassischer Bildung im Gepäck. Die lateinische und griechische Sprache beherrschte er völlig. Er kannte die wichtigsten klassischen Schriftsteller. Dazu war er in Weltgeschichte, Astronomie und Mathematik unterrichtet. Charakteristisch jedoch für sein Wesen und für seine weitere Entwicklung war eine persönlich innige Gottesbeziehung. Als Sohn des in Winnenden tätigen Diakons Albrecht Bengel (gest. 1693) war er von Kindesbeinen an mit dem Evangelium aufgewachsen. In seinen biografischen Notizen schreibt er: »Von meiner Kindheit an hat es Gott gefügt, dass ich sein Wort hören, lesen und lernen konnte, und die Kraft davon ist ohne mein Zutun derart in mein Herz eingedrungen, dass ein kindliches Vertrauen zu ihm entstand, ein Ernst im Beten, ein Verlangen nach jenem besseren Leben, ein Vergnügen an den Sprüchen der Heiligen Schrift, ein Geschmack an den üblichen Gesängen, eine Scheu vor dem Bösen und eine Liebe zum Guten« (Roessle: 19).

Bemerkenswert an dieser Äußerung ist, wie Bengel die Wirkung des Evangeliums beschreibt. Dieses ist in sein »Herz eingedrungen«, so dass er ein »Verlangen« nach Gott, ein »Geschmack« für Geistliches und eine »Liebe zum Guten besaß«. Bengel sah Gott in seinem Leben am Werk. In dieser Haltung kam er ins Tübinger Stift. »In seiner solchen Verfassung kam ich aus dem hiesigen Gymnasium auf die Universität und in das Fürstliche Theologische Stipendium zu Tübingen, wo sowohl vor als nach dem Magisterium die Gnade Gottes immer mehr an meinem Herzen arbeitete« (Roessle: 20).

Nun könnte man annehmen, dass Bengel angesichts solcher positiver Glaubenserfahrungen frei von inneren Anfechtungen und Zweifeln war. Überblickt man jedoch seine Lebenserinnerungen, so zeigt sich ein anderes Bild. Bengel war von kräfteraubenden Zweifeln umgetrieben: »Weil der Wille zwar folgsam war, aber im Verstand mancher Zweifel entstand, den zu bekennen und mir nehmen zu lassen ich zu schüchtern war, hatte ich manche Mühseligkeit, die mich unnützer Weise ermattete« (Roessle: 19 f.). Bengel spürte in sich einen Konflikt zwischen Wille und Verstand. Dem inneren Wunsch, Gott zu gehorchen, sträubte sich sein kritischer Verstand entgegen. Offensichtlich war Bengel von intellektuellen Zweifeln geplagt. Erschwerend war, dass er darüber mit niemand reden konnte. Dabei mussten die Anfechtungen so heftig gewesen sein, dass sie ihn zeitweilig ermüden ließen. Bengel lässt hier noch nicht erkennen, um welche Art intellektueller Zweifel es sich handelte. Doch liegt die Vermutung nahe, dass diese im Zusammenhang seiner späteren Lebensaufgabe, der Erforschung des Neuen Testaments, stehen. Tatsache ist, dass Bengel mit diesen Zweifeln ins Stift kam und sie ihn auch während seines Studiums nicht los ließen.

Bevor wir uns der Frage seiner Anfechtungen erneut zuwenden, werfen wir einen Blick auf Bengels erste akademische Schritte in Tübingen: Zunächst musste er die »Bakkalaureats Prüfung« absolvieren, was ihm aufgrund seiner bisherigen Kenntnisse keine Schwierigkeiten bereitete. Erfolgreich konnte er die Prüfungen in Latein und Griechisch sowie in den Fächern des sogenannten Trivium (Logik, Dialektik, Rhetorik) bestehen. Bereits eineinhalb Jahre später, im September 1704 legte Bengel die Magisterprüfung ab und beendete damit als Siebzehnjähriger das philosophische Vorstudium. Seine Begabung blieb nicht verborgen, wie die vierteljährlichen Stiftszeugnisse belegen: *Ingenium ad studia capax et diligens; studium metaphyices et ethices est in progressione; mores probi* (»Ein zum Studium fähiger und sorgfältiger Geist, der im Studium der Metaphysik und der Ethik vorankommt; sein Verhalten ist rechtschaffen«, zitiert nach: Hermann: 99).

Trotz dieses offensichtlich erfolgreichen Studienfortschrittes ließen Bengel die Zweifel nicht los. In einem persönlichen Bekenntnis lässt er den eigentlichen Grund derselben durchblicken. Gegenstand seiner Zweifel waren die verschiedenen Handschriften des Neuen Testamentes. Wie kann man sich auf die Wahrheit der neutestamentlichen Aussagen verlassen, wenn die Handschriften verschieden sind? Im Anhang seiner kritischen Ausgabe des Neuen Testament finden sich die folgenden von seinem Biografen verfassten Zeilen:»Es ward ihm der Anfang des Studii Theologici durch eine Anfechtung schwer gemacht. Denn indem er bey der Thesi die Dicta probantia sorgfältig betrachtete und sich eines griechischen neuen Testaments bediente, welches mit des seligen Franken schöner Vorrede, aber mit den Variantibus lectionibus Oxonentium neu aufgelegt war, so gerieth er in große Unruhe, und weil er nicht meinte, dass sonst jemand nach diesen Dingen fragte, so behielt er wiederum seinen Kummer für sich, und war dessen nicht los, bis er sich an den glatten Text einer anderen Auflage gewöhnte« (Apparatus criticus ad novum testamentum: 703). Bengel war mit seinen Anfechtungen offensichtlich alleine, und da er in dieser Sache niemanden fragen konnte, musste er selbst nach einer Antwort suchen.

Wie er seine Schwierigkeiten überwand, darüber gibt uns Bengels erste Disputation Auskunft. Bengel hatte auf dem Weg zur Magister- und Doktorwürde philosophische bzw. theologische Disputationen zu absolvieren. Verhandelt wurden dabei Thesen oder auch kurze theologische Programme, die man als Student entweder alleine oder auch mit anderen Kommilitonen zusammen verfasst hatte. Die Aufgabe bestand darin, als Defensor die These gegen die Opponenten zu verteidigen. Bengels erste

Disputation fand am 19. Januar 1704 statt. In den »15 philosophisch-theologischen Thesen«, die er alleine aufgestellt hatte, musste er diese gegen vier Mitkandidaten aus seiner Promotion verteidigen. Bengel geht es dabei um verschiedene Fragen der Schrifthermeneutik (die Jahre der Patriarchen, die Quellen des Lukas oder die unterschiedlichen Stammbäume Jesu bei Matthäus und Lukas). Bemerkenswert ist, was Bengel in seiner 11. These sagt: »Aus der Verschiedenheit der Lesarten des Neuen Testaments wird zu Unrecht geschlossen, dass dieses verderbt worden sei« (zitiert nach: Hermann: 103). Durch das Studium der Varianten der Oxforder Ausgabe des Neuen Testaments war Bengel zu dem Ergebnis gekommen, dass die Unterschiede der einzelnen Lesarten keinesfalls bedeutend seien: »Das meiste von dem, was als verschiedene Lesart gilt, geht nicht hinaus über gleichbedeutende Wörter oder ausfüllende Partikeln oder kann durch kritischen Analogieschluss und mit Hilfe der Grammatik korrigiert werden. Das, was (zum Heile) not ist, begegnet an vielen Stellen. Es ist vielmehr ein Zeichen der Vorsehung, dass uns kaum einmal eine Stelle begegnet, die so verrenkt ist, dass es einem Glaubensartikel schaden könnte« (zitiert nach: Hermann: 103). Bengel nimmt die unterschiedlichen Lesarten wahr und stellt zugleich fest, dass die Variationen so verschwindend gering sind, dass diese die Grundlagen des Glaubens nicht in Frage stellen können. Interessant ist an dieser Stelle, wie Bengel die Einheitlichkeit und Verlässlichkeit der neutestamentlichen Handschriften in Beziehung zur Wahrheit des Glaubens setzt. Offensichtlich will er zeigen, dass der Glaube auf einem festen Fundament ruht und auch durch unterschiedliche Textvarianten nicht erschüttert werden kann. Die geglaubte und die geschriebene Wahrheit waren seiner Meinung nach nicht zu trennen. Die Feststellung des neutestamentlichen Textes sollte Bengel sein Studium hindurch begleiten und zur zukünftigen Lebensaufgabe werden. Die Grundlagen hierzu wurden schon in seiner Tübinger Studienzeit gelegt.

Nach dem Erwerb des Magistergrades begann für Bengel das eigentliche Theologiestudium. Rein äußerlich zeigte sich dies im Tragen der Magisterkappe sowie eines langen bis zum Boden reichenden Mantels. Die Magister der Theologie besaßen im Stift eine Ehrenstellung. Diese äußerte sich nicht nur darin, dass diese zum Mittagessen eine doppelte Portion Wein vorgesetzt bekamen. Sie ließ sich auch darin erkennen, dass die Magister sich regelmäßig mit dem Ephorus und den Repetenten zu einem theologischen Locus trafen. Über seinen Fortschritt im Studium geben die üblichen Vierteljahreszeugnisse Auskunft. Im Zeugnis vom 23. April 1705 heißt es: *Ingenium ad studia aptum, applicat se ad studium theticum et homileticum.*

Mores laudem merentur (»Ein zum Studium geeigneter Geist; er wendet sich dem Studium der Systematik und der Homiletik zu. Sein Betragen verdient Lob«, AEvST: E 1, 8,1). Bengel wurde als begabter Kopf wahrgenommen, der sich der Sache ganz hingab. Interessant an dieser Zeugnisnotiz ist die Beobachtung *applicat se ad studium*. Beinahe dieselbe Formulierung fließt später in Bengels eigenen hermeneutischen Grundsatz ein: *Totum applica ad textum, rem totam applica ad te* (»Wende dich ganz dem Text zu; wende die ganze Sache auf dich an«).

Eine weitere Frage bedurfte indes der Klärung: Innerhalb des Stifts gab es eine ganze Reihe von Studenten, die für die Impulse des aufkommenden Pietismus empfänglich waren. Diese Erweckten trafen sich mit drei der insgesamt zwölf Stiftsrepetenten in der sogenannten »Repetentenstunde« zu erbaulicher Lektüre und um miteinander Gemeinschaft zu pflegen. Auch Bengel war bei diesen Treffen dabei. Schwierig wurde die Sache, als es im Umfeld dieser pietistischen Gruppe zu fanatischen und separatistischen Umtrieben gekommen war. Der zu Bengels Stiftpromotion gehörende Christoph Eberhard Denzel hatte im Stift sektiererische Bücher verbreitet und die Stiftsleitung öffentlich angeprangert. In den Ordnungen und Regeln des Stifts sah er nur Menschengebote, die für einen wahrhaften Christen keine Geltung besäßen. Denzel wurde schließlich des Stiftes verwiesen, von der Polizei abgeführt und im Tübinger Schloss gefangen gesetzt.

In dem Vorfall Denzel zeigte sich die Kehrseite der pietistischen Bewegung, in deren Umfeld Schwärmer, Spiritualisten und Separatisten auftraten. Wie sollte Bengel dem Separatismus, den er bereits aus dem Stuttgarter Hause seines Ziehvaters Wendelin David Spindler kannte, begegnen? Welche Position sollte er einnehmen?

Bengel fand eine Position, die für den Pietismus in Württemberg maßgeblich werden sollte. Erhellend ist in dieser Frage eine weitere Disputation Bengels. Es handelt sich um die am 26. Februar 1707 dem Kanzler der Tübinger Universität Professor Johann Wolfgang Jäger vorgetragene *Dissertatio de Theologia Mystica*. Bengel und sein Studiengenosse Wilhelm Ludwig Mohl waren die Defensoren. Bengel, der die Disputation anführt, setzt sich dabei mit der Mystik bzw. der Glaubenshaltung, wie sie auch für den Separatismus kennzeichnend war, auseinander. Die Art und Weise, wie der inzwischen 20-jährige Bengel vorgeht, verdient Beachtung. Bengel setzt sich kritisch mit der Mystik auseinander und schließt sich dabei weder der orthodoxen Radikalkritik an noch tritt er für eine unkritische Bejahung der Mystik ein. Bengel wägt vielmehr ab. Er differenziert. Zu sehr ist er mit

Johann Arndt vertraut und weiß, was die Frömmigkeit der Mystik zu verdanken hat. Zu sehr ist er aber auch in der lutherischen Orthodoxie zu Hause, als er sich dem mystischen Weg vorbehaltlos anschließen könnte. Bengel sucht den Mittelweg, da er auf beiden Seiten die Gefahr schwerer Irrtümer sieht. In dieser ausgewogenen Haltung zeigt sich nicht nur etwas von Bengels besonnenem Charakter. Hierin zeigen sich auch seine Originalität und Eigenständigkeit, was ihn für viele Pietisten bis heute so wertvoll erscheinen lässt. Am Ende seiner Überlegungen kommt Bengel zu einem ganz eigenen Verständnis der Mystik, das von Martin Brecht zu Recht als »Bibelmystik« bezeichnet wurde. Die rechte, legitime Mystik sei demzufolge eine allein durch das Wort der Bibel vermittelte Mystik. Diese sei jedem Bibelleser zugänglich. »Für Bengel ist der wahre Mystiker der demütige Bibelleser, der ganz bereit ist, das Schriftwort in sich aufzunehmen« (Brecht: 10). Ein eindrückliches Zeugnis dieser Bibelmystik findet sich in einem der bekanntesten Lieder Bengels *Du Wort des Vaters rede Du*:

> »Du Wort des Vaters, rede Du. Und stille meinen Sinnen.
> Sag an, ich höre willig zu. Ja, lehre frei von innen.
> So schweigt Vernunft mit ihrem Tand. Und du bekommst die Oberhand
> Nach deinem Recht und willen.
> Dir räum ich all mein Inneres ein,
> das wollest du, ja du allein mit deinem Geist erfüllen«
> (Evangelisches Gesangbuch, Ausgabe Württemberg: Nr. 632,1).

Bengels Mystik zielt auf innere Erfahrung, die am Wort Gottes entsteht. Bengel erweist sich damit auch gegenüber dem radikalen Pietismus ganz und gar als Bibeltheologe.

Was sich bereits in der Erforschung der neutestamentlichen Handschriften zeigte, lässt sich auch in der Auseinandersetzung mit der Mystik erkennen. Bengel ist ganz und gar Schrifttheologe. In theologischen Fragen und geistlichen Auseinandersetzungen sucht und findet er seine Antworten aus der Schrift.

Zu solch einem Bibeltheologen wurde Bengel nicht erst in den späteren Jahren seines Wirkens in Denkendorf. Vielmehr lag dieser Grundansatz in seiner Tübingen Studienzeit schon vor. Gewiss wurde Bengel während seines Studiums von Persönlichkeiten wie dem stellvertretenden Stiftsleiter Professor Andreas Adam Hochstetter (1668–1717) oder dem Universitätskanzler Johann Wolfgang Jäger geprägt. Auch dürfen wir den Einfluss anderer Zeitgenossen wie etwa des Stuttgarter Hofpredigers Johann Reinhard Hedinger (1664–1704) nicht unterschätzen. Dennoch begegnet uns in Bengel das Bild eines originalen und eigenständigen Theologen, der sich in seinen Zweifeln an die Schrift wandte und der in seinen theologischen Auseinandersetzungen auf dem Boden der Schrift eine klare und unabhängige Position fand. Der Grund hierzu wurde in seiner Zeit im Evangelischen Stift gelegt.

Werke und Werkausgaben

BENGEL, Johann Albrecht:
- Jo. Albert Bengelii Apparatus criticus ad novum testamentum, Tübingen, 2. Aufl., Tübingen 1763.
- Du Wort des Vaters rede Du, in: Evangelisches Gesangbuch. Ausgabe für die evangelische Landeskirche in Württemberg, Stuttgart 1996, Nr. 632.
- Briefwechsel. Briefe 1707–1722, hg. von Dieter Ising, Göttingen 2008.

Archivalien

AEvST: E 1, 8,1.

Weitere Literatur

BRECHT, Martin: Bibelmystik. J. A. Bengels Verhältnis zur Schrift und zur Mystik, Blätter für württembergische Kirchengeschichte 73/74 (1973/1974), 4–21.
BURK, Johann Christian Friedrich: Dr. Johann Albrecht Bengels Leben und Wirken meist nach handschriftlichen Materialien, Stuttgart 1831.
HERMANN, Karl: Johann Albrecht Bengel. Der Klosterpräzeptor von Denkendorf, Stuttgart 1937.
RATHLEF, Ernst Ludwig: Geschichte jetzt lebender Gelehrten, Teil 6: Das Leben des Herrn JAB. zu Herbrechtingen, Celle 1743.
ROESSLE, Julius (Hg.): Zeugnisse der Schwabenväter, Band 6: Du Wort des Vaters, rede du!, Metzingen 1962.
SCHÖLLKOPF, Wolfgang: »Er aber blib auff seinem Sinn«. Das Verhör eines des Separatismus verdächtigen Stiftlers – Ein Protokoll aus dem Archiv des Evangelischen Stifts, Blätter für württembergische Kirchengeschichte 82 (1982), 343–348.
WÄCHTER, Oscar: Johann Albrecht Bengel. Lebensabriss, Charakter, Briefe und Aussprüche, Stuttgart 1865.

Rolf Sons

Georg Bernhard Bilfinger

* 22. Januar 1693
† 18. Februar 1750
Stiftseintritt: 1709

Geboren 1693 in Cannstatt, gestorben 1750 in Stuttgart weisen Bilfingers biografische Eckdaten nicht unmittelbar auf ein aufregendes Leben mit räumlicher Abwechslung hin. Dies aber täuscht. Georg Bernhard Bilfinger, für eine kirchliche Laufbahn im Tübinger Stift ausgebildet, verließ vorerst diesen vorbestimmten Weg, vielleicht nicht ganz freiwillig, aber umso mutiger. Sein Eintreten für die neue Philosophie Wolffscher Prägung versperrte ihm erst einmal ein Weiterkommen in Tübingen, dafür ermöglichten ihm seine in Privatstudien erworbenen naturwissenschaftlichen Kenntnisse, an die 1724 neugegründete Akademie der Wissenschaften nach St. Petersburg zu gehen. Erst von der Fremde aus wurde Herzog Eberhard Ludwig auf Bilfinger aufmerksam, holte ihn zurück, zunächst für vier Jahre als Ordentlichen Professor der Theologie sowie Mathematik (am Collegium Illustre), dann als Kirchenpolitiker und Visitator der Tübinger Universität in den Staatsdienst. 1734 zum Geheimen Rat der herzoglichen Regierung berufen, übernahm er 1737 in der Vormundschaftlichen Regierung für zwei Jahre die Erziehungsverantwortung für den noch minderjährigen Herzog Carl Eugen und seine Brüder und wurde 1739 Consistorial-Präsident (Direktor der Kirchenleitung). Er arbeitete das 1743 erlassene Pietismus-Reskript aus und sicherte damit den Pietisten in Württemberg einen Freiraum in der Landeskirche. Auch in den langwierigen Verhandlungen mit Graf Zinzendorf über die Anerkennung und Unterstützung der mährischen Brudergemeinde erwies sich Bilfinger weitaus moderater und versöhnlicher als seine Kollegen wie z. B. der berühmte Johann Albrecht

Bengel. Georg Bernhard Bilfingers Verhandlungsgeschick ist es zu verdanken, dass Württemberg im »österreichischen Erbfolgekrieg« (1740–1748)
neutral bleiben konnte. Diese wichtigen Funktionen in Staat und Kirche,
die Bilfinger Jahrzehnte seines Lebens wahrnahm, wurden dementsprechend oft gewürdigt, seine wissenschaftlichen Leistung an der Petersburger Akademie dagegen kaum. Dass er als deren Ehrenmitglied kontinuierlich Kontakt mit den Kollegen und hohen politischen Vertretern Russlands
hielt, ist ebenso bedeutend, wie, dass er eine hochdotierte Preisfrage der
Académie Française 1728 für sich entscheiden konnte und damit weit über
die Grenzen Deutschlands berühmt wurde. Bilfingers in Petersburg erworbene Kenntnisse der Fortifikation suchte Herzog Karl Alexander zu nutzen, eine Arbeit zur Militärarchitektur wurde 1740 mit einem hohen Preisgeld honoriert. Dies scheint oftmals weniger erwähnenswert zu sein als
Bilfingers Neuordnung des Weinanbaus in Württemberg und seine Aufgabe der obersten Bauaufsicht für das Residenzschloss (Neues Schloss) in
Stuttgart. A propos Residenzschloss und Prunk: Die Historiker machen
keine genaue Aussage über Bilfingers Haltung zum Justizskandal um seinen Zeitgenossen Joseph Süß Oppenheimer. Ganz vereinzelt kann man
lesen, dass sich Bilfinger aus diesem Skandal herausgehalten habe.

Betrachtet man Bilfingers Porträt, so spiegelt dies deutlich das neue
Selbst- und Wissenschaftsverständnis: vor Wissenschaftsbüchern – durch
Lesezeichen als benutzt kenntlich gemacht – sitzt der mit allen Insignien
der ehrbaren Existenz (Jagd-Orden) ausgezeichnete Bilfinger, neben sich
ein Wasserglas, in dem sich, als Zeichen der genauen Beobachtung, ein
Stab optisch bricht, vor ihm liegt ein idealer barocker Festungsplan. So
stellte sich jemand dar, der dem Ideal der Aufklärung verpflichtet war und
gleich mehrere Qualitäten in sich vereinte: die eines Universalgelehrten
und Staatsmannes. Doch selbst aufgeklärte Wissenschaftler unterwarfen
sich adligen Herrschern, auf deren Geld sie angewiesen blieben (vgl.
Geyer). Das neue Selbstverständnis und Bilfingers wissenschaftliche Arbeiten sollen hier kurz skizziert werden.

Als Sohn eines Dekans und späteren Prälaten war seine Karriere innerhalb der evangelischen Kirche vorbestimmt und möglich. So durchlief Bilfinger die dafür vorgesehenen Institutionen wie die Klosterschulen in
Blaubeuren und Bebenhausen und trat 1709 ins Tübinger Stift ein. Sein
jüngerer Bruder Johann Wendel, späterer Leibarzt, studierte ebenfalls am
Stift, obwohl das Reglement es eigentlich nicht vorsah, zwei Söhne der gleichen Familie am Stift studieren zu lassen, um Ämterhäufung vorzubeugen
– eine Regel, die wahrscheinlich häufiger missachtet wurde. Hier absol-

vierte er das Studium der Theologie, einer Wissenschaft, die ihrem Gegenstand und Gewissheitsgrad noch als die höchste anerkannt war. Dies hin-
derte ihn allerdings nicht daran, sich für die sich neben dem Lehrbetrieb
entwickelnden, neuen Disziplinen und Forschungszweige zu interessieren.
Früh richtete Bilfinger seinen Blick auf Mathematik (er unterhielt einen
regen Briefwechsel mit dem berühmten Mathematiker Bernoulli), Geographie und Festungsbau, auf jene Disziplinen, deren Grundlagen als
nützlich und effizient für die Prosperität des Staates und der aufkommenden Manufakturen galten. Nach seinem Examen 1715 und den sich anschließenden Vikariaten in Blaubeuren und in Bebenhausen, wurde er
Schlossprediger und Stiftsrepetent. 1717 verlässt Bilfinger Tübingen, um bei
dem Juristen, Mathematiker, Theologen und Philosophen Christian Wolff
in Halle eine mathematisch-philosophisch zugeschnittene Ausbildung zu
absolvieren. Die Universität in Halle hatte den klassischen Lehrkanon auf-
gebrochen und einen Lehrstuhl für *physika experimentalis* eingerichtet.
Bilfinger hörte dort Wolff, der sich seinen Namen auch durch didaktisch
gute Mathematikbücher und durch seine Vorlesungspraktiken gemacht
hatte: Wissenschaft in deutscher Sprache, eine Sensation. Bilfinger hat dies
übernommen. Bekannt wurde Wolff durch seinen Kontakt zu Leibniz.
Wie differenziert oder undifferenziert auch immer er dabei die Leibniz'sche
Monadologie erfasste, kann hier nicht Thema sein. Festzustellen ist, dass
er das neue Wissenschaftsverständnis von Leibniz popularisierte, das bis
ins letzte Jahrhundert hinein gültige Schulphilosophie blieb. Auch arbeitete er die Leibniz'sche Infinitesimal-Integralrechnung zu einer grundlegend
mathematischen Disziplin aus (Wundt: 134 f.). 1719 aus Halle kommend,
nahm Bilfinger die einzige außerordentliche Professur der philosophischen
Fakultät in Tübingen an und lehrte die *principia philosophica*, wie sie Leibniz und Wolff formulierten. Bilfinger verstand das neuzeitliche Denken als
Möglichkeit, mit strenger Begrifflichkeit und moderner Beweisführung
Glaubensinhalte zu fassen und zu bestätigen. Den so verstandenen Rationalismus der frühen Aufklärung wollte er in den Lehrbetrieb der Tübinger
Universität einbringen, seinen Nutzen für das öffentliche Leben zeigen
und ihn gegen die Kritik aus den Reihen der Theologen verteidigen. Zwischen 1721 und 1725 entstanden seine grundlegenden Arbeiten, die die
Leibniz'schen und Wolff'schen Gedanken systematisierten, erklärten und
in eigener Interpretation weiterführten.

Die große und eigenständige Arbeit Bilfingers ist die aus Vorlesungen
entstandene Arbeit mit dem Titel *Dilucidationes philosophicae de Deo, anima humana, Mundo et generalibus rerum affectionibus; ontologica, cosmo-*

logica, philosophica et theologica von 1725, spätere Auflagen datieren aus
den Jahren 1740, 1743, 1746 und 1768. Der Titel ist eine fast wörtliche Übersetzung von Wolffs *Gedancken von Gott, der Welt und der Seele des Menschen, auch allen Dingen überhaupt*. Bilfinger fasst auch Leibniz' umfassende Monadologie zusammen und untersucht kritisch ihre infinitesimale
Staffelung. Schon anhand der Titel der Arbeit wird deutlich, dass sich theologische Probleme nicht von philosophischen abgrenzen ließen. Bilfinger
versuchte die Vernunft als Organ in die Theologie einzuführen. Philosophie, so Bilfingers Anliegen, sollte sich weder als gefährlich noch unnütz,
noch mit der orthodoxen Theologie als unverträglich erweisen. Es ging
ihm darum, »das Recht des Neuen darzulegen, nicht aber das Recht des
Alten zu bestreiten« (Liebing: 18). Darin beweist er die eigentliche aufkläre-
rische Grundhaltung (Wundt: 1). Doch mit seinem Ansinnen scheiterte
Bilfinger, zumindest, was das Verständnis seiner Kollegen betraf.

Bilfinger bezog Stellung zu den vor allem von Wolffs Gegnern veröffentlichen Polemiken, verzichtete dabei auf Namensnennung und hielt sich
somit strikt an die Tübinger Zensurbestimmungen, die, so Walter Jens,
fast alle Kritik erlaubte, nur keine Namensnennung (Jens: 141). Dass Bilfinger die Zensurbestimmungen meisterhaft beherrschte, bezeugen die zahlreichen Veröffentlichungen aus diesen Jahren vor allem in den *Leipziger
Neuen Zeitungen von Gelehrten Sachen*.

Der Streit um Christian Wolff eskalierte, Wolff hatte Kraft des Dekrets
des preußischen Königs Friedrich Wilhelm I. 1723 die Stadt Halle zu verlassen. Diese Auseinandersetzung veranlasste offensichtlich Herzog Eberhard
Ludwig bei den Fakultäten in Tübingen nachzufragen, wie gefährlich diese
neue Philosophie sei. Er forderte die theologische und philosophische Fakultät am 15. Juni 1725 auf, ein Gutachten darüber zu erstellen. Die Universität reagierte unverzüglich. Das Gutachten der Theologischen Fakultät
beurteilt die neue Philosophie im Prinzip als schädlich, es wurde festge-
stellt, dass sie eine Überforderung des Studenten bedeute, der Neues und
Unbekanntes erlernen müsse und dadurch leicht in Verwirrung und Unsi-
cherheit geraten könne (Jens: 137; Beutel). Das Philosophische Gutachten
fiel dagegen milder aus. Man sehe keine Gefährdung durch die moderne
Philosophie, da sie in Tübingen nur durch Bilfinger vertreten sei. Da dieser
die meisten seiner Schriften in Frankfurt herausbringe, mildere dies seinen Einfluss zusätzlich (Wahl: 224 f.).

Inwieweit diese Beurteilung Bilfingers Position, der am Collegium Illustre Mathematik und Moral unterrichtete, geschwächt hat, ist hier nicht
zu entscheiden. Sein erster Biograph, Freund und Stiftsprediger Tafinger

stilisiert Bilfinger in seiner Totenrede 1750 zu einem Helden, »den die Not zwang, sein unvergleichliches Talent dem lieben Vaterlande zu entziehen« (Tafinger: 8).

Sicher aber ist, dass Bilfinger durch Vermittlung Christian Wolffs die Chance erhielt, weit weg von Tübingen in einer neuen Wissenschaftseinrichtung seinen Weg zu machen. Und er nutzte sie.

Die russische Regierung ließ über ihre Kontaktpersonen, darunter Wolff, 1724 in allen wichtigen wissenschaftlichen Zeitungen einen Extrakt der Akademiekonzeption als Werbeanzeige veröffentlichen. Gesucht wurden Wissenschaftler, die die neuen wissenschaftlichen Verfahren beherrschten, vor allem die Mathematik, ferner Forscher, die ihr Instrumentarium mitbringen konnten. Bilfinger unterschrieb im März 1725 einen Kontrakt, verpflichtete sich auf fünf Jahre und brach mit zwei seiner Studenten – Christoph Friedrich Mayer (der Lehrer von Antioch Kantemir) und Georg Wolfgang Krafft (der große Physiker) – im Juni die Reise an. Bilfinger übernahm zuerst die Fächer Logik und Mathematik – gemeinsam mit seinen Kollegen, den Bernoulli-Brüdern und Leonard Euler –, war ab 1726 Professor für Physik und Leiter der physikalischen Klasse. Weitere Württemberger konnten, wiederum auf Vermittlung Wolffs, für die Akademie gewonnen werden: mit dem Tübinger Anatom Johann Georg Duvernoy kamen Josias Weitbrecht und der spätere »Sibirienentdecker«, der Forscher und Botaniker Johann Gmelin nach Petersburg. Bilfinger erhoffte sich von dieser neuen staatlichen Einrichtung, losgelöst von traditionellen Einrichtungen und Bevormundung, eine freie Entwicklungsmöglichkeit, denn die Akademie wollte staatliche Interessen mit der Forschung verbinden. Er lobte die Einrichtungen der Akademie wie das Observatorium und die angeschafften Instrumente, notwendige Voraussetzung für die Forschung in den neuen Wissenschaftszweigen wie Astronomie, Mechanik und Physik (De Academiis Scientiarum: 87 f.; Kopelevic: 94 f.). In der feierlichen Eröffnungsrede am 27. Dezember 1725, bei der hohe Vertreter der Gesellschaft und des Hofes trotz klirrender Kälte anwesend waren, griff Bilfinger gleich das zentrale Problem der damaligen Seefahrt auf, für dessen Lösung der englische Staat schon 1714 ein Preisgeld von 20.000 Pfund ausgesetzt hatte und an dem der zur Seemacht avancierte Russische Staat interessiert war: Wie geographische Längen zu bestimmen seien. Er suchte eine Lösung im Bereich des Magnetismus (De Invendia Locorum terrae marisque Longitudine: 141 f.). Zusammen mit seinem Adjunkt Krafft organisierte und beaufsichtigte er die physikalische Instrumentensammlung, verfasste Abhandlungen zu astronomischen Grundfragen, die sich mit der Gravitation der Planeten und ihren Kreisbewegungen beschäftigten, lieferte Abhandlungen zur Messtechnik und Meteorologie und bemühte sich, bessere Thermometer und Barometer zu entwickeln.

Doch Bilfingers Hauptarbeit ist die 1728 entstandene Abhandlung über den Ursprung der Schwerkraft *De causa gravitatis physica generali.* Sie ist vor allem eine Auseinandersetzung mit Newtons Lehre von den Anziehungskräften und der Möglichkeit einer actio in distans, die als eine qualitas occulta zu der mechanistischen Weltdeutung des Descartes nicht passte. Bilfinger geht von der Voraussetzung aus, dass man die Bewegung beobachten müsse, aus der das Phänomen der Schwerkraft entstehe. Er entscheidet sich gegen die Annahme einer actio in distans, also für die Rettung der cartesianischen, gegen die Newton'sche Physik. Die Académie Française ehrte ihn mit einem hohen Preisgeld. Bilfinger wurde in den europäischen Wissenschaftskreisen bekannt. Seinem in St. Petersburg erworbenen Ruhm verdankte Bilfinger seine weitere Laufbahn und trotz des Widerstands in der theologischen Fakultät auch seine Rückkehr nach Tübingen. Wen wundert es, dass er nicht müde wurde, die Stadt Peters des Großen und ihre Wissenschaftseinrichtung zu loben, und versuchte, die ihr entgegengebrachten Ressentiments zu entkräften?

Werke und Werkausgaben

Bilfinger, Georg Bernhard:
- Dilucidationes philosophicae de Deo, anima humana, Mundo et generalibus rerum affectionibus; ontologica, cosmologica, philosophica et theologica, Tübingen 1725 (2., erw. Aufl. 1740; 3., erw. u. verb. Aufl. 1746; Ed. nova 1768).
- De Academiis Scientiarum ..., in: ders.: Varia in fasciculos collecta, Bd. 2, Stuttgart 1743, 87–141.
- De causa gravitatis physica generali, in: ders.: Varia in fasciculos collecta, Bd. 3, Stuttgart 1743, 178–221.
- De Invendia Locorum terrae marisque Longitudine, in: ders.: Varia in fasciculos collecta, Bd. 2, Stuttgart 1743, 141–190.

Weitere Literatur

Abel, Jacob Friedrich: Beytrag zur Geistes- und Lebens-Geschichte Herrn Georg Bilfingers Herzoglich-Württembergischen würklichen Geheimen Raths und

Consistorial-Präsidentens, Patriotisches Archiv für Deutschland 9 (1788), 359–402.

BEUTEL, Albrecht: Causa Wolffiana. Die Vertreibung Christian Wolffs aus Preußen 1723 als Kulminationspunkt des theologisch-philosophischen Konflikts zwischen Halleschem Pietismus und Aufklärungsphilosophie, in: ders.: Reflektierte Religion. Beiträge zur Geschichte des Protestantismus, Tübingen 2007, 125–169.

GEYER, Dietrich: Vom Weltbezug der Tübinger Provinz. Bilfinger in Petersburg, in: Barner, Wilfried (Hg.): Literatur in der Demokratie. FS für Walter Jens zum 60. Geburtstag, München 1983, 285–293.

JENS, Walter: Eine deutsche Universität. 500 Jahre Tübinger Gelehrtenrepublik, in Zusammenarbeit mit Inge Jens unter Mitwirkung von Brigitte Beekmann, München 1977.

KOPELEVIC, Judif' C.: Osnovanie petersburksoj Akademii Nauk [Die Gründung der Petersburger Akademie der Wissenschaften] (Institut für Geschichte der Naturwissenschaften und der Technik an der Akademie der Wissenschaften der UdSSR), Leningrad 1977.

LIEBING, Heinz: Zwischen Orthodoxie und Aufklärung. Das philosophische und theologische Denken Georg Bernhard Bilfingers, Tübingen 1961.

TAFINGER, Wilhelm Gottlieb: Leichen=Rede über den hochzubetrauernden Todfall des, zum seltenen Exempel, in einer Person zusammen gekommen grossen Philosophen, gründlichen Theologen, und vortrefflichen Staats=Ministers Herrn Georg Bernhard Bilfinger …, Stuttgart 1750.

TOELLNER, Agnes: Georg Bernhard Bilfinger an der Petersburger Akademie der Wissenschaften und Künste 1725–1730, Tübingen 1988.

WAHL, Richard: Professor Bilfingers Monadologie und prästabilierte Harmonie in ihrem Verhältnis zu Leibniz und Wolff, Zeitschrift für Philosophie und philosophische Kritik 85 (1884), 66–92.202–231.

WOLFF, Christian: Vernünfftige Gedancken von Gott, der Welt und der Seele des Menschen, auch allen Dingen überhaupt, Halle 1720.

WUNDT, Max: Die deutsche Schulphilosophie im Zeitalter der Aufklärung (Heidelberger Abhandlungen zur Philosophie und ihrer Geschichte 32), Tübingen 1945.

Agnes Toellner

Friedrich Christoph Oetinger

* 2. (oder 6.) Mai 1702
† 10. Februar 1782
Stiftseintritt: 1722

Ein junger Mann, Klosterschüler in Bebenhausen und kurz vor dem Übergang ins Tübinger Stift, steht vor einer bedeutsamen Weichenstellung. Er, der hochbegabte Friedrich Christoph Oetinger, eine strahlende Erscheinung, hat sich zu entscheiden zwischen der Laufbahn eines Juristen, die ihm den Weg in hohe politische Ämter verspricht, und dem geistlichen Stand. Seine ehrgeizige Mutter liegt ihm in den Ohren, den weltlichen Weg zu gehen; der Vater bedroht ihn dagegen »mit einer Art des Fluchs«, sollte er die Ausbildung zum württembergischen Pfarrer abbrechen. Oetinger ist sich selbst nicht im Klaren. In der Not wendet er sich an seine Lehrer in Bebenhausen und den Onkel Elias Camerer, Professor der Medizin in Tübingen. Auch sie tendieren dazu, er habe »kein geistlich Fleisch« und solle die geistliche Ausbildung verlassen (Oetinger, Genealogie: 46 f.).

Oetinger tut das Richtige. Er hört auf seine innere Stimme und bemerkt in sich »eine viel grössere Neigung zur Gottseeligkeit, als der Aussenschein angibt«. In seiner Kammer fällt er auf die Knie, hält die weltliche Laufbahn und ihr Sozialprestige gegen ein Leben als Diener Gottes. Und da kommt es ihm: *Deo servire Libertas* – Gott dienen ist Freiheit. »Auff dieses rieff ich Gott von ganzem Herzen an, mir alle Absichten auf die welt aus der Seele zu nehmen, und das geschahe so gleich.« Von da an ist er ein anderer Mensch. Galante Kleidung bedeutet ihm nichts mehr; den Cicero legt er beiseite und greift zur Bibel (Genealogie: 47 f.).

Der Oetinger, der 1722 ins Stift einzieht, hat sich seine Entscheidung erkämpfen müssen. Er hat den befreienden Gott erlebt, nicht einen Gott, der

Kadavergehorsam fordert. Und so bleibt er – auf seiner neuen, geistlichen Basis – ein Gottsucher, der seine Lehrer und sich selbst fordert. Den »Grund der theologischen warheiten« will er wissen. Leidenschaftlich setzt er sich verschiedenen Begegnungen aus, etwa mit den Inspirierten um Johann Friedrich Rock, deren prophetische Aussagen er anhand der biblischen Prophetie prüft und sich schließlich von Rock lossagt. Aber nicht nur das, was Gott mit seiner Schöpfung vorhat, treibt Oetinger um, sondern auch, wie Schöpfung geschehen ist und geschieht. Georg Bernhard Bilfingers Vorlesungen über die Philosophie von Leibniz und Christian Wolff imponieren ihm. In diese damals neuen Gedankengänge taucht er ein und hängt eine Zeitlang der Leibnizschen Monadenlehre an, wonach Gott als Urmonade Körper und Seele der Menschen schafft, die nur Anhäufungen metaphysischer Punkte sind und nicht aufeinander wirken können, es sei denn als Folge einer von Gott geschaffenen »praestabilierten Harmonie«. Dann wendet sich Oetinger der Philosophie von Nicolas Malebranche zu, die das Wechselspiel von Körper und Seele nur durch wiederholte Eingriffe Gottes erklären kann. Aber auch damit ist er nicht zufrieden und liest ruhelos im Neuen Testament.

Seine bekannte Begegnung mit Johann Caspar Obenberger, dem Betreiber der Tübinger Pulvermühle, findet etwa 1725 statt, fällt also in diese Zeit. Obenberger, ein Anhänger Jacob Böhmes, hat sich einen Schutzraum gegraben, um den für die nahe Zukunft erwarteten Fall Babels (Apk 18) zu überleben. »Babel« ist für Böhme auch die Kirche seiner Zeit, und so treffen mit dem Stiftler Oetinger, der sich auf den Kirchendienst vorbereitet, und dem Anhänger Böhmes zwei Welten aufeinander. Obenberger redet Klartext: »Ihr Candidaten seyd gezwungene Leute, ihr dürft nicht nach der Freyheit in Christo studieren; ihr müßt studieren, wozu man euch zwingt« (Oetinger, Genealogie: 61). Er zeigt ihm eine Schrift von Jacob Böhme. Oetinger stutzt, leiht sich das Buch aus und ist von dessen dynamischer Schöpfungslehre begeistert. Oetinger verabschiedet sich von der aus Leibniz und Malebranche gezogenen Vorstellung, als ob Schöpfung durch das ewige Wort Gottes eine Matrix erzeugt habe, in welcher wie in einem Mutterleib alle künftig zu gebärenden Menschen »in Speculis monadicis [in monadischen Abbildern] stille stehen«. Schöpfung, wie sie Böhme versteht, ist dagegen ein göttlicher *actus purissimus*, ein dynamisches Geschehen, welche aus dem Gegenspiel von göttlichem Zorn, Liebe und Geist hervorgeht. Bei aller Faszination legt Oetinger jedoch Wert darauf, »kein Nachäffer« Böhmes zu sein; dieser habe im Bemühen, unsagbare Worte zu sagen, auch Fehler gemacht (Genealogie: 63 f.). Oetingers Erstlingswerk würdigt

Böhmes Entwurf unter dem Titel *Aufmunternde Gründe zu*[!] *Lesung der Schrifften Jacob Boehmens* (1731).

Zumindest ist für ihn der Schritt vollzogen weg von einer atomisierenden Schöpfungslehre, die Gott als vollkommenen Intellekt definiert, der an die von ihm geschaffenen Naturgesetze gebunden sei (Christian Wolff). Hier kann die biblische Offenbarung nichts über die Vernunft hinaus lehren. Oetingers Magisterdisputation vom Mai 1725, die er unter dem Vorsitz des Professors für Metaphysik Christian Hagmajer hält, befasst sich mit Wolffs Satz vom hinreichenden Grund der Erkenntnis. Hagmajer hält Wolffs Ansicht für »mangelhaft« (Genealogie: 69), was Oetingers Zweifel bestärkt. In der Folgezeit studiert er die Bibel, die Kirchenväter und auch rabbinische Literatur. Seine Frage nach dem, was die Welt im Innersten zusammenhält, hat sich vom Rationalismus gelöst und wird zur Frage nach den »letzten Begriffen« bei Jesus und den Aposteln. Oetingers Resümee: Jesus hat die Grundbegriffe des Lichts und der Finsternis gebraucht (vgl. Mt 6,23; 10,27 u. ö.), und auch die Apostel haben ihr Erkennen so verstanden: »Gott, der das Licht aus der Finsterniß geruffen, hat einen hellen Schein in unser Herz gegeben [2 Kor 4,6]: das ist genug für uns.« Man muss »der heiligen Schrift ihre Gränzen respectiren« (Genealogie: 77 f.).

Dabei will Oetinger die Bedeutung der Vernunft keineswegs herabwürdigen – im Gegenteil, sie ist für ihn ein äußerst effektives Werkzeug. Aber muss man Werkzeuge anbeten, indem man ihre Bedeutung absolut setzt? Was er in der Bibel, bei den Kirchenvätern und Rabbinen findet, sagt ihm übereinstimmend: Allem zugrunde liegt das Handeln Gottes als Schöpfer und Vollender der Welt; beides ist der Vernunft auf direktem Wege nicht zugänglich, sondern nur aufgrund göttlicher Offenbarung. Kein Irrationalist will Oetinger sein, sondern ein Ideologiekritiker der menschlichen Vernunft.

In den folgenden Jahren wird Oetinger hervorheben, dass die Vernunft – unbeschadet ihrer Grenzen – die Spuren göttlichen Handelns in der Schöpfung nachvollziehen könne. Dies geschehe, indem man die Bibel nicht auf rationalistische Weise in »leere und entkräftete Sätze verwandelt«, sagt er in der *Lehrtafel der Prinzessin Antonia* (1763). Stattdessen habe man Gottes in der Bibel geschilderten Naturwerke, die von ihm geschaffene belebte und unbelebte Welt, zu erforschen – nicht allein mit Verstand und Empirie, sondern auch mit Hilfe eines von Oetinger postulierten allgemeinen Wahrheitsgefühls aller Menschen, das er als sensus communis oder »Weisheit auf der Gasse« bezeichnet. Dann werde das Lesen im Buch der Natur zur Verstehenshilfe für das Buch der Schrift. Beides gehöre zusammen und führe zu einem Gesamtsystem der Wahrheit, der »Heiligen Philosophie« (*philosophia sacra*).

Im Herbst 1727 legt er das theologische Examen ab. Die Stiftszeugnisse bescheinigen ihm gute geistige Anlagen, Fortschritte vor allem im Studium der systematischen und praktischen Theologie sowie eine aus seinem Verhalten hervorleuchtende Frömmigkeit (*e moribus elucet pietas*, Ehmann: 57).

Seine unter inneren Kämpfen gewonnene Erkenntnis verteidigt er auch in der Folgezeit mit Nachdruck. Als eine 1728 veröffentlichte Schrift seines früheren Bebenhausener Lehrers Israel Gottlieb Canz versucht, die Leibniz-Wolffsche Philosophie auf die Theologie anzuwenden, stellt er ihn zur Rede: »Ich gieng einmahl zu Prof. Canz und obtestirte [beschwor] ihn, ob er sich getraute, gewiß zu seyn, daß die Apostel und Jesus Christus eben diese lezte Begriffe gehabt wie er, und ob er nach dem tod sie eben so finden werde, als er es dreiste im Lehren vorgebe. Er sagte: Ja; ich aber sagte: Nein; er werde sie nicht so finden« (Genealogie: 74). In einem Brief vom 19. Januar 1728 an Johann Albrecht Bengel, als dessen Tübinger Korrespondent Oetinger seit 1727 fungiert, macht er seinem Ärger Luft: Das Werk von Canz sei eine »nova a Sacrae conceptibus Scripturae diversio«, eine neue Abweichung von den Gedanken der Heiligen Schrift (Bengel, Briefwechsel: Nr. 591).

Das Amt dessen, der Bengel über Tübinger Vorkommnisse und neu erschienene theologische Literatur auf dem Laufenden hält, hat Oetinger 1727 vom zwei Jahre älteren Jeremias Friedrich Reuß übernommen, der als Hauslehrer nach Stuttgart geht. Diesem, dem ehemaligen Lieblingsschüler in Denkendorf, vertraut Bengel seine apokalyptischen Berechnungen an, welche die Zahl des in Apk 13 genannten widergöttlichen Tiers als 666 bestimmen: *Inveni numerum bestiae, Domino dante* (Bengel an Reuß 22. 12. 1724, Briefwechsel: Nr. 432). Diese Eingebung vom 1. Advent 1724 arbeitet Bengel weiter aus und meint, einen Schlüssel gefunden zu haben, um vergangene und künftige Ereignisse in ein endzeitliches Schema einordnen zu können. Von Anfang an erhält Oetinger von Reuß Einsicht in die Bengelschen Briefe. Oetinger betrachtet Bengel als Autorität, wenn es um das rechte Verstehen der Bibel geht. Im April 1733 wird er in dem Bemühen, den Grafen Zinzendorf von Bengels System zu überzeugen, mit diesem einen Besuch in Denkendorf machen. Auch als Oetinger in den folgenden Jahren – wieder unter schweren Kämpfen – Zinzendorfs Bibelverständnis den Abschied gibt, ist ihm die vertraute Beziehung zu Bengel hilfreich.

Als examinierter Stiftler bleibt man, dem damaligen Brauch folgend, im Stift und kehrt nach Vikariaten oder Reisen wieder dorthin zurück, bis man eine feste Anstellung im Kirchendienst gefunden hat. Für Oetinger gilt diese Regel mit Einschränkungen, die von der Stiftsleitung offensichtlich gebilligt werden. Als seine Mutter am 19. Juli 1727 in Göppingen gestorben ist und ihn in einem Abschiedsbrief ermahnt hat, sich um die jüngeren Geschwister zu kümmern, unterrichtet er nach dem Examen im Herbst 1727 seine drei Brüder in Tübingen, im Haus des herzoglichen Finanzbeamten Georg Gottfried Härlin. Im November 1728 werden Oetinger und seine Brüder krank und müssen sich ins heimatliche Göppingen begeben. Von dort kehrt er erst an Georgii (23. April) 1729 ins Stift zurück, um sich danach auf seine erste wissenschaftliche Reise zu begeben, die ihn nach Frankfurt am Main, Jena, Halle, Herrnhut und Berleburg führt. Seit Ende 1730 wieder in Tübingen, wird er 1731 Repetent am Stift (Genealogie: 88–106). Es folgen zwei weitere längere Reisen in den Jahren 1733–1737. Danach unterrichtet Oetinger wieder als Repetent in Tübingen, bis ihm 1738 seine erste Pfarrstelle in Hirsau übertragen wird (Genealogie: 108–127).

Hier ist nicht der Ort, die Erlebnisse und Begegnungen auf diesen Reisen zu schildern. Oetinger ist in seiner autobiographischen *Genealogie der reellen Gedancken eines Gottes-Gelehrten* ausführlich darauf eingegangen, auch auf die weiteren Lebensstationen als Pfarrer in Schnaitheim (1743) und Walddorf (1746), als Dekan in Weinsberg (1752) und Herrenberg (1759) sowie als Prälat in Murrhardt (1766). Darüber hinaus ist die Selbstbiographie eine wichtige Quelle für sein Verhältnis zu Zinzendorf, für Oetingers spätere alchemistischen Versuche, seine ambivalente Würdigung des Geistersehers Swedenborg und die Auseinandersetzungen mit dem Konsistorium. Ergänzendes Quellenmaterial bietet Oetingers Briefwechsel mit Bengel, Friedrich Christoph Steinhofer, Ludwig Friedrich Graf zu Castell-Remlingen und anderen (Auszüge in: Ehmann: 429–836; vgl. Bengel, Briefwechsel).

Oetinger war mehr als ein aufmüpfiger Stiftler. Er hat sich dem zeitgenössischen rationalistischen Trend entgegengestellt, ohne die Bedeutung der Vernunft zu leugnen. Aus einem immensen theologischen und naturwissenschaftlichen Wissen schöpfend, hat er auf der Höhe seiner Zeit und in den Grenzen seiner Zeit einen Gegenentwurf formuliert, mutig und angesichts zahlreicher Kritiker, die ihm das Leben schwer machten. Wir haben Oetinger nicht zu kopieren, aber seinen Versuch einer Ideologiekritik der menschlichen Vernunft zu achten.

Werke und Werkausgaben

OETINGER, Friedrich Christoph:
- Aufmunternde Gründe zu[!] Lesung der Schrifften Jacob Boehmens [...], Frankfurt/Leipzig 1731.
- Offentliches Denckmahl der Lehr-Tafel einer weyl[and] Würtembergischen Princeßin Antonia [...], Tübingen 1763.
  Historisch-kritische Ausgabe: Die Lehrtafel der Prinzessin Antonia, Teil 1: Text; Teil 2: Anmerkungen, hg. von Reinhard Breymayer u. Friedrich Häussermann (Texte zur Geschichte des Pietismus 7,1), Berlin/New York 1977.
- Biblisches und Emblematisches Wörterbuch, dem Tellerischen Wörterbuch und Anderer falschen Schrifterklärungen entgegen gesezt, Heilbronn am Neckar 1776.
  Historisch-kritische Ausgabe: Biblisches und Emblematisches Wörterbuch, Teil 1: Text; Teil 2: Anmerkungen, hg. von Gerhard Schäfer in Verbindung mit Otto Betz u. a. (Texte zur Geschichte des Pietismus 7,3), Berlin/New York 1999.
- Genealogie der reellen Gedancken eines Gottes-Gelehrten. Eine Selbstbiographie, hg. von Dieter Ising, Leipzig 2010.
BENGEL, Johann Albrecht: Briefwechsel. Band 2: Briefe 1723–1731, hg. von Dieter Ising (Texte zur Geschichte des Pietismus 6,2), Göttingen 2012. (enthält u. a. Oetingers Korrespondenz mit Bengel)

Weitere Literatur

BETZ, Otto: Licht vom unerschaffnen Lichte. Die kabbalistische Lehrtafel der Prinzessin Antonia in Bad Teinach, Metzingen 1996.
BRECHT, Martin: Der württembergische Pietismus, in: ders./Deppermann, Klaus (Hgg.): Geschichte des Pietismus, Bd. 2: Der Pietismus im achtzehnten Jahrhundert, Göttingen 1995, 225–295 (zu Oetinger: 269–288).
EHMANN, Karl Christian Eberhard (Hg.): Friedrich Christoph Oetinger's Leben und Briefe, als urkundlicher Kommentar zu dessen Schriften herausgegeben [...], Stuttgart 1859.
GUTEKUNST, Eberhard/Zwink, Eberhard: Zum Himmelreich gelehrt. Friedrich Christoph Oetinger 1702–1782, württembergischer Prälat, Theosoph und Naturforscher, Stuttgart 1982.
KUMMER, Ulrike: Autobiographie und Pietismus. Friedrich Christoph Oetingers Genealogie der reellen Gedancken eines Gottes-Gelehrten. Untersuchungen und Edition, Frankfurt a. M. 2010.
SPINDLER, Guntram (Hg.): Glauben und Erkennen. Die Heilige Philosophie von Friedrich Christoph Oetinger. Studien zum 300. Geburtstag. Mit einem Geleitwort von Gerhard Schäfer, Metzingen 2002.

WEYER-MENKHOFF, Martin: Christus, das Heil der Natur. Entstehung und Systematik der Theologie Friedrich Christoph Oetingers (Arbeiten zur Geschichte des Pietismus 27), Göttingen 1990.

Dieter Ising

Johann Friedrich Flattich

* 3. Oktober 1713
† 1. Juni 1797
Stiftseintritt: 1733

Im Herbst 1787 machte Flattich eine Fußreise von seinem Dienstort München nach Häfnerhaslach, wo sein Sohn Fritz Pfarrer war. Unterwegs blieb Flattich im Pfarrhaus in Kleinsachsenheim über Nacht, »weil ich,« wie er seinem Schwiegersohn Trautwein in Weinsberg berichtete, »mit dem dasigen H. Pfarrer Renzen eine gute Bekandtschaft in dem Stipendio zu Tübingen, da wir miteinander studirten, hatte« (Briefe: 247). Christian Friedrich Renz war erst zwei Jahre nach Flattich ins Stift gekommen, gleichwohl kannte man sich und konnte die Bekanntschaft fünf Jahrzehnte später ohne weiteres erneuern.

Flattich wurde am 3. Oktober 1713 in Beihingen am Neckar (heute Freiberg) geboren. Sein Vater Johann Wilhelm Flattich (1678–1728) war Schulmeister, Gerichtsschreiber und schließlich Amtmann einer der adligen Beihinger Ortsherrschaften. Die Familie Flattich hat über mehrere Generationen dem Herzogtum Beamte und Pfarrer gestellt und ist somit eine typische Familie der nachreformatorischen württembergischen Ehrbarkeit. Gleicher Herkunft war auch Flattichs Mutter Maria Veronika Kapff (1671–1756), die die Tochter eines Verwaltungsbeamten war.

Bei diesem familiären Hintergrund war die Berufswahl für den jungen Flattich völlig unproblematisch. Als er im Alter von 15 Jahren den Vater verlor, empfand man es als einen Segen, dass er bereits die Zusage hatte, »in die Klöster« aufgenommen zu werden. Er hatte das Landexamen bestanden und kam 1729 in die Klosterschule Denkendorf, wo er Johann Albrecht Bengel als Lehrer hatte, der auf ihn einen bleibenden Eindruck machte.

1731 rückte Flattich mit seiner Promotion in die Klosterschule Maulbronn vor und kam 1733 zum Studium ins Stift nach Tübingen. In Flattichs
Stiftszeugnissen, in denen ihm durchweg gutes Benehmen bescheinigt
wird, taucht schon früh die Bemerkung auf, dass er sich besonders dem
Studium der Mathesis widme. Dies geht zurück auf ein Schlüsselerlebnis,
das Flattich wohl in Maulbronn hatte. Als ihm einmal die Philologie ent-
leidet war, traf er auf Christian Wolffs *Anfangsgründe aller mathematischen
Wissenschaften*. Er begann, das Buch mit seinen über 1000 Seiten, das alle
Fächer der reinen und angewandten Mathematik lehrte, für sich durchzu-
arbeiten. Er brauchte ein Jahr, um sich in die mathematische Denkweise zu
finden, machte dann aber gute Fortschritte.

Die Theologenausbildung begann damals mit einem philosophischen
Grundstudium, das Flattich 1735 zusammen mit seiner Promotion mit dem
Magistergrad abschloß. Es folgten zwei Jahre Theologiestudium. Mit dem
damaligen Stiftsephorus Israel Gottlieb Canz (1690–1753) trat Flattich in
nähere Verbindung, da er als Hauslehrer dessen Söhne unterrichtete. Von
den damaligen Theologieprofessoren scheint ihm Georg Bernhard Bilfinger (1693–1750), ein Schüler Christian Wolffs, den größen Eindruck hinterlassen zu haben. Im Sommer und Herbst 1737 war Flattich krank und hielt
sich zu Hause auf. Gleichwohl nahm er am 10. Dezember 1737 an der vom
Konsistorium abgenommenen Prüfung teil. Im Zeugnis werden Flattich
gute Anlagen und Sitten bescheinigt und wiederum hervorgehoben, dass
er sich besonders dem Studium der Mathesis gewidmet habe. Flattichs Predigt über Phil. 2,9–11 erhielt kein besonderes Lob, wurde aber doch besser
als das Mittelmaß bezeichnet.

Flattich kam nun als Vikar nach Hoheneck bei Ludwigsburg zu Pfarrer
Johann Friedrich Kapff (1667–1741), einem Bruder seiner Mutter. Auch
während der Vikarszeit litt Flattich unter gesundheitlichen Problemen; zu
seiner Kräftigung ging er täglich zu Fuß nach Ludwigsburg, um dort bei
einem Drechsler zu arbeiten. Diese selbstverordnete Therapie war erfolgreich, durch eine geregelte und mäßige Lebensweise erreichte Flattich dann
ein hohes Alter.

Nach fünfjähriger Vikarszeit wurde Flattich am 9. Februar 1743 erneut
vom Konsistorium geprüft und zum Garnisonsprediger auf dem Hohenasperg ernannt. Dies war seine erste feste Anstellung und bot ihm die Möglichkeit, sich zu verheiraten. Er schloß die Ehe mit Christiana Margaretha
Groß (1721–1771), der Tochter des verstorbenen Pfarrers in Murr. Die Garnison auf der Festung war wegen der Friedenszeit recht klein, sodass wenig
Arbeit anfiel. Andererseits war das Gehalt das eines Anfängers, weshalb

Flattich danach trachtete, einen Nebenverdienst zu bekommen. Schon auf dem Asperg fing er deshalb mit seiner »Information« an. Er nahm junge Leute in sein Haus auf, die er unterrichtete. Außerdem hielt er einen Tisch für unverheiratete Offiziere der Garnison. Dies bedeutete, dass die junge Frau von Anfang an eine große Haushaltung zu versehen hatte. Als Flattich Ende 1746 die Pfarrstelle Metterzimmern übertragen wurde, fuhr er auch dort mit seiner »Information« fort.

Viele der Gemeindeglieder in Metterzimmern befanden sich in schlechten wirtschaftlichen Verhältnissen, wodurch Flattich auf das Problem des »Hausens« gewiesen wurde. Da sich niemand sonst verpflichtet fühlte, den armen Leuten aufzuhelfen, machte er sich selbst darüber Gedanken und stellte richtiggehende statistische Erhebungen an, um schließlich herauszufinden, dass in der Mangelgesellschaft des 18. Jahrhunderts die Sparsamkeit die einzige Möglichkeit war, um zu überleben. Diesen Appell bezog Flattich auch auf seine eigene Lebensführung und entwickelte eine Lebensregel daraus: Wer wenig bedarf, muss wenig erwerben und kommt deshalb in weniger Sorgen. Seiner Tochter riet er, ihre Kinder nicht zu schön anzuziehen oder ihnen schöne Sachen zu geben, denn wenn sie diese verderben, werde sie unwillig über sie, zanke und verfehle sich dadurch an ihnen.

Auch in Metterzimmern war die Besoldung gering, weil es ein Anfangsdienst war. Flattich hatte aber doch die Absicht, seine gesamte Dienstzeit am Ort zu bleiben. Die Wende kam angeblich durch Herzog Karl Eugen persönlich, der sonntags auf der Jagd gewesen und in die Metterzimmerner Kirche geraten sei. Hier habe ihm Flattichs Predigt so gut gefallen, dass er ihm die nächste gute Pfarrstelle versprach. Die Akten berichten freilich nichts über eine Intervention des Herzogs zu Flattichs Gunsten. Das Protokoll des Konsistoriums vermerkt lediglich am 9. November 1759, dass die freigewordene Pfarrstelle in Münchingen durch Flattich besetzt werden sollte. Es handelt sich also hier um eine der vielen Flattich-Anekdoten, die ihn auf vertrautem Fuß mit dem Herzog zeigen, aber unhistorisch sind.

Im Frühjahr 1760 zog Flattich in Münchingen auf. Hier herrschten bessere wirtschaftliche Verhältnisse. Der Pfarrer hatte hier auch Umgang mit der Familie des Generals von Harling, der Schlossherrschaft von Münchingen, ebenso mit der Familie von Leutrum auf der benachbarten Nippenburg, die eine hohe Stellung am badischen Hof einnahm. Aber auch andere hochgestellte Leute, wie der Regierungsrat von Seckendorf, später württembergischer Minister und eine wichtige Gestalt der Erweckungsbewegung, verkehrten bei ihm. Trotzdem war Flattich ein Pfarrer, der sich lieber zu den »Niedrigen« hielt und die Adligen zur Einfachheit und Bescheidenheit mahnte.

Flattichs Frau Christiana Margaretha geb. Groß gebar ihm in 29jähriger Ehe 14 Kinder, wovon jedoch nur sechs das Erwachsenenalter erreichten. Die Frau starb fünfzigjährig 1771. Im Münchinger Totenbuch findet sich ein bewegender Nachruf Flattichs auf sie. Er verheiratete sich nicht mehr; inzwischen waren die Töchter groß genug, um den väterlichen Haushalt zu führen. Sie heirateten nacheinander, zuerst Veronika 1776 mit dem Verwaltungsbeamten Trautwein. Nun wäre nach Flattichs Willen die nächstältere Tochter Helena an der Reihe gewesen, auf die der verwitwete Nachbarpfarrer Philipp Matthäus Hahn in Kornwestheim ein Auge geworfen hatte. Hahn schwankte lange zwischen Helena und ihrer jüngeren Schwester Beata, wie wir seinem Tagebuch entnehmen können, heiratete dann aber 1776 doch die 19jährige Beata. Auch Helena bekam später noch einen Mann und zuletzt wurde Flattichs Haushalt von seiner jüngsten Tochter Friederike geführt, die 1793 einen Pfarrer heiratete. Inzwischen war aber die Tochter Beata mit ihren Kindern wieder im Haus, da Hahn 1790 gestorben war.

Die beiden Söhne Flattichs, Andreas Friedrich, genannt Fritz, und Christoph Ludwig, genannt Louis, waren nicht sonderlich begabt, aber fleißig und schlugen beide die Theologenlaufbahn ein. Fritz durchlief die Klosterschulen, und wurde dann, nachdem er 1778 das Examen abgelegt hatte, Vikar bei seinem Vater in Münchingen, danach 1786 Pfarrer in Häfnerhaslach und 1789 in Engstlatt, wo er 1824 starb.

Louis hingegen war die übliche württembergische Theologenlaufbahn versperrt, da aus einer Familie nur ein Sohn in den Genuß der Stipendien kommen durfte. Er ging 1774 vom väterlichen Unterricht direkt zum Studium, das er in Tübingen als Stadtstudent absolvierte. Er legte 1779 das theologische Examen ab, war dann Vikar an verschiedenen Orten, um 1786 der Nachfolger seines Bruders als Vikar beim Vater in Münchingen zu werden. Nach dem Tod des Vaters wurde Louis 1797 Pfarrer in Suppingen, 1803 in Heimsheim und 1814 in Münchingen, wo er bis zu seinem Tod 1822 wirkte.

Durch die Mitarbeit seiner Söhne als Vikare war es Flattich möglich, sein Amt bis in sein hohes Alter zu versehen. Noch 1787 heißt es im Visitationsbericht von ihm, dass er an Fest-, Sonn- und Feiertagen noch selbst predige und zwar gründlich, praktisch und populär. Erst 1794 wird angegeben, dass er seit einem halben Jahr sämtliche Amtsverrichtungen dem Vikar überlassen habe. Seine einzige Beschäftigung sei, dass er Anmerkungen zum Neuen Testament schreibe. Flattich starb am 1. Juni 1797 in Münchingen, einen Tag nach der dort gehaltenen Visitation.

Fragt man nach Flattichs Theologie, so hat man es zunächst mit der Tatsache zu tun, dass von Flattich außer einem Aufsatz über seine »Information« eigentlich nur Briefe und Brieffragmente erhalten sind. Gleichwohl ist es möglich, Umrisse seines theologischen Denkens aufzuzeigen, das von zwei Momenten bestimmt wird. Zunächst fällt ein schlichter und unmittelbarer Biblizismus auf, der auch und gerade für praktische Probleme unmittelbare Anweisungen in der Bibel sucht und findet. Dies waren insbesondere die Probleme, die sich täglich in seiner »Information« stellten, also pädagogische Fragen, ferner das »Hausen«. Hier wurden ihm vor allem die Lehrbücher des Alten und Neuen Testaments maßgebend, die altestamentliche Weisheit und die neutestamentlichen Haustafeln mit ihren praktischen Anweisungen.

Das zweite Zentrum von Flattichs theologischem Denken war der Gebrauch der Vernunft. Als einer der sich dem Studium der Mathematik hingab, war er ganz ein Kind seiner Zeit, der Aufklärung. Er beobachtet und denkt über das Beobachtete nach; Wahrnehmung und Nachdenken sind somit für Flattich zentral. Das heißt, dass er nicht beim Vorfindlichen stehen bleibt, sondern den Dingen auf den geistigen Grund geht. Er sucht und findet eine höhere Wirklichkeit in den sichtbaren Erscheinungen der Welt und des täglichen Lebens, die sich dem Nachdenkenden erschließt. Wahrnehmung und Nachdenken und schlichter Bibelglaube stehen daher bei Flattich nicht unverbunden nebeneinander, vielmehr sind Vernunft und Glaube eins in einer emblematische Theologie. Das heißt, dass nicht nur das Wort der Bibel, sondern in gleicher Weise auch Vorgänge und Verhältnisse in der Natur und im menschlichen Leben ihm in Fragen des Glaubens und Lebens »Licht« geben. Schriftglaube und Vernunftgebrauch stehen also bei Flattich nicht im Gegensatz, sondern sind eng miteinander verbunden.

Christian Gottlob Barth (1799–1862) hat in seinen *Süddeutschen Originalien* (1828–1832) Flattich ohne weiteres zu den Vätern des württembergischen Pietismus gestellt. Das Verhältnis ist zweifellos komplizierter. Flattich stand seinem Lehrer Bengel einigermaßen distanziert gegenüber. In vielem, vor allem in Hinsicht auf den Gebrauch der Emblematik, erscheint er viel mehr von Oetinger geprägt, doch war sein Interesse an dessen spekulativer Theologie gering. Gewiß hat Flattich pietistische Pfarrerkonferenzen besucht, selber aber wohl keine Erbauungsstunden gehalten. Seine Predigten wurden nicht selten von Auswärtigen besucht, außerdem wurde sein seelsorgerlicher Rat erbeten. In seiner Münchinger Amtszeit entstand am Ort ein blühendes Stundenwesen, über das er als Ortspfarrer seine

Hand gehalten hat, indem er den Stundenleuten stets vorschriftsmäßiges Verhalten bescheinigte.

Flattich ging es mit seiner seelsorgerlichen Tätigkeit und seiner lebenslangen »Information« um eine christliche Lebenspraxis. In gleicher Weise war die Information nicht nur Wissensvermittlung, sondern Erziehung, für die er mit seiner ganzen Persönlichkeit einstand. Er hat deshalb auch nicht schulbildend gewirkt, vielmehr hat er als Erzieher nicht nur für seine Schüler, sondern auch für seine Gemeinde gewirkt. Aus seinem Studium der Wolffschen *Anfangsgründe* hatte er gelernt, dass er seinen Schülern zum selbsttätigen Arbeiten verhelfen mußte, indem er ihnen ihre Aufgaben in Portionen zuteilte, die sie bewältigen konnten. Schüler und Gemeindeglieder suchte er zum Wahnehmen und Nachdenken zu bringen, zu einem Nachdenken, das ihnen selbst zu den richtigen Einsichten verhalf.

Flattich hat ein literarisches Nachleben gehabt. Aus seinen Briefen wurden allgemeingültige Aussagen herausgezogen und von einem seiner Söhne, wahrscheinlich Louis, als *Hausregeln* veröffentlicht. Es geht hier um das Flattichsche Thema des »Hausens« und somit war das Schriftchen, das im 19. Jahrhundert in unterschiedlichen Fassungen und zahlreichen Auflagen erschien, für Leute gedacht, die einen Hausstand anfingen. Die Flattichschen Regeln hielt man für so allgemeingültig, dass 1867 in der Basel Mission Press im südindischen Mangalore sogar eine Übersetzung ins Kanaresische erschien.

Der badische Pfarrer Karl Friedrich Ledderhose (1806–1890) veröffentlichte *Leben und Schriften* Flattichs, die 1873 in fünfter Auflage erschienen und 1870 von Karl Christian Eberhard Ehmann (1808–1879) mit einer Sammlung *Pädagogische Lebensweisheit* ergänzt wurde. Ledderhoses Lebensbild Flattichs ist im wesentlichen eine Sammlung der über ihn umlaufenden zumeist unhistorischen Anekdoten. Von diesem Werk zehrt im wesentlichen der Roman von Georg Schwarz (1902–1990), *Tage und Stunden aus dem Leben eines leutseligen, gottfröhlichen Menschenfreundes der Johann Friedrich Flattich hieß*, erstmals erschienen 1940, seit 1979 unter dem Titel *Zwischen Kanzel und Acker*. Es ist diese Publikation, die Flattich zu einer heute immer noch gegenwärtigen Gestalt macht, derer – für einen Landpfarrer des 18. Jahrhunderts ungewöhnlich – immerhin mit zwei Denkmälern, nämlich in Beihingen und Münchingen gedacht wird.

Werke und Werkausgaben

EHMANN, Karl Christian Eberhard (Hg.): Pädagogische Lebensweisheit. Aus den nachgelassenen Papieren des M. Johann Friedr. Flattich, Pfarrers in Münchingen, Heidelberg 1870.

FLATTICH, Johann Friedrich: Briefe, hg. von Hermann Ehmer und Christoph Duncker (Quellen und Forschungen zur württembergischen Kirchengeschichte 15), Stuttgart 1997.

LEDDERHOSE, Karl Friedrich: Leben und Schriften des M. Johann Friedr. Flattich, weil. Pfarrers in Münchingen, 5. Aufl., Heidelberg 1873.

Archivalien

AEvST: E 1, 11,1–2.

Weitere Literatur

BARTH, Christian Gottlob: Süddeutsche Originalien, 4 Bde., Stuttgart 1828–1832.

EHMER, Hermann: Johann Friedrich Flattich. Der schwäbische Salomo. Eine Biographie (Calwer Taschenbibliothek 65), Stuttgart 1997.

Hermann Ehmer

Christian Friedrich Schnurrer

* 28. Oktober 1742
† 10. November 1822
Stiftseintritt: 1760

Wer heute ins Evangelische Stift will, muss buchstäblich an Christian Friedrich Schnurrer vorbei. Sein Name steht auf dem Brunnen, der den Außenhof des Stifts ziert. Das ist kein Zufall. Mit Schnurrers Namen ist nicht nur die Errichtung des Brunnens verbunden und auch nicht nur der Umbau der frühen 1790er-Jahre, bei dem das Stiftsgebäude ungefähr seine heutige Gestalt bekam. Seine Zeit als Stiftsephorus von 1777–1806 war eine der bewegendsten Zeiten für das Stift, und Schnurrer hat die Stiftsgeschichte geprägt wie wenige andere.

Christian Friedrich Schnurrer wird am 28. Oktober 1742 als Sohn des Kaufmanns Samuel Friedrich Schnurrer und seiner Frau Agnes Elisabeth geb. Herz geboren. Er entstammt einer angesehenen Cannstatter Bürgerfamilie. Nach dem Besuch der Cannstatter Lateinschule und des Stuttgarter Gymnasiums wird er 1756 in die Denkendorfer und 1758 in die Maulbronner Klosterschule aufgenommen und durchläuft damit die klassische theologische Laufbahn in Württemberg. Diese führt ihn dann aufs Tübinger Stift, in das er 1760 als Stipendiat eintritt.

Über Schnurrers Zeit als Stiftler ist wenig bekannt. Disziplinarisch ist er weitgehend unauffällig, seine Sitten werden in den Beurteilungen stets gelobt, seine akademischen Leistungen sind exzellent. Neben einem kräftigen Gesundheitszustand, einer guten Redegabe und einem ansehnlichen materiellen Vermögen bescheinigt ihm sein Abschlusszeugnis (LKA Stuttgart: A 13, 3) eine besondere Begabung, Fleiß und ausgezeichnete Urteilskraft. Im Dezember 1765 legt Schnurrer das Examen als Primus seiner Promotion ab und wird als Vikar in seine Heimatstadt geschickt. Lange hält es Schnurrer nicht im Pfarramt. Schon bald beantragt er die Erlaubnis, eine wissenschaftliche Reise machen zu dürfen, um »einige Kenntnis der orientalischen Sprachen und anderer zur Erklärung der H. Schrift nöthigen Hülfsmittel zu erwerben« (zitiert nach: Angerbauer: 143). Im März 1766 wird ihm auch wirklich erlaubt, »auf ein paar Jahr lang [...] ausländische Universitäten besuchen zu dürffen«, mit der Ermahnung, »daß er die Zeit auf dieser Reyße wohl und seiner Destination gemäß anwenden, auch von seinem Aufenthalt je und je Nachricht ertheilen« (AEvST: E 1, 60,1) werde.

Von dieser Reise, den dabei gewonnenen Erkenntnissen, den dort geknüpften Kontakten und der Welterfahrung, die er sammelt, wird Schnurrer sein Leben lang zehren. Er besucht die Hochburgen theologischer Wissenschaft in Deutschland und Europa und lernt bei den Großen des Fachs. In Göttingen bleibt er zwei Jahre, wird Mitglied im dortigen Repetentenkollegium, hört Kirchengeschichte und studiert die orientalistisch fundierte Exegese der europaweit anerkannten Koryphäe Johann David Michaelis. Er hält selbst Vorlesungen, und zwar, wie er stolz an den Herzog berichtet, »vor einer nicht ganz unansehnlichen Anzahl von Zuhörern und nicht ganz ohne Beyfall« (zitiert nach: Angerbauer: 144). Die Beschäftigung mit dem Arabischen als exegetisch-textkritische Hilfswissenschaft erlebt zu jener Zeit einen enormen Aufschwung, zu dem Schnurrer dann seinen Teil beiträgt. 1768 reist er nach Jena zu Johann Gottfried Tympe und nach Leipzig zu Johann Jakob Reiske und dem Neologen Johann August Ernesti. Weitere Stationen sind Berlin, Leiden und Amsterdam, schließlich London und Paris, wo er sich jeweils im Arabischen weiterbildet, arabische Handschriften studiert, exzerpiert und gelegentlich auch erwirbt.

Im Herbst 1770 kehrt er schließlich nach Württemberg zurück. Dort hat man ihn schon Anfang 1768 in Abwesenheit zum Stiftsrepetenten gemacht – ein Amt, das er nicht antritt. Stattdessen macht ihn der Herzog zunächst zum Untergouverneur der Edelknaben am Stuttgarter Hof und stellt ihn dann vor die Entscheidung, in den Kirchendienst oder in die Wissenschaft zu gehen. Schnurrer entscheidet sich für die Wissenschaft und erhält 1772 eine außerordentliche Professur für Philosophie in Tübingen. Im selben Jahr heiratet er Luise Katharine, die Tochter des Hofpredigers Immanuel Gottlieb Faber.

Von 1775 bis 1777 steht er dem Contubernium vor, einer in der Tübinger Burse untergebrachten Einrichtung für die Stipendiaten universitärer Stif-

tungen. Zudem redigiert er die *Tübinger gelehrte Zeitung*. Als der als Ephorus schwache Ludwig Josef Uhland ordentlicher Professor der Theologie
wird, kann Schnurrer die nächste Karrierestufe erklimmen. Er wird Ephorus des herzoglichen Stifts. Sowohl Konsistorium als auch Geheimer Rat
sprechen sich für Schnurrer aus. Schnurrer als ein Mann, »der erst 35 Jahr
alt sei und also in seinem besten Alter stehe«, qualifiziere sich für das Amt
»sowohlen wegen seines soliden und ernstlichen, als auch dabei moderaten
und mit einem besondern Geschick, mit jungen Leuten umzugehen, verbundenen Wesens« (zitiert nach: Leube: 234).

Schnurrer tritt ein schweres Amt an. Der Zustand des Stifts ist misera-
bel. Das fängt schon bei den äußeren, baulichen Gegebenheiten an. Das
Gebäude »ist alt, rauchigt, finster und nicht bequem gebaut; auch so eng,
daß die Studirende sich oft auf einem Zimmer, hauptsächlich des Winters,
bey zwanzig aufhalten müßen« (Gaum: 156).

Auch mit der inneren Verfassung des Stifts steht es nicht gut. Die Studenten erleben das Stift als eine oft fürchterlich öde, geisttötende, allenfalls
durch Freundschaften untereinander gelinderte Zeit der Einengung und
Unterwerfung unter Willkür. Charakteristisch ist etwa die Aussage von
Rudolf Magenau, das Stift sei ihm »von der ersten Stunde an bis zu meinem
Abschiede unerträglich. [...] Tausend Demüthigungen für den guten Kopf,
alte mönchische *Etiquette*, ein Regiment nach keinem vesten Masstabe –
[...] o wie oft seufzte ich im Stillen um Erlößung!« (Beck: 386).

Die geltenden Statuten von 1752 sind hoffnungslos veraltet. Man strebt im
Stift einem weltfern-mönchischen Ideal von Disziplin nach und exerziert
theologische Wissenschaft als ein blutleeres Repetieren überkommener
dogmatischer Traditionen. Zu Schnurrers Zeit ist diese Form des Lebens
und Lernens immer weniger vereinbar mit einer geistigen Umwelt, die voller Dynamik und Veränderung ist. Über die Statuten schreibt Schnurrer,
»daß sie sich auch auf die geringfügigsten Dinge herablassen, daß sie nicht
durchaus eine würdige, hie und da gar eine niedrige Sprache führen, daß sie
überhaupt im Ganzen, anstatt für die schon merklich fortschreitende Cul-
tur berechnet zu seyn, sogar hinter dem damals bereits vorhandenen Ge-
schmak und Geist des Zeitalters zurückbleiben« (Erläuterungen: 520).
Wenn die Statuten vorgelesen werden, muss die ein oder andere Stelle aus-
gelassen werden, weil sie nicht mehr aktuell ist oder gar die »Feyerlichkeit
nur gestört haben würde« (Erläuterungen: 525), also lächerlich wäre.

In der Tat hinterlässt die Reform von äußerer und innerer Verfassung,
die Schnurrer in den frühen 1790er-Jahren in enger Abstimmung mit dem
Herzog vorantreibt, deutliche Spuren. Ab 1788 beginnt man mit der Reno-

vierung und dem klassizistischen Umbau des alten Stiftsgebäudes, der bis 1800 dauert. Schnurrer wäre ein Umzug in ein anderes Gebäude lieber, Kostengründe sprechen aber dagegen.

Die Einführung der Statuten, 1790 angekündigt, verzögert sich aber immer mehr – nicht zuletzt auch deshalb, weil der Herzog den aufklärerisch-rationalistischen Entwurf des Konsistoriums wieder verschärft. Schnurrer wird zusehends ungeduldig. Er setzt auf eine Liberalisierung durch die neuen Statuten, als Ventil für die von der Französischen Revolution angeheizte Stimmung. Er sorgt sich, »die neuen Statuten kommen jetzt schon zu spät. Unsre junge Leute sind großentheils von dem FreyheitsSchwindel angestekt, und das allzulange Zögern mit der neuen Einrichtung hat viel dazu geholfen« (Beck: 436).

Dieser »FreyheitsSchwindel« wird für Schnurrer immer mehr zum Problem. Auch wenn der berühmte Tanz Hölderlins, Hegels und Schellings um den Freiheitsbaum wohl Legende ist, so hat die Französische Revolution die Stiftler doch in einige Wallung gebracht. Durch die Mömpelgarder Stipendiaten gab es enge Verbindungen nach Frankreich, und am Stift hegte man große Sympathien für die Revolution. Gerüchte darüber kommen schließlich auch dem Herzog zu Ohren, nämlich »daß die Stimmung im Stift äussert democratisch seyn solle und besonders die Stipendiaten keine Scheu trügen, die französische Anarchie und den Königs-Mord öffentlich zu vertheidigen« (AEvST: E 1, 283,1).

Das bringt Schnurrer in eine schwierige Situation. Er will das Stift in der Öffentlichkeit nicht als Hort revolutionärer Gesinnung bloßstellen, muss nach oben aber signalisieren, dass er entsprechende Missstände aufzudecken bereit ist. Schnurrer stellt sich vor das Stift und geht in die Offensive. Zuerst befragt er seine Repetenten, dann schreibt er an den Herzog und stellt sein Amt als Ephorus zur Disposition – gegen die öffentliche Meinung könne er das Stift nicht vertreten: »Wie konnte ich ruhig bleiben, da ich sehe, daß das Herzogl. Stipendium die öffentliche Meinung gegen sich haben muß? [...] Was bisher den Mühseeligkeiten meines Amts das Gegengewicht machte, war theils die Meinung nicht ganz unnützlich zu seyn, theils die Zufriedenheit des gnädigsten Landesherrn [...]. Aber dieses Gegengewicht wird steigen. Ich sehe die Gefahr, die gute Meinung des vaterländischen Publicums [...] und vielleicht gar [...] E. H. D. Gnädigste Zufriedenheit zu verlieren« (zitiert nach Paulus: 85 f.).

Mit einer rhetorischen Finte weicht Schnurrer der Frage nach der Gesinnung der Stipendiaten aus, indem er auf deren faktischen Gehorsam verweist. Er berichtet, wie er sich in eine Gruppe am Tor lärmender Stiftler hineingeschlichen habe und laut gesagt habe, »einige müßten wohl betrunken sein, sie würden sonst die Nähe von mir nicht haben vergessen können. Plötzlich entstand eine tiefe Stille und Aufmerksamkeit, und da ich sagte, sie sollten jetzt alle ruhig hineingehen, so gingen auch im Augenblick alle ohne die entfernteste Äußerung von einigem Unwillen« (zitiert nach: Leube: 249).

Schnurrer gelingt es auch deshalb, das Ausmaß kritischer Gesinnung im Stift herunterzuspielen, weil der jakobinisch gesinnte Stiftler Christian Ludwig Wetzel kurz vor der Ankunft des Herzogs aus dem Stift fliegt und sich so als Sündenbock anbietet. Zudem hat der Herzog offenbar kein Interesse daran, Schnurrer als Ephorus zu verlieren, und so lässt er die Sache auf sich beruhen.

Im Stift zeigt sich Schnurrer als äußerst durchsetzungswilliger, machtbewusster Charakter. Nur so ist es ihm gelungen, eine ursprünglich untergeordnete Position zum beherrschenden Amt des Ephorus zu machen. Reinhard schreibt, der Ephorus »war so eine Abart von Polizeylieutenant oder Aedilis curulis. Nun ist der Aedil zum Diktator geworden, und wehe dem, der nur von ferne Miene macht, ihn in dieser Würde nicht anzuerkennen. Die andern zwey [Inspektoren, nämlich die Superattendenten] – unterschreiben seine Verfügungen« (Reinhard: 274).

Die Repetenten reiben sich an ihm, kämpfen mit ihm um die Wiederbelebung des Repetentensenats und beklagen seinen »Despotismus« (z. B. AEvST: R 1, 10,1). Auch die Studenten stöhnen gelegentlich unter der Schnurrerschen Strenge. Überliefert ist beispielsweise der Ausruf eines Stiftlers, der bei der Ansage des als Strafe verhängten Tischweinentzugs ausruft: »Das dank ihm, mein Donderswirt, dem himmersakermentsverfluchten Schnurrer« (zitiert nach: Leube: 239). Besonders gefürchtet sind bei den Stipendiaten die disziplinarischen Tribunale vor dem Inspektorat, die sich in aller Ausführlichkeit in den Stiftsakten erhalten haben. Besonders nimmt man Schnurrer übel, dass er sich bei diesen Verhören oft an die Famuli hält, Stipendiaten aus armen Familien, die Dienst- und Aufsichtsfunktionen zu erfüllen hatten: Diese »Policeyspürhunde« des Ephorus seien »in Rücksicht auf Schuld oder Unschuld entscheidend und bey gegenwärtigem E[phorus] hat man Mühe, durch das Zeugniß von fünfzig Stipendiaten, oder eines Repetenten sogar sich zu rechtfertigen, wenn einer dieser Buben auf dem Gegentheil beharrt« (Reinhard: 287).

Die Repräsentation von Status und Macht ist Schnurrer wichtig. Schelling erwähnt »seine tiefe Verehrung für alles, was einmal in der Welt große Bedeutung oder Gewalt erlangt, selbst für das Papsttum« (zitiert nach:

Leube: 254). Dabei scheint Schnurrer zu den Stipendiaten insgesamt um ein wohlwollendes, wenn auch distanziertes Verhältnis bemüht zu sein. Er zeigt sich als kritikfähig und nicht nachtragend. Über Reinhard, der ihn öffentlich angeht, verliert er kein böses Wort, und als eine Stube von Stiftlern eine kritische Disputation über das Repetentenkollegium abhalten will, so untersagt Schnurrer ihnen das, aber wenn sie denn über das Stift disputieren wollten, »so mögen sie immerhin ihn selbst, den Ephorus, zum Gegenstand ihrer Disputation wählen« (zitiert nach: Leube: 251).

Schnurrer hat erheblichen Anteil daran, dass es im Stift dann doch freier zugeht als bisher. Die strenge Stiftsdisziplin handhabt er maßvoll. Vor allem aber eröffnet Schnurrer – eher indirekt als direkt – den Stipendiaten neue geistige Welten. Die neuere Philosophie rezipiert er zwar so gut wie gar nicht. Wenn Kant unter Repetenten und Stipendiaten einige Anhänger hatte, so eher trotz als wegen Schnurrer. Aber in der Theologie setzt er der überkommenen dogmatischen Schule seine philologisch gegründete Exegese entgegen: »Was Schnurrer, indem er die Textkritik so lehrte, [...] vermittelte, war eine Erschütterung des Vertrauens in die Orthodoxie. [...] Schnurrers Lehre rüttelte somit an den Grundpfeilern der Dogmatik. Diese stand nicht nur im Verdacht, die Grundtexte der Religion zu verfälschen, sondern sogar in dem, die Texte selbst zu verfälschen« (Jacobs: 95).

Schnurrer ist selbst wesentlich von der aufklärerisch-neologischen Theologie geprägt, inspiriert u. a. von Johann Salomo Semler und Michaelis. Mit dieser Haltung beeinflusst er etliche der späteren kritischen Theologen, so etwa Karl Friedrich Reinhard, der darüber später an Goethe schreibt, den rationalistischen Theologen Heinrich Eberhard Gottlob Paulus oder den kantianischen Repetenten Immanuel Carl Diez, der Christus einen Betrüger nennt. So lässt sich von Schnurrer eine Linie zu David Friedrich Strauß ziehen. Dabei hält er sich mit dogmatischen Positionierungen weitgehend zurück.

Trotz seiner philosophisch-dogmatischen Abstinenz eröffnet Schnurrer Freiräume für neues Denken, auch die philosophische Entwicklung von Hegel und Schelling ist in diesem Kontext zu sehen. Selbst Schnurrers Kritiker gestehen ihm zu, dass er solchen Entwicklungen nicht den Raum nimmt. So konstatiert Reinhard, der ansonsten viel an Schnurrer auszusetzen hat und ihn einen »Oberpedanten« (Reinhard: 281) nennt: »[D]er gegenwärtige Ephorus befördert die Freyheit im Denken, so viel er kann, d. h. er hindert sie nicht, welches auch nicht mehr helfen würde. Man darf lesen, was man will, und man würde nichts zu befürchten haben, wenn man auch über Voltairen betrofen würde« (Reinhard: 278).

Als Wissenschaftler ist Schnurrer unumstritten. Er gilt als wissenschaftliches Aushängeschild der philosophischen Fakultät, als »eine Zierde der Landesuniversität und des Vaterlands« (Angerbauer: 145); nicht wenige Studenten kommen seinetwegen nach Tübingen. Ein mit einer Gehaltszulage abgewehrter Ruf an die renommierte Leidener Universität, die Mitgliedschaft im *Institut de France* und die Verleihung der Ehrendoktorwürde der Universität Würzburg sind äußere Zeichen dieser Anerkennung. Schnurrer spielt zudem als Betreuer akademischer Arbeiten eine beherrschende Rolle und hat so großen Einfluss auf eine ganze Theologengeneration.

Sein Alltag ist voll von Amtsanforderungen: Er muss im Stift ständig präsent sein, dort speisen, Kontrollgänge machen, darauf achten, dass das Inspektorat mit einer Stimme spricht, sich mit Trinkgelagen und Verspätungen auseinandersetzen, Gericht halten, protokollieren und korrespondieren. Bei dieser Arbeitsbelastung nimmt es Wunder, dass er wissenschaftlich noch so produktiv ist. In dieser Zeit entstehen seine wichtigsten Werke – das eine oder andere, schreibt er, »nur in verstohlenen Augenblicken zusammengeflickt« (zitiert nach: Leube: 241).

Neben einer ganzen Reihe orientalistisch-alttestamentlicher Traktate und einer großen Bibliografie orientalistischer Literatur und arabischer Drucke (1799–1806) sind hier vor allem auch die kirchenhistorischen Arbeiten Schnurrers zu erwähnen, besonders eine biografische Studie seiner Vorgänger auf dem Lehrstuhl für hebräische Literatur in Tübingen (1792) und die großen, stilistisch eindrucksvollen und quellengesättigten *Erläuterungen der württembergischen Kirchen-, Reformations- und Gelehrten-Geschichte* (1798), bei der die Stiftsgeschichte großen Raum einnimmt.

Aufbrausend und herrschsüchtig, großzügig und offen, ein offenbar sorgender Gatte und Vater und ein Diktator, ein Mann von, wie Schelling schreibt, »großer Beurtheilungskraft und Klugheit« (zitiert nach: Leube: 254), Beschützer und Verteidiger des Stifts, Reformer und Untertan – Schnurrer hat als Ephorus viele Rollen zu spielen. Schnurrer leitet, so Martin Brecht, das Stift »in einer merkwürdigen Mischung von autoritären und liberalen Grundsätzen« (Brecht: 29).

Im Jahr 1806 endet das Ephorat Schnurrers nach fast 30 Jahren. Schnurrer wird unter Versetzung an die theologische Fakultät zum Kanzler der Universität Tübingen. Das ist formal ein Aufstieg und zudem mit der Prälatenwürde verbunden, gleichzeitig wird aber das Amt des Kanzlers 1806 und noch einmal 1811 abgewertet, indem diesem ein Kurator mit erheblichen Befugnissen zur Seite gestellt wird. Schnurrers diplomatische Erfahrung und der Respekt, den man ihm entgegenbringt, bewahren ihm dennoch einen nicht unerheblichen Einfluss.

Schnurrer, der große Gelehrte, erfahrene Administrator und angesehene Kanzler erleidet, wie Schelling schreibt, »am Ende seines Lebens noch einen unverdienten Schiffbruch« (zitiert nach: Leube: 254). Er gehört qua Amt der württembergischen Ständeversammlung an. Als es dort zur Abstimmung über die von König Wilhelm eingebrachte Verfassung kommt, stimmt Schnurrer mit anderen Altwürttembergern gegen den Entwurf. Drei Wochen später, am 20. Juni 1817, versetzt ihn der König in den Ruhestand. Schnurrer ist gekränkt und zieht sich nach Stuttgart zurück. Nachdem er in seinen Greisenjahren den Tod zweier seiner Kinder erleben muss, stirbt er am 10. November 1822 achtzigjährig in Stuttgart.

Werke und Werkausgaben

SCHNURRER, Christian Friedrich:
- Biographische und litterarische Nachrichten von ehmaligen Lehrern der hebräischen Litteratur in Tübingen, Ulm 1792.
- Erläuterungen der Würtembergischen Kirchen-, Reformations- und Gelehrten-Geschichte, Tübingen 1798.
- (Hg.): Bibliotheca Arabica. Auctam nunc atque integram edidit, 2. Aufl., Halle 1811.

Archivalien

AEvST: E 1, 60,1.
AEvST: E 1, 283,1.
AEvST: R 1, 10,1.
LKA Stuttgart: A 13, 3.

Weitere Literatur

ANGERBAUER, Wolfram: Das Kanzleramt an der Universität Tübingen und seine Inhaber. 1590–1817, Tübingen 1972.
BECK, Adolf (Hg.): Briefe an Hölderlin, Dokumente 1770–1793 (Hölderlin. Sämtliche Werke 7,1), Stuttgart 1968.
BETZENDÖRFER, Walter: Hölderlins Studienjahre im Tübinger Stift, Heilbronn 1922.

BRECHT, Martin: Hölderlin und das Tübinger Stift, Hölderlin-Jahrbuch 18 (1973), 20–48.

GAUM, Johann Ferdinand: Reisen eines Curländers durch Schwaben. Ein Nachtrag zu den Briefen eines reisenden Franzosen, Nürnberg 1784.

JACOBS, Wilhelm G.: Zwischen Revolution und Orthodoxie. Schelling und seine Freunde im Stift und an der Universität Tübingen. Texte und Untersuchungen, Stuttgart 1989.

LEUBE, Martin: Christian Friedrich Schnurrer, besonders als Ephorus des Stifts, Blätter für württembergische Kirchengeschichte 34 (1932), 231–255.

[PAULUS, Heinrich Eberhard Gottlieb]: Zur Charakterkenntniß Herzogs Carl von Württemberg, besonders in Beziehung auf die Carls-Hoheschule, Sophronizon 10/2 (1828), 50–91.

[REINHARD, Karl Friedrich]: Einige Berichtigungen und Zusäze den Aufsaz im grauen Ungeheuer Nummer 9 Ueber das theologische Stift in Tübingen betreffend, Schwäbisches Museum 1 (1785), 245–292.

WEBER, Christian Friedrich: Christian Friedrich Schnurrers Kanzlers und Prälaten in Tübingen Leben, Charakter und Verdienste, Kannstadt 1823.

Johannes Grützmacher

Christian Adam Dann

* 24. Dezember 1758
† 19. März 1837
Stiftseintritt: 1777

Religionsunterricht im Hause Dann: Pfarrer Christian Adam Dann sitzt am Samstagnachmittag mit einigen Kindern in seinem Pfarrgarten in Oeschingen bei Tübingen. Gleich nebenan steht die Dorfkirche inmitten des Friedhofs. »Wenn die Kinder so um mich herum waren, zeigte ich manchmal auf die Kirche, sprach mit ihnen von dem Werthe des Sonntags und der öffentlichen Gottes-Verehrung, von der Pflicht, dem Gottesdienste fleißig beyzuwohnen, und machte sie aufmerksam auf den traurigen Zustand vieler Länder, wo weder Kirchen noch Bibeln zu finden wären, und auf den ebenso traurigen Zustand einer großen Menge Menschen in christlichen Ländern, welche sündlicher Weise den Gottesdienst vernachlässigen, und das Wort Gottes verachten. So suchte ich ihnen fühlbar zu machen, wie viel sie Gott in dieser Hinsicht zu danken hätten. Auch mangelte es mir nicht an einer andern Art von Gegenständen rings um mich her, aus welchen ich nützlichen Unterricht ziehen konnte; – denn viele Schönheiten der Natur boten sich hier dem Auge dar. Vorzüglich schön zeigte sich die mit Feldern, Wäldern, Fluren, weidenden Schafen, mit Dörfern bedeckte Gegend, wenn sie vergoldet war von den Strahlen der auf- oder untergehenden Sonne« (Ein Denkblatt: 19).

So schildert Christian Adam Dann die Pädagogik eines »erleuchteten Religions-Lehrers«. Auch wenn er es nicht ausdrücklich sagt, dürfte hier viel seines eigenen Umgangs mit der Jugend zum Ausdruck kommen, wenn nicht sowieso die ganze Geschichte seinem eigenen Erfahrungsschatz entnommen ist. Denn seine zahlreichen Schriften an Kinder und Jugendliche sprechen dieselbe bildreiche und eindringliche Sprache.

Bei einem kurzen Essay zu Christian Adam Dann könnte man viele Aspekte seines Wirkens streifen, etwa sein für die damalige Zeit ungewöhnliches Engagement für den Tierschutz oder seine Bedeutung für die Erweckungsbewegung. Was überall Erwähnung findet, aber selten ausgeführt wird, ist das, was er selbst als seine Hauptaufgabe im Pfarrdienst angesehen hat: Die Arbeit mit Kindern und Jugendlichen. Tatsächlich ist damit ein roter Faden benannt, der sich an allen Stationen des Pfarrers Dann finden lässt:

Geboren wurde Christian Adam Dann am Heiligen Abend des Jahres 1758 als Sohn des Hofgerichts-Assesors und Tübinger Bürgermeisters Heinrich Dann und seiner Frau Sophie Elisabeth in Tübingen. Nach dem Besuch der Klosterschulen in Blaubeuren und Bebenhausen trat er 1777 ins Evangelische Stift in Tübingen ein. In seinem Studium wurde Professor Gottlob Christian Storr (1746–1805) zu einer prägenden Gestalt für den jungen Dann. Dieser beschreibt Storr als einen »Mann, so fern von aller Anmaßung und Eitelkeit, voll Demuth und Bescheidenheit bei den ausgezeichnetsten Gaben, und deren aufs glücklichste gelungener Ausbildung [...]. Seine gründlichen und durchaus praktischen Vorlesungen über das Neue Testament schlossen mir die Bibel immer weiter auf. [...] Bei ihm lernte man auch, daß keine einzige Glaubenswahrheit, so wie sie die Bibel vorträgt, blos Gegenstand trockenen unfruchtbaren Wissens sey, sondern daß sie alle auf Beruhigung, Veredlung und Verbesserung des Herzens abzielen« (Münch: 27 f.). In seiner Stiftlerzeit ließ sich der junge Christian Adam Dann kaum etwas zuschulden kommen, auch klagt er an keiner Stelle über die zu seiner Zeit durchaus verbesserungswürdigen Zustände im Stift. Dies erklärt sich dadurch, dass Dann ein bescheidener, dankbarer und anpassungsfähiger Mensch war; sein Alltag war geprägt von einer großen, fast asketischen Strenge sich selbst gegenüber. Nach seinem Examen 1782 wurde er zum Kloster-Professorats-Vikarius in Bebenhausen ernannt. Bei dem Besuch einer Commission des Consistoriums in Bebenhausen erkannte diese wohl das pädagogische Geschick des jungen Theologen und schlug ihn als Repetenten am Evangelischen Stift vor. Sein eher mittelmäßiges Examenszeugnis als Elfter von 23 Kandidaten hatte ihn nicht von vornherein für eine solch herausragende Stelle prädestiniert, es bescheinigte ihm statt dessen ein »nicht ausreichend festes Gedächtnis«, »eine schlampige Schrift«, dafür aber »herausragenden Fleiß« (Abschlusszeugnis, AEvST: E 1, 20,2). Nichtsdestotrotz bestand Christian Adam Dann die Repetentenprüfung und wechselte im Dezember 1785 zurück an das Evangelische Stift. In seinem Lebenslauf fasst er die fünf Jahre als Repetent in einem Satz zusammen: »Auch hier wurde mir der Umgang mit den Studirenden eine sehr nützliche Schule für mein Herz. Mit Vergnügen denke ich an jene Stunden zurück, welche ich mit einigen Studirenden der erbauenden Schriftbetrachtung widmete« (Münch: 28 f.). Dazu hat Dann die pietistische Hafnerstube im Stift wiederbelebt, die nach 1780 eingeschlafen gewesen zu sein scheint. Da die Repetentur Danns wohl 1790 endete, erlebte er die Neuordnung des Stipendiums sowie den jahrelangen Umbau des alten Klosters nicht mehr als unmittelbar Beteiligter.

Von einer gut einjährigen Tätigkeit als zweiter Diakon in Göppingen erwähnt Dann wiederum fast ausschließlich die Arbeit mit den Kindern: »Besonders lieblich sind mir die Erinnerungen an die lieben Kinder, die ich unterrichtete. Ich hoffe auch davon einst erfreuliche Folgen in der Ewigkeit zu sehen« (Münch: 29). Anschließend wechselte er an seinen Hauptwirkungsort, die Gemeinde St. Leonhard in Stuttgart, wo er zunächst fast zwanzig Jahre tätig war. Sein Schwerpunkt lag, wie schon gewohnt, auf der Arbeit mit Kindern und Jugendlichen: »Um unter einer so großen Gemeinde doch wenigstens auf Einige mit bestimmterer Thätigkeit wirken zu können, wendete ich mich mit dem Evangelium zunächst an Kinder und jüngere Mitchristen. Aus ihnen bildete ich mir eine kleinere Gemeinde, und mit innigem Dank blicke ich zu dem Herrn auf, dass Er diese Arbeit geseegnet hat« (Münch: 30). Diese »kleinere Gemeinde« umfasste zeitweise an die 200 jungen Menschen, welche Dann in verschiedenen Gruppen – Kinder, Konfirmanden, Konfirmierte, sogenannte »Töchterkreise« – begleitete. Aus letzteren entstammte nicht nur die Ehefrau manches Kollegen (z. B. von Albert Knapp), sondern auch seine eigene: Am 15. Februar 1798 heiratete Christian Adam Dann Christiane Marie Louise Finner. Dem Paar waren nur zwei eigene Kinder geschenkt, wovon eines schon als Säugling starb. Der vorgezeichnete Weg des einzigen Sohnes Christian führte später ebenfalls ins Pfarramt.

So engagiert und umfassend wie Dann seinen pfarramtlichen Aufgaben nachging, so sehr beschäftigten ihn bei allem, was er tat, innere Zweifel. Z. B. hatte er einmal gelobt, Missionar zu werden, obwohl er wusste, dass diese Aufgabe für ihn nicht geeignet war. Dieses Gelübde belastete ihn immer wieder. Dann bezeichnete als eine Quelle seiner Leiden »Gelübde und eine sich ins Religiöse imaginierende Phantasie« (Schiel: Nr. 10). Trotz dieser Einsicht kam er dennoch nicht davon los. Auch der Schritt in die Ehe war mit vielen Zweifeln belastet. Diese Seite von Danns Charakter wird deutlich in seinen Briefwechseln, in denen er schonungslos offen darüber spricht und bei Brieffreunden Trost und Rat sucht.

Nach so langer Zeit in Stuttgart schien es selbstverständlich, dass Christian Adam Dann als Pfarrer dort blieb. Doch in November 1812 musste er von St. Leonhard Abschied nehmen. In einer Beerdigungsansprache für einen Schauspieler hatte sich Dann kritisch über das Leben bei Hof geäußert und wurde deshalb von König Friedrich in das kleine Dorf Oeschingen bei Mössingen versetzt. Der so bestrafte Dann bezeichnet dies in seiner Abschiedspredigt als eine Leidensprüfung und eine »schmerzhafteste Erfahrung« (Abschieds-Predigt: 40). Beim Abschied dankt er seiner bisherigen Gemeinde: »Ihr nahmet mich mit Liebe und Zutrauen auf. Einen für mich sehr schätzbaren und erfreulichen Beweis, ein Unterpfand gleichsam dieser Gesinnungen, fand ich darin, dass ihr mir euer Edelstes, eure Kinder, anvertrautet und mich in die Mitarbeit an dem großen Geschäfte der Erziehung aufnahmet« (Abschieds-Predigt: 9). In dieser Predigt nun kommt auch zur Sprache, warum Christian Adam Dann sich Zeit seines Lebens vor allem jungen Menschen widmete. Es war nicht nur so, dass hier seine spezielle Begabung lag und er eine überschaubare Gemeinde vor sich hatte. Vielmehr war er überzeugt davon, dass diese Zuwendung in Gottes Augen den höchsten Wert habe und der Verbesserung des Menschengeschlechts allgemein diene, weil die Kinder eine »Pflanzstätte des Himmels« (Abschieds-Predigt: 49) darstellten. Entsprechend wendet er sich in seiner Antrittspredigt in Oeschingen ausdrücklich den Kindern zu und benennt somit gleich seine Schwerpunkte im Pfarramt. »Ihr besonders, liebe Kinder, liebe Söhne und Töchter, werdet mir ersetzen, was ich in Stuttgart zurücklassen musste, und bei dessen Zurückerinnerung noch manche stille, doch ruhige Thräne fließt« (zitiert nach: Hofacker: 23).

1819 wechselte Pfarrer Dann nach Mössingen. In beiden Orten, Oeschingen und Mössingen, waren seine Gottesdienste das Ziel zahlreicher Tübinger Theologiestudenten, welche an ihrem freien Sonntag die vierstündige Wanderung auf sich nahmen, um ihn zu hören. Hier ist zu erkennen, dass sich seine pädagogische Begabung nicht auf Kinder beschränkte. Auch die erwachsene Gemeinde schätzte seine Predigten. Während der Zeit im »Exil« unterhielt er eine lebhafte Korrespondenz zu seinen Stuttgarter Freunden. Bei diesen herrschte große Freude, als Christian Adam Dann zurückkehrte, weil er Anfang 1824 zum Archidiakonus an der Stiftskirche berufen wurde. »Bis zum Aufzuge sah der Neuernannte sich wechselsweise von Häuflein seiner Stuttgarter Freunde besucht, die bei Seinen Zweifeln, ob Er, als ein alternder Mann, diesem Berufe noch genügen könne, gar viel an ihm zu trösten hatten. [...] Die Gemeinde empfieng ihn mit offenen Armen, wie wenn er nie von ihr getrennt gewesen wäre« (Hofacker: 25). Als im Dezember 1824 Amtsdekan und Stadtpfarrer Karl Friedrich Hofacker starb, bekam er die Stadtpfarrei zu St. Leonhard zugewiesen. Hier nun nahm er die Arbeit und die Schwerpunkte seiner früheren Jahre wieder auf und wirkte bis zu seinem Tode am Palmsonntag 1837 in dieser Gemeinde. Auch seine Predigtgabe wird in diesem Abschnitt nochmals deutlich: Die Gemeinde achtet und schätzt seine Predigten, sie werden an vielen Stellen seines Nachrufes gerühmt. Das muss schon etwas heißen, wirkte doch von 1823–1825 (also unmittelbar vor Danns Amtsantritt und sogar noch gleichzeitig mit ihm) der berühmte Prediger Ludwig Hofacker als Vertreter seines erkrankten Vaters in St. Leonhard.

An fast allen seinen Wirkungsorten wird die große pädagogische Begabung von Christian Adam Dann sichtbar. Er sammelte die Kinder und Jugendlichen in verschiedensten Kreisen zu wöchentlichen »Privatstunden«, um sie zielgruppenorientiert zu unterrichten. Den Kindern erklärte er mit Hilfe anschaulicher Beispiele Grundinhalte des christlichen Glaubens, Konfirmanden bereitete er auf ihren großen Festtag und insbesondere auf den Empfang des Heiligen Abendmahls vor, mit jungen Mädchen las er die Bibel und erzog sie zu verantwortungsvollen Ehefrauen und Müttern, welche die Liebe zu Jesus Christus an ihre Kinder weitergaben. Dabei verlor er auch die Einzelnen nicht aus dem Blick. So ging er seinen »Lämmern« nach, indem er Briefe an Einzelne verfasste. Weil er dies natürlich nicht für alle leisten konnte, war er schon 1797 auf der Suche nach passenden Schriften, wie er Lavater in einem Brief schrieb: »Ich wünschte mir nehmlich eine Sammlung kürzerer und weitläufigerer, für die Faßlichkeit der Kinder eingerichteter in Prosa oder in Versen abgefasster Bekehrungen, die ich bei allerlei Veranlassungen austheilen könnte. Es macht oft besonders tiefen Eindruck auf ein Kind, ein solches Gedenkzeichen [zu] erhalten aus der Hand des Lehrers und Freundes« (Schiel: 35 f.). Offensichtlich fand er nicht das, was er sich vorgestellt hatte, so dass er im Laufe seiner Tätigkeit selbst zahlreiche derartige Schriften verfasste.

Wer sich Christian Adam Dann nun als einen herzlichen und auf den ersten Blick sympathischen Menschen vorstellt, der irrt. Wie schon angeklungen, war seine Persönlichkeit sehr komplex. Selbst an seiner Beerdigung wird er als ein »Mann voll ausgezeichneter Contraste«, voll Schroffheit und Schärfe, ja sogar als »einseitig und bizarr« (Hofacker: 24) gewürdigt. Wirft man darüber hinaus einen Blick in seine reiche Korrespondenz, begegnet man einem angefochtenen und von Skrupeln geplagten Mann.

Im Bewusstsein seiner Sündhaftigkeit legte er zahllose Gelübde ab, verstrickte sich jedoch dadurch immer tiefer in Schuldgefühle und versuchte diesen durch äußerste Strenge gegenüber sich selbst zu begegnen. Er war darauf angewiesen, dass seine Brieffreunde, darunter der Schweizer Theologe Johann Caspar Lavater (1741–1801) und der katholische Priester, Theologieprofessor und spätere Regensburger Bischof Johann Michael Sailer (1751–1832) ihm die Gnade in Jesus Christus, welche er anderen predigte, immer wieder zusagten.

Diese Strenge sich selbst gegenüber machte ihn zu einem authentischen und glaubwürdigen Seelsorger. »Danns Wirkung ist wohl vor allem, so seltsam dies klingen mag, seiner zutiefst schwermütigen Veranlagung zuzuschreiben, durch die der immer Trostbedürftige, selber getröstet, zur Trostquelle für andere und zum einfühlsamen Seelsorger wurde. Von dieser Veranlagung her schien er einen besonderen Blick bekommen zu haben für alles Notvolle, nicht dem Schöpfungsplan Gottes Entsprechende« (Henninger: 54). Von daher erklärt sich auch Danns nachhaltiger Einsatz für eine bessere Behandlung der Tiere. So verfasste er zwei eindrückliche und für diese Zeit einzigartige Schriften zum Tierschutz. Auf seine Initiative hin gründete Danns Freund und Kollege Albert Knapp (1798–1864) 1837 in Stuttgart den ersten Tierschutzverein Deutschlands.

All dies vertieft nur wenige Aspekte des reichen Wirkens von Christian Adam Dann. Denn »[i]n Pfarrer Christian Adam Dann, dem ›alten Dann‹, wie er in seiner letzten Stuttgarter Wirksamkeit oft genannt wurde, hat man eine Persönlichkeit von außerordentlich intensiver und weitreichender Prägekraft vor sich, obwohl man ihn in den gängigen Vorstellungen einer Führungsgestalt nicht unterzubringen vermag« (Henninger: 50).

Werke und Werkausgaben

DANN, Christian Adam:
- Abschieds-Predigt in Stuttgart (den 22sten November 1812) und Antritts-Predigt in Oeschingen (den 29sten November 1812). Eine Denkschrift für beede Gemeinen bestimmt und in wohltätigen Zweken dem Druk überlassen von Christian Adam Dann, Pfarrer in Oeschingen, Tübingen 1813.
- Bitte der armen Thiere, der unvernünftigen Geschöpfe an ihre vernünftigen Mitgeschöpfe und Herrn, die Menschen, Tübingen 1822.
- Erinnerungen in kurzen Sätzen und einer Geschichte. Ein Denkblatt, den Neu-Confirmirten nach ihrer Einsegnung übergeben von C. A. D., Stuttgart 1826.

Archivalien

Abschlusszeugnis Dann, AEvST: E 1, 20,2.

Weitere Literatur

HENNINGER, Margarete: Friedrich Jakob Philipp Heim. 1789–1850. Gründer der Paulinenpflege Winnenden. Ein Beitrag zur Frühgeschichte der Diakonie in Württemberg, Winnenden 1990 (Eigenverlag), 50–58.
HOFACKER, Wilhelm: Denkmal der Liebe für den vollendeten M.C.A. Dann, Stadtpfarrer bei St. Leonhardt in Stuttgart, Stuttgart 1837. (Mit Beerdigungspredigt, Lebenslauf und Nachrufen)
MÜNCH, Johann Gottlieb: Predigt und Altar-Rede bei der Investitur des Herrn Pfarrers Christian Adam Dann in Oeschingen. Mit dessen von ihm selbst verfassten Lebenslaufe, Stuttgart 1813.
SCHIEL, Hubert (Hg.): Geeint in Christo. Bischof Sailer und Chr. Adam Dann, ein Erwecker christlichen Lebens in Württemberg, Schwäbisch Gmünd 1928.

Christiane Sedlak

Karl Friedrich Reinhard

* 2. Oktober 1761
† 25. Dezember 1837
Stiftseintritt: 1778

»Rien n'est beau que le vrai, le vrai seul est aimable«
Wahlspruch aus dem Wappen des Grafen Karl Friedrich Reinhard
(Reinhard/Goethe, Briefwechsel: 83)

Schon während seines Studiums im Evangelischen Stift begeisterte sich
Karl Friedrich Reinhard für die Ideen der philosophischen Aufklärung. Als
Hauslehrer in Bordeaux wurde er 1789 in den Bann der Französischen Re-
volution gezogen. Er trat in den diplomatischen Dienst ein und diente
Frankreich mehr als 40 Jahre unter wechselnden Regierungen: dem Ancien
Régime, der Republik, Napoleon und drei weiteren Königen. Hochgeehrt
– Reinhard wurde in den Grafenstand erhoben und erhielt den Titel eines
Pairs von Frankreich – starb er 1837 in Paris. Als Freund und Briefpartner
Goethes fand er zudem einen Platz in der Geschichte der Literatur.

Ein protestantischer Pfarrer aus Württemberg weiht sein Leben der
Grande Nation, das ist in der Tat »außergewöhnlich, phantastisch und ein-
malig«! (Müller: 299). Karl Friedrich Reinhard macht neugierig; verwundert und bald bewundernd verfolgt man sein abenteuerliches Leben. Nichts
deutet in den ersten 20 Jahren seines Lebens auf diese außergewöhnliche
Karriere hin. Geboren in Schorndorf als ältester Sohn eines Pfarrers scheint
die Laufbahn des begabten Knaben vorgezeichnet. Über die Klosterschulen Denkendorf und Maulbronn geht es im Oktober 1778 directement ins
Herzogliche Stipendium nach Tübingen, wo der junge Mann das Grundstudium bei den Artisten und seine theologischen Studien absolviert. Seine
Hoffnung, im Stift etwas mehr Freiheiten zu finden als in den engen, kalten

Klostermauern von Maulbronn, wird bitter enttäuscht. Der Studiosus jedoch begehrt nicht auf, er beugt sich, pflichtbewusst verfolgt er seine Studien und schließt diese als Zweitbester seines Jahrganges ab. Erst während seines Vikariats, das er bei seinem Vater in Balingen absolviert, sieht er seine Stunde gekommen, um mit dem württembergischen Erziehungssystem abzurechnen. Im *Schwäbischen Museum* veröffentlicht er einen anonymen Artikel, in dem er die unbeschreiblichen Missstände in den württembergischen Klosterschulen und im Tübinger Stift geißelt. Außer bei etlichen jungen Stiftlern provoziert der Artikel tiefe Entrüstung, Reinhards Autorschaft wird alsbald bekannt. Seine Karriere im Lande scheint damit beendet.

Reinhards Kritik ist auch eine Auseinandersetzung mit der universitären Praxis der damaligen Zeit: der Alma Mater gelingt es nicht, ihre Kinder geistig zu ernähren. Mit »unnützen philologischem, philosophischem und theologischem Wörterkram« (Einige Berichtigungen: 249) wird das Gedächtnis der jungen Männer gemartert. Zusammenhänge werden nicht vermittelt »wer sich ganz im Geist dieser Anstalten bildet, wird ein gelehrter einseitiger Pedant« (Einige Berichtigungen: 263). Als »gestempelte Ignoranten« (Einige Berichtigungen: 271) verlassen die Magister und Theologen die Universität.

Viel schwerer noch wiegen die moralischen Versäumnisse und Übel in den Klosterschulen sowie im Tübinger Stift. Unter der erbarmungslosen Rute der Leiter entwickeln die Klosterinsassen ein enormes Potential, Schlupflöcher zu entdecken, wie dem »öden dumpfen Kerker« (Einige Berichtigungen: 249) zu entkommen ist – mit Rauchen, Trinkgelagen und Balgereien in den Schenken der Stadt und vor allem mit heimlichen Schmähungen der Lehrer verschaffen sich die jungen Männer Luft. Anschuldigungen führen immer zur Bestrafung. »Das Verbrechen wird niemals untersucht, sondern vorausgesetzt, und wer sich vertheydigen will, verschlimmert seine Sache unwiderbringlich [...] Jede Entschuldigung ist zum voraus eine Lüge« (Einige Berichtigungen: 285). Hier sieht Reinhard den »Grundsatz der Menschlichkeit« mit Füßen getreten »lieber neun Schuldige loszusprechen, als einen Unschuldigen zu verdammen« (Einige Berichtigungen: 288). Verrat wird belohnt und damit systematisch gefördert. Neben »Verrätern« sind es die allgegenwärtigen armen Kreaturen der Famuli, die mit »lauerndem, schielendem Spionenblick« (Einige Berichtigungen: 286) die Stiftler verfolgen.

Lebensfreude kann sich in diesen Mauern nicht entwickeln. »Nichts, was weltlich ist, was den Genuß des Lebens fühlbar, und feine runde Menschen machen könnte, darf sich dieser fürchterlichen Burg nähern« (Einige Berichtigungen: 252).

Reinhard wünscht sich, dass die Erziehungsanstalten in Württemberg durch »uneigennüzige, vorurtheilsfreie und einsichtsvolle« (Einige Berichtigungen: 248) Leiter zu segenswerten Einrichtungen für junge Menschen werden.

Mit diesem Dokument zeigen sich zwei grundlegende Konstanten von Reinhards Überzeugung. »Publizität und Aufklärung waren meine Losungsworte; beinahe wär ich der Märtyrer von beiden geworden« (Briefwechsel: 71). Seine Fähigkeit, gegebene Situationen analytisch zu durchdringen und schriftstellerisch auf den Punkt zu bringen, bildet die Grundlage seiner späteren diplomatischen Tätigkeit.

Hatte nun die gewiss schwierige Stiftszeit nicht auch etwas Positives? Gerade das enge Korsett der Stiftsdisziplin lässt in Reinhard einen unbändigen Drang nach Freiheit, Gerechtigkeit und Toleranz entstehen, eine Sehnsucht, die ihn mit den fortschrittlichen Kräften seiner Zeit verbindet und seine spätere Laufbahn vorbereitet. Die intensive Lektüre von Voltaire und vor allem von Jean-Jacques Rousseau nährt diesen Wunsch zusätzlich.

Schon während seiner Schulzeit in Schorndorf hatte Reinhard mit seinem Freund Karl Philipp Conz (1762–1827) des Nachts über den Gräbern des Friedhofs unter Tränen Klopstock rezitiert. Jetzt bildet sich im Stift ein kleiner Dichterkreis um Reinhard und Conz, wo reihum eigene Gedichte vorgelesen, beurteilt und später im *Schwäbischen Musenalmanach* publiziert werden. Mit seinen Dichtergenossen Conz und Karl Friedrich Stäudlin (1761–1826) wird Reinhard eine lebenslange Freundschaft pflegen.

Nachdem der Bund nach einem Jahr bereits in Auflösung begriffen ist und eine erste große Liebe von der jungen Dame nicht erwidert wird, stürzt Reinhard in eine tiefe Depression, aus der er nur langsam wieder herausfindet. Dieser Hang zur Schwermut, begleitet von hypochondrischen Ängsten, wird sein Leben begleiten, wohl ein mütterliches Erbe.

Eine große Sprachbegabung lässt bald den Ephorus Schnurrer auf den jungen Mann aus Schorndorf aufmerksam werden, der nicht nur lateinische Gedichte ins Deutsche überträgt, sondern auch Arabisch lernt, mit einer Arbeit *De Pentateucho Arabico-Polyglotto* glänzt und arabische Gedichte gewandt ins Deutsche überträgt. Bei den Stiftlern aus dem französischsprachigen Mömpelgard lernt »Monsieur Reinhard«, wie man ihn bald nennt, Französisch, wiewohl er Frankreich als despotische Nation mit verdorbenen Sitten verachtet.

Nach seinem Vikariat zieht es Reinhard fort aus Württemberg. Mit Erlaubnis des Herzogs, ohne die kein Entkommen möglich ist, nimmt er 1786 in der Schweiz, ein Jahr später in Bordeaux eine Hauslehrerstelle an. Dort hört er von den revolutionären Geschehnissen in Paris. Der junge Württemberger, von den aufklärerischen Ideen zutiefst überzeugt, verfolgt gespannt die Geschehnisse und schließt sich der *Société des Amis de la Constitution* an. Mit diesen Freunden reist Reinhard schließlich ins turbulente Paris. Er lernt bald im Salon des Philosophen Condorcet den damals berühmten Abbé Sieyès (*Was ist der dritte Stand?*) und Charles Maurice de Talleyrand kennen. Über diese Beziehungen wird ihm eine Stelle als Legationssekretär in London angeboten. Die Weichen sind gestellt! Reinhard ahnt, »daß das Annehmen Ihres Angebots gleichbedeutend mit einem Verzicht auf mein Vaterland ist, um gleichzeitig auf immer Frankreich zu wählen [...] Eine tiefe Wahrheit ist, daß durch diesen Entschluß mein Schicksal untrennbar mit dem der Französischen Revolution verbunden sein wird« (Brief an Abbé Sieyès 1792, zitiert nach: Delinière: 77). Seinen schriftstellerischen Ambitionen sagt Reinhard damit vordergründig adieu, doch bildet dieses Talent den Grund seiner Reputation als brillanter Verfasser von überaus gründlich recherchierten Berichten aus seinen jeweiligen diplomatischen Einsatzgebieten.

Hören wir dazu den langjährigen französischen Außenminister und Reinhards Vorgesetzten Talleyrand, der nach dessen Tode vor großem Publikum in Paris eine Eloge hält. »Sein geschriebenes Wort war reich, leicht, geistreich, anregend; von allen diplomatischen Korrespondenzen meiner Zeit bevorzugte der Kaiser Napoleon [...] die des Grafen Reinhard. Aber dieser Mann, der wunderbar schrieb, hatte Schwierigkeiten sich [mündlich] auszudrücken [...]. Trotz dieser wirklichen Schwäche erledigte Herr Reinhard immer erfolgreich alle Aufgaben, mit denen er betraut war. Was verhalf ihm zum Erfolg, was inspirierte ihn? Es war, meine Herren, ein wahres und tiefes Gefühl, das all seine Handlungen leitete, das Gefühl der Pflicht. Das Leben des Herrn Reinhard war allein den Aufgaben, die er zu erfüllen hatte, gewidmet, ohne dass es bei ihm je eine Spur persönlichen Kalküls oder eines Anspruchs auf voreilige Beförderung gegeben hätte« (Talleyrand: 18 f.; Übersetzung B. Martin).

En passant sei erwähnt, dass sich Talleyrand mit dieser Rede vor allem selbst feiert, er selbst ist als brillanter Causeur bekannt, in den Salons von Paris gewinnt er die nötigen Informationen für seine politischen Pläne. Ein Machtmensch wie er im Buche steht. Reinhard kennt seinen Lehrmeister gut und durchschaut sofort dessen Pläne, als der ihm 1799 das Amt des

Außenministers anträgt, als Platzhalter sozusagen, weil der Sturz des Di-
rektoriums durch Napoleon unmittelbar bevorsteht und er es vorzieht für
kurze Zeit abzutauchen. Dennoch nimmt Reinhard die Aufgabe an und
erledigt pflichtbewusst die undankbare Aufgabe, allerdings nur wenige
Monate bis sein Herr und Meister wieder zurückkehrt.

Richtig ist, ein Talleyrand ist unser Mann aus Schwaben nicht. Er wird
als zurückhaltender, ja zuweilen steifer und linkischer Mensch beschrieben, der nur langsam Vertrauen zu anderen Menschen fasst. Ein Freund
Reinhards, H. Chr. E. von Gagern, schreibt in einem Nachruf in der *Allgemeinen Zeitung* vom 29. April 1838: »nicht mit Schmeicheleien und Täu-
schungen – nicht mit dem, was die Welt Gewandtheit und die Franzosen
don de parler und amabilité nennen« ein Mann, »den ich zu den bewähr-
testen, wohlwollendsten Freunden und zu den besseren Exemplaren unserer Gattung gezählt habe« (zitiert nach: Gross: 109).

Reinhard besitzt eine große Gabe, die Fähigkeit tiefe Freundschaften zu
schließen! 1806 wird unser Diplomat von Napoleon ins rumänische Jassy,
in der damaligen türkischen Donauprovinz Moldau gelegen, versetzt.
Schon die Reise dorthin mitsamt der ganzen Familie ist unbeschreiblich
mühselig. Nach kurzem Aufenthalt wird Reinhard mit Frau und Kindern
von einem russischen Offizier nach Russland verschleppt und schließlich
nach sechs Wochen auf Intervention des Zaren wieder freigelassen. Die
Familie ist so erschöpft, dass ihr zur Regeneration eine Kur in Karlsbad
bewilligt wird. Körperlich und seelisch am Ende treffen die Reinhards am
28. April 1807 dort ein. Die anderen Kurgäste empfangen den französischen
Gesandten sehr reserviert, ja bisweilen feindselig, gehört er doch einer
Macht an, die soeben ihre Heimat besetzt hat. Nur einer begegnet den
Reinhards herzlich – der große Dichterfürst Goethe, den allein der Mensch
Reinhard interessiert, der sich nicht durch nationale Engstirnigkeit be-
stimmen lässt.

Beide, Reinhard und Goethe, haben eine Zeit der Krise durchlebt. Der
Dichter hatte vor zwei Jahren seinen Freund Schiller verloren und ist ver-
blüfft wie sehr der französische Diplomat in Habitus und Sprache seinem
verstorbenen Freund ähnelt. Reinhard ist zutiefst niedergeschlagen von
der Politik Napoleons, der seine Machtinteressen in Europa gnadenlos
durchsetzt, ohne auch nur im Geringsten die Mentalität und die Interessen
seines Vaterlandes zu beachten.

Beide Männer sind bereit für eine neue Freundschaft, zwei Seelenver-
wandte begegnen sich, die bald in lange Gespräche über Literatur, Kunst
und Wissenschaft vertieft sind. Reinhard ist ein Bewunderer des Dichters,

Goethe findet in Reinhard einen Mann, der seine Farbenlehre versteht und diese in Frankreich bekannt machen will. Ganz besonders ist der Dichter an den abenteuerlichen Erzählungen des französischen Diplomaten interessiert. Die unerschöpflichen Gesprächsthemen der beiden Freunde werden nach dem Kuraufenthalt in Briefen wieder aufgegriffen: 185 Briefe sind noch erhalten, in denen sie immer wieder ihre gegenseitige Wertschätzung zum Ausdruck bringen. »Erst seit Karlsbad leb ich wieder unter Menschen! [...] So werd ich mit dem Schönen und Guten im Zusammenhang bleiben, und das Leben wird für mich einen neuen Reiz erhalten, den es längst verloren hatte« (Reinhard, Briefwechsel: 30).

Ein extremer Charakter war Reinhard nicht, mäßigend und abgewogen war seine diplomatische Tätigkeit, seinen eigenen auseinanderstrebenden Talenten und Neigungen ließ er Raum. Seine Liebe zur Literatur hätte ihn durchaus zu einem zurückgezogenen Leben als Schriftsteller oder Gelehrten führen können und in Krisenzeiten liebäugelte er auch immer wieder mit dieser Alternative. In einem entscheidenden Moment seines Lebens aber wählte Reinhard ganz bewusst die Welt der Politik, wo immerhin die Möglichkeit bestand, aktiv für die eigene Überzeugung zu kämpfen. Und es ist anzunehmen, dass der junge Mann mit großer Begeisterung an vorderster Front die revolutionären Geschehnisse verfolgte. Mitten im turbulenten Zeitgeschehen lernte er die großen Drahtzieher im damaligen Europa kennen, allen voran Napoleon, von dem auch er am Anfang tief beeindruckt war. Immer dann allerdings, wenn er erkannte, dass seine Vorgesetzten nur noch nationale Egoismen verfolgten, immer dann, wenn die Ideen von Gleichheit, Toleranz, Vernunft, Freiheit mit Füßen getreten wurden, rebellierte sein Gewissen und stürzte ihn in tiefste Krisen. In diesen Momenten bemächtigte sich seiner eine merkwürdige Schicksalsergebenheit. »Ich muß und werde folgen, wohin er [Napoleon] mich rief, und sollt ich dabei zugrunde gehen« (Briefwechsel: 77). »Wenn es der Wille des Schicksals ist, daß ich noch in die Fesseln einer Stelle geschmiedet werden soll, so soll wenigstens die Stelle mich suchen, nicht ich sie« (Briefwechsel: 44).

An diesem Punkt dann leitete ihn sein Pflichtbewusstsein, die Loyalität zu seiner Wahlheimat. Er entschuldigte die Fehler und Verbrechen der französischen Politik als notwendige Übel auf dem Wege zu einer freien und gerechteren Welt.

Reinhard wollte jedoch nie nationalen Interessen dienen, er war überzeugter Kosmopolit wie sein Freund Goethe. Frankreich war das Land, das die philosophischen Ideen der Aufklärung auf seine Fahnen geschrieben hatte und damit zum Land des Fortschritts im moralischen Sinn geworden war. Darum blieb Reinhard der Grande Nation auch in äußerst problematischen Zeiten verbunden. Sein Vaterland Deutschland vergaß er dabei nie, eine Situation, die ihn manchmal fast in Stücke zu zerreißen drohte:»Ich erschien mir in jedem Sinn als ein Mensch ohne Vaterland« (Briefwechsel: 30).

In seinem Glauben an den politischen und moralischen Fortschritt der Menschheit blieb der Württemberger zutiefst optimistisch, in seinem persönlichen Leben verdüsterten melancholische, ja depressive Stimmungen immer wieder seine Tage. Dies und seine Scheu in der Öffentlichkeit ergaben vielleicht für Talleyrand keinen perfekten Diplomaten. Uns aber begegnet ein Mensch mit all seinen Schwächen, der sich nicht zu schade war, seine Träume in der Welt der Politik zu verwirklichen. Ohne persönlichen und ohne nationalen Ehrgeiz versah Reinhard seine Geschäfte.

Dieses protestantische Pflichtbewusstsein, seine absolute Loyalität, seine Hingabe an die Sache – das machte unseren Stiftler Karl Friedrich Reinhard bei den wechselnden Potentaten letztlich unentbehrlich und geachtet. Ein Fels in der Brandung in stürmischen Zeiten, ein Geschenk »der berühmten Universität Tübingen« an Frankreich! (Baron Bignon 1838, zitiert nach: Gross: 107).

Werke und Werkausgaben

REINHARD, Karl Friedrich:
- mit GOETHE, Johann Wolfgang von: Goethe und Reinhard. Briefwechsel in den Jahren 1807–1832, mit einer Vorrede von Friedrich von Müller, Wiesbaden 1957.
- De Pentateucho Arabico-Polyglotto, Tübingen 1780.
- Einige Berichtigungen und Zusäze den Auffsaz im grauen Ungeheuer Nummer 9. Ueber das theologische Stift in Tübingen betreffend, Schwäbisches Museum 1 (1785), 243–312.

Weitere Literatur

DELINIÈRE, Jean: Karl Friedrich Reinhard. Ein deutscher Aufklärer im Dienste Frankreichs (1761–1837), Stuttgart 1989.
GROLLE, Inge: Eine Diplomatenehe im Bann von Napoleon und Goethe. Karl Friedrich Reinhard (1761–1837) und Christine Reinhard, geb. Reimarus (1771–1815) (Hamburgische Lebensbilder in Darstellungen und Selbstzeugnissen 19), Bremen 2007.

GROSS, Else R. (Hg): Karl Friedrich Reinhard 1761–1837. Ein Leben für Frankreich und Deutschland. Gedenkschrift zum 200. Geburtstag, Stuttgart 1961.

MÜLLER, Ernst: Stiftsköpfe. Schwäbische Ahnen des deutschen Geistes aus dem Tübinger Stift (Für Zeit und Ewigkeit), Heilbronn 1938.

TALLEYRAND-PÉRIGORD, Charles Maurice de: Éloge de M. le Comte Reinhart. Prononcé à l'Académie des Sciences Morales et Politiques, dans la séance du 3 mars 1838, Paris 1838.

Beate Martin

Immanuel David Mauchart

* 2. Juni 1764
† 6. Februar 1826
Stiftseintritt: 1780

»Im Sommer des Jahres 1795 wurde ich gebeten, eine Wahnsinnige, die einige Tage zuvor in das hiesige Siechenhaus gebracht worden war, zu besuchen, und einen Versuch zu machen, ob ich nicht auf die Quelle ihres Wahnsinnes kommen, oder etwan auch durch Zureden und Zurechtweisen sie von ihren Einbildungen heilen könnte. Man sagte mir zwar dabey gleich, daß sie nicht bloß verrükt, sondern ganz rasend sey, und ich konnte daher um so weniger hoffen, daß ich irgend etwas mit Erfolg bei ihr würde thun können, als es überhaupt nur selten gelingt, einen Verrükten durch versuchte bessere Überzeugung zu heilen. Indessen war ich selbst begierig, die Unglükliche und ihren Zustand kennen zu lernen, und gieng deswegen in der Hofnung hin, hier vielleicht einige psychologisch merkwürdige Erfahrungen zu machen. Meine Hofnung betrog mich nicht« (Repertorium: 81 f.).

Mit diesen Worten leitet Immanuel David Mauchart, zu dieser Zeit Diakon, also zweiter Pfarrer im württembergischen Nürtingen, die Abhandlung *Verstand in der Raserey* im vierten Band des von ihm herausgegebenen *Repertoriums für empirische Psychologie* ein. Sie bringen verdichtet zum Ausdruck, was den Charakter der neuen Psychologie ausmacht, die sich als »Erfahrungsseelenkunde« von der überkommenen Schulphilosophie emanzipiert und gegen Ende des 18. Jahrhunderts als selbständige Wissenschaft zu etablieren sucht. Ihr geht es in erster Linie, und das ist historisch neu, um größtmögliche Annäherung an eine wirklich lebende Person. Und so sammelt auch Mauchart mit Leidenschaft und Intensität Fallgeschichten. Er sammelt Geschichten von Wahnsinnigen, Schwärmern, verrückten Mördern, von Süchtigen, Zwanghaften, von Träumen und Visionen. Ganz im Geiste der Aufklärung widmet er sich dem menschlichen Innenleben mit all seinen Rätseln und Abgründen. Anhand der gesammelten Fakten, durch Erfahrung und Beobachtung, will er zu allgemeinen Erkenntnissen gelangen.

Wirft man einen ersten Blick auf das Leben Mauacharts, so stellt sich dieses zunächst als das gewöhnliche eines württembergischen Geistlichen seiner Zeit dar. Er nimmt seinen Weg über das Studium im Stift, wird Vi-

kar, Diakon und schließlich Dekan. Das letztere Amt allerdings ist zweifellos als Auszeichnung anzusehen wie auch schon die Tätigkeit als Repetent
am Tübinger Stift.

Maucharts Herkunft ist deutlich privilegiert: Beide Eltern stammen aus
Professorenfamilien. In dieses familiäre Umfeld wird er am 2. Juni 1764 in
Tübingen geboren und wächst so in die Welt der schwäbischen Ehrbarkeit
hinein. Nach dem frühen Tod des Vaters wird er im Pfarrhaus seines Stief-
vaters, der zu dieser Zeit Diakon in Cannstatt ist, aufgenommen. Dort besucht er zunächst die Lateinschule, die sich offenbar in einem nicht allzu
guten Zustand befindet und ihm später Anlass für massive Kritik am
Schulsystem gibt. So wechselt Mauchart im Jahr 1777 auf das herzogliche
Gymnasium in Stuttgart.

Im Jahr 1780 kehrt er zurück in seine Geburtsstadt, um die Tübinger
Universität zu beziehen und am Theologischen Stipendium, dem Stift, zu
studieren.

Bereits in diese Zeit fallen Maucharts erste Interessen und Beobachtungen auf dem Gebiet der Erfahrungsseelenkunde. Hier wird die Grundlage gelegt, aber nicht in erster Linie, wie man meinen könnte, durch Vorlesungen oder Seminare an der Universität oder gar Repetitionen am Evangelischen Stift. Es ist eine außeruniversitäre Erfahrung, die entscheidenden
Einfluss auf ihn ausübt. Mit großer Begeisterung verschlingt er das *Magazin zur Erfahrungsseelenkunde,* das ab 1783 von Karl Philipp Moritz in Berlin herausgegeben wird und als erste psychologische Zeitschrift gilt. Diese
Leseerfahrung wird für Mauchart zur Initialzündung, die sein wissenschaftliches Leben prägen wird. Fortan ist die Erfahrungsseelenkunde sein
»Lieblings-Studium« (Anhang, Vorwort: o. Pag. [2]).

Doch es bleibt nicht nur bei der begeisterten Aufnahme des Magazins
durch Mauchart. Bereits an dessen zweitem, 1784 erscheinendem Band, ist
er als Autor mit zwei Beiträgen beteiligt und es wären sogar noch mehr
gewesen, wenn nicht durch »Postverlust« einige Texte aus Württemberg
gar nicht erst nach Berlin gelangt wären (Anhang, Vorrede: o. Pag. [1]).

Für seine Beiträge aber braucht er Fälle. Nicht zuletzt mit diesem Hinter-
gedanken leiht er verschiedene Nummern auch an Freunde und Kommilitonen aus. Und er hat Erfolg. Dies zeigt folgende Fallgeschichte, die von
Mauchart sogleich verarbeitet wurde. »Hier folgt das Stück von Hrn. Prof.
Moritz Magazin zur Erfahrungsseelenkunde wieder zurück, das du mir
neulich geliehen hast«, lauten die einführenden Worte im Brief eines ehemaligen Schulkameraden. Diesen fügt er eine ausführliche Beschreibung
seines »unglücklichen Hangs zum Theater« an (Geschichte eines unglück-

lichen Hangs: 107). Er denke an nichts anderes mehr als an Komödien, verspüre sogar die Lust, selbst aufs Theater zu gehen. Allein die Furcht vor dem Vater und das in Stuttgart noch herrschende »Vorurtheil«, dass ein Komödiant nicht zum Abendmahl gehen dürfe und auch nicht selig werden könne, hält den Freund von seinem Vorhaben ab (Geschichte eines unglücklichen Hangs: 110). Er, der »nicht auf Universitäten studiert habe«, erhofft sich nun von Mauchart, dass dieser in der Lage sei, ihm die Hintergründe dieser »unglücklichen theatralischen Neigung« auseinander zu setzen (Geschichte eines unglücklichen Hangs: 107).

Dieser macht sich in seiner Analyse ganz ›individualpsychologisch‹ an den Fall und entdeckt bei seinem Freund zuallererst Erfahrungen in früher Kindheit. Er verweist ihn auf mehrere Theaterstücke, die dieser bereits mit nur sechs Jahren in seiner Heimatstadt erlebt habe. Darin sei der »erste Grund« für seinen späteren Hang zum Theater zu vermuten (Geschichte eines unglücklichen Hangs: 113).

Für den Psychologen ist laut Mauchart nun von besonderem Interesse, wie die Intervention des Vaters ihre Wirkung entfaltet. Dieser geht paradox vor. Er gibt dem Sohn die »unvermuthete Erlaubnis«, weiterhin in Komödien zu gehen und zahlt ihm diese Theatergänge sogar. Durch die Erlaubnis kann der Vater Besserung bewirken, viel mehr als alle Hindernisse, wodurch die Neigung in »lichte Flammen« ausbrechen und den jungen Mann »zuletzt bis an die Grenzen des Wahnsinns hätten führen können« (Geschichte eines unglücklichen Hangs: 114 f.). Dieser hat so die Möglichkeit, wieder ein »vernünftiger Mensch« (Geschichte eines unglücklichen Hangs: 112) zu werden. Am Schluss seines Beitrags verweist Mauchart noch auf die »mancherlei Winke, die für einen Erzieher in dieser Geschichte liegen« (Geschichte eines unglücklichen Hangs: 116). Das zeigt, wie tief die Erfahrungsseelenkunde im pädagogischen Denken verwurzelt ist.

Mauchart also sammelt für seine Beiträge nach und nach Fälle, um mit ihnen eine Art von ›Datenspeicher‹ aufzubauen. Erst allmählich zeichnen sich Themen ab, die später von ihm zum Gegenstand weiterer Untersuchungen und Veröffentlichungen gemacht werden: Wie es zum Beispiel sein kann, dass das vernünftige Denken sich bei den größten körperlichen und seelischen Störungen noch erhalten kann oder welchen Einfluss körperliche Krankheiten auf die Seele haben. Auch deutet sich für ihn die Bedeutung der Triebe oder der Einbildungskraft an. Die frühe Kindheit macht er als Ausgangspunkt seelischer Konstitution und Befindlichkeit aus.

Neben seinen ersten eigenständigen Veröffentlichungen auf dem Gebiet der Erfahrungsseelenkunde scheint Mauchart auch seinen eigentlichen theologischen Studien nicht ohne Eifer und Erfolg nachgegangen zu sein. Im Abschlusszeugnis liest man, die Verstandesgaben seien gut, das Urteilsvermögen nicht gering, das Gedächtnis glücklich. Für seine theologischen Studien wende er lobenswerten Fleiß auf, den er beweist in gewissenhaft und sorgfältig angeordneten Predigten und deren gutem Vortrag ohne jedes Stocken (Testimonia Examinandorum 1785, AEvSt: E 1, 20,2).

Sein sittliches Betragen sei aufrichtig und der Vorschrift entsprechend, heißt es im Abschlusszeugnis weiter und die Semesterberichte sprechen über Mauchart in Bezug auf Begabung, Fleiß und Betragen eine ähnliche Sprache.

Auch im Stipendiaten-Alltag hat er sich im Vergleich zu so manchem Kommilitonen nur kleine Fluchten gegönnt, das zeigen die Eintragungen Maucharts ins sogenannte Carenten-Gatter. Dort findet er sich mit nur einer Karzerstrafe von sechs Stunden, die er in seinem ersten Stiftsjahr wegen unerlaubten Ausgehens und »Rausch« zu verbüßen hatte (Carenten-Gatter Sebastian 1781–Georgii 1793, AEvST: E 1, 224,1). Er scheint also insgesamt ein recht braver Student gewesen zu sein, der sich weitgehend mit der Institution identifiziert hat.

Nach abgeschlossenem Studium kommt er zunächst als Vikar zu seinem Stiefvater nach Dürrmenz. Als dieser 1788 stirbt, wechselt Mauchart als Vikar in die Amtsstadt Backnang. Hier werden wichtige Weichen für sein Privatleben gestellt, lernt er doch die zwei Töchter seines vorgesetzten Dekans kennen. Mit der ersten geht er 1793 die Ehe ein; nachdem sie im Jahr 1800 stirbt, ehelicht er die zweite.

Aber vor seiner ersten Heirat kehrt er noch einmal nach Tübingen zurück. Mit einem auf den 29. September 1789 datierten Brief werden Mauchart und Karl Philipp Conz (1762–1827; Stiftler 1781; Repetent 1789) zum Repetenten-Examen nach Stuttgart berufen. Das Kollegium soll wieder mit »einigen neuen Subjectis« verstärkt werden. Dem Schreiben ist zu entnehmen, dass Mauchart im Gegensatz zu Conz nicht von den Stiftsoberen vorgeschlagen wird, sondern vom Konsistorium selbst der Vorschlag kommt ob seiner »nicht unfeinen Kenntnissen« (Repetenten-Berufungen, AEvST: E 1, 72,2). Diese lassen sich wohl mehr noch als auf seine Studienleistungen auf zwei während der Vikariatszeit selbständig veröffentlichte psychologische Schriften beziehen, und so zeigt sich hier, dass Mauchart aufgrund seiner Veröffentlichungen von den Kirchenoberen keinesfalls kritisch beobachtet, sondern offenbar vielmehr protegiert wird.

Noch im selben Jahr treten Mauchart und Conz ihren Dienst als Repetenten an. Weitere Mitglieder des Repetentenkollegiums sind Christoph

Gottfried Bardili (1761–1808; Stiftler 1778; Repetent 1788) und Gottlob Christian Rapp (1763–1794; Stiftler 1782; Repetent 1790). Beide werden neben Conz zu den ersten Mitarbeiter am *Repertorium*, Maucharts psychologischem Hauptwerk, gehören. Das pietistische Mitglied des Kollegiums, Christian Adam Dann (Repetent 1785–1790), wird an diesem Projekt nicht teilnehmen.

Während seiner Zeit am Stift hält Mauchart unter anderem Repetitionen zu den sich großer Beliebtheit erfreuenden Vorlesungen Professor Johann Friedrich Flatts (1759–1821; Stiftler 1775; Repetent 1782) zu empirischer Psychologie. Nebenbei arbeitet er an den Vorbereitungen für sein *Allgemeines Repertorium für empirische Psychologie und verwandte Wissenschaften*. Um sein Vorhaben zu realisieren, ist er auf der Suche nach weiteren Mitarbeitern. Dabei erweist sich das Tübinger Netzwerk, nicht zuletzt auch die persönlichen, meist freundschaftlichen Beziehungen zu seinen Repetentenkollegen als äußerst fruchtbar. Daneben sind es zahlreiche Professoren, als professionelle Seelsorger und Pädagogen ausgewiesene württembergische Pfarrer sowie Ärzte, die Maucharts Aufruf gerne nachkommen. Es entwickelt sich zwischen den Mitarbeitern ein produktiver Erfahrungsaustausch, getragen von der Absicht, Fallgeschichten zu sammeln, um aus ihnen die Regelhaftigkeit von Phänomenen und Störungen und schließlich Gesetzmäßigkeiten abzuleiten. Die Falldarstellungen selbst stammen, anders als noch im Moritzschen *Magazin*, nicht mehr aus der Feder der Betroffenen, sondern werden von den ›Experten‹ selbst dargestellt und beschrieben, so wie es zu dieser Zeit auf den Gebieten der Psychologie und Psychiatrie immer üblicher wird. Das sich als Fachorgan verstehende *Repertorium* erscheint in seinem ersten Band im Frühling des Jahres 1792. Bis zum Jahr 1801 werden insgesamt sechs Bände von ihm herausgegeben. Mauchart findet mit seinem *Repertorium* weithin Beachtung. Zahlreiche Rezensionen werden verfasst.

Auch die bereits 1791 erfolgende ehrenvolle Aufnahme Maucharts in den erlauchten Kreis der literarischen Gesellschaft zu Halberstadt zeigt, dass er mit seinen Schriften auch über Württemberg hinaus große Anerkennung fand. In den Verhandlungen der wissenschaftlichen Akademie heißt es: »Hiernächst wurde darauf angetragen dem Herrn Magister Mauchart, Repetent am theologischen Stifte zu Tübingen, welcher der Gesellschaft eine philosophische Schrift unter dem Titel Aphorismen über das Erinnerungsvermögen in Bezug auf den Zustand nach dem Tode, […] zugesandt hat, zum auswärtigen Mitgliede der Sozietät aufzunehmen und ihm dadurch einen Beweis dankbarer Aufmerksamkeit für die gegen die Gesellschaft geäußerte Achtung zu geben« (Verhandlungen der literarischen Gesellschaft zu Halberstadt, zitiert nach: Sindlinger: 450).

Im März 1793 kommt Mauchart in die auf halbem Weg zwischen Stuttgart und Tübingen liegende Oberamtsstadt Nürtingen, wo er als zweiter Pfarrer über zehn Jahre seine produktivste Zeit verbringt. Neben seinen pfarramtlichen Aufgaben, die nicht nur Gottesdienste, sondern auch die Teilnahme am Kirchenkonvent oder die Aufsicht der Schule umfassen, tritt er weiterhin als Schriftsteller und Herausgeber in Erscheinung.

In die Nürtinger Zeit fällt der bereits eingangs erwähnte Besuch Maucharts bei der Rasenden im Siechenhaus, deren Fallgeschichte auch Eingang ins Mauchartsche *Repertorium* gefunden hat und auf den hier exemplarisch noch einmal näher eingegangen werden soll.

Das Nürtinger Siechenhaus gehört zum seelsorglichen Aufgabenfeld Maucharts. Mit einiger Neugier macht er sich dorthin auf den Weg. Bei der Rasenden angekommen, sucht er »durch sanftes und freundliches Zureden ihr Vertrauen zu gewinnen.« Als ihm das gelingt, erzählt sie ihm die Geschichte ihrer Selbstmordversuche, erzählt ihm von allerlei Selbstvorwürfen und Sünden, von denen die schlimmste die der Gotteslästerung sei. Sie berichtet ihm von ihrer Sorge um den eigenen Hausrat, und da er verhext großen Schaden bringen müsse, begegnet ihr Mauchart mit einem Vorschlag, da er überzeugt davon ist, »daß man durch Nachgeben gegen die deliren Ideen der Wahnsinnigen oft weit mehr ausrichtet, als durch Widerspruch« (Repertorium: 87 f.).

Mauchart grenzt sich in seinem Verhalten deutlich von zeitgenössischen Auffassungen ab, dass man die Rasende »durch Zureden und Zurechtweisen [...] von ihren Einbildungen heilen könnte.« Er ist vielmehr der Überzeugung, dass »einen Verrükten durch versuchte bessere Überzeugung zu heilen« nur selten gelingen kann (Repertorium: 81 f.).

Vor der Beschreibung seiner direkten Konfrontation mit der Rasenden unternimmt Mauchart zur Einleitung der Darstellung den Versuch, Ursachen und Entstehungsgeschichte der Krankheit zu ergründen und bietet dabei eine beeindruckende Form von psychologischer Anamnese, die die gesellschaftlichen Verhältnisse und persönlichen Lebensbedingungen der Frau mit einschließt.

Aber nicht nur für den Seelsorger sieht Mauchart einen deutlichen Nutzen in den Erkenntnissen der Erfahrungsseelenkunde, auch für den Prediger betont er, dass dieser als »Psycholog« weit »besser ans Herz [der Zuhörer] reden« könne, weil er deren Seelen-, Vorstellungs- und Willenskräfte studiert habe. So wird es sich der Prediger immer mehr zur Gewohnheit machen, »die besondern Karaktere seiner Zuhörer mit seinem Forscher-Auge zu beobachten« und dies wird die Folge zeitigen, dass er immer mehr in der Lage ist zu erkennen, »was für Bewegungs-Gründe zur Tugend und Abhaltungs-Gründe vom Laster die würksamste bei ihnen seyn würden« (Phänomene: 16). Aber seine besonderen Kenntnisse kommen Mauchart auch bei seinen kirchenkonventlichen und nicht zuletzt bei seinen pädagogischen Aufgaben, der Schulaufsicht oder der Kinderlehre, zugute.

Als Erwartung an eine Erfahrungsseelenkunde formuliert er geradezu enthusiastisch, dass der »Umgang mit andern liebreicher und freundlicher wird« und die Menschenfeindlichkeit überwunden werden kann (Phänomene: 38). So ist für ihn das Verstehen und Verständnis wichtiger als das Beurteilen und Verurteilen.

Maucharts Bedeutung liegt vor allem in einer seriösen Sammlung von Fallgeschichten, deren erzählender Charakter noch immer eine große Faszination auf den Leser ausübt. Er trägt mit dazu bei, dass sich die Psychologie gegen Ende des 18. Jahrhunderts als selbständige Disziplin unabhängig von der Philosophie konstituieren kann.

Ab 1803 ist Mauchart als Dekan in Neuffen. Hier verbringt er seine restlichen, ab 1817 durch eine schwere Krankheit gezeichneten Lebensjahre, bevor er 61jährig am 6. Februar 1826 in der Stadt am Fuße der Schwäbischen Alb stirbt.

Werke und Werkausgaben

MAUCHART, Immanuel David:
- Anhang zu den sechs ersten Bänden des Magazins zur Erfahrungsseelenkunde. In einem Sendschreiben an die Herren Herausgeber dieses Magazins, Stuttgart 1789.
- Eine Geschichte eines unglücklichen Hangs zum Theater, Magazin zur Erfahrungsseelenkunde 7/3 (1789), 106–116.
- Phänomene der menschlichen Seele. Eine Materialien-Sammlung zur künftigen Aufklärung in der Erfahrungs-Seelenlehre, Stuttgart 1789.
- (Hg.): Allgemeines Repertorium für empirische Psychologie und verwandte Wissenschaften, hg. mit Unterstützung mehrerer Gelehrten, Bde. 1–6, Nürnberg/Tübingen 1792–1801.
- Aphorismen über das Erinnerungsvermögen in Beziehung auf den Zustand nach dem Tode. Aus Gelegenheit der von Hr. Prof. Villaume untersuchten Frage: werden wir uns im künftigen Leben des jetzigen erinnern?, Tübingen 1792.

Eine Bibliographie findet sich in: Sindlinger: 903–941.

Archivalien

Testimonia Examinandorum 1785, AEvST: E 1, 20,2.
Carenten-Gatter Sebastian 1781–Georgii 1793, AEvST: E 1, 224,1.
Repetenten-Berufungen, AEvST: E 1, 72,2.

Weitere Literatur

SINDLINGER, Peter: Lebenserfahrung(en) und Erfahrungsseelenkunde oder Wie der Württemberger Pfarrer Immanuel David Mauchart die Psychologie entdeckt, Nürtingen/Frickenhausen 2010.

Heike Meder-Matthis

Karl Philipp Conz

* 28. Oktober 1762
† 20. Juni 1827
Stiftseintritt: 1781

»*Das was man ist*, und was man *seyn muß in der Welt*, das paßt ja wohl nicht immer – –« dieser Vers aus Lessings *Nathan der Weise*, den Karl Philipp Conz im Juli 1783 in das Stammbuch Christoph Maximilian von Griesingers schreibt, charakterisiert deutlich die Lage, in der er sich am Stift befindet. Was er sein muss, ist ein braver und strebsamer Stipendiat, der unter den ersten seines Jahrgangs ist und bereitwillig die für ihn von seinen Eltern vorgesehene sichere Pfarrerlaufbahn einschlägt; was er ist bzw. sein will, ist ein Dichter, eventuell auch ein Gelehrter, auf jeden Fall alles andere als ein Stiftler. Die Spannung zwischen dem Sein und dem Seinmüssen wird bei ihm schließlich so groß, dass sie zu einer Krise führt, von der er sich erst Jahre, nachdem er das Stift verlassen hat, wieder erholt.

Geboren ist Conz in Lorch als Sohn des dortigen Klosteramtsschreibers Johann Philipp Conz und seiner Frau Sophie Rosamunde geb. Blifers. Sein Vater stirbt früh, erzogen wird er von dessen Amtsnachfolger Johann Friedrich Hopf, den seine Mutter bald heiratet. Der begabte Junge kommt auf die Lateinschule im benachbarten Schorndorf, wo er sich dem älteren Karl Friedrich Reinhard anschließt, der ebenso wie Conz von der antiken und der neueren deutschen Literatur begeistert ist. Einen Eindruck von Conz' Lesepensum gibt ein Brief an Herder, in dem er dem bewunderten Dichter und Gelehrten am 3. August 1786, am Ende seiner Studienzeit, »die Geschichte meines unbedeutenden Selbsts« erzählt: »Ich war ein 13jähriger Knabe, als ich Klopstock ohn' ihn zu verstehen, mit dem vollsten Enthusiasmus verschlang [...]; ich hatte noch nicht 14 Jahre, als Goethes Werther meiner Seele auf einmal neuen Schwung und Ton gab, und mich über die Sphäre meiner dumpfen Schulwände in eine neue Welt hinausriß. – Um die nämliche Zeit las ich [...] Ihre Litteraturbriefe – ich verschlang sie mehr –, hier, und durch Hagedorn und Gellert, ward ich auf das Studium der Alten erst mit voller Seele aufmerksam gemacht. Hatte ich bisher in einem Horaz, Virgil geblättert, so waren sie nun meine beständigen Taschenbücher. Ich that bald Anakreon [...] hinzu, und hatte die Iliade zur Hälfte, mit Anstrengung und Mühe für mich, lesen und ziemlich verstehen lernen, als ich im 15ten Jahr ins Kloster kam« (zitiert nach: Trommsdorff: 388).

Auf die Klosterschule kommt Conz 1777, erst nach Blaubeuren, dann nach Bebenhausen. Hier setzt er die Freundschaft mit Reinhard, der bereits am Tübinger Stift ist, fort, man trifft sich halbwegs in Waldhausen, auch beginnt ein lebhafter Briefwechsel, bei dem Reinhards Friseur den Boten macht. Schon in Bebenhausen beklagt Conz »jene Sinnendumpfheit, [...] das geisterstikende Closterleben!« (Brief an Reinhard, 13. 7. 1781) Sein Leiden an den Verhältnissen verschlimmert sich – ähnlich wie bei seinem Freund Reinhard – im Stift noch, wo, wie er an Bodmer schreibt, »Ungeistigkeit, Neid, Verläumdung, Dummheit, Eigendünkel, um und um ihren ewigen Cirkeltanz halten« (Brief an Bodmer, 22. 4. 1782). Die Poesie eröffnet Conz die Möglichkeit der Flucht aus dem »Zwang der clösterlichen Geseze und Verhältnisse« (Brief an Reinhard, 2. 2. 1781); er hat sein Ziel, Dichter zu werden, nicht aus den Augen verloren und – freilich noch anonym – bereits erste Gedichte und Aufsätze veröffentlicht. Nun bietet er Reinhard an, einen Dichterbund nach dem Vorbild des von beiden bewunderten Göttinger Hainbunds zu gründen, ein Angebot, auf das Reinhard postwendend eingeht. Schon bald erweitert sich der Bund um weitere Mitglieder aus dem Stift, darunter der spätere Göttinger Theologieprofessor Karl Friedrich Stäudlin (1761–1826) und der nachherige Stuttgarter Philosoph Christoph Gottfried Bardili (1761–1808). Sie alle veröffentlichen ihre ersten Gedichte in dem von Gotthold Friedrich Stäudlin (1758–1796), dem älteren Bruder von Karl Friedrich, herausgegebenen *Schwäbischen Musenalmanach auf das Jahr 1782*, der sich als das Dokument eines neuen schwäbischen poetischen Selbstbewusstseins versteht, das man den kulturell fortgeschritteneren und als hochnäsig empfundenen Norddeutschen entgegensetzen will. Conz, der schon früh der »Dichter meines Vaterlands« (Brief an Reinhard, 2. 2. 1781) werden wollte, ist darin unter anderem mit einem patriotischen *Schwabenlied* vertreten (es endet: »Des lob ich mir mein Schwabenland/ Und brüste mich gar sehr/ Und wers mir hönet, meine Hand/ Werd' seinem Scheitel schwer.«) sowie mit dem Gedicht *Staufenberg*, in dem er vor den Ruinen der Stammburg des Staufergeschlechts die vergangene schwäbische Größe evoziert – ein Thema, das einen wichtigen Platz in Conz' Schaffen einnehmen wird. Auf den *Schwäbischen Musenalmanach*, der unregelmäßig bis 1793 erscheint, will sich Conz bei seinem Vorhaben, der Dichter seines Vaterlands zu werden, jedoch nicht allein verlassen. Schon früh sucht er Kontakt zu anderen Dichtern und Gelehrten, neben Herder etwa zu Bodmer, Lavater und Schubart, den er im Gefängnis auf dem Asperg besucht, auch mit Schiller, den er aus Lorcher Kindertagen kennt, tritt er wieder in Verbindung. Gleichzeitig veröffentlicht er noch während seiner Zeit im Stift eine erstaunliche Anzahl unterschiedlichster Texte, neben Gedichten im *Musenalmanach* und anderswo das Trauerspiel *Conradin* (1782), einen Aufsatz über die Handschrift von Hugo von Trimbergs *Renner* (1786), die sich in der Bibliothek des Evangelischen Stifts befindet, eine Sammlung Übertragungen und antikisierender Dichtungen, *Schildereien aus Griechenland* (1785), eine Zeitschrift *Beyträge für Philosophie, Geschmack und Litteratur* (1785/1786), eine Abhandlung *Ueber den Geist und die Geschichte des Ritterwesens in älterer Zeit* (1786), gemeinsam mit Reinhard eine Sammlung mit *Episteln* (1785), auch zu Reinhards Übersetzung der Elegien Tibulls steuert er eine Übersetzung der Kriegsgesänge des Tyrtäus bei (1783). Als Theologe betätigt er sich ebenfalls, für die *Beyträge zur Erläuterung der biblischen Propheten* seines Freundes Karl Friedrich Stäudlin (1785) schreibt er eine Übertragung und Kommentierung der Propheten Nahum und Habakuk. Reinhard fürchtet zu Recht, dass Conz sich angesichts dieses Pensums und zahlreicher anderer Pläne verzettelt: »Einen Roman angefangen und ein Trauerspiel? Philosophie der hebräischen Sprache und ein Bändchen phil-osophischen oder ologischen? Anmerkungen? Phönizierinnen? Profeten? Das ist ja die ware olla potrida in Deinem Gehirn! Gährt das Ding nicht untereinander? Warlich mir wäre bange!« (Brief Reinhards an Conz, 13. 12. 1784)

Anders als noch rund zehn Jahre zuvor, als die Lektüre und Produktion weltlicher Literatur am Stift hart sanktioniert wurde, herrscht im Stift mittlerweile in dieser Hinsicht ein liberalerer Geist, der eng mit der Person des Ephorus Christian Friedrich Schnurrer verbunden ist, der, wie Conz schreibt, »der Gothe nicht« sei, »der gute Gedichte nicht gern läse – er sey ein Freund der schönen Litteratur« (Brief an Bodmer, 22. 4. 1782); Schnurrer stört sich offensichtlich auch nicht an einer schwül-erotischen Erzählung wie Conz' *Byblis* in den *Schildereien*, die zudem die Geschichte einer Geschwisterliebe zum Thema hat. Die intellektuelle Liberalität einzelner

Mitglieder des Lehrkörpers kontrastiert jedoch mit den weiterhin mittelal-
terlich anmutenden Stiftsregeln. Viele der jungen Stiftler geraten in dieser
Konstellation in eine tiefe Glaubenskrise. Auch Conz durchläuft eine solche Phase des Zweifels, er erzählt davon in einem aus dem Jahr 1786 stammenden Text, den Karl Friedrich Stäudlin in seiner *Geschichte und Geist
des Skepticismus* (1794) anonymisiert zitiert: Da seine Erziehung schlecht
gewesen sei, habe Conz seinen Kinderglauben lange behalten, erst als er im
Stift Philosophie studieren sollte, habe er angefangen, selbst zu denken. Die
Lektüre der französischen Materialisten habe ihn dazu gebracht, Vorsehung, Unsterblichkeit oder den Nutzen von Gebeten anzuzweifeln. Wenn
Conz auch nicht zum Atheisten wird und sich bald wieder in den christlichen Glauben einfindet, so zeigt der Text doch, wie sehr ihm das Stift in
vielerlei Hinsicht verleidet war – das »Stipendium« habe eben eine »ma-
gische verzehrende Kraft, die wie der Basilisk beim ersten Anblik vergiftet«
(Brief an Reinhard, 5. 11. 1783).

Neben der physischen wie psychischen Enge im Stift beschleunigt Conz'
ruinöser Lebenswandel seine Krise noch zusätzlich: Sein Alkoholkonsum
zehrt an seiner Gesundheit, seine beim Kartenspiel und anderswo ange-
häuften Schulden sind ihm heillos über den Kopf gewachsen. Karl Friedrich Stäudlin berichtet Reinhard im März 1785 besorgt von Conz' Zustand:
»Es scheint sein Cörper sei sehr krank. Er schreibt von convulsivischen
Anfällen, Hypochondrie und Selbstmord. Es scheint, sein Cörper und seine Seele könnten die gleichstarke Anstrengung nicht auf einmal ertragen«
(Brief an Reinhard, 1. 3. 1785). Durch Vermittlung von Reinhard ist es
schließlich Jakob Friedrich Abel – Professor für Philosophie an der Hohen
Karlsschule und Lehrer Schillers –, der Conz von seinen Sorgen erlöst und
einen Großteil der Schulden des hoffnungsvollen Jünglings übernimmt.

Von all dem ist in den Conz betreffenden Unterlagen aus dem Stift kaum
etwas zu merken; Conz verlässt das Stipendium als Jahrgangsbester. Nur in
den Inspektoratsprotokollen taucht er ab und zu auf, am 10. Februar 1782
besucht er mit anderen die Einweihung der Universität Stuttgart (zwei
Stunden Karzer), wenige Tage später unternimmt er, wie viele andere auch,
einen Ausflug nach Bühl (sechs Stunden Karzer). Die Bewertung seiner
Person in dem von den Repetenten verfassten Promotionszeugnis lässt
ebenfalls nur anklingen, was er durchmacht, etwa wenn seine Haltung und
sein Betragen als »unbeständig« charakterisiert, seine nicht immer gute
Gesundheit und sein »zerstreuter« Fleiß vermerkt werden. Fachlich ist sein
Zeugnis tadellos, die Rede ist von einem »vom Glück begünstigten Gedächtnis«, seine herausragenden Leistungen in der Philosophie und beson-

ders in der Philologie werden eigens gewürdigt. Die Ausarbeitung seiner Predigten und Reden wird gelobt, ihr Vortrag jedoch kritisiert, seine »Art zu sprechen« sei »nicht flüssig genug«, sein Vortrag »recht gehemmt und unangenehm«. Die Bilanz, die Conz in seinem langen Brief an Herder, aus seinem bisherigen Werdegang zieht, ist dennoch verheerend: »Ich werde die Universität in 6 Wochen verlassen, ach wie viele Entwürfe sind zernichtet – dieser Schneckengang hier war mir immer unerträglich! – wie viele Revolutionen meines Geistes, meiner Ideen hab ich erlitten und wie viel fehlt am Ende zum Bilde, das ich mir vorgehalten hatte, nach dem ich rang, das ich erreichen wollte – aber freilich, das ich oft auch wieder aus den Augen ließ, lässig im Ringen, oft dem Leichtsinn zur Beute hingeworfen und das ich oft vor lauter litterarischem Dampfe nimmer sah. Es war mir schädlich, daß ich zu früh schriftstellerte, mich zu sehr vielleicht zerstreute« (zitiert nach: Trommsdorff: 389).

Dass Conz die Pfarrerslaufbahn einschlägt, geschieht also mehr aus Verlegenheit als aus Neigung. Seine Freunde Bardili, Reinhard und Stäudlin nehmen Hofmeisterstellen an, eine Möglichkeit, die sich bei ihm trotz mehrerer Angebote zerschlägt. So wird er Vikar in Adelberg, in Welzheim und in Zavelstein im Schwarzwald. Glücklich ist er dort nicht, später spricht er von den »2 Jahre[n]« als den »peinlichsten meines Lebens, an die ich mit Schröken denke, die ich vernichtet wünschte aus dem Buche meines Lebens [...]: Sie brachten mich an den Rand der Verzweiflung und der fürchterlichste Lebenshaß würgte mich beinah nieder« (Brief an Reinhard, 24. 2. 1792). Diesmal gelingt jedoch die Heilung dauerhaft: Durch die Beschäftigung mit den antiken Stoikern, besonders durch die Übertragung eines Großteils der philosophischen Schriften Senecas (1790–1792) stellt Conz seinen Geist soweit ruhig, dass er sich mit dem Scheitern seiner Jugendträume abfinden und sein Schicksal demütig ertragen kann.

1789 – im Jahr der Französischen Revolution, die er, vorsichtig begeistert, verfolgt – wird Conz als Repetent zurück ans Stift beordert, wo er der Lehrer Hölderlins, Hegels und Schellings wird. Für die Generation der rund zehn Jahre jüngeren Schüler ist Conz vor allem als Vermittler der griechischen Antike wichtig, bei Hölderlin ist sein Einfluss ebenso in der Magisterarbeit *Geschichte der schönen Künste unter den Griechen* wie im *Hyperion* und in zahlreichen Gedichten bis hin zu der 1801 entstandenen Hymne *Am Quell der Donau* zu spüren, auf deren Handschrift sich mit Bleistift die Notiz »Mein Conz« befindet.

Nach seinem Jahr als Stiftsrepetent kommt Conz für drei Jahre als Vikar und Prediger an die Karlsschule nach Stuttgart, anschließend als Diakonus nach Vaihingen/Enz, wo er die aus Bebenhausen stammende Christine Dorothee geb. Volz heiratet; zwei seiner fünf Kinder bleiben dem Paar. Seine nächste Station als Diakonus ist Ludwigsburg. Hier freundet er sich besonders mit dem jungen Justinus Kerner an. In dessen *Bilderbuch aus meiner Knabenzeit* finden sich liebevolle Erinnerungen an den »väterlichen Freund«, der ihn immerhin davor bewahrt, nach dem Willen des Vaters Konditor zu werden, und ihm stattdessen ermöglicht an der Universität Tübingen zu studieren. 1804, als Kerner nach Tübingen geht, wird Conz als Professor für Philologie an die dortige Universität berufen; er liest natürlich über antike Autoren, aber auch über deutsche Literaturgeschichte und Ästhetik; 1812 wird er zusätzlich Professor für Eloquenz, was vor allem bedeutet, alljährlich eine Rede an des Königs Geburtstag und zu anderen öffentlichen Anlässen auf Lateinisch zu halten. Mit Kerner und seinem Freundeskreis – darunter vor allem Uhland – pflegt er einen freundschaftlichen Umgang, rezensiert sie wohlwollend, vermittelt ihre Gedichte zum Druck und beteiligt sich auch mit einigen Gedichten im romantischen Ton an ihren Unternehmungen. In Kerners *Reiseschatten* (1811) findet sich mit dem »Goldfasan« eine spöttisch-liebevolle Karikatur von Conz. Karl August Varnhagen von Ense, der mit Kerner und Uhland zusammen in Tübingen studiert, erinnert sich in seinen *Denkwürdigkeiten* an Conz als Dichter, Gelehrten und Menschen: »Conz ist hier der eigentliche Philolog an der Universität, und wirklich ein gründlicher und auch geschmackvoller Altertumskenner, eifrig in seinem Fach, und überhaupt für Schönes und Hohes leicht entzündbar. Da er aber als Anempfinder wenig Festigkeit und Schärfe besitzt, sich teils aus Gutmütigkeit, teils aus Schwäche, leicht einschüchtern läßt, so kann er seine Sachen nicht mit dem nötigen Ansehn durchsetzen, die Kollegen necken ihn, die Studenten bezeigen sich leichtfertig, zu Hause gibt es wohl auch Schelte, da bleibt denn die Literatur die einzige Zuflucht, – aber in der herrscht ein neuer Geist, der von ihm und all dem Seinen nichts wissen will! So lebt der Mann hier seit Jahren gedrückt und gehemmt, und seufzt nach Menschen, die seine Gegenstände kennen, seine Richtungen einsehen, sein Streben würdigen« (Varnhagen: 591 f.). Tatsächlich hat Conz, dessen literarische Sozialisation in die Mitte der 1770er Jahre fällt, den neueren Dichtern nur noch wenig zu lehren. Wilhelm Waiblinger kommt er wie »ein gelehrter Professor aus dem 17. Säkulum« vor, immer mehr wird er zum belächelten Original. Die Aufmerksamkeit wendet sich nun vor allem seinem Äußeren zu, für Waiblinger ist er einfach nur ein »origineller Saukerl« bzw. »eine Exemplar-sau« (Waiblinger 2: 816.843).

Conz hat den Radius seiner Tätigkeit seit den Stiftsjahren nicht mehr
bedeutend erweitert, sein dichterisches wie wissenschaftliches Werk umfasst die Antike, die mittelalterliche und neuere deutsche Literatur sowie
die Welt der Bibel. Das meiste davon ist vergessen, seine Gedichte sind oft
wenig originell, zu lang, zu nachlässig gearbeitet, aber einige wenige haben
sich als haltbar erwiesen und tauchen ab und zu in Anthologien auf; sein
theoretisches und wissenschaftliches Werk ist heute überholt, schon seine
Zeitgenossen haben es scharf kritisiert – allein seine Wiederentdeckungen
etwa Nikodemus Frischlins (1791) und Georg Rudolf Weckherlins (1803)
sind noch heute lesenswert. Den Dichterruhm, der ihm verwehrt war, haben erst seine Schüler erreicht. Als Lehrer, Förderer und Freund von
Hölderlin, Kerner oder Uhland hat auch er seinen Anteil daran.

Werke und Werkausgaben

CONZ, Karl Philipp:
- Conradin von Schwaben. Ein Drama in fünf Akten, Frankfurt/Leipzig 1782.
- (Übers.): Kriegslieder des Tyträus, in: Reinhard, Karl Friedrich (Übers.): [Die
  Elegien Tibulls] Alb. Tibullus. Nebst einer Probe aus dem Properz und den
  Kriegsliedern des Tyrtäus, Zürich 1783, 95–104.
- (Hg.): Beiträge für Philosophie, Geschmack und Literatur, Reutlingen 1785/1786.
- mit REINHARD, Karl Friedrich: Episteln, Zürich 1785.
- Schildereien aus Griechenland, Reutlingen 1785.
- Nahum und Habakuk. Neu übersetzt und erläutert, in: Stäudlin, Karl Friedrich:
  Beiträge zur Erläuterung der biblischen Propheten und zur Geschichte ihrer
  Auslegung, 1. Theil: Hoseas, Nahum, Habakuk, Tübingen 1785, 167–248.
- Ueber den Geist und die Geschichte des Ritterwesens in älterer Zeit. Vorzüglich
  in Rücksicht auf Deutschland, Gotha 1786.
- Gedichte, Tübingen 1792.
- Analekten oder Blumen, Phantasien und Gemälde aus Griechenland, Leipzig
  1793.
- Abhandlungen für die Geschichte und das Eigenthümliche der späteren sto-
  ischen Philosophie, Tübingen 1794.
- Gedichte, Zürich 1806.
- Gedichte, 2 Bde., Tübingen 1818/1819.
- Kleinere prosaische Schriften vermischten Inhalts, 2 Bde., Tübingen 1821/1822.
- Gedichte. Neueste Sammlung, Ulm 1824.
- Kleinere prosaische Schriften oder Miscellen für Literatur und Geschichte.
  Neue Sammlung, Ulm 1825.

Archivalien

Abschlusszeugnis von Conz, AEvST: E 1, 20,2.
Inspektoratsprotokolle, AEvST: E 1, 26,1.
Stammbuch von Christoph Maximilian von Griesinger, Deutsches Literaturarchiv Marbach: A: Stammbücher.
Briefwechsel zwischen Conz und Karl Friedrich Reinhard, Deutsches Literaturarchiv Marbach: A: Reinhard.
Briefe von Karl Friedrich Stäudlin an Reinhard, Deutsches Literaturarchiv Marbach: A: Reinhard.
Briefe von Conz an Johann Jacob Bodmer, Zentralbibliothek Zürich: Ms. Bodmer 1a.5.

Weitere Literatur

CLESS, Georg: Der schwäbische Dichter Karl Philipp Conz 1762–1827, Diss. Stuttgart 1913.

LAMRAMI, Rachid: Karl Philipp Conz und Friedrich Hölderlin, Weimarer Beiträge 31 (1985), 141–152.

STÄUDLIN, Karl Friedrich: Geschichte und Geist des Skepticismus vorzüglich in Rücksicht auf Moral und Religion, 2 Bde., Leipzig 1794.

STÄUDLIN, Gotthold Friedrich (Hg.): Schwäbischer Musenalmanach auf das Jahr 1782, Tübingen 1781.

TROMMSDORFF, Paul: Briefe von Karl Philipp Conz und Karl Friedrich Stäudlin an Herder, Zeitschrift für Bücherfreunde 10 (1906/1907), 385–389.

VARNHAGEN VON ENSE, Karl August: Denkwürdigkeiten des eignen Lebens, Bd. 1: 1785–1810, hg. von Konrad Feilchenfeldt (Werke in fünf Bänden), Frankfurt a. M. 1987.

WAIBLINGER, Wilhelm: Tagebücher 1821–1826. Textkritische und kommentierte Ausgabe in zwei Bänden, hg. von Hans Königer (Veröffentlichungen der Deutschen Schillergesellschaft 45/46), Stuttgart 1993.

Stefan Knödler

Johann Heinrich Samuel Harter

* 20. April 1766
† 10. Januar 1823
Stiftseintritt: 1784

»Die Geschichte des Harter ist sehr häßlich« (Hölderlin, MA 2: 698). Diesen Satz schrieb Hölderlin seiner Mutter am Ende eines Briefes vom 1. September 1798. Er setzt voraus, dass die Mutter ihm in ihrem Schreiben, auf das sein Brief antwortet, eben diese Geschichte »des Harter« berichtet hatte. Das wiederum lässt darauf schließen, dass auch der Mutter dieser Harter bekannt war.

Das ist angesichts der Tatsache, dass Harter der Primus seiner Promotion im Stift war, nicht verwunderlich. Zum Zeitpunkt, da Hölderlin ins Stift kam, im Herbst 1788, war Harters Promotion gerade die älteste im Stift geworden; von daher kam ihm, als ihrem Primus, natürlich ein prominenter Platz im Gespräch der Stifts-Novizen und ihrer Familien zu. Aber schon im Jahr darauf war Harter zum ersten Mal auffällig geworden; jedenfalls wurde ihm »das Examen mit seiner promotion abgeschlagen«, wie es in den Repetentenannalen heißt. Es ist nicht völlig ins Blaue geraten, wenn man im Revolutionsjahr 1789 einen Zusammenhang mit den Ereignissen jenseits des Rheins vermutet. Die Sache ist allerdings ungeklärt.

Obwohl er schon im Jahr 1790 für ein Vikariat in Hochdorf vorgesehen wurde (vermutlich im Anschluss an die im Herbst 1790 erfolgte theologische Examinierung), blieb er dennoch mindestens bis zum Sommer 1793 weiterhin im Stift. In diesem Jahr wird das bezeugt durch einen Eintrag in Hegels Stammbuch, der lautet: »Nichts – es seie's dann a priori – / ist unmöglich! / Tübingen / d. 17ten Jenner 1793. / Dein wahrer Freund / M. Harter« (Hegel, Briefe 4,1: 157).

Ob das Motto einen Bezug hat auf politische Möglichkeiten oder nur als scherzhafte Plattitüde gemeint war, lässt sich nicht bestimmen, da über das Verhältnis Hegels zu diesem »wahren Freund« bislang nichts bekannt ist.

Ebenso wenig ist bekannt, wann genau Harter sein Vikariat in Hochdorf antrat, und wann er als Vikar nach Enzweihingen kam. Das nächste Lebenszeichen von ihm ist eine Flugschrift, die er zur Eröffnung des Württembergischen Landtags im März 1797 drucken ließ: *Gutachten eines patriotisch-kosmopolitischen Münzwardeins, über das Vorzugsrecht der Wirtembergischen Landeskinder gegen die Ausländer, und besonders die Adelichen.*

Im April 1797. Dieser Landtag, der von einer Flut politischer Flugschriften aus allen Teilen des Landes und Bevölkerungskreisen begleitet wurde, hatte neben den Aufgaben, die ihm der Landesherr zugedacht hatte – nämlich die Verteilung der ungeheuren Kriegskosten des Einfalls der französischen Truppen in Württemberg während des Sommers 1796 zwischen Herrschaft und Landschaft –, eine Diskussion entfacht über eine Änderung, Ergänzung oder gar gänzliche Reform der Landesverfassung. Zum ersten Mal fand in einem Territorium des Heiligen Römischen Reiches ungehindert eine öffentliche Debatte statt über die Veränderung des herrschenden Grundgesetzes. Da es im Herzogtum Württemberg keinen Adel gab (dieser hatte sich schon im 16. Jahrhundert für reichsunmittelbar erklärt, sodass die Herrschaften der Ritter und Freiherrn im Land exterritorial waren), hatten die Herzöge ihre höheren Beamten, vor allem die Minister, gern aus dem ausländischen (vorzugsweise mecklenburgischen) Adel rekrutiert. Wenn diese Gepflogenheit durch einen Verfassungszusatz außer Kraft gesetzt werden sollte, der den Landeskindern ein »Vorzugsrecht« einräumen würde, wäre eine der Stützen des herzoglichen Regiments weggefallen. Der »Münzwardein« (d. i. Prüfer geltender Währung), den Harter in seiner Schrift spielte, nannte sich sowohl »patriotisch« – was neben dem lokalpatriotischen Sinn auch noch Sympathie für die Sache der französischen Republik bekundete – als auch »kosmopolitisch«, ein Wort, das in diesem Zusammenhang einerseits gegen ein uneingeschränktes Privileg der württembergischen Landeskinder gemünzt war, andererseits aber zugleich ebenfalls eine republikanische Konnotation verriet. Der Verfasser (= Harter) plädierte also für den Vorrang der Qualifikation (wie wir heute sagen würden), unabhängig von der Herkunft des Kandidaten. Diese Position wurde übrigens auch von zwei Stiftlern aus der Promotion Hegels und Hölderlins vertreten (J. F. Märklin und E. F. Hesler), die sich gleichfalls mit Flugschriften an der Debatte beteiligt hatten.

Ende des Jahres 1797 begann der Friedenskongress in Rastatt, auf dem das Herzogtum Württemberg zwar keine Stimme hatte, wo aber über die Entschädigung seiner linksrheinischen Verluste (die Grafschaft Mömpelgard und einige Herrschaften in ihrer Nähe und im Elsass) beraten wurde. Zugleich hoffte man in weiten Teilen Deutschlands darauf, dass dieser Kongress nicht nur einige territoriale Veränderungen bringen, sondern einen Reformprozess in Gang setzen würde, durch den etwa neugeschaffene territoriale Zusammenhänge auch frei würden, sich Verfassungen zu geben, die republikanisch sein oder wenigstens konstitutionell-monarchische Elemente enthalten würden. Diese Hoffnung erwies sich als über-

eilt, nicht nur, weil die Kräfte der Beharrung im Heiligen Römischen
Reich noch zu mächtig gewesen wären (sie waren es eigentlich schon nicht
mehr, weil der preußisch-österreichische Gegensatz das Reich lähmte),
sondern vor allem, weil die Franzosen unter Bonaparte gar kein Interesse
an einer (territorialen wie konstitutionellen) Konsolidierung der deutschen Staaten hatten. Zudem hatten sie durch einen (territoriale Zugeständnisse Österreichs garantierenden) Geheimvertrag mit dem Kaiser
ihr Schäfchen schon ins Trockene gebracht. Das wurde den Zeitgenossen
freilich erst mit dem Ende dieses (nicht tanzenden, sondern Theater spie-
lenden) Kongresses im Frühjahr 1799 deutlich. Zu Beginn des Kongresses,
Anfang 1798, sind auch württembergische »Patrioten« nach Rastatt gepil-
gert, nicht nur als begeisterte Zuschauer, sondern als – freilich ungerufene
– Berater der württembergischen Beobachter-Delegationen (sowohl der
Herzog als auch die Landschaft hatten Abordnungen geschickt) und Bitt-
steller bei der französischen Gesandtschaft. Zu ihnen gehörte auch der
Enzweihinger Vikar Harter, der es nicht weit hatte nach Rastatt (Harter,
Proceßgeschichte: 58).

Schon diese Einmischung in die große Politik wurde ihm höheren Orts
übel vermerkt. Zugleich scheint er sich jedoch mit einem korrupten Zoll-
einnehmer namens Emendörfer angelegt zu haben, der nicht nur korrupt,
sondern auch skrupellos war im Fabrizieren einer Räuberpistole, die er gegen Harter zur Anklage brachte. Danach habe er, Emendörfer, Ende Juni
1798 einen Brief des Ministers Graf Zeppelin erhalten, in dem ihm zugesagt
worden sei, er könne sich von dem gegen ihn laufenden Verfahren der Cas-
sation (verschiedene Fuhrunternehmer hatten den »Oberzoller« an der
württembergisch-badischen Grenze tatsächlich wegen Bestechung ange-
zeigt) durch eine Spende freikaufen, die er, da der Graf mit dem Herzog auf
dem Weg nach Wildbad sei, einem »Bedienten des Grafen«, dem er »unterwegs begegnen sollte«, übergeben solle. Es habe ihn dann auf dem Weg
nach Stuttgart »ein Reuter mit verbundenem Kopf angeredet, welcher vorgegeben, daß er ein an ihn abgesandter Zeppelinischer Bedienter seye, und
durch Eilritt sich einen Sturz zugezogen hätte«. Diesem habe er die verlangte Summe von 1100 Gulden übergeben und erst zu spät sei ihm gekommen, dass es sich dabei um einen Betrug handeln müsse. Nachdem der
Oberzoller öffentlich nach dem Reiter hatte suchen lassen, präsentierte er
schließlich einen Zeugen, der den Vikar, der sich zur Tatzeit tatsächlich –
aber zu Fuß – auf dem Weg nach Stuttgart befunden hatte und schon durch
undurchsichtige Machenschaften am 15. Juli unter Arrest genommen war,
als den besagten Reiter identifizieren wollte. Die Verhaftung Harters er-

regte im ganzen Land Aufsehen, in das sich jedoch Ratlosigkeit mischte, wie aus der zweideutigen Äußerung Hölderlins ersichtlich ist.

Harter blieb bis Ende 1799 in Stuttgart in durch Misshandlungen verschärfter Haft, insgesamt also anderthalb Jahre, und wurde, nachdem schließlich und endlich im Oktober 1799 eine Gerichtsverhandlung anberaumt worden war, ohne ein Urteil (und d. h. auch ohne Rehabilitierung) aus der Haft entlassen. Das Konsistorium musste im Auftrag des sich offenbar durch die Aussagen Harters persönlich angegriffen fühlenden Herzogs das folgende Reskript erlassen, das Harter die Existenzgrundlage im Herzogtum Wirtemberg entzog:

»Friderich der Zweite, / Von Gottes Gnaden / Herzog von Wirtemberg und Tek etc. /

Unseren gnädigsten Gruß zuvor, Würdige, Hochgelehrte, auch Ehrsame, liebe / Getreue! Da der wegen einer an dem Cammer-Rath Emendörfer zu Vaihingen / verübten sehr beträchtlichen GeldPrellerei in Verdacht und peinliche Anklage / gekommene bisherige Stipendiat *M. Harter*, weil er die gegen ihn obwaltende sehr / beschwerliche Indicien nicht gänzlich von sich entfernen konnte, *sine sententia / dimittirt* wurde, mithin das gegen ihn angestellte rechtliche Verfahren blos als / *suspendirt* zu betrachten ist, und er wegen der, gegen ihn vorliegenden / Beweisgründe und Indicien immer noch beschuldigt bleibt, auch eben deswegen / seiner gänzlichen Wieder-Einsezung in seine vorige Rechte die Würde des geistlichen / und Schulamts entgegen steht, welche um des öffentlichen Ärgernißes willen nicht / zuläßt, daß ein Mann, der eines so schweren Verbrechens beschuldigt wird, und / davon, um des gegen ihn vorliegenden Verdachts willen, nicht losgesprochen werden konnte, ein solches Amt bekleide, so geben Wir Euch in Gnaden zu erkennen, wie Wir / den *M. Harter* vor der Hand nicht wieder in seine geistlichen Rechte und in die / Funktionen eines Geistlichen oder Schullehrers eintreten zu laßen wißen, und ihm / daher nicht nur das Tragen der geistlichen Kleidung verboten, sondern auch seine / Fortführung auf dem Stipendiaten-Zettel so lange ausgesezt haben, bis er im Stande / seyn wird, seine Unschuld beßer, als es bei dem bisherigen Verfahren geschehen, / darzuthun, und sich von dem gegen ihn vorliegenden Verdacht rechtlich zu reinigen. / Ihr habt daher das Weitere in Bezug auf den Stipendiaten Zettel hiernach zu / verfügen. Melden Wir in Gnaden, womit Wir Euch stets wohl beygethan verbleiben.

Stuttgardt d: 9ten December 1799. / A. K. M. Ruoff / D Storr

An die Vorsteher des Herzogl. Theologischen Stifts in Tübingen« (AEvST: E 1, 159,1).

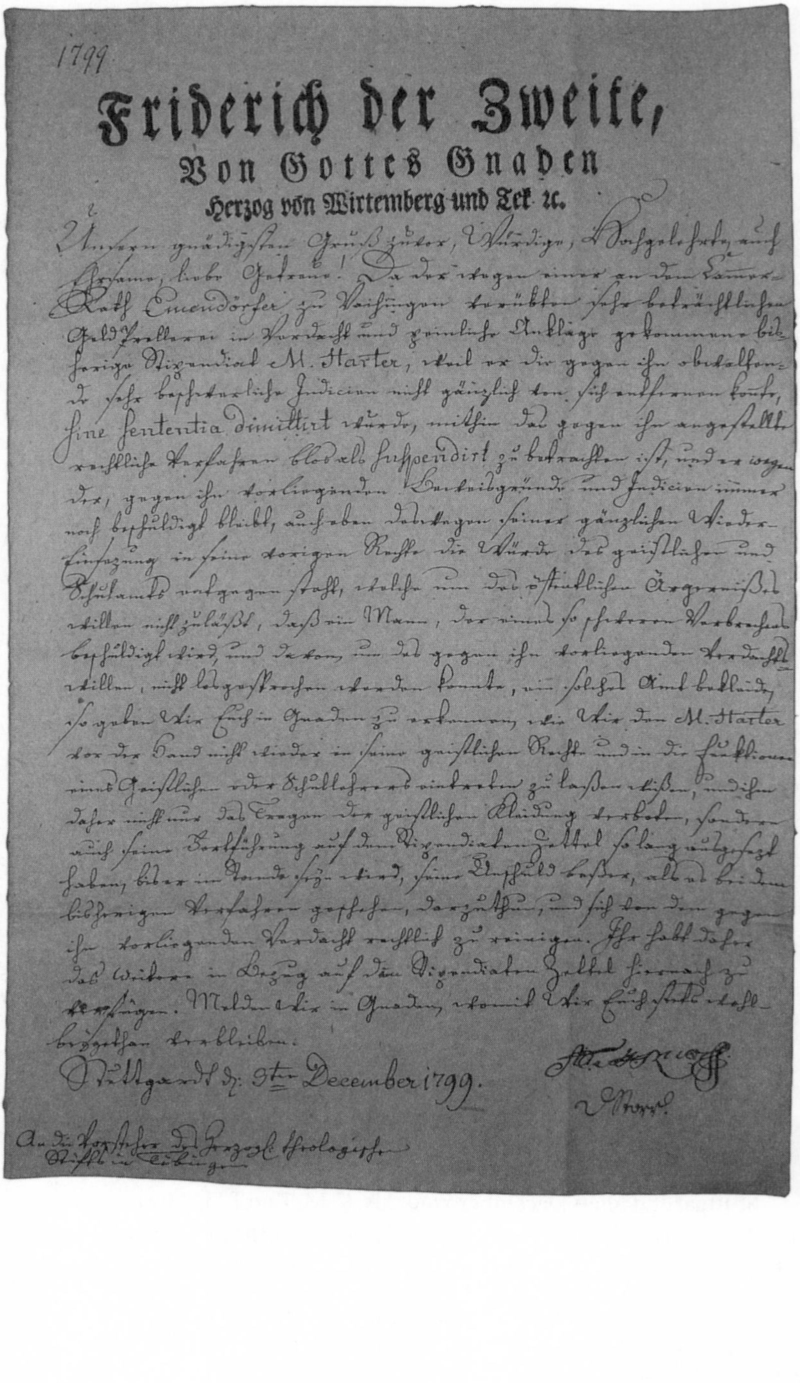

1799

Friderich der Zweite,
Von Gottes Gnaden
Herzog von Wirtemberg und Tek rc.

[handschriftlicher Text in deutscher Kurrentschrift, großteils unleserlich]

Stuttgardt d. 9ten December 1799.

[Unterschriften]

Dies ist ein Dokument gröbsten Unrechts, unterschrieben nicht nur vom Konsistorialdirekter Ruoff, sondern auch von dem sonst als untadelig geltenden ehemaligen Tübinger Theologieprofessor Gottlob Christian Storr. Nicht nur wird dem Angeklagten gegen alle Rechtsprinzipien, die auch schon damals unter aufgeklärt und rational denkenden Menschen anerkannt waren, die Pflicht, seine Unschuld zu beweisen, auferlegt, sondern es wird ihm darüber hinaus zwar bestätigt, dass ihm dies bis zu einem gewissen, aber eben nicht ausreichenden (nach welchen Maßstäben?) Grad gelungen sei; dessen ungeachtet wird er dennoch mit einem Berufsverbot bestraft.

Dies war jedoch beileibe nicht das letzte Unrecht, das dem »gewesenen Vikarius in Entzweihingen« (wie er sich in seiner Rechtfertigungsschrift *Aktenmäßige Proceßgeschichte* nannte) widerfuhr. Er ging ins französische Mainz und schlug sich dort als Journalist durch. Neben dem Tagesjournalismus beim *Beobachter vom Donnersberge* auch als politischer Publizist mit einer *Rede über die Vortheile der republikanischen Regierungsverfassung gehalten zu Worms den 25 Messidor* (14. Jul.) am Gründungstage der Franken Republik, gedruckt 1800, vermutlich in Mainz.

In der Folgezeit, so scheint aus den noch nicht ausgiebig erforschten Akten im Stuttgarter Hauptstaatsarchiv hervorzugehen, hat er sich »dem württembergischen Herzog/Kurfürsten/König Friedrich als Kundschafter zur Verfügung gestellt« (Wandel: 38). Andererseits hat es aber den Anschein, als ob er sich auch der Gegenseite, nämlich den französischen Behörden, angeboten habe. So jedenfalls will es ein Gerücht, nach dem Napoleon »dem König Friedrich auf dessen Versicherung, daß er sich auf seine getreuen Unterthanen verlassen könne, geantwortet habe(n), daß dies doch nicht ausnahmslos der Fall sein dürfte, und dabei habe er [sc. Napoleon] ausdrücklich den Spion Harter genannt« (Reyscher: 55).

Die entscheidende Krise in Harters Leben fand im März 1805 statt, als er in dem erst seit kurzem württembergisch gewordenen Esslingen unter dem Verdacht des Diebstahls verhaftet wurde. Wie immer diese in den Stuttgarter Akten ausführlich behandelte Anklage zu bewerten ist, von ihr wurde Harter einmal mehr nie freigesprochen, und es kam nicht einmal zu einer Verhandlung. Stattdessen blieb er dauerhaft im Gewahrsam. Er versuchte anfangs, sich durch Denunziationen gegen die wenige Tage vor seiner Arretierung verhafteten angeblichen Verschwörer Leo von Seckendorf und Isaac von Sinclair (beides bekanntlich Freunde Hölderlins) zu retten, zumal der ihn vernehmende Beamte exakt derjenige war, der auch die auf der Stuttgarter Solitude inhaftierten angeblichen Attentatsplaner verhörte.

Aber seine Aussagen, die einen verwirrten Eindruck mach(t)en, konnten entweder aus diesem Grund nicht gebraucht werden oder hätten die hauptsächliche Zielführung der Stuttgarter Untersuchung nur gestört, in der es eigentlich darum ging, den langjährigen parlamentarischen Oppositionsführer, den Landschaftsassessor Christian Friedrich Baz, endlich zur Strecke zu bringen.

Im Jahr 1806 wurde Harter in Hornberg im Schwarzwald »konfiniert« (Wandel: 41), d.h. in eine Art Verbannung verbracht, im Jahr darauf in Festungshaft auf der Kapfenburg bei Hülen im Amt Neresheim, aus der er sich aber im Mai 1808 befreien konnte. Nachdem er wieder eingefangen worden war, wurde er 1809 in das Kriminalgefängnis Ludwigsburg verlegt. Im Jahr 1809 bestimmte ein aus anderem Anlass erlassenes Dekret des württembergischen Königs, dass jeder, »der sich öffentlicher injuriöser Aeßerungen gegen Uns (sc. den König) schuldig macht, als wahnsinnig anzusehen« sei und deshalb in einer der neu eingerichteten »Irrenanstalten« unterzubringen sei (Reyscher: 54). Infolgedessen wurde Harter, der es an Injurien gegen den König nicht hatte fehlen lassen, 1812 nach Zwiefalten verbracht, wo er in eine eigens für ihn eingerichtete »Isolierzelle« (Wandel: 41) geworfen wurde. Der Tübinger Rechtsgelehrte und spätere Landtags- und dann sogar Reichstagsabgeordnete August Ludwig Reyscher hat als Student bei einer Wanderung noch Harters Zelle sehen können und beschreibt sie so: »Das Gefängnis war eigens für diesen Gefangenen in dem alten Fraterbau [sc. des ehemaligen Klosters Zwiefalten] der Art eingerichtet worden, daß kein menschlicher Laut von außen zu ihm dringen, noch er gehört werden konnte. Man kam durch eine Vorzelle in ein zweites durch ein Fenster erhelltes Gemach, wo in einer dicken Wand eine Nische angebracht war, in welcher der Gefangene hinter einem eisernen Gitter auf einem Strohsack liegen, aber nicht aufrecht stehen konnte« (Reyscher: 52).

Vier Jahre vegetierte Harter in diesem Kerker, bis der neue württembergische König Wilhelm einer Petition der Ständeversammlung, die auf die wiederholten Gesuche der Mutter Harters hin sich der Sache angenommen hatte, stattgab und den Gefangenen freiließ. Er lebte gehbehindert noch bis 1823 bei seiner Mutter und seinem Stiefvater in Mittelstadt und trug durch die Erteilung von Privatunterricht zu seinem Lebensunterhalt bei.

Ohne Kenntnis vom späteren Schicksal Harters zu haben, hat der schwäbische Erzähler Paul Lang 1881 eine Novelle publiziert, die unter dem Titel *Der Vikar von Enzweihingen* die erste Lebenshälfte Harters bis zur Entlassung aus dem Stuttgarter Turmgefängnis in eine etwas rührselige Geschichte mit besserem Fortgang (nach einem Aufenthalt in Frankreich kehrt der »Vikar« in den württembergischen Pfarrdienst zurück) und moralischem Ende (nach der Rettung eines in den winterlichen Bach gefallenen Buben stirbt der einstige Vikar und endliche Pfarrer in Erfüllung seiner Pflicht) einbettet.

Werke und Werkausgaben

HARTER, Johann Heinrich Samuel:
- Gutachten eines patriotisch-kosmopolitischen Münzwardeins, über das Vorzugsrecht der Wirtembergischen Landeskinder gegen die Ausländer und besonders die Adelichen, [ohne Ort] April 1797.
- Rede über die Vortheile der republikanischen Regierungsverfassung gehalten zu Worms den 25 Messidor (14. Jul.) am Gründungstage der Franken Republik, gedruckt (vermutlich in) Mainz 1800.
- M. J. H. S. Harters, gewesenen Vikarius in Entzweihingen an der Enz im Würtembergischen, jezt aber Doktor der Weltweisheit in Maynz. Aktenmäßige Proceßgeschichte von 1798 bis 1800. Von ihm selbst beschrieben, Maynz und Würtenberg 1801.

Archivalien

AEvST: E 1, 159,1.

Weitere Literatur

HEGEL, Georg Wilhelm Friedrich: Briefe von und an Hegel, hg. von Johannes Hoffmeister, Bd. 4,1: Dokumente und Materialien zur Biographie, hg. von Friedhelm Nicolin, Hamburg 1977.
HÖLDERLIN, Friedrich: Sämtliche Werke und Briefe, hg. von Michael Knaupp, 3 Bde., München 1992 f. [Münchener Ausgabe = MA]
LANG, Paul: Der Vikar von Enzweihingen, in: ders.: Auf schwäbischem Boden. Vier Erzählungen, 2. Aufl., Stuttgart 1898, 221–283.
REYSCHER, August Ludwig: Erinnerungen aus alter und neuer Zeit (1802 bis 1880), Freiburg i. Br./Tübingen 1884, 52–55.
WANDEL, Uwe Jens: Magister Harter – vom Stiftler zum Staatsverbrecher, Der Sülchgau 23 (1979), 36–43.

Michael Franz

Georg Wilhelm Friedrich Hegel

* 27. August 1770
† 14. November 1831
Stiftseintritt: 1788

»Das Reich Gottes komme, und unsre Hände seien nicht müßig im Schoße!
[...] Vernunft und Freiheit bleiben unsre Losung, und unser Vereinigungspunkt die unsichtbare Kirche« (Briefe: 18). Diese Zeilen schreibt Hegel im
Januar 1795 an Friedrich Wilhelm Joseph Schelling, mit dem er während
ihrer gemeinsamen Stiftszeit Freundschaft geschlossen hatte. Der Wahlspruch »Vernunft und Freiheit« gleich wie die Parole »Reich Gottes« verband die beiden miteinander und mit Friedrich Hölderlin. Dieser hält in
einem Brief an Hegel vom Juli 1794 fest: »Ich bin gewiß, daß Du indessen
zuweilen meiner gedachtest, seit wir mit der Losung ›Reich Gottes‹ voneinander schieden. An dieser Losung würden wir uns nach jeder Metamorphose, wie ich glaube, wiedererkennen« (Briefe: 9).

Hegel und Hölderlin kamen im Herbst 1788 ins Stift. 1790 folgte Schelling nach. Gemeinsam bewohnten sie die Augustinerstube. Und so lebten
zu gleicher Zeit drei Stiftler auf engem Raum zusammen, die nicht nur
maßgeblich die Geistesgeschichte prägen sollten, sondern die sich noch
dazu freundschaftlich verbunden hatten (Dilthey: 11 f.; Henrich 1965: 63).

Freundschaft pflegte Hegel, vermutlich noch ehe er sich mit Hölderlin
und Schelling befreundete, auch mit Christian Philipp Friedrich Leutwein,
der als Primus in der Promotion vor ihm studierte; einige Jahre später ist
Leutwein, der als württembergischer Pfarrer tätig gewesen ist, wegen
schwerer Alkoholprobleme aus dem geistlichen Dienst entlassen worden
(Henrich 1965: 44.47). Von Hegel berichtet er, dass dieser »auch nicht verschmäht [hatte], zuweilen freundschaftlichen Gelagen anzuwohnen, wobei

dem Bacchus geopfert wurde« (Leutwein, zitiert nach Henrich 1965: 55). Ebenso verschweigt Leutwein nicht, wie sehr es Hegel getroffen habe, bereits kurze Zeit nach seinem Stiftseintritt in seiner Promotion hinter den Studenten Jacob Friedrich Märklin von der dritten auf die vierte Stelle zurückgesetzt worden zu sein. Vielleicht hatten die Gelage, vielleicht mangelnder Studienfleiß zu dieser Lozierung Hegels beigetragen. Jedenfalls ließ sie »eine bleibende Wunde in seinem Herzen zurück; was niemand besser weiß, als ich [d. i. Leutwein], so sehr Hegel es auch vor der Welt verbarg; und war ganz gewiß der geheime Ressort der Veränderung, welche nach durchlebten akademischen Jahren mit ihm vorging [...]. [...] Wäre er der dritte in der Promotion geworden, so würde gewiß Berlin ihn nicht gesehen – noch er dem deutschen Vaterlande und dem Conversationslexikon [...] etwas zu reden und zu schreiben gegeben haben« (Leutwein, zitiert nach: Henrich 1965: 55 f.).

Dass Hegel zurückgestuft wurde, das hat wohl schließlich dazu geführt, dass er sich der Philosophie verschrieb und fortzog aus Württemberg, dem Land, in dem »locirt [wird] bis ins Mannesalter hinein. Außer China wird in keinem Lande so viel examinirt und locirt, als in diesem. Die Locationen werden gedruckt, sie sind der Maßstab bei den spätern Anstellungen. Nach seinem Locus mißt man den Mann« (Schwegler, zitiert nach: Henrich 1965: 60; s. auch 66 f.).

Zur Stiftszeit Hegels war es Kants Philosophie, die maßgeblich auch auf Hegel Einfluss hatte. »Als Hegel die Universität bezog, war die Diskussion über die neue kritische Philosophie beinahe auf ihrem Höhepunkt angelangt« (Henrich 2010: 42 f.). Neben Kant, der Vernunft und Freiheit des Menschen zu seinen philosophischen Themen machte, waren es die Französische Revolution und ihr Streben nach einem freiheitlichen Staat, die Hegels Leben und Denken bestimmten. Die Freiheit der einzelnen Vernunftwesen und die Möglichkeit eines Staates, der Freiheit verwirklicht, beschäftigten schon den Stiftler und prägten Hegels philosophisches Werk entscheidend; darauf soll im Folgenden hingewiesen werden (Dilthey: 12 f.).

Indem sich Hegel der Philosophie zuwandte und Württemberg verließ, befreite er sich aus der Abhängigkeit der Lozierungsliste. Zugleich war ihm daran gelegen, die Theologie, die ihm im Studium begegnet war, von der Last der Orthodoxie zu erlösen. »Die Orthodoxie ist nicht zu erschüttern, solang ihre Profession mit weltlichen Vorteilen verknüpft in das Ganze e[ine]s Staats verwebt ist. [...] Aber ich glaube, es wäre interessant, die [orthodoxen] Theologen [...] in ihrem Ameisen-Eifer so viel [als] möglich zu stören, ihnen alles [zu] erschweren, [sie] aus jedem Ausfluchtswinkel herauszupeitschen, bis sie keinen mehr fände[n] und sie ihre Blöße dem Tageslicht ganz zeigen müßten« (Briefe: 16 f.).

Von diesen Plänen, die Theologie und somit die christliche Religion aus den Fängen derer zu befreien, die um weltlicher Vorteile willen die Wahrheit verdeckten, schreibt Hegel im Januar 1795 an Schelling. Er schreibt aus Bern, wo er im Anschluss an seine Stiftszeit als Hauslehrer tätig war. Tübingen hatte er mit einem philosophischen (1790) und einem theologischen Examen (1793) verlassen. Im Examenszeugnis von 1793 ist er auf Platz 4 loziert. Für das Fach Philosophie wird ihm bescheinigt, hierin viel Mühe aufgewendet zu haben: *Philosophia multam* [mit *multam* ist ein durchgestrichenes *felicem* überschrieben] *operam impendit.*

Zunächst arbeitete Hegel als Hauslehrer in Bern (1793–1796), dann in Frankfurt (1797–1800). 1801 habilitierte er sich in Jena, wo es wegen seiner kritischen Äußerungen gegenüber Schellings Philosophie zum Bruch mit diesem kam. 1807/1808 war Hegel Redakteur der *Bamberger Zeitung*, 1808–1816 Rektor eines Gymnasiums in Nürnberg. Dort heiratete er 1811 Marie Helene Susanne von Tucher, mit der er zwei Söhne hatte. 1816 wurde Hegel nach Heidelberg berufen, 1818 als Nachfolger Fichtes nach Berlin, wo er 1831 starb (Jaeschke: 1505; Simon: 530).

Während der Jahre von Bern bis Berlin widmet sich Hegel in seinen philosophischen Veröffentlichungen dem Anliegen, von dem er Schelling schrieb. Die Befreiung zur Wahrheit beschreibt er in seiner *Phänomenologie des Geistes* von 1807 als eine Entwicklung des Geistes, die in dialektischer Bewegung bis zum absoluten Geist gelangt. Wann und wo aber soll dieses Ziel erreicht sein? Kann gar ein politisches Gemeinwesen bestehen, das sich auf dieser Stufe der Geistesentwicklung befindet?

In seinem Berner Brief spricht sich Hegel dagegen aus, dass das Geistige »in das Ganze e[ine]s Staats verwebt ist«. Denn geistige Entwicklung soll weltlicher Vorteile wegen nicht verhindert sein. Gleichwohl ist nach Hegel ein Staat denkbar, der sich der geistgewirkten Versöhnung von Wahrheit und Freiheit verdankt. Von solch einem vernünftigen Staat, der das Reich Gottes auf Erden darzustellen scheint, handeln Hegels *Grundlinien der Philosophie des Rechts* (1821).

»Vernunft«, »Freiheit«, »Reich Gottes« bleiben die Losungsworte Hegels, auch wenn er die Freunde, mit denen er sie teilte, bald schon verloren hatte – Schelling im Streit und Hölderlin an dessen geistige Erkrankung. Dem Reich Gottes denkt Hegel vor allem in seinen Berliner Vorlesungen zur Religionsphilosophie nach. Für die Realisation des Reiches Gottes sei das

adäquate Verhältnis zwischen Vernunft und Religion von ausschlagge-
bender Bedeutung.

Schon als Stiftler war Hegel solchen Gedanken nachgegangen (Brecht/
Sandberger: 71–73). In einer Predigt aus Stiftszeiten hält er fest: »Wenn wir
[...] über unsere Sinnlichkeit Meister geworden sind, wenn unser Herz
durch die Liebe zu Gott und Christum gebessert, daß wir seine Gebote
willig und freudig erfüllen, so sind wir Bürger seines Reichs, so ist das
Reich Gottes zu uns gekommen, so sind wir auch unsrer künftigen Seeligkeit gewis« (Frühe Schriften: 71).

Nach Kant, auf dessen Philosophie hier deutlich Bezug genommen wird,
ist derjenige Mensch der Glück-Seligkeit würdig, dessen Vernunft in ihrer
Herrschaft über die Sinnlichkeit seine Sittlichkeit bedingt (Kant, Kritik der
Praktischen Vernunft: 261 f.; A 234 f.). Die durch die Vernunftherrschaft
verwirklichte Moralität ist nach Kant die oberste Bedingung der Glückse-
ligkeit. Im Gegensatz zu Kant hält Hegel fest: »Da Moralität nun nicht zur
obersten Bedingung der Seeligkeit gemacht werden kan, weil die Menschen
ihrer nicht fähig sind, und Seeligkeit also gar nicht stattfinden könnte, so
ist von der erbarmenden Gnade Gottes ein anders Ingrediens [...] dafür
substituirt worden [...], nemlich der Glaube an Christum« (Frühe Schriften:
156 f.). »Wenn wir einen solchen Glauben [haben, ...] so wohnt Gottes Geist
in uns, so [sind] wir Bürger des Reichs Gottes« (Frühe Schriften: 72). Nach
Hegel gewährt der christliche Glaube dem einzelnen Menschen Teilhabe
an der Sittlichkeit und der Seligkeit des Reiches Gottes.

Entgegen allen (orthodoxen) Lehrvorgaben auf dem Gebiet der Religion
sei deshalb unbedingt die »subjektive« Seite der Religion hochzuhalten
(Frühe Schriften: 89). Von der »objektiven Religion«, die mitunter auf au-
toritäre Weise mit festgefahrenen Sätzen in Schule und Studium vermittelt
werde, dürfe die »subjektive Religion« als die »Sache des Herzens« nicht
zerstört werden (Frühe Schriften: 90). Vielmehr solle es im Glaubensleben
des einzelnen schließlich dazu kommen, dass die Vernunft es unternehme,
»aus sich selbst jenen Glauben zu prüfen, aus sich selbst die Principien der
Möglichkeit und Wahrscheinlichkeit zu schöpfen« (Frühe Schriften: 159).
Indem die Vernunft dem Glauben nach-denke – »er mag noch so sehr mit
Autoritäten umlagert [sein]« (Frühe Schriften: 159) –, finden nach Hegel die
Religion und die theologische oder vielmehr die philosophische Reflexion
der Religion zusammen. Auf dem Boden der versöhnten Einheit von Religion und Vernunft, von Gefühl und Wissen sei das sittliche und freiheit-
liche Zusammenleben von Menschen möglich, das – gar hier auf Erden
schon – die Seligkeit des Reiches Gottes mit sich bringe. Davon geht zu-

mindest der Berliner Philosophieprofessor aus, der bereits als Stiftler um des Reiches Gottes willen nicht müßig gewesen ist.

Werke und Werkausgaben

HEGEL, Georg Wilhelm Friedrich:
- Briefe von und an Hegel, Bd. 1: 1785–1812, hg. von Johannes Hoffmeister (Philosophische Bibliothek 235), 3. durchges. Aufl., Hamburg 1969.
- Frühe Schriften 1, in: ders.: Gesammelte Werke, Bd. 1, hg. von Friedhelm Nicolin u. Gisela Schüler, Hamburg 1989.

Weitere Literatur

BRECHT, Martin/SANDBERGER, Jörg: Hegels Begegnung mit der Theologie im Tübinger Stift. Eine neue Quelle für die Studienzeit Hegels, Hegel-Studien 5 (1969), 47–81.

DILTHEY, Wilhelm: Die Jugendgeschichte Hegels und andere Abhandlungen zur Geschichte des deutschen Idealismus, in: ders., Gesammelte Schriften, Bd. 4, hg. von Herman Nohl, 2. Aufl., Stuttgart 1959.

HENRICH, Dieter: Hegel im Kontext, Berlin 2010.

HENRICH, Dieter: Leutwein über Hegel. Ein Dokument zu Hegels Biographie, Hegel-Studien 3 (1965), 39–77.

JAESCHKE, Walter: Art. Hegel, Georg Wilhelm Friedrich, RGG⁴ 3 (2000), 1504–1508.

KANT, Immanuel: Kritik der Praktischen Vernunft. Grundlegung zur Metaphysik der Sitten, in: ders., Werkausgabe, Bd. 7, hg. von Wilhelm Weischedel, 13. Aufl., Frankfurt a. M. 1996.

SIMON, Josef: Art. Hegel/Hegelianismus, TRE 14 (1985), 530–560.

Anne Käfer

Friedrich Hölderlin

* 20. März 1770
† 7. Juni 1843
Stiftseintritt: 1788

Der Hölderlin-Herausgeber Christoph Theodor Schwab schrieb in *Hölderlin's Leben* 1846: »Die Freundschaft mit Hölderlin gewann schon durch seine körperliche Schönheit etwas Idealisches; seine Studiengenossen haben erzählt, wenn er vor Tische auf und abgegangen, sey es gewesen, als schritte Apollo durch den Saal« (StA 7,1: 399). Hölderlins Kompromotionale Ludwig Jakob Majer hat sich um 1840 einem Besucher gegenüber so geäußert: »Ach es ist unvergeßlich, wie der schöne Mensch sorgfältig an Kleidung, Benehmen und Sprache erschien, keine Ausgelassenheit, kein wildes Wort konnte in seiner Nähe aufkommen!« (StA 7,3: 298).

Aus beiden Quellen hat der Stuttgarter Lehrer Johann Georg Fischer geschöpft, wenn er in der *Besonderen Beilage des Staats-Anzeigers für Württemberg* im Jahr 1883 rühmte: »Ich habe Männer noch im Leben gekannt, die mit Hölderlin das Stift geteilt haben. Es lief ihnen wie Verklärung über das Angesicht, wenn von dem Unglücklichen die Rede war. Der eine wie der andere konnte kaum des Lobes über den liebenswürdigen Jüngling satt werden, bei dessen Erscheinung selbst die jugendlich wilden Genossen zahmer, die Ausgelassenen stiller geworden seien, und in dessen Nähe sich nicht leicht eine Unanständigkeit gewagt habe« (StA 7,3: 295 f.).

Zu diesem idealisierten Bild des jungen Dichters trug auch das berühmte Portrait bei, das Franz Karl Hiemer von dem Zweiundzwanzigjährigen gemalt hat. Hölderlin selbst hatte es in Auftrag gegeben und der Schwester zu ihrer Hochzeit geschenkt. Heinrike Hölderlin erwähnt es immer wieder, fügt freilich einmal hinzu, dass ihm »nach der guten Großmutter Beurtheilung viel zur Aehnlichkeit fehlt« (StA 7,1: 43). Auch Eduard Mörike, dem sie es im Februar 1841 zeigte, fand: »Es ist nicht ganz getroffen, doch sieht man wohl, dass er von außerordentlicher Schönheit war« (StA 7,3: 313). Angesichts der Tatsache, dass Mörike nur den über Fünfzigjährigen im Tübinger Turm und das vielleicht auch nur wenige Male gesehen hat, wird man den Schluss ziehen dürfen, dass seine Äußerung wohl das Urteil der Schwester wiedergibt, die also die Idealisierung des Bilds bestätigt. Hölderlin als durch den Saal schreitender Apollo – dieses Bild hatte schon zu Lebzeiten des Dichters eine Wirklichkeit zu ersetzen vermocht, die wohl etwas vielschichtiger war.

Der Tübinger Universitätshistoriker Karl Klüpfel berichtet ein ganz anderes Urteil seines Vaters August Friedrich Klüpfel, der in Hölderlins Promotion direkt hinter dem Dichter loziert war: »Daß er ein so edler Character gewesen, meint mein Vater nicht; er habe sich zwar sehr liebenswürdig zeigen können, sey aber im Grund ein lüderlicher Gesell gewesen« (StA 7,3: 246).

Der Sohn – Zeuge des beginnenden Hölderlin-Kults, er ist ja mit Sophie Schwab verlobt, der Tochter Gustavs und Schwester Christoph Theodors – beeilt sich freilich sofort hinzuzufügen: »Dabei hatte m[ein] V[ater] eigentlich blos seinen Aufenthalt in Frkfurt u sein dortiges Verhältniß zu einer Frau im Auge, von seinem Tübinger Leben könne man das eigentlich nicht sagen. Von seinem inneren Leben werde man schwerlich Näheres erfahren da er sich nicht leicht Jemand mitgetheilt u. in T. wenigstens keinen näheren Freund gehabt« (StA 7,3: 246).

So sehr die Einschränkung des harschen Urteils auf den »Aufenthalt in Frankfurt« als Ehrenrettung des Stiftlers gemeint gewesen sein mag, die sich anschließende Bemerkung über den verschlossenen Charakter Hölderlins geht auf Beobachtungen zurück, die auch Hölderlins Kommilitone Friedrich Wilhelm Joseph Schelling bestätigt, der über den Nürtinger Klassenkameraden, den er in Tübingen im Stift wieder traf, sagte: »Seine Mutter hielt ihn zu zärtlich; einsam, er wurde immer wie ein Juwel betrachtet« (Tilliette: 437).

Der »schreitende Apollo« machte sich mit den andern Stiftlern nicht gern gemein, daran ändern auch nichts die von Schelling berichteten »wahren[n] attische[n] Gelage«, die man gemeinsam gefeiert habe (Tilliette: 439), oder die von Rudolf Magenau geschilderte Szene im »Garten des Lammwirthes«, in der Hölderlin beim Singen von Schillers *Ode an die Freude* den Vers »dieses Glas dem guten Geist« »ins Freie brüllte« (FHA 9: 232).

In seinem »Museum« im Stift beschäftigte sich Hölderlin neben seinen obligatorischen Studien mit der gerade virulenten Philosophie, mit den »Griechen« und mit seinen Dichtungen. Von seiner jugendlichen Hand sind umfangreiche Übersetzungen aus Homers *Ilias* und aus Lucans *Pharsalia* erhalten (FHA 17: 167–353 und 361–441). Sie sind bemerkenswert eingehende Bemühungen um die Vorlagen, von denen die erste den Klassiker schlechthin betrifft, der gerade in der jungen Generation als »Originalgenie« zur höchsten Verehrung gekommen war, während die letztere zu dieser Zeit fast völlig unbeachtet blieb, da ihr Manierismus dem stürmischen Drang nach einer im Grunde idealisierten Authentizität zuwiderlief. So hat Hölderlin also die beiden Extreme dichterischer Stilisierung studiert und sich durch dieses Studium angeeignet. Er mag in diesen beiden Dichtern in gewissem Sinne schon die Pathosformeln des Naiven (Homer) und Heroischen (Lucan) aufgespürt haben, die ihm später Elemente des dichterischen Stoffs werden sollten. Von übersetzerischen Bemühungen um Pindar, jenen Dichter von Hymnen, die Hölderlin in dem einen seiner Magisterspecimina »das *Summum* der Dichtkunst« nennt (FHA 17: 62), ist nichts erhalten; es werden auch nirgendwo Versuche einer Übersetzung erwähnt. Dennoch ist es schlechterdings unvorstellbar, dass es sie nicht gegeben hätte. Zur Selbststilisierung des »Pindars Flug« (FHA 1: 332) nacheifernden jungen Genies gehört nämlich nicht nur das Spielen mit dem Gedanken, den eigenen Ansprüchen nicht Genügendes »ohne Gnade in's Feuer« zu werfen (StA 6: 87), sondern auch der Heroismus der Ausführung solcher Gedanken. Dass keine Pindar-Übersetzungen unter Hölderlins Tübinger Papieren zu finden sind, darf daher nicht als Beweis e silentio genommen werden, es habe derlei nicht gegeben. Pindar hätte eben genau zwischen diese beiden Extreme des Homerischen und des Lucanischen gepasst, als eine »goldene Mitte«, die das Ideal(ische) griechischer Dichtung inthronisiert.

Vergleicht man Hölderlins Übersetzungsarbeit an Homer und Lucan mit dem – bislang unveröffentlichten – Aufsatz *Über einige Oden Pindars*, in dem der Stiftler Schelling im Jahr 1791 in einem seiner erhaltenen Studienhefte (Schelling-Nachlass in der Berlin-Brandenburgischen Akademie der Wissenschaften) exegetische Beobachtungen zur *Ersten Olympischen Ode* festgehalten hat, so wird der Unterschied deutlich zwischen der philologischen Arbeit, die der Jüngere betreibt, und der übersetzerischen Anverwandlung, die den Älteren beschäftigt. Das Vorliegen der Schellingschen Studien macht es zumindest wahrscheinlicher, dass auch Hölderlin nicht nur für Pindar geschwärmt, sondern sich ebenfalls an ihm abgearbeitet hat.

Die Philosophie, die Schelling für sich allein, allenfalls mit einem kleinen Anhang ihm höriger Kompromotionaler betrieb, war für Hölderlin eher ein Teil der Geselligkeit, die er in einem Lektürezirkel zusammen mit Hegel und einigen anderen pflegte. Dort wurde Plato gelesen, auf den auch die Privat-Vorlesungen des Tübinger Philosophieprofessors Johann Friedrich Flatt schon aufmerksam machten; er wurde freilich »mit Kant« gelesen, oder wie es in einem frühen Lebenslauf Hegels heißt, so, dass man die Schriften Kants »aufsuchte«, »ohne die Platons beiseite zu legen« (Hegel, Briefe 4,1: 127 f.). Diese Mischung von Kant und Platon, oder Platons mit Kant, wurde dann später das Leitfossil, an dem die speziell Tübingische Spielart des Deutschen Idealismus wieder zu erkennen sein sollte. Die Platonische Ingredienz machte die Tübinger Stiftler gewissermaßen immun gegen den Fichteschen Subjektivismus, dem Schelling wohl eher aus Gründen der Karriereanbahnung eine Zeitlang sich akkommodierte.

Die normative Kraft von Ideen, die nicht so sehr als Vorbilder das Urteilen leiten, sondern als Prinzipien Welt konstituieren sollten, ließ sich freilich nicht in dem regulativen Gebrauch wiederfinden, den die Kantische Moral von Vernunftideen zu machen erlaubte. Man konnte sie aber in die »ästhetischen Ideen« hineindenken, deren Darstellung Kant zunächst einmal nur im künstlerischen »Talent« verwirklicht wissen wollte. Solche Begabung fand im »Geist«, den Kant als »belebendes Prinzip im Gemüte« würdigte, einen Grund und zugleich eine schöpferische Instanz, die eine Welt zu erschaffen im Stande sein sollte, die als »Schönheit« verwirklichter »Ausdruck ästhetischer Ideen« ist. Diese durch das Werk der Schönheit konstituierte Welt folgt nicht mehr nur einer Regel, die zu erreichen sie nicht in der Lage ist, sondern sie ist »original« und »eröffnet« also eine »neue Regel« (Kant, Kritik der Urteilskraft § 49 B199: 207). Der Gedanke der »Kreativität« als des eigentlichen Wesens des »Geistes« ist somit das Bindeglied zwischen den »ästhetischen Ideen« Kants und den schöpferischen Prinzipien des Platonischen *Timaios*, den die Stiftler mit Begeisterung lasen.

Hölderlins Gedichte aus seiner Stiftszeit zeigen – »Wie du anfiengst, wirst du bleiben« (MA 1: 343) – schon den späteren Dichter, nur freilich nicht in den Inhalten und Formen, sondern vielmehr im Verständnis der Funktion und Situierung von Dichtung. Es gibt, neben allerlei Oden, die verschiedenen Menschheitshelden gewidmet sind, in der Hauptsache drei Abteilungen in diesem Oeuvre: ein paar Gedichte, die Liebesgedichte zu sein scheinen, einige dem Freundschaftsbund mit Christian Ludwig Neuffer und Rudolf Friedrich Heinrich Magenau sich verdankende Gesänge und schließlich, daraus sich entwickelnd, der Zyklus von Hymnen, der üblicherweise »Tübinger Hymnen« genannt wird, und den Wilhelm Dilthey »Hymnen an die Ideale der Menschheit« getauft hat.

Die »Lyda«-Gedichte haben wohl mit Elise LeBret zu tun, sind als Liebesgedichte so verunglückt wie die zunächst rasch sanktionierte, dann aber dem Schicksal langsamer Auszehrung nicht entkommende Beziehung zur Tochter des Tübinger Kanzlers Johann Friedrich LeBret. Sie begann wohl kurz nach Hölderlins Magisterprüfung im Herbst 1790. Anfang des Jahres 1792 war die Liaison so weit gediehen, dass die Familien Hölderlin und LeBret das Bedürfnis verspürten, sich gegenseitig kennenzulernen, was dann bereits ein Arrangement zu späterer Heirat einleitete. So konnte beiden Seiten gedient werden, dem Kanzler, der insgesamt drei Töchter unter die Haube zu bringen hatte, und der Familie Hölderlin, die damit Aussicht erhielt, in die oberste Etage württembergischer Ehrbarkeit einzuheiraten. Der institutionelle Rahmen des Verhältnisses tut sich folgerichtig auch im Gedicht kund, wenn es heißt: »Hingebannt bei lispelndem Gekose / Schwört die Liebe den Vermählungsbund« (MA 1: 103). Das »Gekose« blieb folgenlos und der »Vermählungsbund« wurde endgültig abgesagt, als Elise Anfang 1798 um die Rückgabe ihrer Briefe bat.

Einen anderen Bund war Hölderlin bereits im März 1790 eingegangen, als er mit den dichtenden Freunden Neuffer und Magenau sich zur Feier der sogenannten »Aldermannstage« zusammenfand. Nach dem Vorbild des Göttinger Hainbunds und Klopstockscher Freundschaftszeremonien trafen sich die Gleichgesinnten, um ihre Gedichte vorzutragen und zu besprechen. Sie wurden dann eingetragen in das »Bundesbuch«, das gewissermaßen ein Protokollbuch der Dichter-Republik darstellte, die im Anklang an bestimmte Institutionen konzipiert war, die für Klopstocks als »utopische Rekonstruktion der deutschen Nation« gedachte Gelehrtenrepublik konstitutiv gewesen waren (Valérie Lawitschka, in: Kreuzer: 29). Da wurden die »Helden der Vergangenheit« beschworen und die »deutsche Herzlichkeit« gerühmt. »Liebe«, »Freundschaft«, aber auch die Pietismus und Empfindsamkeit verbindende »Stille« waren Thema, Grund und Adressatinnen von Liedern und Gesängen.

Bald aber drängt es den jungen Dichter an eine größere Öffentlichkeit und im September 1791 erscheinen als Hölderlins erste veritable Publikation die Gedichte *Hymne an die Muse, Hymne an die Freiheit, Hymne an die Göttin der Harmonie* und *Meine Genesung /an Lyda* in Gotthold Stäudlins

Musenalmanach fürs Jahr 1792 (MA 1: 104–116). Mit diesen ersten drei Hymnen wird ein Zyklus von feierlichen Gesängen eröffnet, den man – nicht ganz zu Unrecht – als Hölderlins Antwort auf die Ereignisse der Französischen Revolution verstanden wissen wollte. Diese Apostrophierung wird aber nur dann den Gedichten gerecht, wenn man berücksichtigt, dass die erste Phase dieser Revolution noch fast ausschließlich mit einer symbolischen Integration der plötzlich zu Staatsbürgern gewordenen Untertanen beschäftigt war. Zu dieser Integration durch und über Symbole gehörten eben die französischen »Bundesfeste« zum 14. Juli, deren Begehung die Tübinger Studenten aufmerksam und mit staunender Begeisterung beobachteten. Der kollektive Charakter dieser ersten Feste wurde freilich bald abgelöst vom staatlich angeordneten »Kult« des »höchsten Wesens« oder der »Göttin der Vernunft«. Die Sammlung und Integration der Bürger unter die Konstitution wich den beginnenden Klassenkämpfen zwischen rivalisierenden Bevölkerungsgruppen und den sie repräsentierenden Parteien. Den Schein von Zusammenhalt wahrte eine Idee, die man »öffentliche Wohlfahrt« nannte, und deren Exekution der jakobinische »Wohlfahrtsausschuss« erzwang. Hölderlins Hymnen gehören jedoch in die erste, vorjakobinische Phase der Großen Revolution und sie konnten nur dort ihren imaginierten Ort finden. Mit dem Beginn der Jakobinerherrschaft war für sie kein Platz mehr. Ihr Versiegen rührt also nicht nur von einer Erschöpfung ihres stilistischen Musters her, sondern korrespondiert dem Wegfall ihres politisch-institutionellen Rahmens.

Daran zeigt sich, dass Hölderlins Dichtung von Anfang an und bis zuletzt nicht ohne einen »Sitz im Leben« auskommt, der ihren erhobenen Ton rechtfertigt. Ohne eine – und sei es auch nur eine imaginierte – Institution, die ihr einen Rahmen bietet, gibt es für Hölderlin keine Dichtung. Hölderlin dichtet nicht als selbstbewusstes und auf sich gestelltes Individuum für ein unbestimmtes anonymes Publikum, sondern er braucht einen Zusammenhang, der seinem Gesang Legitimation und Inspiration verleiht, und der eine Verbindung mit seinen Zuhörern stiftet, aus der eine Verbindlichkeit erwächst, die auch die anredende Paränese erlaubt. Dieser institutionelle Rahmen, den Hölderlins Dichtung erfordert, mag – je nach Lage der äußeren Verhältnisse – einmal religiös aufgefasst (das Stichwort »Gottesdienst« eignet sich der Dichter in der theoretischen Reflexion ja durchaus an, vgl. MA 2: 851), zu Zeiten jedoch auch eher politisch intendiert sein. Hölderlin spricht nicht die »Deutschen« an, weil er nun einmal ein deutsch schreibender Dichter ist, sondern er konstituiert durch diese Anrede überhaupt erst ein solches politisches Vaterland der Deutschen, das real-politisch ja gar nicht existiert. Dieses Angewiesensein seiner Dichtung auf den politischen oder religiösen Rahmen, der ihr Legitimation und Verbindlichkeit schafft, macht diese Dichtung freilich in extremer Weise missbrauchbar, und das wiederum in politischer wie auch in (pseudo-)religiöser Weise. Dass Hölderlin im Extremfall vom Nationalsozialismus, aber auch von vergleichsweise harmlosen Vertretern einer obskuren »Weltfrömmigkeit« oder Esoterik vor den Karren gespannt werden konnte, ist also kein Missgeschick, sondern eine Gefahr, die sein Verständnis von Dichtung, das nicht ohne legitimierende Instanz und nicht ohne kommuni(fi)zierende Verbindlichkeit auskommt, in sich trägt. Darum ist, wie er selbst einsieht, dichterische Sprache »der Güter gefährlichstes« (MA 1: 265). Aber dort, wo Gefahr ist, »wächst das Rettende auch« (MA 1: 447), so hofft er.

Werke und Werkausgaben

HÖLDERLIN, Friedrich:
- Sämtliche Werke und Briefe, hg. von Michael Knaupp, 3 Bde., München 1992f. [Münchner Ausgabe = MA].
- Sämtliche Werke, im Auftrag des Kultusministeriums Baden-Württemberg hg. von Friedrich Beißner und Adolf Beck, 8 Bde., Stuttgart 1943–1985 [Stuttgarter Ausgabe = StA].
- Sämtliche Werke »Frankfurter Ausgabe«, hg. von D. E. Sattler, 20 Bde., Frankfurt a. M. 1975–2008 [Frankfurter Ausgabe = FHA].

Weitere Literatur

FRANZ, Michael (Hg.): »... im Reiche des Wissens *cavalieremente*«? Hölderlins, Hegels und Schellings Philosophiestudium an der Universität Tübingen (Schriften der Hölderlin-Gesellschaft 23,2), Tübingen/Eggingen 2005.

FRANZ, Michael (Hg.): »... an der Galeere der Theologie«? Hölderlins, Hegels und Schellings Theologiestudium an der Universität Tübingen (Schriften der Hölderlin-Gesellschaft 23,3), Tübingen/Eggingen 2007.

HAYDEN-ROY, Priscilla: »Sparta et Martha«. Pfarramt und Heirat in der Lebensplanung Hölderlins und in seinem Umfeld (Tübinger Bausteine zur Landesgeschichte 17), Ostfildern 2011.

HEGEL, Georg Wilhelm Friedrich: Briefe von und an Hegel, hg. von Johannes Hoffmeister, Bd. 4,1: Dokumente und Materialien zur Biographie, hg. von Friedhelm Nicolin, Hamburg 1977.

KANT, Immanuel: Kritik der Urteilskraft, hg. von Heiner F. Klemme (Philosophische Bibliothek), Hamburg 2009.
KREUZER, Johann (Hg.): Hölderlin-Handbuch. Leben – Werk – Wirkung, 2. Aufl., Stuttgart 2011.
SCHWAB, Christoph Theodor: Hölderlins Leben. Nach der Ausgabe letzter Hand von 1874, München 2003.
TILLIETTE, Xavier (Hg.): Schelling im Spiegel seiner Zeitgenossen. Ergänzungsband: Melchior Meyr über Schelling, Turin 1981.

Michael Franz

Friedrich Wilhelm Joseph Schelling

* 27. Januar 1775
† 20. August 1854
Stiftseintritt: 1790

Der Stiftstipendiat Schelling soll verdächtigt worden sein, die Marseillaise aus dem Französischen übersetzt zu haben. Im Jahr 1793 war das keine Frage der philologischen Gelehrsamkeit, die Übertragung des revolutionären französischen Gedankenguts war eine Frage des politischen Aufbegehrens gegen die gottgesetzte herzoglich württembergische Obrigkeit. Die neuere Forschung stimmt zwar darin überein, dass Schelling nicht der Übersetzer der Marseillaise war, aber die bei Plitt überlieferte Darstellung der Szene, wie sich Schelling gegenüber Herzog Carl Eugen zu verantworten gehabt habe, ist dennoch lesenswert: »Der Herzog hatte die Uebersetzung der Marseillaise in der Hand und hielt sie Schelling hin mit den Worten: ›Da ist in Frankreich ein saubres Liedchen gedichtet worden, wird von den Marseiller Banditen gesungen, kennt Er es‹. Dabei fixierte er ihn scharf und lange Zeit. Schelling aber sah den Herzog aus seinen hellblauen [...] Augen ebenso unbeweglich an. Diese Unerschrockenheit gefiel dem Herzog so, daß er von weiteren Maßregeln abstand« und nach »eine[r] kleine[n] Strafrede« lediglich noch »fragte, ob ihm die Sache leid sey, worauf dieser geantwortet haben soll: ›Durchlaucht, wir fehlen alle mannigfaltig‹« (Plitt 1: 31 f.).

Unbestritten vorauszusetzen ist jedenfalls, dass Schelling Mitglied des sogenannten »Unsinnskollegium[s]« war, eines politischen Klubs, dessen Aktivitäten zur Folge hatten, dass der Initiator dieses Klubs, der Stiftler Christian Ludwig August Wetzel, als »democrata« gebrandmarkt aus dem Stift fliehen musste, um schlimmeren Strafen zu entgehen (Jacobs 1989: 33–38). Diese Zusammenhänge mögen ein Licht auf die politische Situation werfen, in der der hochbegabte, mit 15 Jahren sein Stiftstipendium und Studium antretende Schelling seine Tübinger Zeit zubrachte.

Der Vater, zur Zeit der Geburt Friedrich Wilhelm Josephs noch Diakon in Leonberg, war ein »im Ländchen durchaus angesehener Orientalist« und 1777 »Professor am Höheren Seminar des Klosters zu Bebenhausen« geworden (Frank 1985: 9). Als der Sohn im Alter von elf Jahren das gesamte Pensum seiner Nürtinger Lateinschule erarbeitet hatte, blieb dem Vater nichts anderes übrig, als den hochbegabten Jungen »auf den Bänken der Vorbereitungsschule« für den Eintritt ins Tübinger Stift »neben seinen siebzehn- und achtzehnjährigen Mitschülern zu betreuen« (Tilliette: 15). 1790 erhielt Schelling schließlich eine Ausnahmegenehmigung vonseiten des Konsistoriums und durfte, trotz des noch nicht erreichten vorgeschriebenen Mindesteintrittsalters von 18 Jahren, Stiftler und Student in Tübingen werden. Die ersten beiden seiner Studienjahre an der Universität waren wie üblich dem Philosophiestudium gewidmet. Nach dem Abschluss desselben durch die Magisterprüfung folgten drei Jahre des Studiums der Theologie.

Die Zeit im Stift muss für Schelling eine in mancher Hinsicht entbehrungsreiche Zeit gewesen sein. Das Stift war streng, im Grund klösterlich organisiert. Die herzoglichen Stipendiaten hatten im Stift zu wohnen, »eine Art geistliche Kleidung« zu tragen, vorgeschrieben war die Teilnahme am sonntäglichen Gottesdienst und an den Morgenandachten, »Ausgang und Studienzeiten waren genau festgelegt«, Wirtshausaufenthalte, Tanzen und Rauchen waren verboten, die Teilnahme an Vorlesungen, »Disputationen und Repetitionen« schließlich wurde von den Repetenten überwacht (Fuhrmans: 57 f.). Anlass zur Unzufriedenheit der Studenten bot aber insbesondere das intellektuell-geistige Klima, das in Tübingen herrschte. Während die Studenten Rousseau und die Dichter der Antike lasen und sich für die Kritiken des »›Alleszermalmers‹« Kant und dessen philosophische Neuerungen begeisterten (Frank 1985: 13), »[machten] die Tübinger Professoren«, zu nennen wären hier u. a. sicher Johann Friedrich Flatt und Gottlob Christian Storr, wie es Manfred Frank prägnant formuliert: »aus Kants Kritik ein theologisches Erbauungswerk und aus der Destruktion der Metaphysik eine Einführung in die theologische Dogmatik« (Frank 1985: 15). Der Mitherausgeber der Historisch-Kritischen Schelling-Ausgabe der Bayerischen Akademie der Wissenschaften Wilhelm Jacobs macht allerdings darauf aufmerksam, dass die Tübinger Situation nicht ganz so eingeschränkt gewesen sein kann. Denn der Stiftsephorus Christian Friedrich Schnurrer beispielsweise habe »die moderne«, i.e. historisch-kritisch ausgerichtete Exegese gelehrt und auch ansonsten seien Studienstandards

üblich gewesen, die die Tübinger Universität nicht gerade als »eine [...] ver-
trottelte [...] Universität« auswiesen (Jacobs 2004: 23). Für Schelling kam an
günstigen Umständen hinzu, dass er zumindest zeitweilig Stubenkamerad
Hegels und Hölderlins war. Eine besondere Inspiration aber stellte für ihn
ohne Zweifel die Begegnung mit Fichte dar, der im Juni 1793 und im Mai
1794 kurze Aufenthalte in Tübingen hatte. Fichtes *Versuch einer Kritik aller
Offenbarung* und *Über den Begriff der Wissenschaftslehre oder der sogenannten Philosophie* ließen in ihm »den Mann« erhoffen, »der kühn das
von Kant Begonnene weitertrug« (Fuhrmans: 66), und von diesem Impetus
wurde oder war auch Schelling ergriffen. Anfang Januar 1795 schrieb er an
seinen inzwischen als Hauslehrer in Bern weilenden Freund Hegel:
»Ich lebe und webe gegenwärtig in der Philosophie. Die Philosophie ist
noch nicht am Ende. Kant hat die Resultate gegeben: die Prämissen fehlen
noch. [...] Wir müssen noch weiter mit der Philosophie! – Kant hat Alles
weggeräumt« (Frank/Kurz: 119).

Während die ersten beiden Schriften Schellings aus seiner Zeit im Stift
auf historisch-kritische Weise der Wahrheitsfrage in Form von alttestamentlichen und antiken Mythen, Sagen und Philosophemen nachgingen
(1792: Magisterdissertation: *Antiquissimi de prima malorum humanorum
origine philosophematis Genes. III. explicandi tentamen criticum et philosophicum*; 1793: *Über Mythen, historische Sagen und Philosopheme der ältesten Welt*), folgten ab 1794 Schriften, die sich insbesondere mit der Fichteschen Weiterführung der Kantschen Philosophie auseinandersetzten
(1794: *Über die Möglichkeit einer Form der Philosophie überhaupt*; 1795:
*Vom Ich als Princip der Philosophie oder über das Unbedingte im mensch-
lichen Wissen*). Im Jahr 1795 entstanden zudem die theologische Examens-
dissertation *De Marcione Paullinarum epistolarum emendatore* sowie die
zwischen den beiden philosophischen Positionen Spinozas und Fichtes
vermittelnden *Philosophische[n] Briefe über Dogmatismus und Kritizismus*
(Tilliette: 560 f.).

Als von Kants grundlegender Unterscheidung zwischen Sinnenwelt und
intelligibler Welt sowie zwischen theoretischer und praktischer Vernunft
aufgegebenes bzw. aufgenommenes philosophisches Thema lässt sich in
diesen Titeln letzten Endes die grundlegende Frage nach der Einheit bzw.
nach dem einheitlichen, letzten oder höchsten Prinzip der Philosophie erkennen. In seiner Schrift *Vom Ich als Princip der Philosophie*, von der Xavier Tilliette urteilt, dass sie »Schellings wirklichen Eintritt in die philosophische Zunft [bedeutet]« (Tilliette: 30), gelangte Schelling zu einer solchen
Einheit, indem er die »Gleichstellung des Ichs und des Unbedingten unter

dem Vorzeichen des *hen kai pan«* zu fassen und auf diese Weise die beiden Positionen Spinozas und Fichtes miteinander zu verbinden vermochte (Tilliette: 33). Ein Ausschnitt aus einem Brief Schellings an Hegel vom 4. Februar 1795 mag diese Verbindung illustrieren: »Auch für uns sind die orthodoxen Begriffe von Gott nicht mehr [...]. – Meine Antwort ist: wir reichen weiter noch als zum persönlichen Wesen. Ich bin indessen Spinozist geworden! [...] Spinoza [...] war die Welt (das Objekt schlechthin im Gegensatz gegen das Subjekt) – Alles, mir ist es das Ich. Der eigentliche Unterschied der kritischen und der dogmatischen Philosophie scheint mir darin zu liegen, daß jene vom absoluten (noch durch kein Objekt bedingten) Ich, diese vom absolutem [sic!] Objekt oder Nicht-Ich ausgeht. Die letztere in ihrer höchsten Konsequenz führt auf Spinozas System, die erstere aufs Kantische. Vom Unbedingten muß die Philosophie ausgehen. Nun fragt sich's nur, worin dies Unbedingte liegt, im Ich oder im Nicht-Ich. Ist diese Frage entschieden, so ist Alles entschieden. [...] – Mir ist das höchste Prinzip aller Philosophie das reine, absolute Ich, d. h. das Ich, inwiefern es bloßes Ich, noch gar nicht durch Objekte bedingt, sondern durch Freiheit gesetzt ist. Das A und O aller Philosophie ist Freiheit« (Frank/Kurz: 126 f.).

Die konstitutive Bedeutung der Freiheit für Schellings Philosophie kommt in der Schrift *Vom Ich als Princip der Philosophie* beispielhaft im Kontext der Unterscheidung zwischen dem absoluten Ich – als dem Prinzip, »von dem alle Philosophie ausgieng«, »worauf alle Philosophie hinführt« und »in welchem Freiheit und Natur identisch sind« (AA I,2: 174) – und dem empirischen Ich zum Ausdruck: »Die Rede ist also hier nicht von der absoluten Freiheit des absoluten Ichs [...], denn diese realisirt sich schlechthin selbst, weil sie dieselbe Kausalität des Ichs ist, mittelst welcher es sich schlechthin als Ich sezt. Das Ich ist aber nur insofern Ich, als es durch sich selbst, d. h. durch *absolute* Kausalität gesezt ist. Also sezt das Ich, indem es sich selbst sezt, zugleich seine absolute, unbedingte Kausalität. Hingegen kann sich Freiheit des empirischen Ichs unmöglich selbst realisiren, denn das *empirische* Ich, als solches, existirt nicht durch sich selbst, durch eigne freie Kausalität. Auch könnte diese Freiheit des empirischen Ichs nicht, wie die des absoluten Ichs absolut seyn, denn durch diese wird schlechthin, und zwar blosse Realität des Ichs *gesezt*, durch die Kausalität jener aber *soll* erst die absolute Realität des Ichs *hervorgebracht* werden« (AA I,2: 166, Hervorhebungen im Original).

Schelling ist in Anspielung auf seine sich im Laufe der Zeit immer wieder verändernden philosophischen Entwürfe als Proteus der Philosophie bezeichnet worden – in Anlehnung an den griechischen Meeresgott, der seine Gestalt beliebig wechseln konnte, um sich der Inanspruchnahme seiner prophetischen Gabe zu entziehen. So lässt sich »Schellings früher Idealismus« (Kuhlmann) von seiner Natur- und Identitätsphilosophie unterscheiden und beides wiederum von seiner späten Philosophie der Mythologie sowie der Offenbarung, in der dem christlichen Element wieder eine konstitutive Bedeutung zukommt, – um nur einige markante Stationen des offensichtlich ständig im Fluss gebliebenen Schellingschen philosophischen Denkens zu nennen. Dennoch gibt es Themen oder Fragestellungen, die Schellings gesamtes Werk durchziehen. Eines dieser Themen ist die Freiheit. Daneben wäre auf die untrennbare Verbundenheit, das einander korrespondierende Verhältnis bzw. im Grunde das gegenseitige Durchdrungensein von Natur und Geist hinzuweisen. Beide Themen lassen Schellings bleibendes Anliegen der Weiterführung des Kantschen Ansatzes und der Bearbeitung der Unterscheidungen, die durch Kant in der Philosophie etabliert worden waren, erkennen. Für das Thema der Freiheit gilt dies, insofern Schelling deren konstitutive Bedeutung nicht nur für die praktische sondern auch für die theoretische Vernunft darzulegen vermochte, indem er der Freiheit, im Grund bereits in seiner Schrift *Vom Ich als Princip der Philosophie*, eine Sein- und Lebensschaffende Bedeutsamkeit zuschrieb.

Das Urteil der Nachfolgenden über Schelling fällt aufgrund der stetigen Veränderlichkeit und Unabgeschlossenheit seines philosophischen Denkens ambivalent aus. Einerseits wird von Schellings philosophischem Scheitern geredet, hier lassen sich denn auch problemlos die zahlreichen biographischen Brüche und aufgekündigten Freundschaften Schellings einfügen, die ihren Grund neben den Differenzen im philosophischen Denken sicher auch in dem nicht ganz einfachen Naturell Schellings gehabt haben dürften. Erinnert sei beispielsweise an den Bruch mit Fichte, später dann auch mit Hegel. Andererseits aber kann sowohl inhaltlich, u. a. in der konstitutiven Verbundenheit von Natur und Geist oder in den wesentliche Aspekte der späteren Anthropologie und Psychologie antizipierenden Überlegungen, als gerade auch in der nie abgeschlossenen diskursiven Bewegung des Schellingschen Denkens seine Aktualität und gegenwärtige Bedeutung erkannt werden. Dann trifft für Schellings gesamtes Werk zu, was in den Semestralzeugnissen des Tübinger Stifts in Bezug auf Schelling wiederholt zu lesen ist: *ingenius felix* (Fuhrmans: 77).

Werke und Werkausgaben

Angesichts der Fülle der Literatur werden hier lediglich die im Text genannten Schriften und Werke und die grundlegenden Werkausgaben sowie die im Text zitierten Titel der Sekundärliteratur genannt.

SCHELLING, Friedrich Wilhelm Joseph:
- Antiquissimi de prima malorum humanorum origine philosophematis Genes. III. explicandi tentamen criticum et philosophicum, Tübingen 1792.
- Über Mythen, historische Sagen und Philosopheme der ältesten Welt, [ohne Ort] 1793.
- Über die Möglichkeit einer Form der Philosophie überhaupt, Tübingen 1794 (1795 laut Titelblatt).
- Vom Ich als Princip der Philosophie oder über das Unbedingte im menschlichen Wissen, Tübingen 1795.
- De Marcione Paullinarum epistolarum emendatore, Tübingen 1795.
- Philosophische Briefe über Dogmatismus und Kritizismus, hg. von Otto Braun (Hauptwerke der Philosophie in originalgetreuen Neudrucken 3), Leipzig 1914.
- Historisch-kritische Ausgabe, im Auftrag der Schelling-Kommission der Bayerischen Akademie der Wissenschaften hg. von Hans Michael Baumgartner u. a., Reihe I: Werke, Stuttgart 1976 ff. [AA I].
- Schellings Werke, nach der Originalausgabe in neuer Anordnung hg. von Manfred Schröter, München 1927/1928.1943–1959 [SW].

Weitere Literatur

FICHTE, Johann Gottlieb: Versuch einer Kritik aller Offenbarung, Königsberg 1792.
FICHTE, Johann Gottlieb: Über den Begriff der Wissenschaftslehre oder der sogenannten Philosophie, Weimar 1794.
FRANK, Manfred/KURZ, Gerhard (Hgg.): Materialien zu Schellings philosophischen Anfängen (Suhrkamp-Taschenbuch Wissenschaft 139), Frankfurt a. M. 1975.
FRANK, Manfred: Eine Einführung in Schellings Philosophie (Suhrkamp-Taschenbuch Wissenschaft 520), Frankfurt a. M. 1985.
FUHRMANS, Horst: Schelling im Tübinger Stift. Herbst 1790 – Herbst 1795, in: Frank, Manfred/Kurz, Gerhard (Hgg.): Materialien zu Schellings philosophischen Anfängen (Suhrkamp-Taschenbuch Wissenschaft 139), Frankfurt a. M. 1975, 53–87.
JACOBS, Wilhelm G.: Zwischen Revolution und Orthodoxie? Schelling und seine Freunde im Stift und an der Universität Tübingen. Texte und Untersuchungen

(Spekulation und Erfahrung. Texte und Untersuchungen zum deutschen Idealismus Abt. 2,12), Stuttgart 1989.

JACOBS, Wilhelm G.: Schelling lesen (Legenda 3), Stuttgart 2004.

KUHLMANN, Hartmut: Schellings früher Idealismus. Ein kritischer Versuch, Stuttgart/Weimar 1993.

PLITT, Gustav Leopold (Hg.): Aus Schellings Leben. In Briefen, Bd. 1: 1775–1803, Leipzig 1869 (Nachdruck Hildesheim 2003).

TILLIETTE, Xavier: Schelling Biographie, aus dem Französischen v. Susanne Schaper, Stuttgart 2004 (Orig.-Ausg. Paris 1999).

Dorothee Godel

Christoph Friedrich Schmidlin

* 25. August 1780
† 28. Dezember 1830
Stiftseintritt: 1796

»Württemberg hat im 19. Jahrhundert keinen verdienteren, mehr geliebten Staatsmann gehabt, als den bei seinem frühen Heimgang tief betrauerten Minister des Innern, zugleich des Kirchen- und Schulwesens, Friedrich Schmidlin.« Mit diesen Worten beginnt die Darstellung des Lebens von Christoph Friedrich Schmidlin in der *Allgemeinen Deutschen Biographie* (Hartmann: 86). Ein Stiftler als Innenminister? Das erregt den Verdacht, dass es bei diesem Mann, der, als er starb, offensichtlich hoch geachtet gewesen sein muss, irgendwo einen Bruch in der Lebensgeschichte gab, der ihn den vorgezeichneten Weg in den Dienst der württembergischen Landeskirche verlassen und einen anderen einschlagen ließ. Und in der Tat gibt es diesen Bruch – einen Eklat während seiner Stiftszeit, der ihn so empörte, dass sein Vater, Johann Christoph Schmidlin – ebenfalls Stiftler, später Professor für Geschichte und Geographie am Gymnasium illustre in Stuttgart und seit 1796 dessen Rektor – im Einvernehmen mit seinem Sohn dessen Entlassung aus dem Stift beantragte, was auch gewährt wurde.

Christoph Friedrich Schmidlin wurde am 25. August 1780 in Stuttgart geboren. Die Schmidlins gehörten zum Kreis der Familien, welche die tragende Bürgerschicht des Landes bildeten, die sogenannte württembergische Ehrbarkeit. Sein Großvater, Johann Christoph Schmidlin, der gemeinsam mit Oetinger Repetent am Stift gewesen war, war als Prälat von Alpirsbach Mitglied im Konsistorium. Auch Schmidlins Mutter, Johanna Friederike Hoffmann kam aus einer Familie der Ehrbarkeit, ebenso Schmidlins eigene Frau, Caroline Auguste Friederike, geborene Enslin. Bis zum 10. Lebensjahr erhielt Christoph Friedrich zu Hause Unterricht, dann besuchte er das Gymnasium illustre, das er mit knapp 16 Jahren abschloss, um im Herbst 1796 das Studium in Tübingen zu beginnen. Dass er Theologie studierte, scheint ein Wunsch der Mutter gewesen zu sein, außerdem natürlich bereits Tradition in der Geschichte seiner Familie.

Sein Eintritt ins Stift fiel in eine bewegte Zeit. Die Nachwirkungen der französischen Revolution waren noch zu spüren, wobei die allgemeine Befürwortung der Revolution ins Gegenteil umschlug, als die Franzosen militärisch aktiv wurden. Ihr Einmarsch in Tübingen im Juli 1796 scheint allerdings für das Stiftsleben keine Beeinträchtigung gebracht zu haben (Leube: 120). Es war die Zeit des Ephorus Schnurrer, der es den Stiftlern ermöglichte, sich mit den damals modernen Ansichten der Neologen und der zeitgenössischen Philosophie zu beschäftigen, zudem wurde seit 1792 daran gearbeitet, das Gebäude durch entsprechende Baumaßnahmen im Sinne des Klassizismus zu verändern, seit 1793 waren neue Statuten in Kraft – es gab also eine vorsichtige Modernisierung auf allen Ebenen. Doch die gewonnene Freiheit muss einigen Stiftlern zu Kopfe gestiegen sein, jedenfalls wird ihnen etwa Mitte der 1790er Jahre Irreligiosität und Sittenlosigkeit vorgeworfen, und es muss zu einigen Auseinandersetzungen zwischen Stiftlern und Repetenten gekommen sein, bei denen den Studenten vorgehalten wurde, sie würden nicht gewissenhaft studieren (Leube: 121.124). Besonders Repetent Vischer, der Vater von Friedrich Theodor Vischer, war wenig beliebt. Im Januar 1798 kam es zum bereits angedeuteten Vorfall, der sich zu einem Eklat auswuchs. Er wurde ausführlich in den Memorabilien des Repetentenkollegiums festgehalten und wird bei Leube direkt zitiert.

Einige namentlich nicht genannte Stipendiaten hatten sich gegenüber ihren Bedienten ungebührlich verhalten, weshalb diese sich bei Repetent Vischer beklagten, weil Entsprechendes schon mehrmals vorgekommen sein muss. Der Repetent teilte die Sache dem Inspektorat mit, in der Hoffnung, dass die Stipendiaten eine härtere Strafe bekommen würden, als er sie allein hätte aussprechen können. Davon bekamen diese wiederum Wind und veranlassten in einer gemeinsamen Aktion die fünf Besten der Promotionen als ihre Sprecher, beim Mittagessen mit dem Repetent zu sprechen. Sie vertraten die Ansicht, der Repetent hätte die Sache intern regeln müssen und nicht an das Inspektorat melden dürfen. Schmidlin war einer der fünf, obwohl er selbst nur zweiter seiner Promotion war, er vertrat den abwesenden Ersten. Der Repetent wurde also vor versammelter Mannschaft zur Rede gestellt und beklagte sich selbst wiederum beim Ephorus. Die Sache wurde dem Konsistorium mitgeteilt. Die fünf Sprecher bemühten sich um eine Unterschriftenliste, durch die sie belegen konnten, dass sie im Sinne und Auftrag aller gehandelt hatten. Die Reaktion des Konsistoriums fiel äußerst moderat aus, wahrscheinlich war man überrascht gewesen, mit einer derartigen Kleinigkeit überhaupt befasst zu werden – den Fünfen sollte einige Tage lang der Tischwein entzogen werden. Dieser Erfolg scheint nun wiederum den Stiftlern in den Kopf gestiegen zu sein, jedenfalls veranstalteten sie ein großes Besäufnis und schlugen gewaltig über die Stränge. Als dies erneut dem Konsistorium mitgeteilt war, wurde als Strafe die Streichung der Osterferien angekündigt. Nun war jedoch das Problem, dass das Saufgelage solches Aufsehen erregt hatte, dass die Sache bis zum Herzog gedrungen war und sich Gerüchte über einen politischen Hintergrund des Aufruhrs verbreitet hatten. Ephorus Schnurrer wehrte sich vergeblich dagegen, dass jetzt eine genaue Untersuchung angestrengt wurde, um die Anführer der ganzen Geschichte herauszufinden. Die Solidarität unter den Stipendiaten war so groß, dass diese nicht benannt wurden, auch nicht auf die Drohung hin, dass dann, wenn niemand benannt würde, die fünf Sprecher bestraft würden.

An einem Sonntag nach Ostern wurde die Strafe eröffnet: Rückversetzung um eine Promotion, also um ein Jahr im Studium! Der Bericht in den Memorabilien endet mit dem Satz:»Man kann sich nicht enthalten, diese Erzählung mit der Bemerkung zu schließen, daß entweder das Inspektorat durch eine angemessene Bestrafung der dem Rep. Vischer widerfahrenen Beleidigung oder auch das Konsistorium alle weiteren Folgen hätte verhüten können!« (Memorabilien: 270 f., AEvST: R 1, 10,1). Dem kann man sich nur anschließen.

Wie schon erwähnt: Vater Schmidlin beantragte die Entlassung seines Sohnes. Damit verlor die Kirche einen Studenten, dem in seinen Zeugnissen leichte Fassungskraft, ein glückliches Gedächtnis und gebildete Urteilskraft bescheinigt worden war, dazu anhaltender und zweckmäßiger Fleiß und gefällige Sitten – einmal abgesehen von einer Bemerkung in seinem letzten Stiftssemester, dass er»eine zu große Einbildung von seinem Werte« verrate, was vielleicht als indirekter Hinweis auf die Übernahme der Sprecherfunktion gedeutet werden könnte (Promotionsakte, AEvST: E 1, 293,4). Dafür sollte der Staat einen wichtigen Beamten gewinnen. Christoph Friedrich Schmidlin wandte sich den Rechtswissenschaften zu und schloss im Herbst 1801 sein Jurastudium mit einem vorzüglichen Zeugnis ab.

Schmidlin übernahm zunächst die Stelle eines Hofmeisters im Hause Metzler in Stuttgart, wo er seine spätere Frau, Caroline Enslin, kennen lernte. In der von seinem Sohn verfassten Biographie heißt es dann, er sei »ohne sein Zuthun« im Herbst 1802 auf die Liste der Hofcommissarien gesetzt worden, Verwaltungsbeamten, deren Aufgabe es war, die Umsetzung des Reichsdeputationshauptschlusses voranzubringen, also neu erworbene Landesteile in das Herzogtum einzugliedern. Schmidlin wurde nach Weil der Stadt geschickt und bald darauf, im Februar 1803, zum Oberamtmann im säkularisierten Kloster Schöntal ernannt, wo er sieben Jahre lang wirkte. Seine Aufgaben waren die Einführung und Anwendung der württembergischen Gesetze, der Aufbau der Verwaltung und die Einbindung des Oberamtsbezirks in die staatlichen Strukturen. Während dieser Zeit wuchs seine Familie. Sechs der insgesamt zehn Kinder, von denen allerdings eines sehr früh starb, wurden in Schöntal geboren. Die Überschaubarkeit des Bezirks ermöglichte es Schmidlin, sich gründlich in die Materie einzuarbeiten. Er muss ein sehr gewissenhafter und genauer Mensch gewesen sein, wodurch er sich nicht nur das Vertrauen seiner Untergebenen, sondern auch seiner nächsten Vorgesetzten erwarb.

Die Gunst seines obersten Herrn, Herzog Friedrich bzw. seit 1806 König Friedrich I. von Württemberg, der als launisch und cholerisch bekannt war, ließ dagegen etwas auf sich warten. So konnte er erst 1810 eine neue Stelle in Freudenstadt antreten, bekam dann aber 1814 die mit einem höheren Gehalt verbundene Leitung des Oberamts Urach übertragen. Zur sorglosen Ernährung seiner großen Familie scheint das Gehalt allerdings nicht ausgereicht zu haben, zumal es um die Gesundheit von Caroline Schmidlin nach 10 Geburten nicht mehr gut bestellt war. Von daher kam es Schmidlin sehr gelegen, dass er nach und nach immer mehr mit der Stuttgarter Zentrale in Kontakt kam und in Regierungsgeschäfte eingebunden wurde.

Maßgeblich dafür war zum einen sicher, dass mit dem Amtsantritt Wilhelms I. nach dem Tode Friedrichs ein Mann König wurde, der von Anfang an die Fähigkeiten Christoph Friedrich Schmidlins erkannt und geschätzt haben muss, sicher mit vermittelt durch Paul Friedrich Theodor Eugen Freiherr von Maucler (1783–1859), dem späteren Justizminister, der den König beriet und Schmidlin unterstützte, obwohl er dessen liberale Ideen nicht teilte. In einem Brief Schmidlins an Maucler, den er kurz vor seinem Tod vom Krankenbett aus schrieb, heißt es, dass er ihm »so einzig und gern, was die Welt seine Carriere nenne«, verdanke (Schmidlin: 125). Maßgeblich war zum anderen, dass Wilhelm I. die lange anstehende Aufgabe der Erarbeitung einer neuen Verfassung konsequent anging. Im Februar 1818 wurde Schmidlin, der im März 1817 zum Oberregierungsrat bei der Sektion der inneren Administration in Stuttgart ernannt worden war, zu einem Gutachten über den ersten Entwurf der Neuordnung der staatlichen Verwaltung aufgefordert. Die darin enthaltene Idee der Trennung von Justiz und Verwaltung war etwas, was Schmidlin selbst schon lange beschäftigt hatte. Sein Gutachten muss überzeugt haben, denn er wurde in die Kommission berufen, die bis Ende 1818 eine neue Verwaltungsordnung zu erstellen hatte, und nahm darin eine Schlüsselrolle ein. Mittlerweile war die Familie Anfang November 1818 nach Stuttgart umgezogen. Im Juni 1819 trat in Ludwigsburg die konstituierende Versammlung der Landstände zusammen, die über die neue Verfassung beschließen sollte. Schmidlin wurde zu einem der vier Kommissäre ernannt, die als Vertreter der Regierung in die Verhandlungen geschickt wurden. Die Zeit drängte, denn die allgemeine politische Entwicklung im Deutschen Bund ging in eine restaurative Richtung, in der alle liberalen Elemente unterdrückt wurden. Am 23. September 1819 beschloss die Ständeversammlung die neue Verfassung, der auch der König zustimmte – Württemberg wurde zur konstitutionellen Monarchie.

Nun ging es darum, die Verwaltungsreform weiter voranzubringen und gegenüber dem Landtag zu verteidigen. Wilhelm I. bestimmte Schmidlin für die Verhandlungen im Landtag und ernannte ihn zu diesem Zweck Ende 1820 zum außerordentlichen Mitglied im Geheimen Rat, den es seit 1817 wieder als Regierungsbehörde gab. Obwohl Schmidlin noch während der Vorbereitung auf die Verhandlungen schwer erkrankte, scheint er diese schwierige Aufgabe überzeugend gemeistert zu haben – sein Sohn schreibt, in den zwanziger Jahren habe es niemandem gegeben, der es ihm im Blick auf die Redekunst gleich getan hätte (Schmidlin: 39). Schmidlin muss also ein begabter Redner gewesen sein. Der weitere Erfolg blieb deshalb nicht aus: Schmidlin wurde im April 1821 zum Staatsrat ernannt, und es wurde ihm eröffnet, der König beabsichtige, ihn an die Spitze der Innenverwaltung zu stellen. Als er abwehrte, weil er sich dieser Aufgabe nicht gewachsen fühlte, wurde er erst einmal zusammen mit seiner Frau auf eine Erholungsreise geschickt – und dann wurde ihm am 29. Juli 1821 eben doch die Leitung des Departements des Innern sowie des Kirchen- und Schulwesens übertragen – wenn auch nur »provisorisch« – samt freier Wohnung und einem Gehalt von 3600 Gulden im Jahr (Mildenberger: 69). Leicht scheint sich Schmidlin die Entscheidung, die Herausforderung anzunehmen, nicht gemacht zu haben, aber durch seine ständigen Geldsorgen im Blick auf die Ernährung und Ausbildung seiner Kinder war es letztlich nötig. Was ihm half, war eine Begebenheit, die er selbst im Nachhinein als Schlüsselerlebnis ansah und an die er sich auch später immer wieder erinnerte: bei der Lektüre einer Stelle aus Schillers *Wilhelm Tell*, dem Schwur auf dem Rütli, sei es ihm wie ein Blitz durch die Seele gefahren, und er habe erkannt »dass nur die moralische Kraft eines redlichen Willens zu ersetzen vermöge, was an geistiger Kraft, an Talent und Kunst ihm gebreche« (Schmidlin: 42 f.).

Die hohe Arbeitsbelastung des Vaters war für die ganze Familie eine harte Herausforderung – die Hauptlast bei der Erziehung der Kinder lag bei der Caroline Schmidlin, obwohl diese bleibend gesundheitlich angeschlagen war, dazu kamen Verpflichtungen, die die Stellung ihres Mannes mit sich brachten. Da ist es schön zu lesen, dass sich das Ehepaar wohl dauerhaft in Liebe zugetan war (u. a. Schmidlin: 28–30).

Ein bei Mildenberger aufgeführtes Zitat aus dem Nachruf für Schmidlin im Schwäbischen Merkur vom 15. und 16. Januar 1831 gibt einen – natürlich vermutlich idealisierenden – Eindruck von Schmidlins Art zu arbeiten: »Er gab sich [...] den viel umfassenden Geschäften seines Berufs ganz hin [...]. Gediegen, kräftig und bieder, wie in seinem Privatleben, war er auch in seinem öffentlichen Dienst. Mit entschiedener Abneigung gegen Lügen und Ränke war er zurückhaltend und verschwiegen in Sachen, die das Amt betrafen, aber zugänglich und mittheilend außer demselben. Er hörte jeden, der sich ihm näherte, freundlich an, und es war ihm eine sichtbare Freude, einen Wunsch zu gewähren, wenn es mit dem Recht und der Pflicht vereinbar war. Die vielen Besuche, welche seine Stellung nach sich zog, machten ihn nicht ungeduldig, er ersezte die verlorene Zeit durch Arbeiten bei Nacht« (Mildenberger: 71).

Schmidlin kam mit seinen reformerischen Ideen an, sicher ermutigt durch das persönliche Vertrauen des Königs. Im September 1824 wurde er zum »Wirklichen Geheimenrath« ernannt, seine Besoldung deutlich aufgestockt. Zu den wichtigen Neuerungen seiner Amtszeit gehörte der Erlass einer neuen Gewerbeordnung, die den Zunftzwang aufhob und die Gewerbefreiheit einführte. Wichtig war zudem die einheitliche Regelung des katholischen Kirchenwesens, mit dem schon Friedrich I. begonnen hatte und das schließlich mit einer Verordnung 1830 über das Verhältnis des Staates zur Kirche zum Abschluss kam. Auch bei der Revision der zentralen Staatsverwaltung gelang es Schmidlin, mit seinem Konzept zu überzeugen. Nicht durchsetzen konnte er sich dagegen mit seinen liberalen Vorstellungen bei der Frage einer neuen Verfassung der Landesuniversität Tübingen, was ihn insofern gekränkt haben muss, als er die Art der Verhandlungen in diesem Fall als entwürdigend empfand (Schmidlin: 100).

Am 1. Juli 1827 wurde Schmidlin vollends und endgültig zum Innenminister ernannt – für ihn war das nach wie vor eine durchaus zweifelhafte Ehre, war er doch weiterhin ständig in Geldsorgen und musste jetzt die Beletage seiner Dienstwohnung so ausstatten, dass er dort auch Besucher empfangen konnte.

Anfang 1830 erkrankte Schmidlin wieder, diesmal so schwer, dass er sich nicht mehr erholte. Auf den Sommer hin besserte sich sein Zustand zwar etwas und noch im September hoffte er, wieder zu genesen. Der König brauchte ihn, wollte die Auswirkungen der französischen Julirevolution auf das Land mit ihm besprechen, Schmidlin bemühte sich nach Kräften dem nachzukommen. Anfang November verschlechterte sich sein Zustand jedoch rapide.

Am 28. Dezember 1830 starb Christoph Friedrich Schmidlin im Alter von 50 Jahren, vermutlich an einem Magengeschwür. In den Wochen davor hatte er sich – mit der Gründlichkeit, die ihm zu eigen war – aufs Sterben vorbereitet, sorgte für Frau und Kinder, schloss seine autobiographischen Notizen ab, die später seinem Sohn als Grundlage seiner Biographie dienten, und verfügte die Öffnung seiner Leiche »wenn dies etwa einem Leidensbruder zum Besten dienen könne« (Schmidlin: 123).

Der Nachruf auf ihn endet mit den Sätzen: »Mit der Ruhe eines guten Gewissens blickte er [...] zurück, nur das bedauernd, daß ihm nicht die Zeit geblieben war, Manches noch tiefer zu durchschauen und das reiflich Überlegte zur Ausführung zu bringen [...]. Auf dem hohen Posten, auf welchem er stand, dürfte es schwer, wo nicht unmöglich seyn, jeglichem Tadel zu entgehen. Ihn tröstete sterbend das Bewußtseyn, das Gute wenigstens redlich gewollt zu haben. Er ist rühmlich abgetreten [...]. Von seiner wissenschaftlichen Tüchtigkeit hat er keine Proben hinterlassen. Aber die Annalen Württembergs bewahren so viele Denkmale seiner tiefen Einsicht und seines wahrhaften Patriotismus, daß sein Name in der vaterländischen Geschichte nicht untergehen wird« (Mildenberger: 81).

Was wäre wohl aus Schmidlin geworden, wäre er damals im Stift geblieben?

Archivalien

Promotion Haas 1796–1800, AEvST: E 1, 293,4.
Memorabilien 1767–1804, 263–271, AEvST: R 1, 10,1.
SCHMIDLIN, Julius: Christoph Friedrich Schmidlin. Geschrieben von einem seiner Söhne. 1854–1860, WLB Stuttgart: Cod. Hist. Fol. 816.

Weitere Literatur

Hartmann, Julius: Art. Schmidlin, Christoph Friedrich, ADB 54 (1908), 86–89 (Neudruck Berlin 1971).

Leube, Martin: Das Tübinger Stift 1770–1950. Geschichte des Tübinger Stifts, Stuttgart 1954.

Mildenberger, Michael: Geschichte der Familie Mildenberger/Traub, Teil 3: Die Familie Schmidlin (unveröffentlicht, privates Familienarchiv).

Juliane Baur

Gustav Schwab

* 19. Juni 1792
† 4. November 1850
Stiftseintritt: 1809

Die Lektüre von Gustav Schwabs *Schönsten Sagen des klassischen Altertums* gehört für viele zu den unvergesslichen Erlebnissen ihrer Kindheit und Jugend. Dies liegt zum einen an der gut lesbaren Gestalt, die Schwab seinem Werk zu geben verstand. Vielleicht hat es auch deshalb immer wieder Leser aller Generationen gefunden. Doch hinzu kommt ein wichtiges Verdienst, das jeder anerkennen wird, der sich mit der antiken Mythenüberlieferung und ihren zum Teil stark voneinander abweichenden Varianten beschäftigt hat: Schwab besitzt die Gabe der Vereinfachung. Seine Darstellung der antiken Mythologie bietet aus einer Hand Zugang zu einer Welt, in der es vor illustren Namen nur so wimmelt und in der – Merkmal der griechisch-römischen Mythologie – im wesentlichen alle Helden, Götter und Halbgötter miteinander verwandt oder doch zumindest bekannt sind. Ganz ähnlich verhält es sich bei Gustav Schwab selbst. Mit vielen der literarischen, der geistigen Heroen seiner Zeit ist er auf wundersame Weise befreundet, in Kontakt oder sogar verwandt. Goethe, Uhland, Adelbert von Chamisso, E. T. A Hoffmann, Friedrich Schleiermacher, Clemens Brentano, die Gebrüder Grimm, ja sogar James Fenimore Cooper: Sie alle und viele weitere sind Teil der Biographie Gustav Schwabs, die sich deshalb wie ein »Who is who« der ersten Hälfte des 19. Jahrhunderts lesen lässt. Sein an Briefen reicher Nachlass, der z. T. in der Universitätsbibliothek in Tübingen liegt, legt von der Vielseitigkeit seiner Bekannt- und Freundschaften Zeugnis ab. Neben seiner familiären Herkunft aus gutem Stuttgarter Hause wird Schwabs Zeit im Tübinger Stift als ein wesentlicher Faktor für das

Zustandekommen dieses Beziehungsgeflechts anzusehen sein: Schwab pflegte den Kontakt zu anderen Stiftlern, sei es seines Jahrgangs, sei es anderer Jahrgänge, ein Leben lang. Doch nicht nur Schwabs Bekanntenkreis, auch sein eigenes Wirken ist in einem Maße reich und vielseitig, dass man – auch wenn der Begriff in letzter Zeit etwas inflationär verwendet wird – mit Recht von einem echten Jahrhundertleben sprechen kann (auch wenn dieses nur gut ein halbes dauern sollte). Schwab war Dichter, Lehrer, Herausgeber (unter anderem des *Deutschen Musenalmanachs*), leidenschaftlich gern auf Reisen, Förderer von Talenten, Pfarrer und schließlich Oberaufseher des württembergischen Gymnasialwesens. Und dies alles in politisch bewegten Zeiten, die – in seiner Jugend – das Ende des Heiligen Römischen Reiches Deutscher Nation, die Zeiten Napoleons und der damit einhergehenden Kriege (in ihrer besonderen Bedeutung gerade für Württemberg) und die Ereignisse, die sich mit dem Jahr 1848 verbinden, umfassen.

Geboren wird Gustav Benjamin Schwab als sechstes von sieben Kindern am 19. Juni 1792 in Stuttgart in der heutigen Königstraße, die damals noch am Graben hieß, Nr. 39/41. Sein Vater ist der Carlsschulprofessor Johann Christoph Schwab (1743–1821), der zugleich auch philosophischer Schriftsteller und Geheimer Hofrat ist. Seine Mutter, Friederike Schwab (1758–1831), ist eine geborene Rapp und stammt damit aus einer der angesehensten und wohlhabendsten Stuttgarter Kaufmannsfamilien. Ihr Bruder, d. h. Schwabs Onkel, Gottlob Heinrich Rapp (1761–1832), führte nicht nur das Familienunternehmen und wurde später Geheimer Hofrat und Hofbankdirektor, sondern war selbst ein Freund der Künste (er malte selbst) und u. a. gut mit Goethe und Schiller sowie – über dessen Tod hinaus – mit dessen Familie befreundet. Ein weiterer Onkel Schwabs, der Mann der jüngeren Schwester seiner Mutter, war Johann Heinrich Dannecker (1758–1841), der – selbst ein Schulfreund Schillers – als Bildhauer für verschiedene württembergische Herrscher tätig war. Er schuf u. a. das seinerzeit aufsehenerregende Skulpturen-Ensemble einer Wasser- und Wiesennymphe für den Stuttgarter Hofgarten, von dem sich bis heute Kopien im Eingangsbereich der Tübinger Kunsthalle sowie am Anlagensee finden. Mit solch familiärem Hintergrund gesegnet besuchte Schwab das Obere Gymnasium in Stuttgart (das heutige Eberhard-Ludwigs-Gymnasium), um anschließend von 1809–1814 in Tübingen als Stipendiat des Tübinger Stifts zu studieren. In den Akten im Stiftsarchiv findet sich eine handschriftliche Zusammenfassung vom 16. Oktober 1809, in der der Stuttgarter *Rector Gymnasii* die Noten der ans Tübinger Stift abgegangenen Absolventen festhält.

Für Schwab ist neben der Angabe des Geburtsdatums (der genaue Tag wird in verschiedenen Zeugnissen unterschiedlich angegeben), der Nennung des Vaters und seines Berufs (»Geheimer Hofrath«) festgehalten, dass er für »Gaben«, »Fleiß«, »Sitten«, »Handschrift«, »Latein«, »Griechisch«, »Physik« und »Philosophie« ein »recht gut« (d. h. die württembergische Bestnote) erhielt, für »Hebräisch«, »Italienisch«, »Geschichte« und »Religion« ein »gut« (wohl die drittbeste Note). In »Französisch« und »Englisch« wurden offensichtlich keine Noten vergeben oder es hatte gar kein Unterricht stattgefunden. Als Jahrgangskamerad wird Johann Ernst Osiander genannt, der zusammen mit Schwab von Stuttgart nach Tübingen wechselte.

Im Stift änderten sich mit Aufnahme der (klassisch) philologischen und theologischen Studien natürlich die bewerteten Fächer, nicht aber die sogenannten Kopfnoten, die auch im Studium weiterhin vergeben wurden. Der junge Schwab dürfte ein eher ruhiger Student gewesen sein, auch wenn er mehrfach das Verbot der *vigilatio* übertrat (d. h. nachts außer Haus war) und des Öfteren mit Karzerhaft bestraft wurde (allerdings nicht in einem über das übliche Maß hinausgehenden Umfang). Die Vergehen der Stiftsbewohner wurden bekanntlich penibel aufgezeichnet und umfassten alle möglichen Delikte vom Fernbleiben des Gottesdienstes oder des Gebets über unangemessene Kleidung bis zu verspätetem Eintreffen im Stift oder eben gänzlichem Fernbleiben über Nacht. In Schwabs Zeugnissen heißt es mit schöner Regelmäßigkeit, seine Sitten seien »gut, den Klostergesetzen [d. h. denen des Stifts] angemessen«, z. T. auch »sehr angemessen«. Gegen Vorgesetzte benehme er sich höflich, gegen Kommilitonen verträglich.

Nach Abschluss seiner Studien 1814 (zu seinen Lehrern hatten u. a. Karl Philipp Conz in den alten Sprachen und Ernst Gottlieb Bengel, ein Enkel Johann Albrecht Bengels, im Bereich der Theologie gehört) und seinem Vikariat in Bernhausen unternimmt Schwab 1815 eine ausgedehnte Reise nach Norddeutschland, die ihn u. a. nach Weimar (zu Goethe und der Witwe Schillers), Naumburg, Leipzig, Meißen, Dresden und schließlich Berlin führt, wo er sich mehrere Monate aufhält, u. a. Schleiermacher hört und verschiedene Bekanntschaften macht, etwa mit E. T. A. Hoffmann, Adelbert von Chamisso, Clemens Brentano, Friedrich Karl von Savigny und Ludwig Jahn, dem »Turnvater«. In Berlin verhandelt er auch erfolgreich mit der Nicolai'schen Buchhandlung über eine Publikation seines Vaters, der dies seinem Sohn wohl zu danken weiß: »Es ist mir sehr lieb, daß Du noch so lange in Berlin bleibst, bis der Druck meines Werks vollendet seyn wird, nicht nur wegen der Correctur, sondern auch weil die vielen Einschiebsel, und das Einrücken des Riesenplans leicht Verwirrung verursachen könnten

[...].« Die Reise führt den jungen Schwab weiter nach Hamburg, Bremen und Göttingen, von wo aus Schwab zu Fuß, wie er an seinen Vater schreibt, nach Frankfurt gehen will. In Kassel verbringt er einige Tage bei Jacob und Wilhelm Grimm. Diese erste größere Reise bildet den Auftakt zu zahlreichen weiteren, die ihn u. a. nach Heidelberg zu Johann Heinrich Voß (1818), mit Prinz Friedrich von Württemberg ins Berner Oberland (1824), an den Bodensee (1825 u. ö.), nach Paris (1827), wo er James Fenimore Cooper, den Autor von *Der letzte Mohikaner*, sowie Alexander von Humboldt trifft, nach Würzburg (1830), nach Stockholm, Göteborg und Kopenhagen (1841), nach Italien (1844), nach Wien, Regensburg, Preßburg, Prag, Dresden und Leipzig (1845), nach Basel und Straßburg (1847) sowie nach Frankfurt (1848) führen. Schwab verfasste ein Reisebuch mit Wanderoptionen über *Die Neckarseite der Schwäbischen Alb* (1823) sowie Abhandlungen über die Bodenseelandschaft (1827) oder über *Die Schweiz in ihren Ritterburgen und Bergschlössern* (1828–1839).

Seine Rückkehr nach Tübingen im Herbst 1815 steht vermerkt in den »Memorabilien« des Stifts, in denen bedeutende Ereignisse, zumeist von den Repetenten, festgehalten wurden. Im Falle von Schwabs »Rückkehr ins Vaterland« (d. h. Württemberg) erfolgt der Eintrag deshalb, weil Schwab nun zum Kollegen geworden ist. Es heißt: »Collega Schwab tritt ein. Am Ende Oktobers kam Schwab von seiner literarischen Reise in das Vaterland zurück, trat am 2. November als College hier ein und machte so die heiligen Sieben wieder voll.« Schwab wird also siebenter Repetent, eine Zahl, die in den darauffolgenden Monaten, u. a. durch den Eintritt seines Freundes seit Schultagen Ernst Osiander, bis auf zehn erhöht wird. Schwab bleibt Repetent bis 1817, als er eine Stelle als »ord. Professor der alten Litteratur und Alterthümer am obern Gymnasium zu Stuttgart« antritt. Dieser Schritt stellt nicht nur einen (wie aus Briefen ersichtlich) während des Studiums eigentlich nicht vorgesehenen Eintritt in die Schullaufbahn dar, sondern ermöglicht Schwab auch die Hochzeit (1818) mit Sophie Gmelin, die einer bekannten Tübinger Gelehrtenfamilie entstammt. Ihr Vater ist u. a. Professor der Rechte an der Tübinger Universität. Die Ehe sollte bis zu Schwabs Tod fortbestehen, das Paar wird fünf Kinder haben.

In den Jahren nach seinem Wechsel an die Schule in Stuttgart bis zu seinem Tod ist Schwab auf vielseitigste Weise literarisch tätig – und das trotz eines wöchentlichen Deputats von 30 Stunden. Zu den bereits erwähnten Reisebeschreibungen (die in der Regel mehr als bloße Beschreibungen, nämlich poetologische, z. T. politische Stellungnahmen bieten wollen), treten eigene Dichtungen (1828/1829 veröffentlicht Schwab als wichtiges Mitglied des Schwäbischen Dichterkreises bei Cotta zwei Bände eigener Lyrik; 1838 erfolgt eine weitere Auswahl), Werkausgaben anderer Dichter (1826 gibt Schwab zusammen mit Uhland, aber anonym die erste Hölderlin-Ausgabe heraus, auf die – z.T. zusammen mit seinem Sohn Christoph Theodor – weitere folgen werden; 1830 ediert Schwab das Gesamtwerk Wilhelm Hauffs), Biographien (1840 gibt Schwab eine mehrbändige Schillerbiographie heraus) und literaturgeschichtliche Werke (1846 gibt Schwab zusammen mit seinem Schwiegersohn Karl Klüpfel den *Wegweiser durch die Litteratur der Deutschen heraus*, ein Unternehmen, das dieser nach dem Tode Schwabs fortführen wird). Als Dichter hatte er sich bereits zu Studienzeiten (ab 1812) durch erste Veröffentlichungen in Cottas *Morgenblatt für die gebildeten Stände* einen gewissen Namen gemacht, deren Redaktion Schwab (zumindest für den poetischen Teil) von 1828–1838 als Nachfolger Hauffs übernehmen sollte. Diese Aufgabe gab ihm Gelegenheit, durch Abdruck von Gedichten selbst eine Vielzahl junger Talente zu fördern, unter ihnen Eduard Mörike, Nikolaus Lenau und Ferdinand Freiligrath. Bereits früher hatte er (1823) die Redaktion des Cotta'schen *Kunstblattes*, einer Beilage des *Morgenblattes*, übernommen. Von 1832–1837 (mit Ausnahme von 1836) gibt Schwab zudem zusammen mit Adelbert von Chamisso den *Deutschen Musenalmanach* heraus und befindet sich somit im Zentrum der deutschen Dichter- und Literaturszene seiner Zeit.

Schwabs bis heute andauernde Beliebtheit beruht aber vor allem auf seiner Beschäftigung mit den antiken Sagen und Mythen. 1838–1840 gibt er die *Schönsten Sagen des klassischen Alterthums. Nach seinen Dichtern und Erzählern* heraus, die bis heute neu aufgelegt werden und als Hörbuch oder weiteren Verwertungsvarianten weiterhin ein ungeheures Publikum erreichen. Weniger bekannt ist, dass Schwab kurz zuvor (1836/1837) die Erstauflage der *Deutschen Heldensagen* für die Jugend herausgebracht hatte, durchaus dem romantischen Interesse der Zeit folgend. Bereits zuvor war Schwab als Redaktor für die Jugend tätig geworden. Ab 1827 hat er die Leitung der Übersetzungsbibliothek bei Metzler in Stuttgart inne (die zunächst antike Prosa, später auch Dichterautoren herausbringt), 1835 gibt Schwab *Die Dichter des alten Griechenlands und Roms* für die *Bibliothek für die weibliche Jugend* heraus.

In den frühen 1830er Jahren wächst in Schwab offenbar das Bestreben, die Schullaufbahn zugunsten der zu Studienzeiten favorisierten Pfarrlaufbahn wieder aufzugeben. Er bewirbt sich 1833 vergeblich um das Pfarramt in Lustnau (bei Tübingen), 1837 (nachdem er sich 1831 und 1832 auch vergeblich um einen Sitz im Landtag beworben hatte) erhält er dann schließlich die Pfarrstelle in Gomaringen (ebenfalls bei Tübingen), die sowohl seinen Fortzug aus Stuttgart wie auch das Ende seiner Redaktionstätigkeit beim *Morgenblatt* mit sich bringt. Ab 1838 arbeitet Schwab dann in der Kommission zur Überarbeitung des württembergischen Kirchengesangbuches mit, 1841 übernimmt er das Pfarramt von St. Leonhard in Stuttgart und kehrt somit in seine Heimatstadt zurück. 1844 wird er in den kirchlichen Studienrat berufen, 1845 zum Oberkonsistorialrat und Oberstudienrat ernannt. Schwab hat damit fortan die Aufsicht über das württembergische Gymnasial- und höhere Schulwesen inne. Im selben Jahr erhält er auch den Ehrendoktortitel der Theologischen Fakultät der Universität Tübingen. Mit nur 58 Jahren stirbt Gustav Schwab am 4. November 1850 an einem Herzanfall und wird auf dem Stuttgarter Hoppenlauffriedhof beigesetzt. 1858 bringt sein Schwiegersohn Karl Klüpfel, 1883 sein Sohn Christoph Theodor eine Biographie Schwabs heraus.

Werke und Werkausgaben

SCHWAB, Gustav:
- Gedichte, 2 Bde., Stuttgart/Tübingen 1828–1829.
- Gedichte. Neue Auswahl, Stuttgart/Tübingen 1838.
- Die schönsten Sagen des klassischen Alterthums. Nach seinen Dichtern und Erzählern, Stuttgart 1838–1840.
- Schiller's Leben in drei Büchern, Stuttgart 1840.
- mit KLÜPFEL, Karl (Hgg.): Wegweiser durch die Litteratur der Deutschen. Ein Handbuch für Laien, Leipzig 1846 (3. durchges. u. verb. Aufl., Leipzig 1861, mit leicht modifiziertem Titel).

Weitere Literatur

SCHILLBACH, Brigitte/DAMBACHER, Eva: Gustav Schwab. 1792–1850. Aus seinem Leben und Schaffen (Marbacher Magazin 61), Marbach 1992.

Oliver Schelske

Ferdinand Christian Baur

* 21. Juni 1792
† 2. Dezember 1860
Stiftseintritt: 1809

Von den einen als »Heidenbaur« geschmäht, von anderen als »Begründer einer konsequent historischen Theologie« gepriesen, war Baur neben seinem Schüler David Friedrich Strauß einer der berühmtesten und einflussreichsten Stiftler des 19. Jahrhunderts. Er war dem Stift in drei Phasen seines Lebens verbunden, als Student von 1809 bis 1814, als Repetent 1816/1817 und als Theologieprofessor von 1826 bis zu seinem Tod 1860. Vor seinem Studium war er Schüler an den niederen Seminarien in Blaubeuren und Maulbronn, in deren ersterem er 1817 als Professor wieder eintrat. Nach seinem Studium war er Vikar in Mühlhausen an der Enz (LKA Stuttgart: E 1–130).

Ins Stift kam Baur zusammen mit anderen Maulbronner Seminaristen wie Johann Friedrich Wurm, nach dem die Promotion von 1809–1814 benannt ist, Johann Ernst Osiander (1792–1870) und Gustav Schwab (1972–1850). Er befreundete sich vor allem mit dem im Vorjahr eingetretenen Friedrich Heinrich Kern (1790–1842), der mit ihm zusammen später als Professor nach Blaubeuren und schließlich nach Tübingen berufen wurde. Baur scheint ein sehr fleißiger und zielstrebiger Student gewesen zu sein, der auch politische Interessen hatte und 1813 wegen eines Tumults im Zusammenhang mit den Befreiungskriegen gegen Napoleon mit »pereat Napoleonrufen« zu 24 Stunden Karzer verurteilt wurde (LKA Stuttgart: E 1–297,3; Seminarreden, UB Tübingen: Md 750 VIII-1). Die Repetenten berichteten über dieses Ereignis: »Indeßen konnten die Repetenten, die den gewaltigen Eindruck der Zeitbegebenheiten auf das Seminar täglich bemerkten, doch die Besorgniß nicht unterdrücken, die hoch auflodernde Deutschheit möchte bei nächster Gelegenheit verdrießliche und bedenkliche Ausbrüche veranlaßen. Bald ereignete sich auch wirklich ein Vorfall, der leicht die nachtheiligsten Folgen für das Seminarium hätte haben können. [...] die Repetenten, die an dem schönen Abende, an welchem das Gerücht [von der Niederlage der Franzosen in der Schlacht bei Lützen am 2. Mai 1813] sich verbreitete, lustwandelten, hörten schon eine gute halbe Viertelstunde vom Kloster das furchtbare Geschrey aus den offenen Fenstern deßselben erbrausen. Stürmische Kriegslieder wechselten mit patriotischem Gebrüll: Hoch lebe Sayn-Wittgenstein, Pereat Napoleon [...]. Das Inspektorat entschloß sich, die Sache nach Stuttgart zu berichten, aber, damit man von derselben als einer schon abgemachten, sprechen könne, sogleich die Theilnehmer zu bestrafen«. Sie wurden aufgefordert sich zu melden, so dass »20–30 Seminaristen sich freiwillig angaben: es wurde ihnen dann sogleich die Strafe dictirt, daß jeder simple Theilnehmer auf 24 Stunden, einige Senioren auf 30 Stunden incarcerirt wurden« (LKA Stuttgart: R 1–10). Zu den »simplen Theilnehmern« gehörte auch Baur.

Baur hatte als Schüler und Student eine Stärke in Philologie und Philosophie, war aber in Mathematik nur »mittelmäßig« (Abgangszeugnis Maulbronn 1809, LKA Stuttgart: E 1–297,3). Am Stift wurden seine Leistungen gleichmäßig als sehr gut bis gut bewertet, seine Religiosität durchgehend als »unverdächtig«. Im Locus antwortete er zuerst wenig, aber gut, später sehr gut. Sein Fleiß wird als sehr anhaltend, später als angestrengt, aber immer als zweckmäßig bezeichnet (Halbjahres-Testimonien, LKA Stuttgart: E 1–297,3). Er schrieb Aufsätze in lateinischer und deutscher Sprache über exegetische Themen, z. B. *De sensu formulae Paulinae: ho anthropos dikaiotai ouk ex ergon, all ek pisteos in Epistola ad Romanos*, und philosophische Themen, etwa *Über die Pflicht, keine Unwahrheit zu sagen.* Dieser Aufsatz beginnt: »Es gibt wohl keinen Gegenstand in der Ethik, über den von den berühmtesten Philosophen und Theologen so entgegengesetzte Erklärungen gegeben wurde als die Frage: Ob es Fälle geben könne, die den Menschen moralisch berechtigen, von der Pflicht der Wahrhaftigkeit abzuweichen?« Das Urteil von Repetent Rapp über letzteren Aufsatz lautete: »Gründliche und von klaren Begriffen zeugende Arbeit« (UB Tübingen: Mh 970).

Als Repetent am Stift 1816/1817 wurde Baur nach den Testimonien des Inspektorats in seinen Anlagen, seinem moralischen Betragen mit sehr gut, in der Amtsführung mit recht gut beurteilt (Testimonien des Inspektorats für die Repetenten 1816, LKA Stuttgart: E 1–82). Er schloss Freundschaft mit seinem Kollegen Friedrich Heinrich Kern, der mit ihm zusammen 1817 nach Blaubeuren als Professor ging, und, wie Baur in der Gedenkrede auf Kern 1842 sagte, so »gab es in unserm amtlichen und häuslichen Leben nichts von irgend einer Bedeutung, was nicht den einen wie den andern berührt hätte, und unser Leben glich so seit jenem Zeitpunct dem hellen heitern Wasserspiegel zweier vereinigter, in demselben Bette hinfließender, Ströme« (Worte der Erinnerung: 14).

Das 1817 wiedereröffnete niedere Seminar in Blaubeuren wollte der neue Ephorus Jeremias Friedrich Reuß (1775–1850) in republikanischem Sinne leiten und das Verhältnis zu den Professoren kollegialisch gestalten, denn, wie es in einer Stellungnahme des Lehrkörpers heißt, »es müße an die Stelle des Prinzips des Monarchismus das Prinzip des Republikanismus treten« und »von nun an Freiheit der Bildung Grundsatz« sein (zitiert bei Hester, in: Köpf 1994: 70). Diesen republikanischen Tendenzen schloss sich Baur an. Er deutete das Königsamt unter Bezug auf den Athener Staatsmann Perikles. In der politischen Freiheit sah er das Vermächtnis Athens an Europa: »In der Geschichte der europäischen Staaten herrscht das Prinzip der Freiheit, der Freiheit im Denken und Handeln, einer Freiheit, die alle Kräfte der menschlichen Natur entwickelt, belebt und zu den edelsten Bestrebungen aller Art geführt hat« (Köpf 1994: 69). Das Motiv der Freiheit stand auch im Mittelpunkt seiner ersten großen Schrift von 1824/1825 *Symbolik und Mythologie oder die Naturreligion des Altertums*, über die Carl E. Hester sagt: »Als Mythologe und Religionsphilosoph behandelt Baur die Gesamtgeschichte des vorchristlichen religiösen Bewußtseins unter dem Gesichtspunkt des Werdens der Freiheit« (Köpf 1994: 74).

Baur wurde 1826 an die Tübinger evangelisch-theologische Fakultät berufen als Nachfolger Ernst Gottlieb Bengels, obwohl der Kollege Johann Christian Friedrich Steudel Baur bescheinigte, er habe »eine Ansicht in religiösen Dingen, von welcher wir uns nicht getrauen zu vergewissern, dass, so hoch der Werth des Christenthums darin gestellt wird, die ausgesprochenen Ideen mit den lauteren Ansichten des Christenthums als einer durch die besondere göttliche Veranstaltung vorbereiteten und den Menschen geschichtlich gewordenen Offenbarung Gottes überall in Einklang zu setzen sein dürften« (Weizsäcker: 145). Das Ministerium forderte ein Gutachten des Direktors, des Studienrats Süskind und des Konsistorialrats Flatt an. »Gegen den Professor Baur hegten auch sie die in dem Tübinger Gutachten geäußerten theologischen Bedenken, doch glaubten sie es dem Kön. Ministerium anheimstellen zu dürfen, ob er etwa, wenn auch nicht für die Dogmatik, doch für die historische Theologie anzustellen wäre«

(Die evangelisch-theologische Fakultät: 404). Der Kultminister Christoph Friedrich Schmidlin wollte mit der Berufung Baurs die Tübinger Fakultät reformieren und dem bisherigen Supranaturalismus entgegenwirken. Denn »je streng protestantischer, desto antireformatorischer sind diese Herren«, weshalb es guttäte, wie früher schon Eichhorn geraten habe, »einmal einen rechten Kezer nach Tübingen zu sezen« (Briefe: 174). Auch wenn Baur nicht im Ruf der Ketzerei stand, setzten sich 124 Studenten in einer Bittschrift an das Ministerium für die Berufung Baurs ein. Trotzdem hatte Baur Vorbehalte gegenüber der Fakultät: »Überhaupt müssen nach allem, was ich höre, die Verhältnisse in Tübingen und besonders in der theologischen Facultät so seyn, daß ich auch in dieser Hinsicht mir wahrscheinlich nicht viel angenehmes versprechen darf« (Briefe: 64). In Tübingen fühlte er sich aber dann gut aufgenommen, »nur Steudel äußerte gegen mich in einem Brief, er hoffe es werden in der bisher so einigen Facultät nicht zweierlei Gott und zweierlei Christus gelehrt werden, und es werde eine Grundlage geben, auf welcher er mit mir fortbauen könne« (Briefe: 66). Diese Grundlage scheint insofern gegeben gewesen zu sein, als Steudel Baur einlud, an seiner 1828 gegründeten *Tübinger Zeitschrift für Theologie* mitzuarbeiten. Dennoch fühlte sich Baur nicht als Mitglied der älteren Tübinger Schule, als den ihn Schleiermacher bezeichnet: »Mich scheint er für den getreuesten Jünger der Tübinger Schule zu halten, worüber man in Tübingen selbst nicht ganz die gleiche Meinung hat« (Briefe: 78). Diese Differenz führte dann schließlich 1831 zur Absicht Baurs, sich von der Mitarbeit an Steudels Zeitschrift zurückzuziehen, nachdem dieser einen Aufsatz Baurs nicht akzeptieren wollte, da er »gegen den Grundsatz der Zeitschrift, daß die Heilige Schrift eine göttliche Offenbarung enthalte«, verstoße (Briefe: 85). Nachdem aber Baur Steudel gegenüber klargestellt hatte, dass er sich nicht von ihm »beaufsichten« (Briefe: 86) lassen wolle, wurde Baur neben Steudel und den anderen Fakultätsmitgliedern gleichberechtigter Herausgeber der Zeitschrift. Nach dem Streit mit Johann Adam Möhler um die Symbolik empfand Baur 1834 die Nachricht, er werde in Berlin für eine Berufung in Erwägung gezogen, als eine »Ermunterung«, die er umso nötiger habe, »je weniger man bei uns auch nur einer humanen Behandlung sich zu erfreuen hat« (Briefe: 105). Was Baur über seinen 1842 verstorbenen Kollegen Kern sagt, galt wohl auch von ihm selbst: »Der knechtische Dienst des Buchstabens, das starre Festhalten von Formen und Symbolen, die bei allem Ansehen, in welchem sie stehen mögen, doch nur beschränktes vergängliches Menschenwerk sind, der bequeme Grundsatz, bei welchem man es freilich mit Gelehrsamkeit und Wissenschaft leicht genug nehmen

kann, daß es in der Theologie, als einer Glaubenswissenschaft, nicht auf
das Wissen und Denken ankomme, das stete Vorschüzen der sogenannten
kirchlichen Interessen, wo es doch nur die Sache der Wahrheit gilt, das
unbedingte Ausschließen und Verdammen der Ansichten Anderer, alles
dieß, was zu den bekannten Erscheinungen unserer neuesten Theologie
gehört, war seinem freien hell denkenden Geist im Innersten zuwider«
(Worte der Erinnerung: 19).

Baur entwickelte eine konsequent historische Theologie, die deshalb
manche verbreiteten Vorstellungen über das Christentum in Frage stellen
musste.»Der Widerspruch dieser historisch-kritischen Ansicht mit der ge-
wöhnlichen unkritischen hat viele Gegner, welche das christliche Interesse
durch sie beeinträchtigt glaubten, gegen sie hervorgerufen, aber sie hat sich
gleichwohl im Bewußtsein der Zeit geltend gemacht und eine neue An-
schauungsweise für die rein geschichtliche Auffassung der Entstehungspe-
riode der christlichen Kirche begründet« (Die evangelisch-theologische
Fakultät: 408).

Als Baurs Schüler David Friedrich Strauß 1835 sein *Leben Jesu* veröffentlicht hatte, stellte der Vorsitzende des Tübinger Evangelischen Vereins,
Steudel, die Frage,»wie sich der evangelische Christ bei der gegenwärtigen
Gefährdung des christlichen Glaubens durch neuere Erscheinungen auf
dem Gebiete der Wissenschaft zu verhalten habe, besonders in der Beziehung, sofern die unter das Volk kommende Kenntniß dieser Erscheinungen den Glauben des Volks zu erschüttern droht?« (Briefe: 129). Baur
antwortete darauf in einer Stellungnahme und setzte sich für die Freiheit
der Wissenschaft in der Theologie ein. Er hielt das Übel für ein bloß einge-
bildetes und verwies auf das Stift:»Woher kommt es denn, daß im theologischen Seminar, wie der verehrteste Herr Präses bemerkt, das besorgte
Irrewerden nicht zum wirklichen Ausbruch gekommen ist? Offenbar daher, daß im Seminar doch immer so viel wissenschaftlicher Geist vorhan-
den ist, daß man solche Erscheinungen ertragen kann, und daß, wie ich
zum Theil aus eigenen Unterredungen weiß, gerade solche der Repetenten,
die sich durch ächt christlichen Sinn auszeichnen, zugleich so viel Freiheit
des Geistes besizen, alles Extreme von sich und andern fernzuhalten«
(Briefe: 141). Baur hält die Behauptung, durch wissenschaftliche Forschungen im Glauben beunruhigt zu werden, für einen Vorwand. Er fühlte sich von der Verunglimpfung Straußens durch den Philosophen Carl
August Eschenmayers (1768–1852) im *Ischariothismus unserer Tage* selbst
betroffen, weil dieser»mit demselben Kezernamen des Ischariothismus
die ganze neuere Kritik brandmarkt«, er ihn also als Angriff auf die auch

von ihm selbst angewandte historische Kritik in der Theologie verstand. Da der Verein die Schrift Eschenmayers begrüßt hatte, sah sich Baur veranlasst, ihn zu verlassen (Briefe: 143). Baur zeigte sich über die Entlassung von Strauß aus dem Repetentenamt im Juli 1835 ungehalten. »So entschied eine Behörde, welche als Studienbehörde sich auch hier zu sehr nur auf den Standpunkt eines einseitigen kirchlichen Interesses stellte, mit einem Mann an der Spitze [Flatt], welcher, obgleich einst selbst akademischer Lehrer, in seiner spätern Zeit gar zu sehr nach äußeren Rücksichten zu handeln gewohnt war, und seine Fähigkeit zur Behandlung solcher Fragen schon durch das [...] Urtheil über die wissenschaftliche Bedeutung des Strauß'schen Buches hinlänglich beurkundet hatte« (Die evangelisch-theologische Fakultät: 414).

Baur wurde 1837 als Nachfolger Steudels Inspektor am Stift und leitete 1849/1850 kommissarisch das Ephorat bis zur Übergabe an Wilhelm Hoffmann. Als Inspektor wurde Baur im Revolutionsjahr 1848 mit Unruhen im Stift konfrontiert. Im Zuge der politischen Umwälzungen hatten die Stiftler an Waffenübungen teilgenommen und sich schon 1847 an der bewaffneten Verhinderung einer Plünderung beteiligt. Ende März 1848 kam das Gerücht auf, von den Franzosen drohe Kriegsgefahr, so dass die Studenten zu den Waffen griffen und zur Verteidigung des Landes nach Westen zogen, in Rottenburg allerdings umkehrten. Die Stiftler beabsichtigten eine »Petition um Aufhebung des Seminars« einzureichen (zitiert bei Leube: 271.483). Obwohl diese nicht zustande kam, drängten sie auf Reformen vor allem auf dem Feld der Disziplin. In einer Rede an die Seminaristen am 4. Mai sagte Baur: »Es fällt mir schwer, ich gestehe es, noch ein Wort über Auftritte zu sagen, die jedem der auch nur das geringste Interesse für die Ehre und das Wohl unserer Anstalt hat, im Innersten wehe tun müssen, Auftritte, auf die Sie, die Zöglinge dieser Anstalt nur mit der tiefsten Beschämung, und wir, die Vorsteher nur mit dem größten Bedauern zurücksehen können. Es sind Vorfälle gewesen, wie sich wohl schwerlich in der Geschichte unseres Seminars mit einem solchen Grade an Auflehnung gegen Disciplin und Ordnung ereignet haben. Das Einzige, woran man sich halten kann, um nur wieder Muth zu fassen [...] ist der Gedanke, daß Sie jetzt selbst [...] Alles Geschehene mit ganz anderen Augen ansehen, als damals wo Sie im Zustand der größten Aufregung auf Ihre alsbaldige Entlaßung aus dem Seminar gedrungen haben.« »Sie haben die lauten Forderungen auf deren alsbaldige Erfüllung Sie drangen, mit besonderem Nachdruck auch dadurch motivirt, daß Sie zur Vertheidigung des Vaterlands die Waffen ergriffen haben, aber welche Vertheidiger kann das Vaterland in Ihnen sehen, wenn Sie schon in Ihren nächsten Kreisen nichts thun, um Ordnung und Recht zu schüzen«. Das Verhalten der Stiftler außerhalb des Seminars habe auch schon vorher bei der Stadtbevölkerung Anstoß erregt. »Solange es nicht Ihr eigenstes Interesse ist, durch ein nüchternes, sittlich geordnetes, Ihrer Aufgabe im Seminar und Ihrer künftigen Bestimmung entsprechendes Verhalten würdige Zöglinge der Anstalt zu seyn, ist auch die Bedingung nicht erfüllt, unter welcher allein das Geschehene vergessen gemacht und ein neues Band des Vertrauens zwischen Ihnen und der Anstalt geknüpft werden kann. Dieß ist es was von Ihnen solange Sie hier sind, mit Recht verlangt werden kann, aber freilich in einer Zeit, in welcher die Freiheit so viel gilt, und nichts als verpflichtend betrachtet wird, was man nicht in der freiesten Selbstbestimmung auf sich nehmen kann, will auch das Seminar weit weniger als je nur erzwungene, nur unfrei sich fühlende Zöglinge, will nichts von Ihnen, was nur als äußeres Gebot, nur als Sache des Zwangs und der Noth, mit widerstrebendem Geist geleistet wird« (Seminarrede 4. 5. 1848, UB Tübingen: Md 750). Hier zeigt sich im Umgang mit den Stiftlern erneut Baurs schon in Blaubeuren geäußertes Freiheitsbewusstsein.

Baur setzte sich im Sommer 1848 gegenüber dem Studienrat für eine Lockerung der Disziplin am Stift ein, so dass den Studenten z. B. die Teilnahme an Theateraufführungen und Vereinsversammlungen in der Stadt ermöglicht würde, ohne dass sie diese vor Beendigung verlassen müssten, um rechtzeitig zur Schließzeit wieder im Stift zu sein. Die Inspektoren glaubten, »in gewissen Fällen diejenige Liberalität eintreten lassen zu müssen, welche die pädagogische Klugheit gebiete, um nicht durch einseitige Konsequenz und starren Rigorismus eine Stimmung hervorzurufen, welche in so schwierigen Zeiten wie der jetzigen für das Seminar im ganzen leicht noch schlimmere Folgen nach sich ziehen könnte« (zitiert nach: Leube: 490).

Zu Beginn des Wintersemesters 1849/1850, als Baur das Ephorat vertrat, gab er den Seminaristen zu bedenken: »So einseitig, so geistlos, so ertödtend für jede freiere Entwicklung des Geistes es ist, alles, was das academische Leben in seiner reichen Fülle und in seiner freien Bewegung dem bildungsfähigen Jüngling werden soll, nur nach dem künftigen Nuzen zu berechnen, nach der Brauchbarkeit zu bemessen, welche die verschiedenen Kenntnisse, die man während desselben sammeln kann, für diese oder jene neue sichern Erwerb versprechende Berufsart haben können, so gewiß ist doch auf der anderen Seite, daß es keine fruchtbare, energische und methodische Benuzung der academischen Lebensperiode geben kann,

wenn man nicht schon in ihr das Ziel, das durch alle ihre Bestrebungen erreicht werden soll, stets im Auge hat« (UB Tübingen: Md 750 III).
Bei der Übergabe des Ephorats an Professor Hoffmann am 19. Oktober 1850 zog Baur eine Bilanz über die Zeit seiner Vertretung: »Es gereicht mir zur Freude, indem ich von dem seit einem Jahre versehenen Amt nun wieder zurücktrete, das Seminar in die Hände seines neuen Vorstehers in einem Zustand übergeben zu können, welcher mit andern Zeiten verglichen wenigstens keine gar sehr in die Augen springenden Mängel zu erkennen gibt, ja, ich glaube der überwiegenden Mehrzahl von denen, mit welchen ich in nähere amtliche Berührung gekommen bin, das Zeugniß geben zu dürfen, daß es ihr rühmliches Streben war, durch Fleiß und Wohlverhalten sich ihrer Bestimmung im Seminar würdig zu zeigen und sich die Zufriedenheit ihrer Vorgesetzten zu erwerben« (UB Tübingen: Md 750 III). In späteren Seminarreden beklagte Baur den geistigen Niedergang im Stift, der zu Mittelmäßigkeit und unkritischem Positivismus geführt habe.

Werke und Werkausgaben

BAUR, Ferdinand Christian:
- (Hg.): Worte der Erinnerung an Dr. Friedrich Heinrich Kern, Tübingen 1842.
- Die evangelisch-theologische Fakultät vom Jahr 1812 bis 1848, in: Klüpfel, Karl: Geschichte und Beschreibung der Universität Tübingen, Tübingen 1849, 389–428.
- Briefe. Teil 1: Die frühen Briefe (1814–1835), hg. von Carl E. Hester (Contubernium 38), Sigmaringen 1993.

Archivalien

LKA Stuttgart
- Testimonien des Inspektorats für die Repetenten 1816: E 1–82.
- E 1–130.
- Abgangszeugnis Maulbronn 1809: E 1–297,3.
- Halbjahres-Testimonien: E 1–297,3.
- Promotion Wurm: E 1–297,3.
- Acta Collegii Repetentorum: R 1–10.
UB Tübingen: Md 750 III.
Seminarreden, UB Tübingen: Md 750 VIII-1.
UB Tübingen: Mh 970.

Weitere Literatur

GRAF, Friedrich Wilhelm: Ferdinand Christian Baur (1792–1860), in: Fries, Heinrich/Kretschmar, Georg (Hgg.): Klassiker der Theologie, Bd. 2, Stuttgart 1983, 89–110.411–414.443–447.

KÖPF, Ulrich: Ferdinand Christian Baur als Begründer einer konsequent historischen Theologie, Zeitschrift für Theologie und Kirche 89 (1992), 440–461.

KÖPF, Ulrich (Hg.): Historisch-kritische Geschichtsbetrachtung. Ferdinand Christian Baur und seine Schüler, Sigmaringen 1994.

LEUBE, Martin: Das Tübinger Stift 1770–1950. Geschichte des Tübinger Stifts, Stuttgart 1954.

STECK, Karl Gerhard: Ferdinand Christian Baur, in: Greschat, Martin (Hg.): Gestalten der Kirchengeschichte, Bd. 9/1: Die neueste Zeit 1, 2. Aufl., Stuttgart/Berlin/Köln 1994, 218–232.

WEIZSÄCKER, Carl: Lehrer und Unterricht an der evangelisch-theologischen Facultät der Universität Tübingen von der Reformation bis zur Gegenwart, Tübingen 1877.

Reinhold Rieger

Ludwig Hofacker

* 15. April 1798
† 18. November 1828
Stiftseintritt: 1816

Im Jahr 2011 änderte die seit 1959 bestehende Ludwig-Hofacker-Vereinigung in Württemberg als Zusammenschluss der evangelikalen Bewegungen ihren Namen in »ChristusBewegung«. Als Begründung dafür war in einer Pressemitteilung zu lesen: »Die Person des württembergischen Pfarrers und Erweckungspredigers Ludwig Hofacker sei gerade in der jungen Generation kaum noch bekannt« (Pressemitteilung der Lebendigen Gemeinde Württemberg vom 12. 9. 2011).

Wer war Ludwig Hofacker, den zu Beginn des 19. Jahrhunderts in Württemberg jeder kannte, gerade in der jungen Generation? Wie wurde der schwer erkrankte Prediger, nur dreißig Jahre alt, doch zur Identitätsfigur der Erweckungsbewegung des 19. und auch des 20. Jahrhunderts? Seine Predigten sind in hohen Auflagen in einer Sammlung erschienen und waren in unzähligen Häusern als Andachtsbuch im Gebrauch. Was machten ihre Wirkungen aus?

Ludwig Hofacker ist ein Kind der schwäbischen Erweckungsbewegung mit ihrem Zentrum Stuttgart zu Beginn des 19. Jahrhunderts. Da diese Zeit schon bei seinem Freund Christian Gottlob Barth (1799–1862) und bei seinem väterlichen Vertrauten Christian Adam Dann (1758–1837) beschrieben wurden, konzentriert sich die folgende Darstellung auf seine biographischen Stationen und Besonderheiten, sowie auf die Predigt als Hauptthema.

Als Pfarrerssohn wurde Ludwig Hofacker am 15. April 1798 in Wildbad im Schwarzwald geboren. Sein als streng geschilderter Vater Karl Friedrich

Hofacker (1758–1824) war Anhänger der Tübinger Schule des Supranatura-lismus, die die wissenschaftlichen Erkenntnisse der Aufklärung mit dem Offenbarungscharakter der christlichen Überlieferung zusammenhalten wollte. Seine Mutter Friederike, geborene Klemm (1770–1827), brachte da-gegen als eine Enkelin Friedrich Christoph Oetingers theosophische Ge-danken in seine Prägung mit ein. Von den insgesamt sieben Söhnen er-lebten vier das Erwachsenenalter. Der älteste Bruder Karl Hofacker (1794–1866) wurde Jurist und erlangte als Oberjustizrat gefürchtete Bekanntheit, als er 1825–1828 zum königlichen Sonder-Kommissar an der Universität Tübingen ernannt wurde, um mit polizeilichen Mitteln die reaktionäre Kontrolle durchzusetzen. Der jüngste Bruder Wilhelm Hofacker (1805–1848) wurde auch Theologe, hatte Einfluss auf Ludwigs Werdegang und nahm schließlich, wie schon der Vater und der Bruder, ein Pfarramt an der Stuttgarter Leonhardskirche wahr. Er galt als ein Theologe, der in seiner Entwicklung einen Weg vom Supranaturalismus zu Schleiermacher fand. Der mittlere der drei Brüder schließlich, Maximilian Hofacker (1801–1869), sollte Ludwig zeitlebens intensiv beschäftigen, da er an einer schweren Geisteskrankheit litt, die der Vater auf seine Begeisterung für Jacob Böhme zurückführte.

Mit seiner Familie zog Ludwig Hofacker durch die verschiedenen Be-rufsstationen des Vaters ins Pfarramt nach Gärtringen bei Herrenberg, dann 1811 nach Öschingen bei Tübingen, wo Ludwig 1812 konfirmiert wur-de. Im gleichen Jahr wurde der Vater Dekan an der Leonhardskirche in Stuttgart. Auf das Landexamen zur Aufnahme in die evangelischen Semi-nare bereitete Jeremias Friedrich Reuß am Pädagogium Esslingen vor, der später Ephorus am Seminar Blaubeuren wurde. Im Herbst 1813 zog Ludwig Hofacker ins 1810 neu gegründete Seminar im ehemaligen Zisterzienser-kloster Schöntal an der Jagst ein. Zwei Jahre später wechselte er ins Semi-nar Maulbronn.

1816 begann er sein Theologiestudium im Tübinger Stift, zusammen mit seinem Freund und ersten Biographen Albert Knapp (1798–1864) und dem liberalen Publizisten Karl August Merbold (1798–1854), der als Primus die-ser Stiftspromotion ihren Namen gab. In der schweren Zeit der württem-bergischen Hungerjahre sammelten sich die Pietisten im Stift wieder in der »Pia«. Hofacker allerdings fand erst später den Weg dorthin, wie Albert Knapp in seiner Lebensbeschreibung erstmals 1852 darstellte: »Waren wir übrigen seit Jahren gewohnt, in ihm den ›Bruder Lustig‹ zu sehen, so ging eine ungeheure Überraschung durch uns hin, als es auf einmal hieß: ›Den-ket doch, der Hofacker ist ein Pietist geworden!‹ Mehreren schien dieses, wie mir, rein unglaublich, weil wir selbst keine Idee von der Wiedergeburt hatten. [...] darum wollten wir unserem Kumpan Hofacker ›seinem Verstande zu Ehren‹ einen Salto mortale dieser Art nicht zutrauen. Allein es befand sich wirklich so« (Knapp: 25 f.). Zwar ist bei diesem zeittypischen Bekehrungsmuster Vorsicht geboten, zumal es im Nachhinein formuliert wird, doch auch die Disziplinarakten des Stifts bestätigen auf ihre Weise den von Hofacker selbst beschriebenen Wandel vom ›Weltkind‹ zum ernsten Frommen. Auffallend häufig fällt darin die Bemerkung »eitel«, oder »anmaßend, den Klostergesetzen nicht sehr angemessen«. Immer wieder sind Karzerstrafen verzeichnet, oft wegen Zuspätkommens nach dem Ausgang, der streng reglementiert war. Einmal musste Hofacker für vier Stunden einsitzen *ob frequentatam cauponam*, d. h. weil er gleich zwei Trinkstuben aufgesucht hatte, einmal für vier Stunden *ob suspic. crapulae*, i.e. wegen eines Rausches (AEvST: E 1, 227,1 und Promotionsakte: E 1, 300,1).

Aber nicht nur davon künden die Stiftsakten, sondern bei Hofacker auch in besonderer Weise von der Wirkung der neu konzipierten Predigtausbildung, die sich mit dem praktischen Theologen Jonathan Friedrich Bahnmaier (1774–1841; 1815–1819 in Tübingen) intensiviert hatte, vor allem durch die Gründung der Prediger-Anstalt auf dem Tübinger Schloss. Im Stift fanden dazu regelmäßige Übungen statt. Die Beurteilungen im Predigt-Büchlein (1819–1823; AEvST: R 1, 14,3) bezeugen Hofackers Begabungen und Fortschritte: »Las mit guter Stimme« (19. 2. 1819), »mit viel Anstand« (19. 11. 1819), »Eine Predigt von Gehalt und guter Ordnung, worin er aber in gewissen biblischen Bildern (z.E. himmlisches Jerusalem, Manna) – auf dieser Canzel wohl unerhört – sich zu gefallen schien. Übrigens war die Sprache überhaupt lebendig. Der Vortrag mit Würde und memoriter (auswendig)« (20. 1. 1820). Schließlich hielt ein Zeugnis des Prediger-Instituts, ausgestellt vom Mitarbeiter Bahnmaiers, dem Repetenten Christian Friedrich Schmid (1794–1852) als Leiter des Predigtinstituts 1820 fest: »M. Hofacker entwickelte ein vorzügliches Prediger Talent. Der Inhalt seiner Predigten war textgemäß, kräftig, ergreifend, voll wahrhaft geistlichen Lebens, die Darstellung geordnet und beredt, der äußere Vortrag würdig und lebendig. Er sprach aus dem Gedächtnis.« Dies mündete dann in eine einmalige Beurteilung im Examen, wo es von Hofackers Predigt heißt: *ad commovendos animos accommodatam* (zur Bewegung der Gemüter geeignet) (Promotionsakte).

Statt einer Predigerkarriere nach menschlichen Maßstäben aber wurde Hofacker ein schwerer Leidensweg zugemutet: Im Sommer 1820 verlor er vor der Alten Burse das Bewusstsein und zog sich beim Sturz eine schwere Kopfverletzung zu. Das nervliche Leiden und die daraus folgende Schwäche sollten sein Leben zeichnen und schnell aufzehren, aber auch seinen Glauben prägen. Nur für kurze Zeit war er jeweils dienstfähig. So wurde er nach erster Genesung vom November 1820 bis Februar 1821 Vikar in Plieningen. Erbost äußerte er sich über das ausführliche Berichtswesen, das den Pfarrer nicht mehr Hirte sein ließ, sondern ihn zum »Schreiber und Fleckenschütz« (zitiert nach: Schäfer: 366) machte. Danach wieder erkrankt, wurde Hofacker 1822–1824 Vertreter für den ebenfalls erkrankten Vater an der Leonhardskirche in Stuttgart. Dort begründete er eine aussagereiche Zirkularkorrespondenz mit seinen Amtsbrüdern (WLB Stuttgart: Cod. hist. qt, 451 a–c), von denen Wilhelm Friedrich Roos (1798–1868) sein engster Freund wurde. Bevor der große Zulauf zu seinen Predigten begann, legte der selbst von Krankheit Gezeichnete seinen pastoralen Schwerpunkt in der Seelsorge, bei den Krankenbesuchen. Nach dem Tod des Vaters und einem erneuten, lebensbedrohlichen Krankheitsausbruch 1825/1826 wollten ihn seine Anhänger in der Gemeinde behalten und formulierten eine Eingabe mit 1600 Unterschriften an den König. Die Kirchenleitung aber suchte zur Befriedung des Erweckungsaufbruchs eine weiter entfernte Pfarrstelle und schickte Hofacker im Sommer 1826 nach Rielingshausen bei Marbach. Doch auch dort war der Zulauf zu seinen kraftvollen Predigten ungebrochen, sodass gar Tausende nach oft stundenlangen Fußmärschen in das kleine Dorf strömten, die die Kirche nicht fasste. Für Hofacker blieb es eine notvolle Zeit, in der seine Mutter, die ihm den Haushalt führte, 1827 starb und ihm ein tuberkulöser Finger amputiert werden musste. Seine letzte Predigt hielt er ausgerechnet zu Ostern 1828: »gleichwie Christus auferwecket ist, so lasset auch uns in einem neuen Leben wandeln« (Predigten: 339).

Noch zu Lebzeiten gab er, zunächst widerwillig, die ersten Predigten heraus, bis dann 1833, besorgt durch seinen Bruder Wilhelm, 1854 nach dessen Tod durch seinen Bruder Karl Hofacker die Predigtsammlung erschien, die bis 1900 45 Auflagen in über 200 000 Exemplaren erfuhr, dazu Übersetzungen ins Englische, Französische, Dänische, Norwegische, Schwedische, Russische. Vorbild war für Hofacker die weit verbreitete Predigtsammlung Georg Konrad Riegers (1687–1743), die gar Mörikes Turmhahn im Studierzimmerregal seines Pfarrers erspähte: »[...] Andreä, Bengel, Rieger zween, samt Oetinger sind da zu sehn.« Hofacker selbst war immer von starken Selbstzweifeln geplagt, was die Wirkungen seiner Predigten anging, und er kannte wohl den narzißtischen Anteil der Selbstdarstellungen eines Predigers. »Die Leute machen viel aus mir und ich gefalle mir nicht selten darin. Es gibt aber keine größere Sünde für den Prediger als Selbstgefälligkeit:

›ich muss abnehmen, Christus aber muss zunehmen‹« (Predigten: XIV). »Das habe ich gefunden, liebe Brüder, daß ein Mensch sich wohl besinnen soll, ehe er einen solchen Rumor anrichtet in der Welt, wie ein evangelischer Prediger tut; denn, wenn er leichtsinnig in die Sache eintritt, wie ich's gewagt habe, so gibt's Narben, die nicht so bald geheilt sind; ich stehe vor dem Herrn wirklich als ein absoluter Heuchler« (Zirkularkorrespondenz 1, 108; Schäfer: 361). Zwar ist in der Überlieferung der Unterschied zwischen freier Rede und gedruckter Form jeweils mit zu bedenken, aber immer ging es Hofacker um den Bußruf zur Umkehr aus falschen Sicherheiten. Seine emotionale Verkündigung, etwa in den Kreuzmeditationen, hatte ein Vorbild in Zinzendorf. Dennoch konnte er mahnen: »Wir müssen sehr vom Gefühl abkommen, liebe Brüder, darauf unsere Hoffnung zu gründen. Der Grund unserer Hoffnung ist nicht in uns, sondern in Christo« (Zirkularkorrespondenz a 71; Kirn: 36). »Jesus treibe uns alle aus der Spekulation in die Erfahrung!« (Zirkularkorrespondenz c 53r; Kirn: 54). Hofacker grenzte seine Jesus-Liebe von den Erkenntnissen der wissenschaftlichen Theologie scharf ab: »Was kümmert's mich, was Schleiermacher oder dieser oder jener oder Swedenborg oder Storr oder Kant oder – oder – über dies und jenes denkt! Wenn ich aus dem einfältigen Zeugnis der Heiligen Schrift dem Wort-Sinne nach weiß, was der Heiland darüber gedacht hat, so ist's genug« (zitiert nach: Schäfer: 375).

Und auch in seiner Kritik an Amtskirche und Amtsträgern kehrte er ins Stift zurück: »Wir werden im Himmel verhältnismäßig wohl am wenigsten Pfarrer antreffen, denn es ist beinahe unmöglich, daß so ein bequemer, egoistischer Pfarrer, wie's unter den Stiftlern und Normal-Repetenten zu Dutzenden gibt, ins Himmelreich eingehe« (zitiert nach: Schäfer: 372 f.).

Dass seine so einfache, wie kraftvolle Predigtsprache jedoch so viele erreichte und ihn zur Identitätsfigur einer ganzen Bewegung werden ließ, ist wohl auf die innere Einheit von Verkündigung und Krankheitsmartyrium zurückzuführen, oder, wie Hofacker selbst es sagt: Der gekreuzigte Christus »ist mein einziger Anker in dem Schiffbruch meines eigenen Verdienstes, den ich täglich erleide« (aus der Antrittspredigt in Rielingshausen; im Lebenslauf zur Investitur: Predigten: XII).

Werke und Werkausgaben

HOFACKER, Ludwig: Predigten für alle Sonn-, Fest- und Feiertage, nebst einigen Buß- und Bettags-Predigten und Grabreden, 33. Aufl. (Ausgabe letzter Hand; elfter Stereotypdruck), Stuttgart 1875.

Archivalien

AEvST: E 1, 227,1.
Promotionsakte Hofacker, AEvST: E 1, 300,1.
AEvST: R 1, 14,3.
Zirkularkorrespondenz Hofackers mit Amtsbrüdern, WLB Stuttgart: Cod. hist. qt, 451 a–c.

Weitere Literatur

KIRN, Hans-Martin: Ludwig Hofacker 1798–1828. Reformatorische Predigt und Erweckungsbewegung, Metzingen 1999.
KNAPP, Albert: Leben von Ludwig Hofacker, 7. Aufl., Stuttgart 1923.
LEDDERHOSE, Karl Friedrich: Art. Hofacker, Ludwig, ADB 12 (1880), 553–556.
RAUPP, Werner: Ludwig Hofacker und die schwäbische Erweckungspredigt, Gießen 1989.
SCHÄFER, Gerhard: Art. Hofacker, Ludwig, TRE 15 (1986), 467–469.
SCHÄFER, Gerhard: Ludwig Hofacker und die Erweckungsbewegung in Württemberg, in: Bausteine zur geschichtlichen Landeskunde von Baden-Württemberg, hg. von der Kommission für geschichtliche Landeskunde in Baden-Württemberg anläßlich ihres 25jährigen Bestehens, Stuttgart 1979, 357–379.
SCHEFFBUCH, Rolf: Ludwig Hofacker. Vor allem: Jesus!, Neuhausen 1998.

Wolfgang Schöllkopf

Christian Gottlob Barth

* 31. Juli 1799
† 12. November 1862
Stiftseintritt: 1817

Der maßgebliche Kopf der Erweckungsbewegung war ein begabter Redner und Erzähler, ein streitbarer Kämpfer für den Pietismus und wurde zu einem weltweit verbreiteten Publizisten durch seinen Einsatz für die Mission. Diese war bei ihm, wie seine theologische Sicht und pastorale Arbeit insgesamt, von einer endzeitlichen Sicht geprägt. Sein Schrifttum und seine Korrespondenz sind, wie seine weltweiten Kontakte, unüberschaubar.

Als Christian Gottlob Barth am 31. Juli 1799 geboren wurde, stand Europa an der Schwelle in eine neue Zeit: Napoleon hatte durch einen Staatsstreich die Macht an sich genommen. Heinrich Jung-Stilling (1740–1817) veröffentlichte 1799 seine *Siegesgeschichte der christlichen Religion*, in der das Jahr 1836 als Datum der Wiederkunft Christi nach den Berechnungen Johann Albrecht Bengels eine zentrale Rolle einnahm, die es auch in Barths Leben haben sollte. In England wurde 1799 die »Religious Tract Society London« zur Verbreitung missionarischer Schriften eröffnet, deren missionarische Arbeit Barth weiter führen sollte. Friedrich Daniel Ernst Schleiermacher (1768–1834) in Berlin trat 1799 mit seinen Reden *Über die Religion – an die Gebildeten unter ihren Verächtern* in ein Gespräch mit den Kritikern ein, denen sich auch Barth verständlich machen wollte. Die Theologie suchte ihren Platz zwischen Lessing und Reimarus, Vernunft und Offenbarung. Und die Frommen im Land zogen sich in ihre Zirkel zurück.

Mitten in der Residenzstadt Stuttgart ist Christian Gottlob Barth aufgewachsen, die ab 1806 klassizistischer Glanz erfüllte, als Friedrich I. König

wurde. Barth stammte nicht aus den Kreisen des führenden Bildungsbür-
gertums. Wie schon im Elternhaus hatte Barth auch in der Schulzeit zahlreiche Kontakte zu Freunden und Familien pietistischer Kreise, aus denen
Missions-, Armen- und Traktatvereine und daraus 1812 die württembergische Bibelgesellschaft entstanden. Nach dem Tod seines Vaters 1810 kam
Barth in die Obhut von Pflegeeltern, die ihn in das traditionsreiche »Gymnasium Illustre« schickten, wo er auch Ludwig Hofacker (1798–1828) begegnete. So wuchs Barth auf, geprägt von den Persönlichkeiten der Erweckungsbewegung, die ihre konservative Kraft aus der Abgrenzung gegen
Aufklärung und Säkularisation gewann, und sich um das Erbe der pietistischen Mütter und Väter bemühte. Ihre Einstellung war von einer endzeitlichen Sicht der Gegenwart geprägt, die sie missionarisch und diakonisch
tätig werden ließ.

Studium im Stift

Als Christian Gottlob Barth 1817 mit seinen Freunden unters Dach des Tübinger Stifts zum Studium einzog, hatte sich die traditionsreiche Bildungseinrichtung Württembergs gerade mehr als je zuvor in ihrer fast 300jäh-
rigen Geschichte verändert, die er selbst in seiner _Geschichte von Württem-
berg_ so zusammenfasste: »man kann wohl mit Wahrheit sagen, daß es
keine andere Anstalt in der Welt gibt, aus welcher so viele berühmte Männer, große Gelehrte und Säulen der Kirche Jesu Christi hervorgegangen
sind« (Geschichte von Württemberg: 168). Im Gefolge der Reformen König
Friedrichs I. wurde das Stift dem neuen Ministerium für das Kirchen- und
Schulwesen unterstellt. Der obrigkeitliche Argwohn gegen neues Denken
in der Schule Kants führte zu formalen Restriktionen, so dass gar seine
Auflösung erwogen wurde. In diesen schwierigen Zeiten wandten sich die
Stiftler immer mehr eigenen Studien zu, unterstützt von begabten Repe-
tenten. Tragende Freundschaften halfen manche Krise zu überwinden.
Ephorus war 1816–1834 der Professor der Philosophie Gottlieb Friedrich
Jäger (1783–1843), Inspektoren waren 1821–1837 die Professoren der Theolo-
gie Johann Christian Friedrich Steudel (1779–1835) und Friedrich Heinrich
Kern (1790–1842). Mit Barth studierten gemeinsam auch Johann Jakob
Christian Donner (1799–1861), der spätere Altphilologe und Sophokles-
Übersetzer, sowie Johann Friedrich Immanuel Tafel (1796–1863), der nach-
malige Professor der Philosophie, Universitätsbibliothekar und Anhänger
des schwedischen Theosophen Emmanuel Swedenborg. Barth war eine

zeitlang sogar Stubengenosse mit dem jung verstorbenen Märchendichter Wilhelm Hauff (1802–1827). Zur gleichen Zeit studierten im Stift die Freunde Ludwig Hofacker, Julius Mohl (1800–1876), der spätere Orientalist, und Albert Knapp (1798–1864). Letzterer betätigte sich in den politisch schwierigen Zeiten der Karlsbader Beschlüsse, mit denen unter Metternich die Freiheitsbewegungen an den Universitäten unterdrückt werden sollten, als aufmüpfiger Burschenschaftler. Zusammen mit den Stiftlern aus dem Pietismus wohnte auch Barth in einer ihrer Stuben, dem »Lettenhaus«, unter dem Dach des Neuen Baus auf der Neckarseite. Die Stubengemeinschaften gliederten die große Zahl der rund 150 Studierenden und spielten für das Zusammenleben eine zentrale Rolle. Einer der wichtigsten Begleiter für Barth wurde Repetent August Osiander (1792–1834), der die pietistische Gruppe der »Pia« im Stift gründete, die eine eigene Erbauungsstunde hielt. 1819 beteiligten sich Barth und seine Freunde an der Gründung des Tübinger Missionsvereins. Barths »Morgenstudienplan« gibt Auskunft über sein Studienprogramm der ersten Semester: »Zuerst, wenn ich vom Bette komme, um drei Uhr, lese ich zwei Kapitel im Brief an die Römer im französischen Testament, sodann zwei Psalmen hebräisch und holländisch, ferner 30–40 Verse aus der Ilias, 10–12 Stanzen [achtzeilige Strophen] aus Tasso Gerusalemme liberata [von Torquato Tasso, 1575, deutsch: »Befreites Jerusalem«], ferner ein Kapitel aus den ›Sketches‹ des Engländers George Klate, endlich ein Kapitel aus Seneca […], einige Briefe aus Cicero, und etwas aus meiner spanischen Grammatik« (Brief an seine Mutter, 19. 1. 1818, zitiert nach: Werner 1: 111).

Das steht für seine ungemeine Sprachbegabung, mit der er schon am Stuttgarter Gymnasium zusätzlich Spanisch und Französisch lernte. In den folgenden Semestern kamen dazu noch Arabisch und Sanskrit. Eifrig und rastlos, wie er war, bescheinigten ihm die insgesamt guten Stiftszeugnisse eine »unstete Wisbegirde« (Promotion Krauss, WS 1817/1818, AEvST: E 1, 300,2).

Ein für Barth prägender Lehrer war der praktische Theologe Jonathan Friedrich Bahnmaier (1774–1841). 1815 auf den neuen Lehrstuhl für Praktische Theologie berufen, hielt sich Bahnmaier auch in Tübingen zum Wirkungsfeld des Pietismus. 1817 holte er Friedrich Silcher (1789–1860) auf die Stelle eines Universitätsmusikdirektors nach Tübingen, mit der zugleich das Amt des Musikdirektors am evangelischen Stift und am katholischen Wilhelmstift verbunden war. Bahnmaiers theologische, pädagogische und auch musikalische Fähigkeiten brachten eine Blüte des Faches und großes Interesse der Studierenden mit sich. Wichtig war ihm, dass alle Aufgaben des Pfarramts und des Unterrichts auch praktisch eingeübt wurden. Dafür gründete er die Predigeranstalt in der Kirche des Tübinger Schlosses. Im Gefolge der deutschen Nationalstaatsbewegung und ihrer Burschenschaften eskalierte die politische Stimmung, als der Student Karl Ludwig Sand (1795–1820) am 23. März 1819 in Mannheim den russischen Staatsrat und Literaten August von Kotzebue ermordete. Sand hatte das Studium der Theologie 1814 in Tübingen begonnen, wo er in die Burschenschaft der Teutonia eintrat. Das Ereignis lieferte die Begründung für Metternichs reaktionäre Einschränkungen der Universitäten und der Presse. Bahnmaier, damals gerade Rektor der Tübinger Universität, musste eine Stellungnahme an den König abgeben. Darin erlaubte sich der Seelsorger, Verständnis für beide Haltungen der Beteiligten zu formulieren, wobei er die Mordtat klar verurteilte. Die Stimmung war jedoch so erregt, dass Differenzierungen nicht gefragt waren und dem, der sie äußerte, zum Nachteil gereichten. Bahnmaier fiel bei seinem König in Ungnade. Obwohl sich Studierende und Kollegen für ihn einsetzten, musste er seinen Lehrstuhl räumen. Zurück vom Katheder auf die Kanzel, wurde Bahnmaier zum Dekan in Kirchheim unter Teck bestellt.

Barth prägten dessen Predigtlehre und die praktischen Übungen seines Mitarbeiters, des Repetenten Christian Friedrich Schmid (1794–1852), der ihm ins Predigtzeugnis schrieb: »gab neue Beweise von seiner Gewandheit im Predigen, wahrhaft biblisch und erbaulich. Seiner Declamation und Action fehlt es durchaus nicht an Lebendigkeit, aber an feinerer Bildung« (Zeugnis von 1821, AEvST: E 1, 300,2; »Bildung« ist hier nicht im Sinne von Wissen, sondern von Ausbildung gemeint).

Neben der Lehre des Supranaturalismus beeinflusste Barth auch der Philosoph Carl August Eschenmayer (1768–1852) durch seinen Hang zum Okkultismus. Barth entdeckte zudem für sich die Mystik als Bestandteil einer Theologie der Erfahrung. Als Verehrer des Mystikers Jacob Böhme (1575–1624) plante er, dessen Werke herauszugeben. Die Stiftszeugnisse vermerkten dazu allerdings mehrfach kritisch: »zum Mysticismus geneigt«.

Im Examen 1821 stand Christian Gottlob Barth auf dem achten von insgesamt 36 Plätzen, mit einem Hinweis auf seine außergewöhnliche Sprachbegabung, einem besonderen Predigtzeugnis und der Kritik an seinem »Mysticismus«.

Wege und Werke, Wirrungen und Wirkungen

1821 trat der im Lande schon bekannte Christian Gottlob Barth seine Vikarsstellen in Neckarweihingen und in Dornhan an. Als Pfarrverweser zog er bereits in die für ihn so wichtige Gegend um Calw, nach Effringen und Schönbronn. In allen Gemeinden zeigten sich Phänomene des Aufbruchs und der Erweckung mit weitem Zulauf.

Nach einer umfangreichen Bildungsreise wurde Barth 1824 Pfarrer in Möttlingen. Neben seinen Tätigkeiten vor Ort entwickelte er umfassende Aktivitäten für die Weltmission und Diakonie. So war er Herausgeber des *Calwer Missionsblatts* für die Basler Mission und maßgeblicher Mitbegründer der Rettungsanstalt für Kinder in Calw-Stammheim. Als Kinder- und Jugendschriftsteller hatte er große Erfolge.

Für den eschatologischen Theologen in der Schule Bengels stand im Mittelpunkt seines Glaubens und Handelns das Jahr 1836, auf das die Weltgeschichte in seinem System zulief bis zum Anbruch des Tausendjährigen Reiches. Alle Phänomene der Krisenzeit zuvor wurden darauf hin gedeutet. Barth verbreitete diese endzeitliche Sicht in zahlreichen Artikeln seiner viel gelesenen Missionsblätter. Auch gegen die aufgeklärte Sicht des Stiftsrepetenten David Friedrich Strauß (1808–1874), dessen *Leben Jesu* gerade 1835/1836 erschien, kämpfte Barth an, so 1839 in seiner Schrift *Der Pietismus und die spekulative Theologie. Sendschreiben an Herrn Diaconus Dr. Märklin in Calw.* Christian Märklin (1807–1849) war Studien- und Repetentenkollege seines Freundes Strauß und wurde 1834 Stadtpfarrer ausgerechnet in Calw. Barth hatte aber auch die Frustrationen zu bearbeiten, die durch das Nichteintreten der Konsequenzen aus dieser chiliastischen Weltsicht entstanden sind.

Für seine umfangreiche literarische und missionarische Tätigkeit verließ Barth 1838 den Pfarrdienst und wurde Schriftsteller in Calw und Gründer des Calwer Verlags. Seine Nachfolge in Möttlingen trat Johann Christoph Blumhardt (1805–1880) an.

Noch einmal leuchteten die Auseinandersetzungen um Glaube und Vernunft auf, als Barth bei einem Besuch in Berlin 1843 das Werk seines Landsmanns Friedrich Wilhelm Joseph Schelling (1775–1854), *Die Philosophie der Offenbarung*, in die Hände bekam. Darin erörterte dieser nach den Betrachtungen zur Philosophie der Natur, der Freiheit und der Mythologie abschließend die grundlegende Bedeutung der Offenbarung. Barth, lange schon auf der Suche nach einem philosophischen Entwurf, der Glauben und Denken miteinander zu vereinbaren vermochte, ließ sich auf die Gedankenwelt Schellings ein und antwortete ihm kritisch in seiner Schrift von 1845 *Der Engel des Bundes, an Geheimrat Schelling,* wo es heißt: »Zuvörderst nun muss ich Ihnen bekennen, daß ich mich zu den Denkgläubigen zähle, d. h. nicht: zu Denen, die durch's Denken erst zum Glauben gekommen sind, sondern: zu Denen, die gerade darum denken, weil sie glauben, Denen die Gegenstände ihres Glaubens wichtig genug sind, um ihnen ein ernstliches fortgesetztes Nachdenken zu widmen. [...] Ich halte die Philosophie nicht für etwas Verwerfliches oder Entbehrliches; ich glaube, daß der Zweck der Offenbarung ohne Philosophie nicht vollständig erreicht wird; aber ich betrachte die Philosophie nicht als eine neben der Offenbarung, der einzigen Wahrheitsquelle, fließende zweite, sondern nur als Schlüssel zu ihr. [...] Ich will nicht blos glauben und empfinden, sondern auch begreifen, was zu begreifen ist, und von dem Unbegreiflichen wenigstens so viel, daß es unbegreiflich ist« (Der Engel des Bundes: 5 f.).

Als Verlagsleiter in Calw entwickelte Barth in rastlosem Einsatz, gefördert und unterstützt von vielen, ein umfassendes Verlagswesen für die weltweite Mission. Monatlich erschien das Calwer Missionsblatt in über zehntausend Exemplaren, das in den zahlreichen Missionsvereinen vorgelesen und damit mehrfach multipliziert wurde. Es prägte die Sichtweisen von den Missionsländern, in der eigenartigen Mischung aus kulturellen Wahrnehmungen und defizitären Menschenbildern. Den Durchbruch und wirtschaftlichen Erfolg für den Calwer Verlag brachte sein »Welt-Bestseller«, die *Zweimal zweiundfünfzig biblische Geschichten für Schulen und Familien*: 1832 erstmals in Deutsch erschienen, mit schließlich 483 Auflagen bis 1945, 2,7 Millionen deutschen Exemplaren und Übersetzungen in über 80 Sprachen, worunter neben den Weltsprachen vor allem die Sprachen und Dialekte der Missionsgebiete waren. Der Inhalt ist so schlicht wie wirkungsvoll, denn Barth stellte mit einem Helfer für jede Woche des Jahres je eine Geschichte aus dem Alten und dem Neuen Testament zusammen. Die Nacherzählung orientierte sich weitgehend an Luthers Übersetzung. Zusammen mit einprägsamen Bildern zeitigte das Werk eine umfassende Wirkung. Barth war weltweit berühmt geworden. Dabei blieben kritische Stimmen über seine apokalyptische Kämpfernatur oder seine Freund-Feind-Schemata nicht aus. Schon lange war er mit Krankheiten und auch resignativen Stimmungen belastet. Ab 1860 stand ihm Hermann Gundert (1814–1893) in der Verlagsarbeit zur Seite und wurde schließlich sein Nachfolger. Christian Gottlob Barth starb am 12. November 1862 in Calw und wurde in Möttlingen bestattet. Sein Lebenswerk zeigte zahlreiche Nachwirkungen und einen Nachklang enthalten seine zahlreichen Lieder, zu deren bekannteste Strophe die von Otto Riethmüller (1889–1938) 1932 in dem Lied *Sonne der Gerechtigkeit* gesammelte gehört:

»Tu der Völker Türen auf; deines Himmelreiches Lauf
Hemme keine List noch Macht, schaffe Licht in dunkler Nacht:
Erbarm dich Herr!«
(Evangelisches Gesangbuch: Nr. 263,4).

Werke und Werkausgaben

BARTH, Christian Gottlob:
- Ueber die Pietisten mit besonderer Rücksicht auf die Württembergischen und ihre neuesten Verhältnisse, Tübingen 1819.
- Hoffmännische Tropfen gegen die Glaubensohnmacht. Worte des Friedens über die neue Württembergische Gemeinde, Tübingen 1820.
- Süddeutsche Originalien, 4 Hefte, Stuttgart 1828–1836.
- Der arme Heinrich oder die Pilgerhütte am Weißenstein, Hamburg/Stuttgart 1828.
- Christliche Kirchengeschichte für Schulen und Familien, Stuttgart 1835 (24., verb. Aufl. 1905).
- Die allgemeine Weltgeschichte nach biblischen Grundsätzen, Calw 1837 (6. Aufl. 1861).
- Der Pietismus und die spekulative Theologie. Sendschreiben an Herrn Diakonus Dr. Märklin in Calw, Stuttgart 1839.
- Geschichte von Württemberg. Neu erzählt für den Bürger und Landmann, Calw 1843 (6., verb. Aufl. 1898; Faksimile-Nachdruck der 1. Aufl. Stuttgart 1986).
- »Der Engel des Bundes«. Ein Beitrag zur Christologie, Leipzig 1845.
- Der Negerkönig Zamba. Eine Sklavengeschichte. Seitenstück zu »Onkel Tom's Hütte«. Nach dem Engl. bearbeitet, Stuttgart 1853.
Eine ausführliche Bibliographie der Werke Barths findet sich in: Raupp: 200–244.

Archivalien

Promotion Krauss, WS 1817/1818, und Zeugnis von 1821: AEvST: E 1, 300,2.

Weitere Literatur

ADAM, Gottfried: Die Biblischen Geschichten von Christian Gottlob Barth. Eine Annäherung an einen »Weltbestseller«, in: ders./Lachmann, Rainer/Schindler,

Regine (Hgg.): Die Inhalte von Kinderbibeln. Kriterien ihrer Auswahl (Arbeiten zur Religionspädagogik 37), Göttingen 2008, 117–144.

BRECHT, Martin: Christian Gottlob Barths »Zweimal zweiundfünfzig biblische Geschichten« – ein weltweiter Bestseller unter den Schulbüchern der Erweckungsbewegung, Pietismus und Neuzeit 11 (1985), 127–138; Nachdruck in: ders.: Ausgewählte Aufsätze, Bd. 2: Pietismus, Stuttgart 1997, 618–630.

EHMER, Hermann: Kirchengeschichte, Bd. 3: 19. und 20. Jahrhundert, hg. vom Stadtarchiv Calw (Calw – Geschichte einer Stadt), Calw 2009.

KANNENBERG, Michael: »Die Notwendigkeit einer sachlichen Beschäftigung mit den Quellen«. Kritische Anmerkungen und Ergänzungen zu Werner Raupp: Christian Gottlob Barth. Studien zu Leben und Werk, Stuttgart 1998, Blätter für württembergische Kirchengeschichte 101 (2001), 321–335.

KANNENBERG, Michael: Verschleierte Uhrtafeln. Endzeiterwartungen im württembergischen Pietismus zwischen 1818 und 1848 (Arbeiten zur Geschichte des Pietismus 52), Göttingen 2007.

RAUPP, Werner: Christian Gottlob Barth. Studien zu Leben und Werk (Quellen und Forschungen zur württembergischen Kirchengeschichte 16), Stuttgart 1998.

SCHÖLLKOPF, Wolfgang: Tu der Völker Türen auf. Christian Gottlob Barth: Pfarrer, Pietist und Publizist, Stuttgart 2011.

WERNER, Karl: Christian Gottlob Barth, Doktor der Theologie. Nach seinem Leben und Wirken gezeichnet, 3 Bde., Stuttgart/Calw 1865; 1866; 1869.

Wolfgang Schöllkopf

Wilhelm Hauff

* 29. November 1802
† 18. November 1827
Stiftseintritt: 1820

... oft hab' ich gehört, es fallen
Die Lieblinge des Himmels früh, damit
Sie sterblich Glük und Laid und Alter nicht
Erfahren.

Das 19. Jahrhundert hat das Leben Wilhelm Hauffs auf die Pathosformel dieses Hölderlinschen Verses gebracht. Und wenn auch die nüchterne Gestimmtheit unseres Zeitalters einer solchen Erklärung manches Korrigierende und Präzisierende hinzuzufügen für nötig hält – blendende Virtuosität, geschickte Marktstrategie, bedenkenlose Tagesschriftstellerei –, so muss man doch dem Bild vom jugendlichen Götterliebling einen Kern von Wahrheit zubilligen. Jugendliche Leichtigkeit ist die Signatur seines märchenhaften Erfolgs und in die unbeschwerte Jugend, ja Kinderzeit, fällt für die meisten von uns die Bekanntschaft mit Wilhelm Hauffs Werken. Von daher erinnern wir uns heute der Märchen vom Zwerg Nase und vom kleinen Muck, vom Kalif Storch und vom Räuber Orbasan, der unheimlichen Erzählung von der abgehauenen Hand und der satirischen vom Affen als Mensch, endlich der abenteuerlichen Geschehnisse um das Wirtshaus im Spessart und der zwingenden Symbolik im Märchen vom kalten Herzen – von daher erinnern wir uns dieser reichen Phantasiewelt im doppelten Widerschein von Jugendlichkeit, sowohl unserer eigenen, vergangenen, wie auch der ihren, die ewig zu sein scheint. Und auch Hauffs Erzählweise, bei aller Routiniertheit, was Übernahme und Anverwandlung von Vorgefundenem betrifft, stammt aus der Jugend des Erzählens. Hier ist kein raffinierter, voraussetzungsreicher, spätzeitlicher Künstler am Werk, vielmehr einer, der mit den Grundelementen seines Handwerks operiert, der spannend, abenteuerlich, handlungsreich schreibt, der das Wunderbare, das Außerordentliche, die Ferne beschwört. Ernst Bloch hat einmal die imaginative Kraft eines Hauffschen Eingangssatzes hervorgehoben: »Mein Vater hatte einen kleinen Laden in Balsora«. In der Tat, es ist, als spräche man das Wort »Mutabor« aus, und die Welt um einen herum zeigte ein anderes Gesicht.

So weltläufig dieses Erzählen daherkommt, so sicher Hauff mit den exotischen Versatzstücken der Weltliteratur hantiert, so kennt er doch auch den Bezug auf die engere Heimat. Sein erfolgreichster Roman, *Lichtenstein*, ist nebst anderem auch ein Heimatbuch, das, gestützt auf den Albreiseführer Gustav Schwabs, ein identifikatorisches Panorama Württembergs entfaltet, dessen Nachwirkung noch heute die Gestaltung des schwäbischen Sonntagsausflugs nach Schloss Lichtenstein und zur Nebelhöhle prägt. Und auch die Novelle *Jud Süß* behandelt Stuttgarter Geschehnisse und führt gleichzeitig einen Stoff in die Literaturgeschichte ein, der im 20. Jahrhundert zum Inbegriff jüdischer Identität werden sollte: bei Lion Feuchtwanger in so anteilnehmender wie bei Veit Harlan in perfider Gestaltung.

Im Schwäbischen nämlich war Hauff von seinem Herkommen verwurzelt, dazu noch Theologe und Stiftler, so wenig ihm auch später das »Stiftsgschmäckle« anhaftete – wie etwa Eduard Mörike oder Gustav Schwab – und er vielmehr ein Literat, ein moderner Schriftsteller wurde, der vom Typus auf die Zeit des Jungen Deutschland und insbesondere auf Heine vorausweist, von dem ihn allerdings dann doch ein beträchtlicher Abstand trennt. Seine Familie gehörte dem württembergischen Beamtenstand an, der sogenannten Ehrbarkeit, da der Vater früh starb waren die Mittel aber knapp und für den jungen Wilhelm bot sich die Seminar- und Stiftslaufbahn geradezu an. Dazu bedurfte es freilich guter schulischer Leistungen, damit aber konnte der Knabe nicht aufwarten. Statt im Unterricht zu glänzen wie sein älterer Bruder Hermann, war Wilhelm ein eher schlechter Schüler, dafür aber ein umso besserer Leser. In Tübingen, wohin die Familie von Stuttgart aus umgezogen war, standen ihm die Bücherschätze seines gebildeten Großvaters zur Verfügung, daneben frequentierte er wohl auch Leihbibliotheken. In wahllosem Durcheinander las der spätere Schriftsteller die englischen Romane des 18. Jahrhunderts, frühe Höhepunkte der Gattung, und deutsche Räuberromane, eher am anderen Ende der Qualitätsskala angesiedelt. Er mischte süffige Abenteuerliteratur mit Goethe und Schiller, Märchen mit Trauerspielen, kurz, betrieb eine, wie

sein Bruder es nannte, »wunderliche Selbstbildung«, deren wichtigste Folge die Anregung und Ausweitung seiner Phantasie, deren erstes praktisches Ergebnis aber die allabendliche Erzählstunde für seine Schwestern
und deren Freundinnen war. Offenkundig drängte es Wilhelm Hauff
schon früh dazu, aus dem Gelesenen Eigenes zu formen und der Erfolg,
zunächst im kleinen Kreis, gab ihm darin jetzt schon Recht. Einen unmittelbar nützlichen Erfolg bedeutete hingegen das endlich bestandene Landexamen, wonach Hauff im Dezember 1817, gerade 15 Jahre alt geworden,
ins Seminar nach Blaubeuren einzog. Die Leidenschaft zum Lernen erwachte dort allerdings auch nicht; in einem Brief des 17jährigen an einen
Freund treten dagegen Blasiertheit, Langeweile und Widerwillen gegen die
Klosterschule zutage: »Ich weiß Dir wahrhaftig beinahe gar nichts zu
schreiben. Denn ich habe nicht so viel Gelegenheit, Merkwürdiges zu sehen und zu hören. Es dreht sich alles im alten Kreise und ich komme mir
oft vor wie ein Färbergaul, der im ewigen Kreislauf immer wieder an die oft
betrachteten Gegenstände hingetrieben wird. 's ist doch ein verflucht langweiliges Leben, das Klosterleben. Die langen Wintertage. Tag für Tag wird
man um 5 Uhr aus dem besten Schlaf aufgeschellt, muß schanzen bis 12.
Dann kommt schlechtes Essen. 1/2 Stündchen im schlechten Wetter auf
den wenigen oft besehenen Spaziergängen sich herumzutreiben, ist auch
großes Vergnügen! Die übrige Rekreationszeit hat man Langeweile, dann
geht das Schaffen wieder an bis 8 Uhr, um am Ende, die langweiligste Erholung, auf seiner Stube bei einer Pfeife Tabak der Verdauung zu pflegen.
Ringsherum fades Geschwätz; zu lesen ist auch nichts da; es bleibt mir am
Ende nichts mehr, als an die seligen Vakanztage zu denken und – das
Heimweh zu bekommen« (Hinz: 16).

An dieser überheblich-distanzierten Haltung gegenüber Lehranstalt
und Unterrichtsstoff änderte sich wohl auch nicht viel, als Hauff 1820 ins
Tübinger Stift wechselte, ein Jahr früher als seine Mitschüler, was allerdings weniger seinen Noten geschuldet war, als vielmehr dem Umstand,
dass er seinerzeit in der Tübinger anatolischen Schule ein Jahr versäumt
hatte, also seinen Kommilitonen im Alter voraus war. Über Hauffs Studium selbst ist wenig bekannt; seine Zeugnisse waren ordentlich, sein Verhalten unauffällig, eine prägende Beeinflussung durch Lehrer oder Mitstudenten lässt sich nicht nachweisen. Das hat sicherlich damit zu tun, dass er
wegen Überfüllung des Stifts bereits nach einem Semester als Stadtstudent
bei seiner Mutter in der Haaggasse 15 wohnen durfte, was ihn dem engeren
Stiftsverband entzog; wohl auch damit, dass ihm burschenschaftliche
Kreise oder auch ein privater Freundesbund, die sogenannte »Kleine Com

pagnie«, ausreichend Gemeinschaftserlebnisse boten. Die überlieferten
schriftlichen Äußerungen Hauffs aus der Studienzeit entstammen nahezu
ausschließlich diesen Kontexten – fällt von dorther zuweilen der Blick auf
das Stift, so erscheint es in aller Regel als Zielscheibe burschikosen Spotts
und anlassorientierter Satire. So findet sich in Hauffs Stammbuchblättern
mehrfach der Hinweis auf den »Klosterfraß am Hansentisch« (Sämtliche
Werke 3: 403), also auf das schlechte Essen, das ja Teil des Stipendiums war;
gleichermaßen werden die als demütigend empfundenen Kleidervor-
schriften für die Stiftler angeprangert. In konzentrierter Form erscheinen
diese Klagen – wobei man den genregebundenen Charakter solcher sati-
risch übertreibenden Ausfälle bedenken muss – im Stammbucheintrag für
den späteren Pfarrer Leopold Keller vom August 1822 (Krämer: 31):

»Lieber Keller! Gedenkst Du an die Leiden des Stiftes, an Sabels Tyran-
ney u. Schiefheit, an alte Qualen von Fammele, Noten, Karzern, Freßen,
kurzen und engen Hosen, Überschlägen und Schlapphüten etc zurük, so
gedenke dabei in Liebe eines Mitleidenden, der Dich seelig preißt daß Du
aus dem Ort der Quaal hervorgehst. Gedenke meiner, wie Deiner gedenkt
/ Wilh. Hauff aus Tüb. th. cand. / Dein Freund und BdsBruder.

> Einst war der Satan auf d. Geistlichkeit
> Von Würtemberg gar schröklich aufgebracht,
> Doch war er gleich mit einem Plan bereit,
> Und hat sich schnöde Rache ausgedacht!
> »Wart! sprach er, eure Kinder sollens büßen!
> Wie will ich eurer Brut die Müh' versüßen!«
> Bald ward ein finstrer Zwinger aufgeführt,
> Auf seinen Rath ließ ihn der Herzog bauen,
> Mit Mauern u. mit Gräben ausgeziert,
> Des Teufels Claustrum ist auch jezt zu schauen.
> Und drinnen in des Kerkers öden Mauern
> Muß Schwabens Jugend ihren Lenz vertrauern.
> Ein Teufel ist als Wächter aufgestellt,
> 12 Junge Teufel müßen es bewachen,
> Sie lauern wo der arme Stiftler fehlt
> Und raportiren's jenem Argus-Drachen.
> Der Tod ist nicht das ärgste was uns trifft,
> Der Uebel größtes ist gewiß das Stift.

Wie gesagt, Hauff selbst war von den »Leiden des Stiftes«, der strengen
Hausordnung und Überwachung der Stipendiaten durch die 12 Famuli, ja
gar nicht betroffen, auch soll ihn der Ephorus Gottlieb Friedrich Jäger, genannt Sabel oder Sebulon, durchaus wohlwollend behandelt haben, von

Karzerstrafen ist bei ihm gleichfalls nichts bekannt – man wird solche Beschwerden weitgehend als durch die Zeiten tradierte studentische Topoi ohne größeren Realitätsgehalt ansehen dürfen. In seinem flott gereimten Gedicht erhebt Hauff indessen die althergebrachte Klosterkritik ins Literarische und verleiht ihr damit, wenn auch nicht mehr Substanz, so doch größere Eindringlichkeit. Formulierungen wie »des Teufels Claustrum« oder der parodistische Bezug auf Schillers Schlussverse in der *Braut von Messina*: »Das Leben ist der Güter höchstes nicht, / Der Übel größtes aber ist die Schuld«, bleiben bei aller unsachgemäßen Überspitzung beim Leser haften – hier war eben ein werdender Literat am Werk, der schon mit der gleichen respektlosen Attitüde und ähnlich polemischer Verve auftrat wie bei seinen späteren Werken, wo er – in den *Mitteilungen aus den Memoiren des Satan* – kurzerhand den Teufel in Tübingen Theologie studieren ließ. Ob der dabei vorgeführte Professor Blasius Schnatterer, der den Teufel etymologisch als »Stinker« und »Herrn im Dreck« entlarvt und dafür von diesem mit dem »schönen Luisel«, einer stadtbekannten Dirne, blamiert wird, eher mit dem Prälaten Bengel oder mit dem Professor Steudel zu identifizieren sei, wird kontrovers diskutiert, unstrittig ist hingegen, dass Hauff hier nicht etwa eine ernsthafte Auseinandersetzung mit der Universität oder dem Stift betreibt, sondern dass er mit leichter Hand – manche würden sagen: in oberflächlicher Weise – Menschen und Zustände schildert, die seinem Tübinger Erfahrungsbereich entstammen; alles andere als tiefgründig und erkenntnisträchtig, dafür aber unterhaltsam und witzig.

Einige Zeit später richtete sich Hauffs Blick erneut in einem literarischen Werk auf seine Tübinger Studienstätte: »Er gehört einem Schlag von Leuten an, die man in unseren Ländern jetzt weniger oder nicht so auffallend und originell sieht als früher, ein sogenannter württembergischer Magister. Bitte übrigens, glauben Sie nicht, daß in diesem Begriffe etwas Lächerliches liege; denn eine nicht geringe Zahl würdiger, gelehrter Männer unserer Zeit gehören diesem Stande an. Es gab in früherer Zeit – ob jetzt noch, weiß ich nicht – in jenem Lande eine Pflanzschule für tiefe Gelehrsamkeit. Es gingen Philologen, Philosophen, Astronomen, Mathematiker in Menge daraus hervor, zum Beispiel auch ein Kepler, ein Schelling, Hegel und dergleichen. Vor zwanzig Jahren soll man allenthalben in Deutschland Leute aus dieser Schule gesehen haben; den Titel Magister bekamen sie als Geleitsbrief mit. Sie waren gewöhnlich mit tiefen Kenntnissen ausgerüstet, aber vernachlässigt in äußeren Formen, in Sprache und Ausdruck sonderbar, und spielten eine um so auffallendere Figur, als sie gewöhnlich ihrer Stellung nach, als Lehrer an Universitäten, als Erzieher in brillanten

Häusern, in der Gesellschaft durch ihr Äußeres den Rang nicht ausfüllten, den ihnen ihre Gelehrsamkeit gab« (Sämtliche Werke 2: 609 f.).

Man sollte nicht meinen, dass derjenige, der hier per Figurenrede – in seiner Novelle *Die letzten Ritter von Marienburg* – den Blick von außen aufs Tübinger Stift fingiert, ihm einst selbst angehört hatte, allerdings war er danach als Erzieher in einem brillanten Haus angestellt gewesen, dem des Kriegsratspräsidenten von Hügel in Stuttgart, sodann hatte er eine Reise nach Paris und durch Norddeutschland unternommen und wenn man ihm eines bestimmt nicht vorwerfen kann, so dieses, »vernachlässigt in äußeren Formen« sowie »in Sprache und Ausdruck sonderbar« gewesen zu sein. Das Studium im Tübinger Stift, ebenso übrigens wie seine Mitgliedschaft in der Burschenschaft Germania, sind zwar biographische Tatsachen, sie scheinen für die Wesensart seiner späteren Werke aber vollkommen unerheblich, deren Merkmale vielmehr jene Weltgewandtheit, Weltläufigkeit und Weltkenntnis sind, die in dem obigen Zitat den Gegensatz zum etwas moquant behandelten württembergischen Magister bilden. Hauff hat diesen Zug selbstbewusst auch für sich als Person in Anspruch genommen, nicht ohne jene Selbstironie, die durchweg ein sympathisches Element seines Charakters ausgemacht zu haben scheint. In einem Brief schildert er, wie er am Tag seines Konsistorialexamens mit Fieber und Halsweh erwachte, worauf der Minister Hügel ihm seinen Wagen zur Verfügung gestellt habe:»Da hättest Du nun die Gesichter sehen sollen, die aus dem Consistorio herausschauten. Ein prachtvoller Stadtwagen mit Glasfenstern, herrliche Pferde mit schönem Geschirr, der Kutscher in voller Livree, ein Bedienter hinten droben! Vor dem Konsistorium schreit der Kutscher: ›Brrr!‹ Die Pferde stehen, der Bediente fliegt heran, öffnet feierlich die Glasthüre, schlägt die reichgestickten Tritte auseinander, ein Paar seidene Strümpfe werden sichtbar, ein Arm mit einem prächtigen Patenthut kommt heraus – wer mag es wohl sein? – – – der Magister Hauff!! ›Heißt das geistliche Armut‹, höre ich die Herren sagen, ›heißt das christliche Demut?‹« (Hinz: 35).

Hauff strebte weder das eine noch das andere an; er ließ sich vom geistlichen Amt beurlauben und wurde ein gefeierter Schriftsteller. Dies erreichte er durch geschicktes Taktieren – *Lichtenstein* folgt dem Muster der historischen Romane von Walter Scott, die damals in Europa Furore machten, *Der Mann im Mond* erschien unter dem Namen des Erfolgsautors Clauren und verursachte damit einen veritablen Gazettenskandal samt aufsehenerregendem Kriminalprozess –, weit mehr aber wohl durch überzeugende literarische Leistungen. Die Novellen, die nun entstanden, *Phan-*

tasien im Bremer Ratskeller, Jud Süß, Das Bild des Kaisers gelten als Hauffs reifste Schöpfungen. Daneben redigierte er mit dem Cotta'schen *Morgen-blatt* das bedeutendste Kulturjournal Deutschlands – und es mehrte sich in fast genialischer Mühelosigkeit die Zahl der Märchen, die die Zeitgenossen weniger beachteten, die indessen den Namen Hauffs heute noch in alle Weltgegenden tragen. Der letzte Märchen-Almanach ist wohl sein berühmtester geworden, *Das Wirtshaus im Spessart,* und darin enthalten, *Das kalte Herz,* jene zum Begriff gewordene Parabel der kapitalistischen Wirtschaftsform. Mit einem Wort, Hauff hatte sich in kürzester Zeit und bereits im Alter von 24 Jahren seinen festen Platz in der Literaturgeschichte erschrieben. Kurz vor seinem 25. Geburtstag verstarb er; ob als Liebling der Götter, wie man im tröstlichen Versuch einer Sinngebung seines Schicksals gesagt hat, sei dahingestellt. Geliebt und geschätzt, und zwar seines Werkes wegen, wird er jedoch unstreitig bis heute von den Lesern und Liebhabern der Literatur.

Werke und Werkausgaben

HAUFF, Wilhelm: Sämtliche Werke in drei Bänden, hg. von Sibylle v. Steinsdorff, Nachwort von Helmut Koopmann, München 1970.

KRÄMER, Gustav: Ein Stammbuchblatt von Wilhelm Hauff [Faksimile], Tübinger Blätter 21 (1930), 31 f.

Weitere Literatur

BESSLICH, Barbara: Napoleonisches Kaleidoskop. Interkulturalität, frührealistische Romantik-Kritik und Intermedialität in Wilhelm Hauffs Erzählung »Das Bild des Kaisers«, Arcadia. Internationale Zeitschrift für Literaturwissenschaft 41 (2006), 29–49.

HINZ, Ottmar: Wilhelm Hauff. Mit Selbstzeugnissen u. Bilddokumenten (Rowohlts Bildmonographien 403), Reinbek bei Hamburg 1989.

KITTSTEIN, Ulrich (Hg.): Wilhelm Hauff. Aufsätze zu seinem poetischen Werk (Mannheimer Studien zur Literatur- und Kulturwissenschaft 28), St. Ingbert 2002.

MOJEM, Helmuth: Heimatdichter Hauff? Jud Süß und die Württemberger, Jahrbuch der Deutschen Schillergesellschaft 48 (2004), 143–166.

MOJEM, Helmuth: Mit Schiller für die Freiheit. Wilhelm Hauffs Bearbeitung von »Wallensteins Lager«, Jahrbuch der Deutschen Schillergesellschaft 52 (2008), 21–76.

NEUHAUS, Stefan: Das Spiel mit dem Leser. Wilhelm Hauff – Werk und Wirkung, Göttingen 2002.

OSTERKAMP, Ernst/POLASCHEGG, Andrea/SCHÜTZ, Erhard (Hgg.): Wilhelm Hauff oder Die Virtuosität der Einbildungskraft, Göttingen 2005.

PFÄFFLIN, Friedrich: Wilhelm Hauff und der Lichtenstein (Marbacher Magazin 18), 2. Aufl., Marbach 1999.

Helmuth Mojem

Wilhelm Waiblinger

* 21. November 1804
† 17. Januar 1830
Stiftseintritt: 1822

Dass ihm »sein Hochmuth zur Demut werde« (AEvST), dieser Wunsch eines seiner ehemaligen Lehrer am Gymnasium in Stuttgart begleitet den damals knapp 18-jährigen Wilhelm Waiblinger auf seinem Weg ins Evangelische Stift. Genauso wie der Ruf des Extravaganten, der ihm vorauseilt und ihn auch in Tübingen wieder einholt. Angefangen bei seiner äußeren Erscheinung: ein großer und kräftiger junger Mann mit schulterlangen Locken, die er im Wind wehen lässt. Dazu das Hemd bis auf die Brust offen.

Und – mindestens ebenso beeindruckend – der mit 17 Jahren schon bekannte Dichter, der den Stuttgarter Gymnasiasten zu mitternächtlicher Stunde aus seinem Roman *Phaeton* vorliest oder Gedichte aus dem druckfertigen Manuskript mit dem Titel *Lieder aus Griechenland* vorträgt. Er kommt gut an bei den Zuhörern, besticht mit seinen Versen.

Kindheit und Jugend erlebt er in vergleichsweise ruhigen Zeiten. Geboren am 21. November 1804 in Heilbronn, wächst der Sohn des Buchhalters Johann Friedrich Waiblinger und der Pfarrerstochter Christiane Luise, geb. Kohler in Stuttgart auf. Bereits als Zehnjähriger – animiert durch die Großeltern – »liest er mit Begeisterung Goethes *Leiden des jungen Werther* und *Dichtung und Wahrheit*« (Allekotte: 20). 1817 zieht die Familie nach Reutlingen um. Dem Rektor des Gymnasiums, Christoph Friedrich Gayler, fällt seine hohe Begabung auf. Er fördert ihn daraufhin mit der Lektüre römischer und griechischer Klassiker. Von November 1819 bis April 1820 arbeitet Waiblinger als Hilfsschreiber am Uracher Oberamtsgericht, doch die Büroarbeit empfindet er als bedrückend und einengend. Es ist die Zeit der harten Auseinandersetzung mit seinem Vater, gegen dessen Wunsch – besser Vorgabe – Theologie zu studieren, sich der revoltierende und widerspenstige junge Dichter wehrt. Mit der Unterstützung des Oberamtsrichters Märklin erreicht er beim Vater die Erlaubnis, am damals ebenso berühmten wie berüchtigten Oberen Gymnasium in Stuttgart das Studium der Philologie zu beginnen.

Dort verarbeitet Waiblinger seine Eindrücke und Gefühle in Gedichten, die bei den vielen Begegnungen mit Künstlern und Schauspielern auf ihn einstürmen. In dieser Zeit haben auch die freundschaftlichen Beziehungen zu Gustav Schwab und Ludwig Uhland ihren Anfang, ebenso die Briefkorrespondenz zwischen Eduard Mörike und ihm.

Und – ganz wichtig – Wilhelm Waiblinger beginnt, Tagebuch zu schreiben, dem er – Goethes Wilhelm Meister lässt grüßen – den Untertitel »Hugo Thorwalds Lehrjahre« gibt. Ein Werk, in dem er nicht nur für sich die auf ihn einwirkenden Einflüsse und Ereignisse festhält. Mehr noch: Die Tagebücher sind auf Öffentlichkeit hin angelegt. Im Vorwort betont der Verfasser zwar, dass das Tagebuch »kein Werk für die Nachwelt« (Tagebücher: 22) sei, doch gibt Waiblinger die einzelnen Bände an Freunde und Bekannte weiter und versucht, das Tagebuch drucken zu lassen; zunächst ohne Erfolg.

Seine dichterische Tätigkeit, die Lektüre der Klassiker, die zahlreichen Lesungen in Künstlerkreisen, die mindestens ebenso zahlreichen Besuche von Festen, Theateraufführungen und nicht zuletzt eine leidenschaftliche Liebesbeziehung gehen einher mit der Vernachlässigung der philologischen Studien. Waiblinger schafft das Abschlussexamen nicht und muss so auch auf die Aufnahme ins Tübinger Stift warten. Doch den lang ersehnten Wunsch, ins Stift zu kommen, behält er bei – trotz wiederholter kritischer Anfragen: »Ich ward abermals ernstlich gewarnt, ich solle den Schritt, ins Kloster zu gehen, doch bedenken« (3. August 1822, Tagebücher: 213). Am 26. September 1822 besteht er das Examen und beschreibt seine Gefühlslage: »Alles stürmt auf mich ein: Freunde sind mir nicht, was ich möchte, dass sie mir wären – sie kränken mich tausendfach – das Examen – der Zwang des Geistes dabei – die Lähmung seiner freyen Bewegung – der Vorschmak des gefürchteten Klosters [...] ich fühle mich ganz allein, von allen verlassen, aber von Innen heraus wallt eine gesunde, starke Kraft, ich bin fest und mit mir selbst zufrieden« (26. September 1822, Tagebücher: 226).

Im Stift

Am 23. Oktober 1822 zieht er im Tübinger Stift ein, in der »sechsten Spähre« (Stockwerk), in dem Wissen, dass er kein Unbekannter ist: »Ich war den Herren längst bekannt. Darum überhäuften sie mich mit warnendem Geschwäze« (23. Oktober 1822, Tagebücher: 232). Ein Brief aus dem Gymnasium in Stuttgart bestätigt dies: »Waiblinger brauche ich nicht zu schildern, er hat es selbst gethan. Möge er in Tübg. eine solche Richtung nehmen, dass seine wirklich guten Anlagen ausgebildet seien, im einzelnen, namentl. Latein (in Griech. scheint er mir minder vest, noch minder in Hebr.) guten Kenntnisse vermehrt, sein Hochmuth zur Demut werde. Schlechtes kann man durchaus nichts von ihm sagen, ja es scheint, er wäre ein guter Mensch, wenn er nicht so hochmüthig wäre – ist arm« (AEvST).

Er ist auch nur ein Jahr zur Probe aufgenommen, wie ein Brief des Departements des Inneren und des Kirchen- und Schulwesens vom 19. Oktober 1822 belegt, in dem gefordert wird, dass »er innerhalb deßselben seine exzentrische und ungründliche, mit höchst unanständiger Anmassung und Animosität verbundene Art des Studierens, die ihn bis jetzt zu einer zum Theil absurden und mit christlicher Theologie, welcher er sich widmen will, ganz unvereinbaren philosophisch-ästhetischen Art führte« (AEvST) ablegen möge.

Waiblinger darf bleiben. Und allem Anschein nach scheint ihm das Stift – zu Beginn – zu schmecken: »Der Stiftsfrass ist lustig und unterhält mich herrlich« (25. Oktober 1822, Tagebücher: 232). »Ich bin sehr gern im Stift, möchte durchaus nicht in die Stadt ziehen« (8. Januar 1823, Tagebücher: 258). Allerdings, die äußere Ordnung bleibt auf der Strecke: »Das Bischen Ordnungsliebe, das ich bisher gehabt, geht nun vollends zum Teufel, seitdem ich im Stift bin. Gott gebe mir dereinst nur eine tüchtige Frau, sonst gibt es bey mir eine pure Sauhaushaltung« (25. November 1822, Tagebücher: 241).

Einen Tag vor seinem 18. Geburtstag hält er die Stimmung fest, die ihn in seiner Stiftsstube umgibt: »Von unserer Stube aus geniess ich die herrlichste Aussicht über eine grüne, vom Neckar durchwundene, von einer Pappelallee durchkreuzte, in der Ferne durch hübsche Bergrücken, und drüber hinein durch einen Theil der malerisch gruppirten, den Tag über in den vielfachsten Farbentönen schwimmenden Alpen begränzte Wiesenfläche. Des Morgens sehe ich die Sonne aufgehen, die alte, heilige Riesin. Da fühl ich mich dann so kindlich heiter im roten blendenden Quillen der ersten Strahlen, fühle mich ganz geliebt von Gott, Natur und Menschen.

Des Abends seh ich die fernen Berge erblassen, in Violet sich verwandeln, den Mond am Himmel hervortreten, wie ein schwaches Wolkenbild, den Horizont erglühen vom wallenden Gold der untergegangenen Mutter. Des Nachts seh ich die Gegend im Mondlicht schwimmen, wie ein keusches Auge in wunderbaren Thränen, und sehe die Millionen Welten, wie einen ewig bewegten Lichtregen, im dunklen Aether schwimmen, staune, erkenne den grossen, tiefen Geist, wie ausgesprochen den Namen Gottes!« (20. November 1822, Tagebücher: 239).

Und das Theologie-Studium? Es engt ihn ein. »Immer noch, wie seit einigen Jahren, kann ich der Theologie, wie man sie treibt, und wie ich sie werde treiben müssen, ihrer Praxis insbesondere, ja sogar dem Christentum, so weit ich es kenne, und wie es gewöhnlich aufgefasst wird, keinen Geschmack abgewinnen.« Und einige Zeilen weiter: »Ich muss Mensch, irdisch, weltlich, seyn dürfen, dann erst zu Gott, zum Unendlichen!« (1. Dezember 1822, Tagebücher: 244). Seine Einschätzung des Studiums, dargelegt in seinem ersten Stiftsaufsatz über den »Werth der Wissenschaft«, scheint sich zu bestätigen: »Die Wissenschaft ist gar nichts anderes als ein todter Körper« (AEvST).

Seine Haltung zum Theologiestudium spiegelt sich auch in den ersten Beurteilungen wider, wenn zwar *eloquium distinctum* (klare Beredsamkeit) und *ingenium facile* (empfängliche Begabung) attestiert werden, aber auch festgehalten wird: *iudicium in theologicis minus exercitum* (Urteilsfähigkeit im Theologischen ist weniger geübt), gefolgt von der Einschätzung: *in philologia bonus, in philosophia satis bene versatur* (In der Philologie gut, kennt er sich in der Philosophie recht gut aus; AEvST).

Die Stimmung kippt. Bereits wenige Monate nach Eintritt in den Stiftsverband notiert Waiblinger in seinem Tagebuch: »Das Stift liegt als etwas fürchterlich Beengendes vor meiner freyen Seele! Ohne mein Gartenhaus hielt ichs auf den Sommer nicht aus« (7. April 1823, Tagebücher: 280). Gemeint ist ein Gartenhaus am Österberg, in das sich Waiblinger immer wieder mit ausgewählten Freunden zurückzieht. Mörike gehört dazu. Doch häufigster Gast ist Friedrich Hölderlin. Die erste Begegnung liegt schon länger zurück und war am 3. Juli 1822. Doch sie hat sich tief eingeprägt in Waiblingers Gedächtnis: »Den ganzen Tag bracht ich den schrecklichen Besuch von heute Früh nicht aus dem Gedächtniss. Ich phantasierte unaufhörlich von diesem Hölderlin« (3. Juli 1822, Tagebücher: 203). Während seiner Tübinger Zeit besucht er Hölderlin immer wieder im Turm, unweit des Stifts, oder nimmt ihn mit an seinen Rückzugsort am Österberg.

Das Gartenhäuschen ist aber auch der Ort großer Produktivität. Allerdings investiert er sie stärker in die Poesie und das Verfassen eigener Werke, als in das Studium anderer. Und all das hat Auswirkungen auf die Beurteilungen. Seine »gute Fassungskraft« und sein »gutes Gedächtnis« werden hervorgehoben. Doch besuche er die Lektionen »unfleißig«. Auch nach zwei Jahren Stiftszeit sei er »etwas zu viel von sich eingenommen, [aber] nun mehr geordneter« (AEvST, Zeugnis Sommerhalbjahr 1824).

Als sich Waiblinger 1824 in die fünf Jahre ältere Julie Michaelis, Nichte des Romanistikprofessors Salomo Michaelis verliebt, das Verhältnis bald als Skandal zum Tübinger Thema wird, geht die Mehrzahl seiner Freunde auf Distanz zu ihm. Die Verantwortlichen des Stifts dagegen geben ihm noch eine Chance. Jedoch meldet das Inspektorat des Stifts dem Königlichen Studienrat Friedrich Gottlieb Süskind den Vorfall. Dieser reagiert: »Auf den Bericht des Seminarinspektorats vom 30. des Monats will man den Seminaristen Waiblinger jedoch unter der ernstlichen Bedrohung, dass er, wenn er den besonderen Erwartungen, welche man nun wieder von ihm fordern wolle, nicht entspreche, nach Umständen sogleich mit dem Ultimatum oder mit wirklicher Entlassung werde bestraft werden« (Brief des Königlichen Studienraths an das Inspektorat des Evang. Seminars in Tübingen, 11. Oktober 1824, AEvST). Im Zeugnis des Winterhalbjahres 1825/1826 wird notiert, dass »Sitten und Ruf zweifelhaftig« seien, doch gleichzeitig wird seine Predigt als »gut ausgeführt« und »nicht ohne Gefühl vorgetragen« aufgenommen.

Aus dem Stift

Doch Waiblinger, der in dieser Zeit eifriger studierte als je zuvor, findet das Gleichgewicht nicht wieder. Tief verletzt über das Verbot, Julie Michaelis zu sehen, und über die Distanzierung der Freunde, führt er ein immer ausschweifenderes Leben. Am 26. September 1826 reagiert der Königliche Studienrat und schreibt an das Seminarinspektorat in Tübingen: »Dem Inspektorat wird auf seinen Bericht, betreffend den Seminaristen Waiblinger eröffnet, dass man denselben in Betracht seiner beharrlichen Unordnungen und seiner gänzlichen Vernachlässigung der bestimmungsgemäßen Studien aus dem Seminar-Verband mit Kosten-Ersatz (welchen die Oekonomie-Verwaltung zu berechnen und einzusenden hat) entlassen haben wolle« (AEvST).

Wilhelm Waiblinger muss das Stift verlassen. Das Interesse an der Wissenschaft, wie sie sich ihm in Tübingen darstellt, hat er längst verloren.»Die wahre Wissenschaft, die nach Innen und Aussen bildet, ist die Platonische, zu der man aufsteigt von der Anschauung und Liebe einzelner Schönheit, äusserer Vorzüge, und von der man in jenes unendliche Meer der wandellosen, ewigen Schönheit des Guten taucht« (Stiftsaufsatz, AEvST). Waiblinger verlässt nicht nur Tübingen, sondern auch Deutschland, verlassen und unverstanden von den allermeisten Freunden und seiner Familie, nach außen noch immer hochmütig wirkend, doch zerbrechlicher denn je. Er geht nach Rom. Dort taucht er unter und führt ein Leben im Rausch, an dem er zerbricht. Waiblinger stirbt am 17. Januar 1830 an den Folgen einer Lungenentzündung. Er liegt auf dem»Cimitero Acattolico«, dem protestantischen Friedhof Roms, abgebildet auf einer abgebrochenen Säule.

Werke und Werkausgaben

WAIBLINGER, Wilhelm:
– Die Tagebücher. 1821–1826, hg. von Herbert Meyer (Veröffentlichungen der Deutschen Schillergesellschaft 22), Stuttgart 1956.
– Werke und Briefe. Textkritische und kommentierte Ausgabe in 5 Bänden, hg. von Hans Königer (Veröffentlichungen der Deutschen Schillergesellschaft 34–39), Stuttgart 1980–1982; 1985 f.; 1988.

Archivalien

Promotionsakte, AEvST: E 1, 304,1.

Weitere Literatur

ALLEKOTTE, Detlef: Friedrich Wilhelm Waiblinger oder Hugo Thorwalds Dichter- und Wanderjahre zwischen Frühreife und frühem Tod, Selb 1978.
HÄRTLING, Peter: Waiblingers Augen. Roman, Köln 1995.
OLDENBURG, Ralf: Wilhelm Waiblinger. Literatur und bürgerliche Existenz, Osnabrück 2002.

Tilman Knödler

Eduard Mörike

* 8. September 1804
† 4. Juni 1875
Stiftseintritt: 1822

Mörike und das Hebräische

Mörike war in Hebräisch so schlecht, dass er selbst noch im Traum davon heimgesucht wurde:

>»Nächtlich erschien mir im Traum mein alter hebräischer Lehrer,
>Nicht in Menschengestalt, sondern – o schreckliches Bild!
>Als ein Kamez geformt [...]«

So kann er nur noch flehen: »Halt! So rief ich: erbarme dich mein! In *Dettingers* Namen!« (Sämtliche Werke 1: 227).

Das Gedicht entstand 1838. Es bezieht sich auf den Hebräischunterricht, den Mörike 1817 am Mittleren Gymnasium in Stuttgart erlebt hatte. Neben Rudolf Flach (1804–1830) war auch Christian Friedrich Dettinger (1804–1876; der spätere Dekan von Stuttgart, dann Prälat und Generalsuperintendet in Reutlingen) sein Mitschüler. Beide gingen dann mit ihm nach Urach, danach ins Stift. Das Stiftsarchiv bestätigt, dass Mörike wirklich schlecht in Hebräisch war: Er erhielt z. B. im Frühlingsexamen 1823, das am 3. und 4. Februar stattfand, die Note »mittelmäßig« (in Latein übrigens die Note »ziemlich gut«), rutscht aber im Herbstexamen des gleichen Jahres auf die schlechteste Note überhaupt ab: »sehr mittelmäßig« (Köhrer/Ressing: 42). Er ist damit das Schlusslicht. In Hebräisch, so wie in allen orientalischen Lehrgegenständen, ist hingegen Dettinger »vorzüglich«. Dennoch war nicht Dettinger der Primus der Promotion, sondern am Anfang Karl

Georg Haldenwang (1803–1862; der heute als Pionier der Behindertenarbeit und damit als Vater der Sonderpädagogik gesehen wird). Er wurde im Winterhalbjahr 1823 von Wilhelm Reiniger (* 1805) abgelöst, bis das Tragische geschah: Am 31. Mai 1824 ertrinkt Reiniger im Neckar. Der Ephorus schreibt: »Er badete mit mehreren seiner Cameraden unterhalb der Stadt, u. verschwand plötzlich [...]«. (Köhrer/Ressing: 113 f.). Am 8. Juni wird seine Leiche in Mittelstadt gefunden. Am gleichen Abend wird er beerdigt. Mörike ist nicht dabei, obwohl er ihn von der Stuttgarter Zeit her kennt. Zudem ist er mit ihm verwandt: Der Vater von Reiniger ist der Schwager von Eberhard Friedrich von Georgii (1757–1830), dem Oheim Mörikes, so dass dieser sowohl der Onkel von Mörike als auch von Reiniger ist. Nach dem Tod Reinigers wird der Freund Matthias Schneckenburger (1804–1848; später Professor in Bern) Primus. Dass Dettinger und Mörike sich mochten, zeigt auch das Gedicht »Wenn das Feld und jede Nixe [...]«, das Mörike ihm zum Geburtstag am 21. Februar 1823 schenkt.

Mörike und der Katholizismus

Für jedes Halbjahr muss ein Seminarist einen Plan erstellen, auf dem er alle Veranstaltungen, die er besuchen wird, sowie seine Privatstudien einträgt. Dieser Studienplan wird dem zuständigen Repetenten vorgelegt, der diesen dann an den Ephorus weiterleitet. Ephorus seit 1816 ist Gottlieb Friedrich Jäger (1783–1843), der im Stift »Sabel« genannt wird. Sind die »StudienPläne« alle da, bespricht er sich mit den anderen Mitgliedern des Inspektorats: mit Ernst Gottlieb von Bengel (1769–1826), dem ersten Superattendent, so wie den beiden anderen Superattendenten Johann Christian Friedrich Steudel (1779–1837) und Jakob Gottlieb Wurm (1778–1847). Zu jedem einzelnen macht das Inspektorat Anmerkungen, die Jäger als Anweisungen an die Repetenten zusammenfasst, so auch im Winterhalbjahr 1824/1825. Über das Informationsbrett im Stift, die sog. »Schwarze Tafel«, wird jeder Promotion bekannt gegeben, welche Veranstaltungen besucht werden müssen. Für die 2. Promotion, zu der Mörike zu diesem Zeitpunkt gehört, gilt, dass sie u. a. die Vorlesung über »Christliche Moral« zu hören hat. Mörike gibt an, dass er »Christliche Moral« schon hören wird, aber an der Katholischen Fakultät. Das Inspektorat reagiert prompt: »So wenig es den Seminaristen verwehrt ist, *auch* Vorlesungen bei katholischen Lehrern zu hören, so wenig kann zugegeben werden, daß sie Vorlesungen, welche als wesentlich anerkannte sind, (wie die Moral) bei einem kathol.

Lehrer *statt* bei einem protestantischen, hören, was namentl. Zorer, Müller, Clemm ß. u. Mörike zu bemerken ist« (Köhrer/Ressing: 63). Diese Anweisung ist klar. Aber Mörike hält sich nicht daran. Er hört Moral an der Katholischen Fakultät.

Das Halbjahr geht vorüber. Es kommt das Sommerhalbjahr 1825. Wieder müssen sie »Christliche Moral« hören. Mörike gibt auf seinem Studienplan erneut an, »Moral« bei Prof. Johann Baptist Hirscher (1788–1865; er gehört zu den Gründerfiguren der Katholischen Tübinger Schule) zu hören. Vom Inspektorat gewährt Prälat von Bengel ihm dieses mit der Auflage, im nächsten Halbjahr aber dann »Moral« bei Prof. C. F. Schmid (1794–1852) an der Evangelischen Fakultät zu hören. Steudel nimmt dazu wie folgt Stellung: »Ich erlaubte mir in Erinnerung zu bringen, daß nach Antrag des verehrtesten Hrn Prälaten v. Bengel Mörike auch zu erinnern seyn wird, daß das Anhören der Moral bey Hirscher ihn vom Anhören der Moral bei einem Lehrer unsrer Ev. Pensien nicht dispensirt« (Köhrer/Ressing: 69). Jetzt geschieht etwas Merkwürdiges: Mit einer anderen Feder wird diese Intervention einfach eingeklammert. Wer war das? – Es kann nur Jäger gewesen sein. Tatsache ist nun, dass Mörike erneut bei Prof. Hirscher an der Kath. Fakultät Moral hören kann.

Bleibt zu sagen, dass Mörikes bekannte Affinität zum Katholizismus damit eine noch größere Grundlage bekommt und das durch eine (evangelische) Einklammerung! Im Winterhalbjahr 1825/1826 ist Mörike folgsam: Er hört nun endlich »Christliche Moral« an der Evangelischen Fakultät, eben bei Prof. Christian Friedrich Schmid.

Mörike und die Liebe

Im Gedicht *Im Frühling*, das Mörike 1828, also nach seiner Stiftszeit, schreibt, heißt es:

> »Hier lieg ich auf dem Frühlingshügel:
> Die Wolke wird mein Flügel,
> Ein Vogel fliegt mir voraus.
> Ach, sag mir, all-einzige Liebe,
> Wo *du* bleibst, daß ich bei dir bliebe!
> Doch du und die Lüfte, ihr habt kein Haus«
> (Sämtliche Werke 1: 29).

Die Erfahrung, dass die »all-einzige Liebe« wie die Lüfte kein Haus hat, beginnt mit seiner Liebe zu Klara Neuffer (1804–1838), seiner Kusine, dem Clärchen:

> »Jenes war zum letzten Male,
> Daß ich mit dir ging, o Clärchen«
> (Sämtliche Werke 1: 10)

Das schrieb er 1822. Gibt es die »all-einzige Liebe«? In der Ostervakanz 1823 ist Mörike zunächst daheim in Stuttgart, trifft sich öfters mit Waiblinger (1804–1830), dessen *Phaeton* bei Franckh erscheint. Dann fährt er nach Ludwigsburg zu seinem Freund Rudolf Lohbauer (1802–1873). Dort passiert's: Er begegnet Maria Meyer (1802–1865). Sie wohnt bei Lohbauers und arbeitet als Schankmädchen beim Bierwirt Wilhelm Mergenthaler. Sie lässt Mörike nicht los: Ihre Schönheit, ihre Ausstrahlung, ihre Anziehung, ihre Bildung, alles. Nach den Ferien wechselt er Briefe mit ihr. Wenn wir nur wüssten, was er ihr schreibt. – Nichts weiter geschieht. Äußerlich. Im Sommer 1823 schreibt er das Liebes-Gedicht *Der junge Dichter*:

> »Aber, Liebchen, sieh, bei dir
> Bin ich plötzlich wie verwandelt:«
> (Sämtliche Werke 1: 14 f.).

Liebe ist alles. Sie vermag es sogar, dass er »aus der Dichtung engen Rosenbanden« fliegt. Also gibt es sie doch, die »all-einzige Liebe«.

In diesem Sommer 1823 verlobt sich sein Clärchen mit dem Stiftler Christian August Schmid (1802–1874), der in diesem Halbjahr noch im Stift ist und mit dem er im Winter zusammen Theater gespielt hat. Das schmerzt. Aber noch immer ist äußerlich nichts zu merken.

Über die Weihnachtsfeiertage 1823 ist Mörike wieder bei der Familie in Stuttgart. Mörike weiht seine Schwester Luise (1798–1827) in sein Verhältnis mit Maria Meyer ein. Sie tut alles, damit er Maria aufgibt. Ende des Jahres ist Maria Meyer plötzlich aus Ludwigsburg verschwunden und taucht in Heidelberg auf. Von dort bekommt Mörike einen Brief, den er aber nicht beantwortet. Seiner Schwester Luise schreibt er am 26. Januar 1824: »Ihr Leben – so viel ist gewiß, hat aufgehört in das Meinige weiter einzugreifen, als ein Traum den ich gehabt und der mir viel genüzt« (Werke und Briefe 10: 48). Das ist übrigens genau die Zeit, da J. G. Schreiner Mörike porträtiert.

Mindestens eines der Peregrina Gedichte dürfte seit Ostern entstanden sein, vermutlich Nr. 2: *Aufgeschmückt ist der Freudensaal*. Mörike schweigt noch immer. Er schreibt das Gedicht an seine Schwester Luise *Wenn ich dich, du schöne Schwester* [...]: Luise erscheint als Priesterin und bannt den Kummer, der wie ein Leichnam ist:

> »Und sie spräche über ihn den Segen,
> Ach! auf daß ich fortan Ruhe habe«
> (Sämtliche Werke 1: 291).

Er will nun ein Trauerspiel schreiben, um die Begegnung mit Maria zu verarbeiten.

Maria Meyer ist bei dem Maler Christian Köster (1784–1851) in Heidelberg. Köster trifft Lohbauer in Stuttgart und informiert Mörike brieflich.

Anfang Juli 1824 erhält Mörike von Klara Neuffer eine gebrochene Rose. Er wird »wehmütig an Entschwundenes und an das Vorüberfliegen irdischer Gestalten an einander« erinnert (Simon: 33). Maria taucht plötzlich am 4. Juli in Tübingen auf. Mörike hört davon. Am 5. Juli ist er krank. Waiblinger besucht ihn. Mörike bittet die Schwester, heim nach Stuttgart kommen zu dürfen. Luise schreibt deshalb an den Freund L. A. Bauer (1803–1846) und bittet ihn um Rat. Am 6. Juli schreibt Mörike sein Gedicht:

> »Ein Irrsal kam in die Mondscheingärten
> Einer fast heiligen Liebe«
> (Erstfassung in: von Matt: 176).

Angesehene Tübinger Familien nehmen sich Maria Meyers an und schirmen sie vor den Studenten ab. Nur Flad (1804–1830), der übrigens in Mörikes Schwester Luise verliebt ist, darf zu ihr. Mörike begleitet ihn einmal mit inneren Kämpfen. Bauer rät Luise, Mörike aus Tübingen zu entfernen. Luise verschafft ihm am 13. Juli ein ärztliches Attest und schickt dieses ans Inspektorat. Es wird befürwortet. Am 16. Juli flüchtet Mörike heim. Bauer und Mährlen (1803–1871) begleiten ihn.

Mörike weiß, dass er von ihr nicht loskommt. Wenn er aber mit ihr geht, dann geht er mit ihr unter. Er wird mit ihr in den Wahnsinn gehen. In der Erstfassung des Gedichts *Ein Irrsal kam in die Mondscheingärten*, das ursprünglich *Abschied von Agnes* hieß, steht:

> »Ach, ihre weiße Stirn,
> Drin ein schöner, sündhafter Wahnsinn
> Aus dem dunkeln Auge blickte [...]«
> (Erstfassung in: von Matt: 176).

Mit ihr gehen, geht also nicht. Wenn er sie aber nun gehen lässt, dann vergeht auch sein Leben:

> »Krank seitdem,
> Wund ist und wehe mein Herz.
> Nimmer wird es genesen!«
> (Endfassung, Sämtliche Werke 1: 99).

Das wird er nicht auflösen können, auch wenn es noch einen dritten Weg gibt, den Mörikeweg: Mörike kann wie im Orplid-Mythos Gestalten auftreten und verschwinden lassen. Er ist ein Meister der Phantasmagorie, die er auch in seinem Roman Maler Nolten einsetzt. Er kann Figuren wie auf der Bühne einmal hervortreten und dann wieder zurücktreten lassen, wie wenn er zwei laternae magicae führen könnte. Damit verbunden ist die Fähigkeit, Begegnungen in seinem Inneren erleben zu können. Mörike hat sein inwendiges Theater. So schaut Maria plötzlich durch die Spalte eines Vorhangs hindurch. Für Mörike ist es dann Wirklichkeit, die er körperlich erlebt. Es ist Wirklichkeit in der Morgenfrühe, in der Nacht, im Traum. Sie ist, in welcher Gestalt auch immer, nicht weg. – Gibt es nun die »all-einzige Liebe«? Ja, aber sie hat eben kein Haus.

Maria Meyer wird am 26. August nach Schaffhausen abgeschoben. Maria und Mörike werden sich nie wieder begegnen. Sie versucht es zwar noch einmal: Am 25. April 1826 taucht sie überraschend in Tübingen auf und wendet sich schriftlich an Mörike, der jedoch jede Begegnung vermeidet. – Er hat andere Wege gefunden.

Mörike und die Predigt

Im Stift gibt es die Predigtübungen. Jeden Sonntagnachmittag müssen Seminaristen der ältesten zwei Promotionen im Speisesaal vor allen anderen, einem Mitglied des Inspektorats und dem Wochenrepetenten nacheinander eine Predigt halten. Befreit sind diejenigen, die das von Jonathan Friedrich Bahnmaier (1774–1841) gegründete Predigerinstitut besuchen (darunter sind Mährlen und Flad). Liturgisch gerahmt werden die Predigtübungen durch »Anstimmung einiger Strophen«. Die Predigt muss auswendig gehalten werden. Beim ersten Mal wird hierbei großzügiger verfahren. Der Predigttext umfasst meist nur einen oder wenige Verse eines Bibeltextes. Im Predigtbüchlein hält der Wochenrepetent sein Urteil fest. Am 11. September 1825 ist es soweit: Mörike hält seine erste Predigt im Stift über Eph-

eser 4,14. Das Urteil lautet: »eine etwas zu moderne Predigt, ohne besonders hervorstechende gute Anordnung: stoßweise abgefasst u. vorgetragen.
Organ schwach« (Köhrer/Ressing: 175). Mit dem Zusatz »mem.« für memoriter wird bestätigt, dass Mörike seine Predigt auswendig gehalten hat.
Dann kommt der 4. Advent, 18. Dezember 1825. Im Predigtbüchlein wird
festgehalten: »keine Predigt, sondern eine theologisch poetische Abhandlung über den Vorläufer Johannes – gezwungener Stil. Vortrag mühsam
memorirt, ohne Leben, ohne Accent, monoton vorgetragen« (Köhrer/Res-
sing: 176).

Im Bericht des Inspektorats an den Königlichen Studienrat vom 9. April
1826 wird zwar gelobt, dass Mörike hinsichtlich des Fleißes besser geworden sei, er verdiene aber wegen seiner 13 Caritionen (Bestrafungen durch
Weinentzug) und deshalb »weil er namentl. im Predigen noch so wenig
leistet, eine ernstliche Zurechtweisung« (Köhrer/Ressing: 180). Mörike ist
der einzige, der wegen seiner Predigt eine disziplinarische Androhung erhält. Predigt und Strafe – was für ein Zusammenhang! Der Vergleich mit
anderen zeigt, dass er die schlechteste Beurteilung bekommt. Der Studienrat wird aber keine Karzerstrafe aussprechen. Es heißt: »Bei Mörike will
man für diesmal sich noch auf eine nachdrückliche Erinnerung und Bedrohung wegen seiner 13. Caritionen und seiner gar zu geringen Leistungen im Predigen beschränken« (Köhrer/Ressing: 180).

Am 4. Juni 1826 muss Mörike bei der Predigtübung wieder eine Predigt
halten. Das Urteil des Wochenrepetenten diesmal: »Disposition nicht sehr
hervorstechend. Inhalt gedanken- u. blumenreich (doch nicht überreich).
Vortrag wellenförmig, d.h. übereilt u. Manches verschlingend; unverhält-
nißmäßige Accentuation; übrigens zeigte der Ton Gemüth und Empfin-
dung. mem.« (Köhrer/Ressing: 176).

Am 13. August 1826 wird im Predigtbüchlein festgehalten: »der Inhalt
gleicht viel dem Vortrag, es sind lauter stoßweise herausgedrükte u. abgestoßene Kraftphrasen; nur fehlt eine kräftige Grundlage« (Köhrer/Ressing:
176).

Mörike hat nun beim Thema Predigt einen Schlag weg. Die Freunde
spüren immer wieder, wie hoch empfindlich er an dieser Stelle ist. Obwohl
Mörike in den Vikariatszeugnissen ganz gute Beurteilungen bekommt
und obwohl die Gemeindeglieder ihm gerne zuhören – der Schlag bleibt.
Im Pfarrberuf ist die Predigt der Hauptnerv. Im Predigen ungenügend zu
sein, zu wissen, dass man »lauter stoßweise herausgedrükte u. abgestoßene
Kraftphrasen« hervorgebracht hat, dass man wegen der Predigt eine Bedrohung bekommen hat: Das kann sehr wohl eine Mitursache dafür sein,

dass er mit 39 Jahren das Pfarramt verlässt. Das macht niemand freiwillig und schon gar nicht bei solch einem Ruhestandsgehalt.

Mörike und das lange Vikariat

Für die berufliche Zukunft entscheidend ist die »General-Location«. In ihr wird jede abgehende Promotion in sieben Klassen eingeteilt. Sie ist zugleich ein Instrument, mit dem die Kirchenleitung die um diese Zeit bestehende »Vikarsschwemme« reguliert. Wer zur VII. Klasse (»gering«) gehört, hat keine Chance, ins Vikariat übernommen zu werden. Das passiert mit Karl Philipp Rau (1804–1855). Er muss, was er tut, auf eigene Kosten weiter Theologie studieren. Wer zur VI. Klasse (»sehr mittelmässig«) gehört, hat zwar einen Anspruch auf ein Vikariat, muss allerdings damit rechnen, dass er lange warten muss, bis er die erste Pfarrstelle bekommt. Das trifft tatsächlich auf alle der VI. Klasse zu. Zu ihnen gehört Mörike. Damit haben wir eine Antwort auf die Frage, warum Mörike so lange Vikar war. So einfach ist das. Es hat nichts mit seinem Bruder Karl zu tun, nichts damit, dass er angeblich so gern auf einem Frühlingshügel liegt oder dass er zu kränklich wäre.

In der endgültigen Location steht Mörike auf dem 35. Platz (Johann Tobias Beck, der spätere Professor der Theologie, wird auf den 4. Platz noch nachlociert), ist somit der Viertletzte.

Bleibt am Schluss zu sagen: Nach vier Jahren sind nur noch 38 Seminaristen von der Promotion übrig. Mit 50 Seminaristen hat die Promotion einmal angefangen! Es ist viel passiert. Mörike weiß es.

Werke und Werkausgaben

MÖRIKE, Eduard:
- Sämtliche Werke in vier Bänden, hg. von Herbert G. Göpfert, mit einem Nachwort von Georg Britting, München 1981.
- Werke und Briefe. Historisch-kritische Gesamtausgabe, Band 10: Briefe (1811–1828), hg. von Bernhard Zeller und Anneliese Hofmann, Stuttgart 1982.

Weitere Literatur

BLOEDT, Dieter A./EHMER, Hermann/SCHÖLLKOPF, Wolfgang (Hgg.): Uracher Köpfe (Uracher Geschichtsblätter 2), Stuttgart 2009.

KÖHRER, Alexander/RESSING, Cordula: Im Locus antwortet er verwirrt – Eduard Mörike im Evangelischen Stift in Tübingen 1822–1826. Eine Dokumentation, Tübingen 2004.

KRICKL, Gudrun Maria: Geliebte Kinder – Das Leben der Dichtermutter Charlotte Dorothea Mörike, Tübingen 2009.

SIMON, Hans-Ulrich: Mörike-Chronik, Stuttgart 1981.

SIMON, Hans-Ulrich: Mörike und die Künste. Zur Ausstellung, Schiller-National-museum, Marbach am Neckar, 8. Mai bis 31. Oktober 2004, unter Mitarbeit von Regina Cerfontaine (Marbacher Katalog 57), Marbach 2004.

STRUNK, Reiner: Eduard Mörike. Pfarrer und Poet, Stuttgart 2004.

VON MATT, Peter: Liebesverrat. Die Treulosen in der Literatur, München 2001.

Alexander Köhrer

Sixt Karl (von) Kapff

* 22. Mai 1805
† 1. September 1879
Stiftseintritt: 1823

Sixt Karl Kapff sei, so ist schon früh bilanziert worden, »der echteste Repräsentant der Gestalt, welche die schwäbische Frömmigkeit« im 19. Jahrhundert entwickelt habe (Burk: 31). Als ein solcher Repräsentant schwäbischer Frömmigkeit verweilte Kapff im Tübinger Stift – als Student und als Repetent. Wenn im Folgenden die Lebensgeschichte von Kapff und sein Habitus als pietistischer Kirchenmann rekonstruiert wird, dann soll bei der Darstellung ein besonderer Schwerpunkt auf diese beiden Aufenthalte gelegt werden.

Von Kindesbeinen an waren bei Kapff die Weichen in Richtung des Pfarrberufes gestellt. Nicht nur, dass er, geboren am 22. Oktober 1805 in Güglingen bei Brackenheim, im Pfarrhaus (Winterbach) aufwuchs, vielmehr erkannte er selbst auch von Kindesbeinen im Pfarrberuf seine persönliche göttliche Berufung: »Zum geistlichen Stand nemlich hatte mich eigene Neigung vom dritten Jahr an bestimmt. Ob dabei Nachahmung des Vaters, der mich aber nicht bestimmte, Wohlgefallen am Kirchenrock und Predigten, oder was sonst Ursache gewesen, will ich nicht entscheiden. Ich sehe am liebsten in dieser frühe so bestimmten und auch nie im Mindesten wankend gewordenen Neigung einen Ruf Gottes und es ist mir dieses immer ein besonderer Trost, daß ich mich wirklich als berufen ansehen kann« (Lebensbild 1: 6 f.). Dem zehnjährigen Knaben soll ein Bauer in prophetischer Weitsicht hinterher gerufen haben: »O Carle, er ka no Prälat werda«. Nach Absolvierung der Schulzeit trat Kapff 1819 ins Maulbronner Seminar ein. Als eher mittelmäßiger Schüler schloss er zum Herbstexamen

1823 ab. Auf der Liste seiner Promotion wird er an 14. Stelle von 40 Personen geführt. Fleiß und Sitten gelten als »gut«, die Begabung sowie die Leistung in einzelnen Fächern wie Latein, Griechisch, Mathematik etc. als eher »mittelmäßig« (Maulbronner Promotion 1823–1828, AEvST: E 1, 305; vgl. auch Lebensbild 1: 20). Zu seinem Geburtstag am 22. Oktober 1823 zog Kapff zum damals fünfjährigen Studium ins Evangelische Stift in Tübingen ein. Seine Studienneigung und seine Noten verbesserten sich, als nach zweijährigem Philosophiestudium das theologische Studium ansetzte, denn Kapffs Interesse war stärker pastoraler als wissenschaftlicher Natur. Er war ein eher ruhiger Student. Dem geselligen studentischen Leben stand er abgeneigt gegenüber. Stattdessen widmete er sich neben dem Studium einem reichen Gebetsleben. Das Gebet war sein Lebenselixier. »Eine einzige Minute im Gebet – in der höchsten Andacht, in der völligen Erhebung zu Gott und zum lieben Heiland, ist theurer, als ein ganzer Tag oder mehrere im Irdischen allein zugebracht« (Lebensbild 1: 55) und dann auch: »Ich bete für alle Stiftler, o könnte ich euch alle mit mir ziehen hinauf zum ewigen Vater und zu des Sohnes heiliger Liebe« (Lebensbild 1: 57). Ein unersetzlicher Freund in diesen Glaubensdingen wurde ihm von dieser ersten Stiftszeit an Wilhelm Hofacker (1805–1848), ein jüngerer Bruder des bekannten Predigers Ludwig Hofacker (1798–1828) und später Pfarrer in St. Leonhard/Stuttgart. Er machte Kapff mit der inneren Verfasstheit und dem geistlichen Potential eines schwäbischen Pietismus bekannt, der diesem bislang unbekannt geblieben war, stand doch sein Vater dem Pietismus zurückhaltend gegenüber. Seine »Wiedergeburt« datiert er in den Sommer 1825, die Zeit, in welcher seine Mutter starb (Lebensbild 1: 36 f.). Vom 1. Januar 1826 wurden unter seiner und Hofackers Federführung im Stift wieder erbauliche Studentenversammlungen abgehalten: »[E]s wurde beschlossen, biblische Stellen zu Grund zu legen, aber auch andere Bücher manchmal zu lesen, oder interessante Mittheilungen aus dem Reich Gottes; was die Theilnahme betrifft, so wolle man keine Achselträge, keine, denen es nicht ernst sei, annehmen. Wir können unsere Versammlung heißen wie wir wollen, Kränzle für praktische Theologie oder theologisches Kränzle. Offenheit soll herrschen, keiner sich geniren, jeder auf andere nach allen Kräften zu wirken suchen« (Lebensbild 1: 47). Oft predigte Kapff beziehungsweise legte im Spital die Schrift aus, und anlässlich solcher Tätigkeiten verdichtete sich stets die Einsicht in seine göttliche Berufung: »Ach es gibt nie einen schöneren Beruf, als den, den der Herr mir gegeben hat« (Lebensbild 1: 71). Seine Studienpredigten wurden positiv beurteilt: »Seine Predigt war gut disponiert, populär ausgeführt, im Pastoral-Ton vorgetragen« (Öffentliches Testimonium der zweiten Promotion Sommer-halbjahr 1826, AEvST: E 1, 305). 1827 bekam er den ersten Preis für Predigt und Katechese verliehen und als seine Promotion im darauffolgenden Jahr das Studium abschloss, hatte Kapff die Abschlusspredigt zu halten. In sei-nem Zeugnis wurde u. a. wie folgt geurteilt: [...] *Studium theologicum pro-spero cum successu tractavit. Orationem sacram perbene dispositam et ela-boratum memoriter habuit. [...] In philologia bene, in philosophia satis bene versatus* (AEvST: E 1, 305). Er selbst ordnete sich »in Hinsicht des Intellec-tuellen zu denen, die ohne Originalität mehr das Gegebene verdauen und es hauptsächlich schätzen, so fern es Nahrungsmittel fürs Herz und fürs praktische Leben wird« (Lebensbild 1: 92).

Zunächst wurde Kapff Vikar bei seinem Vater, mittlerweile Dekan in Tuttlingen; danach wechselte er, da er ein starkes Interesse für Erziehungs-fragen hatte, als Lehrer an der Wehrlischule in Hofwyl (Kanton Bern). Im Juni 1830 legte er die theologische Anstellungsprüfung in Stuttgart mit »sehr gut« ab. Obwohl er eine starke Neigung zum Pfarrberuf hatte oder auch gerne weiterhin in Hofwyl unterrichtet hätte, wechselte er 1830 als Repetent an das Evangelische Stift. Er bezweifelte, ob er der künftigen Auf-gabe gewachsen sein würde: »Da ich bei meinem Eintritt in Tübingen mich den wissenschaftlichen Aufgaben nicht gewachsen fühlte, tröstete mich Hofacker damit, ich versperre doch einem Rationalisten den Platz« (Le-bensbild 1: 158). Es war vor allem der intensive geistliche Austausch mit Hofacker, der ihn dann doch davon sprechen ließ, dass die Repetentenzeit »die glücklichste Zeit meines Lebens« war (Lebensbild 1: 158). Seinen dezi-diert wissenschaftlichen Aufgaben wie dem Halten von Loci, die Aufsatz-korrektur u. ä. kam er gewissenhaft nach, doch blieb das pastoral-kirch-liche Interesse weiterhin leitend. Gegenüber seiner eigenen Studentenzeit fand er das geistige wie gesellige Klima deutlich verbessert. »Es ist im Stift ein so guter Ton, daß er vielleicht noch nie so war. Was ich aus meiner Studentenzeit noch weiß, ist höchst traurig, jetzt ist das Gute überwiegend. Fleiß, Ordnung, Reinlichkeit zeigt sich beim ersten Anblick, ernstes Studi-um, moralischer Wandel und bei vielen religiöser Sinn ist sehr erfreulich« (Lebensbild 1: 167 f.). Dies führte er u. a. auf den Einfluss Schleiermachers zurück: »Alles spricht von Christo als dem Erlöser, nur freilich ist's noch nicht biblisch, sondern spekulativ, der Christus in uns mehr als der Chris-tus für uns. Aber doch ist alles viel besser und man kommt der Bibel sicher immer näher, der Geist Gottes kann doch wirken und die Herzen sind ihm offen. Schleiermacher hat dazu sehr viel gewirkt« (Lebensbild 1: 167 f.). Ent-sprechend frohgemut war er, als er diesem im Oktober 1830 im Hause von

Johann Christian Friedrich Steudel (1779–1836) persönlich begegnete: »Es ist ein edles Angesicht, voll Feinheit, Milde, Geist, Frömmigkeit und voll Leben, besonders das Auge blitzt von Feuer und Geist«. Schleiermacher stehe zwar »nicht ganz auf dem Boden der Schrift, aber doch sind die Mittelpunkte seines großartigen Systems aus dem christlichen Element genommen. Sünde und Gnade, das sind ja doch die wahren Grundbegriffe; wenn er sie für jetzt auch noch anders versteht als es nach der Bibel sein sollte, so spricht doch jedermann von diesen christlichen Begriffen. [...] Daher sehe ich Schleiermacher als eine wichtige, höchst dankenswerthe Stufe zum wahren Glauben an« (Lebensbild 1: 168). Weniger erfreulich verlief der Kontakt zu David Friedrich Strauß, der 1832 ebenfalls als Repetent ins Stift kam. Dessen Vorlesungen zur hegelschen Philosophie stießen auf erhebliche Resonanz bei den Studenten, auch bei den von Kapff betreuten. Nach anfänglichem guten Kontakt zu Strauß ging Kapff auf Distanz, auch weil er sich dessen theologischer Argumentierkunst nicht gewachsen fühlte: »Mit Strauß vermeide ich viel zusammenzukommen, es ist mir unheimlich bei ihm, er ist so dialektisch gewandt, daß er sofort ausweicht und man nie mit ihm recht disputieren kann« (Lebensbild 1: 172). Zu der allgemeinen Hegel-Euphorie seiner Zeit blieb Kapff auf Distanz und wurde nach dem Erscheinen von Strauß' *Leben Jesu* im Jahre 1835 zu dessen erbittertstem publizistischen Gegner. Mit anderen Repetenten lud er die Studenten zu einer »exegetischen Gesellschaft« (Lebensbild 1: 176) ein, die auf die religiöse Erbauung und Stärkung der Glaubensgewissheit zielten. Wohl deshalb war er für die Stiftler offensichtlich eher als Pfarrer denn als Wissenschaftler erkennbar: »Ich bin, was die Stiftler mich heißen, ein Pfarrer, d.h. ein so recht pastoralmäßiger, in seinem Kreis sich still bewegender Mensch« (Lebensbild 1: 159).

Seine kirchlich-praktischen Neigungen und Begabungen verfolgte Kapff nach Abschluss der Repetentenzeit konsequent weiter. Im Jahr 1833 trat er seinen Dienst als Pfarrer der Brüdergemeinde in Korntal an. Im gleichen Jahr heiratete er Marie Kapff, eine entfernte Verwandte. Korntal war als freie Gemeinde im Jahr 1819 durch den Leonberger Bürgermeister und Notar Gottlieb Wilhelm Hoffmann (1771–1844) gegründet und mit starken königlichen Privilegien, wie der freien Pfarrwahl und der Entbindung von der landeskirchlichen, der Aufklärung verdächtigen Liturgie von 1809, ausgestattet worden. Kapffs Vater war skeptisch, ob dieser sich durch die Wahl auf die Korntaler Pfarrstellen nicht in ein pietistisches Separatlager manövriere. Freilich trat der gegenteilige Fall ein. Kapff blieb bis 1843 in Korntal und von dort gelang ihm der Übergang in eine kirchenleitende

Stellung, denn er hatte gezeigt, dass er den Pietismus an die Landeskirche heranzuführen und separatistische Tendenzen desselben in Schranken zu verweisen vermochte. Nach Dekansstellen in Münsingen (1843) und Herrenberg (1847) wurde er 1850 – wie prophezeit – Prälat in Reutlingen und Mitglied des Konsistoriums. Im Prälatenamt freilich vermisste Kapff die klassischen pfarramtlichen Aufgaben wie Predigt und Seelsorge.»Liebe Brüder, seid froh, daß ihr Pfarrer seid und nicht Prälaten. Ich habe ein tägliches Heimweh nach meiner Gemeinde, ich bin herausgerissen aus meinem Element«, klagte er bei der Stuttgarter Prediger-Konferenz (Lebensbild 2: 147). Die Menge der Verwaltungsaufgaben machten ihn unglücklich:»Oft sitze ich den ganzen Morgen mit einem seufzenden Herzen in der Sitzung« (Lebensbild 2: 143). Als er nach zwei Jahren, weiterhin als Mitglied des Konsistoriums, Prediger an der Stuttgarter Stiftskirche wurde, nahm er schwerpunktmäßig wieder ihm angemessenere Aufgaben als Prediger und Seelsorger wahr und entfaltete hier bis zu seinem Tod am 1. September 1879 eine ausgesprochen wirkungsvolle Tätigkeit. Seine Predigten zogen zeitweilig bis zu 3000 Hörer an und es geht die Sage, dass er als Seelsorger jährlich ebenso viele Hausbesuche machte. Als religiöser Schriftsteller erreichte er hohe Auflagen. Darüber hinaus engagierte er sich im diakonischen Bereich – er war u.a. Mitinitiator der Stuttgarter Diakonissenanstalt (1855), förderte die Innere Mission, unterstützte die Einrichtung des Stuttgarter Jugendpfarramtes, gab Religionsunterricht am Weidle'schen Töchterinstitut, verfocht eine stabile Stellung des Religionsunterrichtes innerhalb des öffentlichen Schulwesens und setzte sich für die Einführung geeigneter Schulbücher ein.

Ambivalent dagegen ist aus heutiger Sicht sein Agieren als Kirchenpolitiker. So konnte er seine kirchenpolitische Stellung im Namen des Kampfes für den rechten Glauben umstandslos zu intrigantem Vorgehen gegen missliebige Personen benutzen. Prominent ist der Fall Gustav Werners (1809–1887), der 1851 durch das Agieren der Kirchenbehörde seine Rechte als Pfarrkandidat verlor. Auch führte Kapff einerseits Pietismus und Landeskirche näher zusammen, zugleich aber gilt er als derjenige, der den schwäbischen Pietismus mit der politischen Reaktion verband. Revolution wie Demokratie lehnte er ab, verfocht stattdessen einen christlichen Staat unter dem gottgegebenen Königtum.»Ich halte jede Revolution für unerlaubt, ich halte das göttliche Recht der Fürsten fest, ich glaube, daß der Ungehorsam gegen die bestehende Obrigkeit Meineid ist« (Lebensbild 1: 220). Eine Trennung von Kirche und Staat, wie sie beispielsweise Christoph Hoffmann (1815–1888) vertrat, ein Sohn von Gottlieb W. Hoffmann, lehnte er indes ab. Sein entsprechendes politisches Engagement in der Württembergischen Landesversammlung blieb, auch weil er Minderheitenpositionen vertrat, kurze Episode (1849/1850). Bei der Wahl zur Frankfurter Nationalversammlung scheiterte er und gegenüber der Dynamik der aufbrechenden sozialen Frage blieb er defensiv und paternalistisch-fürsorglich. Sein (kirchen-) politisches Agieren führte dazu, dass Kapff gleichsam als die Personifikation desjenigen »Umschlag[s] in eine überwiegend restaurative, konservierende Position« gilt (Trautwein: 55), mit der die jetzt pietistische dominierte Landeskirche auf die Revolution von 1848 und die demokratischen Umtriebe reagierte, sodass jetzt »das Bündnis zwischen der Kirchenleitung, dem Pietismus und den konservativen Kräften in Staat und Kirche zu voller Wirksamkeit« gelangte (Benrath: 235). In der Zeit Kapffs trat der Pietismus den »Rückzug auf die Orthodoxie [an], die man einst bekämpft hatte« (Trautwein: 57).

In seinen letzten Lebensjahren hatte er etliche Schicksalsschläge zu verkraften. In politischer Hinsicht brachte die von ihm unterstützte Reichsgründung 1871 nicht den erhofften christlichen Staat. Persönlich zwang ihn eine Lebererkrankung immer öfter zu Bäderkuren, 1871 verstarb seine Frau und er selbst sah sich in eine ihn persönlich kompromittierende rechtliche Auseinandersetzung verwickelt. Ein Schweizer Kaufmann bezichtigte ihn des Ehebruchs mit seiner Frau, die ihn als Seelsorger in Anspruch nahm. Kapff agierte ungeschickt, der Mann ließ sich scheiden, die Frau brach psychisch zusammen und da Kapff selbst immer die Presse für seine Angriffe gegen Strauß und den theologischen Liberalismus benutzt hatte, hatte er nun selbst die Presse gegen sich. Vom Konsistorium wurde er weitgehend im Stich gelassen und erst das Einschreiten von Kultusminister Karl Ludwig Golther (1823–1876) führte zum Nachweis von Kapffs Unschuld. Doch von dieser Auseinandersetzung mochte er sich nicht mehr zu erholen.

Wenn Schleiermacher das Ideal eines Kirchenfürsten im ebenen Gleichmaß von religiösem Interesse und wissenschaftlichem Geist bestimmt und denjenigen einen Kleriker nennt, »welcher mehr die Tätigkeit für das Kirchenregiment in sich ausbildet« als das »Wissen um das Christentum« (*Kurze Darstellung des theologischen Studiums zum Behuf einleitender Vorlesungen* § 10; vgl. auch Lebensbild 2: 169), so war Kapff gewisslich ein Kleriker, und zwar ein Kleriker spezifisch schwäbischer Provenienz. Das hatten bereits die Studenten im Tübinger Stift erkannt.

Werke und Werkausgaben

KAPFF, Carl: Lebensbild von Sixt Carl v. Kapff. Dr. th., Prälat und Stiftsprediger in Stuttgart. Nach seinem schriftlichen Nachlaß entworfen, 2 Bde., Stuttgart 1881. (Ein ausführlicheres Verzeichnis der Schriften Kapffs findet sich in Band 1, 334–336.)

Archivalien

Abschlusszeugnis Stift, AEvST: E 1, 305.
Maulbronner Promotion 1823–1828, AEvST: E 1, 305.
Öffentliches Testimonium der zweiten Promotion Sommerhalbjahr 1826, AEvST: E 1, 305.

Weitere Literatur

BENRATH, Gustav Adolf: Die Erweckung innerhalb der deutschen Landeskirche 1815–1888. Ein Überblick, in: Gäbler, Ulrich (Hg.): Geschichte der Pietismus, Bd. 3: Der Pietismus im 19. und 20. Jahrhundert, Göttingen 2000, 150–271.
BURK, Karl v.: Art. Kapff, Sixt Karl, RE[3] 10 (1901), 30–33.
SCHRÖDER, Tilman-Matthias: Sixt Carl Kapff (1805–1879), in: Hermle, Siegfried (Hg.): Kirchengeschichte Württembergs in Porträts. Pietismus und Erweckung, Stuttgart 2001, 315–329.
TRAUTWEIN, Joachim: Religiosität und Sozialstruktur. Untersucht anhand der Entwicklung des württembergischen Pietismus, Stuttgart 1972.

Ruth Conrad

Wilhelm Zimmermann

* 2. Januar 1807
† 22. September 1878
Stiftseintritt: 1825

Vormärz in Tübingen

Man könnte meinen, dass es in Tübingen, seiner Universität und seinem Stift beschaulich zuging, als Wilhelm Zimmermann 1825 zum Studium hier ankam. Die Gewalt der Französischen Revolution war scheinbar verpufft. Nach dem endgültigen Sieg über Napoleon hatten sich die alten politischen Regime restauriert. Sie setzten alle Mittel gegen Veränderungen ein. Immerhin gab es eine, wenn auch nur halbherzige, politische Repräsentanz des Volkes in Parlamenten. Verfassungen waren in Ländern des Deutschen Bundes eher geduldet als gelebt. Eigentlich war Ruhe Bürgerpflicht, wenigstens äußerlich. Aber Europa wurde von Revolutionsversuchen und erfolgreichen Umstürzen erschüttert.

Innerlich sah es auch anders aus als biedermeierlich. Die Französische Revolution entwickelte ihre Langzeitwirkung. Ideen schwirrten umher, die sich zu größeren Meinungskomplexen verdichteten. Welche Staatsform ist die richtige – Monarchie oder Republik; und wenn Monarchie, welche Art? Was ist ein Staat, oder vielmehr: Was ist eine Nation? Was bedeutet die zunehmende Industrialisierung für die soziale Entwicklung?

In Württemberg bildeten sich liberal-bürgerliche Tendenzen heraus. Sie stützten sich auf die neue Verfassung von 1819, die den Repräsentationsgedanken des Volkes kannte. Doch treibende Kraft hinter den Ideen waren nicht nur etablierte Bürger, welche Freiheiten zur wirtschaftlichen, politischen und sozialen Entfaltung brauchten und wollten, sondern auch Studenten. Das erste Wartburgfest 1817 hatte den in Burschenschaften organisierten Studenten zu einer überregionalen und akademischen Wirkung verholfen. Kein Wunder, dass im Frankfurter Parlament 31 Jahre später viele Professoren und einige Pfarrer saßen.

Die Theologie musste die teils schleichenden teils revolutionären Veränderungen einer ganzen Welt nachvollziehen. In der Tübinger Fakultät war der Graben zu erklären, der zwischen rationaler Bibelauslegung und der Offenbarung des Wortes Gottes aufriss. Es wurde zu offensichtlich, dass die Bibel entstanden war, ja dass auch Glaubenswahrheiten ihre Geschichte haben und nicht ewig sind, und doch musste irgendetwas Verlässliches von Gott gesagt werden können.

Der württembergische Staat versuchte sich auf seine Weise zu modernisieren. Dabei stand während der Studienzeit von Zimmermann die Frage im Raum, ob das Stift überhaupt noch zeitgemäß sei, ob eine Reform ausreiche oder eine Auflösung besser wäre. Die Auflösung konnte abgewendet werden, um den Preis der starken Bindung an den Staat. Die Erwartung war deutlich: Die Absolventen werden als Pfarrer Staatsdiener – und Wilhelm Zimmermann wurde Staatsdiener ganz eigener Art.

Die inneren und äußeren Vorgänge zeigen, dass in Tübingen und im Stift keine Beschaulichkeit herrschte, sondern dass die Transformationsprozesse der Modernisierung auf das konkrete Leben und Studieren der Stiftler einwirkten. Den Veränderungen suchten die Studenten mit politisch-nationalliberalen und auch religiösen Aufbruchsstimmungen eine Richtung zu geben.

Lebensstationen

Balthasar Friedrich Wilhelm Zimmermann wurde am 2. Januar 1807 in Stuttgart geboren. Sein Vater war u. a. Winzer, Lackierer und Bediensteter in der Küche des Württembergischen Hofs. Zimmermann durfte über das »niedere Seminar« in Blaubeuren das Landexamen machen und in das evangelische Stift eintreten, das damals modernisiert und in das staatliche Bildungswesen integriert »evangelisches Seminar« hieß – mittelalterlich-klösterliche Vorstellungen eines Stiftes hinter sich lassend. In Blaubeuren gehörte er zu dem Jahrgang, der wegen vieler begabter Schüler als die »Geniepromotion« bezeichnet wurde. In der dortigen Schule lehrte Ferdinand Christian Baur alte Sprachen. Baur kam 1826 nach Tübingen, unterrichtete

Dogmengeschichte und stellte eine geistreiche Kontinuität für eine ganze Generation von württembergischen Theologen her.

Die Stiftszeit Zimmermanns war vom Gegensatz seiner sehr guten Leistung und dagegen seiner immer schlechter werdenden Disziplin bestimmt (Winterhager: 19–26). Er führte lange die Promotionslisten als Jahrgangsbester an, aber auch die Zahlenkolonnen der Karzertage. Er wurde kurz vor dem Examen aus dem Stiftsverband entlassen, konnte es dennoch ablegen, wenn auch mit schlechter Note. Die Stiftsordnung war rigide. Es gab für alles Mögliche Strafen, aber Zimmermann erhielt sie nicht für Vergehen gegen das angemessene Betragen in der Kirche oder beim Chorsingen, sondern für Wirtshausbesuche zur Unzeit oder, etwas kryptisch formuliert, für unerlaubten Besuch bei einer Freundin oder überhaupt für Zuspätkommen. Vielleicht zeichnen sich hier schon die späteren politischen Freiheitsgedanken im persönlichen Freiheitsdrang ab. Und man sieht, ohne zu viel auszudeuten, in den Bewertungen seiner Deklamationsübungen spätere Ausformungen seiner Begabungen angelegt. Es heißt über seinen Stil: »angenehmer, gefälliger Vortrag, mehr für das Elegische passend«, und »sanfter, gemüthlicher Vortrag, doch leicht dem Sentimentalen nähernd«. Der spätere Dichter, politische Redner und narrative Historiker wird ansatzweise sichtbar.

Er hat seine Stiftszeit insgesamt positiv in Erinnerung behalten. In seiner *Lebensgeschichte der Kirche* schreibt er mit gewissem Stolz vom Stift, »aus dem so viele ›Stiftler‹ hervorgegangen sind, welche Lehrer, Weltweise, Prediger und Staatsmänner für die deutsche Nation, Missionäre des Evangeliums für ferne Welttheile geworden sind« (Lebensgeschichte 4: 253).

Sein Vikariat absolvierte Zimmermann in Schweindorf bei Neresheim, einer evangelischen Insel in katholischer Umgebung. Nach acht Monaten konnte er sich beurlauben lassen und legte nach einem Studienaufenthalt in München das zweite Examen ab. 1832 wurde er zum Dr. phil. promoviert und heiratete eine Pfarrerstochter. Er nutzte eine Erbschaft, nicht in den Kirchendienst eintreten zu müssen, sondern schrieb in Stuttgart u. a. Gedichte, ein Trauerspiel, eine Novelle, eine Geschichte der Befreiungskämpfe gegen Napoleon und eine Geschichte Württembergs.

Um die Familie wirtschaftlich absichern zu können bewarb er sich dann doch auf Pfarrstellen und erhielt 1840 eine als »Helfer« (heute etwa Pfarrer z. A.) in Dettingen an der Erms, mit der auch die Pfarrstelle im pietistisch geprägten Hülben verbunden war. Er fand trotz der beruflichen Herausforderung Zeit zum Schreiben. Er arbeitete an seinem bekanntesten Werk, der *Geschichte des Bauernkrieges*. Und er hatte Zeit zum Politisieren (Borst: 144 f.).

Er wechselte in den Staatsdienst als Lehrer an der Polytechnischen Schule Stuttgart, der Vorläuferinstitution der heutigen Universität. Als zur Selbständigkeit anleitender Professor für deutsche Sprache, Literatur und Geschichte begeisterte er die Schüler, nicht die Schulbehörde.

Von dieser Stellung ließ er sich nach der Märzrevolution 1848 beurlauben, um als Abgeordneter des Kreises Jagst II mit den Oberämtern Schwäbisch-Hall, Gaildorf und Crailsheim in die Frankfurter Paulskirche einzuziehen. Er gehörte zur linken Fraktion und trat mehrfach redend in Erscheinung. Er äußerte sich auch zur Trennung von Staat und Kirche. In ironisierendem Ton berichtet der Band *Brustbilder aus der Paulskirche*: Wilhelm Zimmermann »hat in der Kirchenfrage eine Rede zu Vernehmen gegeben, welche den Gegenstand nicht blos an der Oberfläche berührte und die nicht blos mit einer kleinen Phrase auf eine große Entscheidung hinzielte. Er sprach vielmehr mit so tiefer Würdigung, mit einem so klaren Verständnisse der Aufgabe, daß das Haus mit Genugthuung dem Schwunge folgte, in welchem er dem für das Vaterland brechenden Auge den Himmel einer neuen Religion des Geistes eröffnete. [...] Die Ätzbilder aus der Paulkirche stellen Herrn Zimmermann mit einem Mohrenkopfe dar« (Heller: 170). Auch der politische Berichterstatter Heinrich Laube verunglimpft ihn als Mohr (Laube: 305). Nicht genug – er wurde nach einem Selbstzeugnis »Bauernkriegs-Zimmermann« genannt, um ihn von einem gleichnamigen Abgeordneten zu unterscheiden, und es schwingt durchaus etwas Häme über das Schwäbisch-provinzielle seines Auftretens mit.

Das Parlament musste sich von Frankfurt nach Stuttgart verlegen, und nach der völligen Auflösung kehrte Zimmermann zum Lehramt zurück, um es wieder zu verlieren. Er wurde 1850 Opfer der Reaktion. Er erhielt durch eine Gönnerin, durch ein Landtagsmandat und durch Honorare ein bescheidenes Einkommen, doch er suchte wieder den Weg zurück in den kirchlichen Dienst.

Die Landeskirche hat zwischen der Eignung zum Pfarramt und der politischen Einstellung unterschieden und Zimmermann zunächst an ihrer Peripherie eingesetzt: 1854 übernahm er die Pfarrstelle in Leonbronn bei Zaberfeld. Auch hier fand er Zeit zum Schreiben. Er überarbeitete seine *Geschichte des Bauernkrieges*, schrieb die vierbändige *Lebensgeschichte der Kirche Jesu Christi* und 56 geistliche Kurztraktate, die zu einem Andachtsbuch zusammengefasst wurden. Ob er mit letzterem in die innere Emigration ging oder ob seine Entwicklung zu einer geistlichen Persönlichkeit

konsequent war? Was war geblieben vom Eifer und Elan, vom Freiheitsdrang einer ganzen Generation, für die er exemplarisch steht?

Nicht nur die politische Freiheit muss erkämpft werden, sondern auch
die Mündigkeit in Religionsdingen. Die Erfahrung der Freiheit ist auch
eine Gotteserfahrung. Zimmermann erkannte diese andere Seite der Me-
daille und suchte sie mit zu prägen.

1864 zog er nach Schnaitheim bei Heidenheim, und seine berufliche
Laufbahn konnte er als Stadtpfarrer von Owen ab 1872 beschließen.

Er starb am 22. September 1878 in Bad Mergentheim während eines
Kuraufenthaltes und wurde in Owen begraben. Auf dem Grabstein stehen
seine Worte: »Ob auch Welle um Welle sich bricht und zerstäubt, der Strom
geht vorwärts.«

Theologe, Pfarrer, Lehrer, Politiker, Historiker und auch Dichter

Wilhelm Zimmermann vereinigt viele Fähigkeiten. Seine politischen Ansichten sind aus historischen Einsichten gespeist. Seine Lyrik wiederum
findet man als Ton in seiner Predigtsprache wieder. Der Dichter Zimmermann ist vergessen, obwohl Gedichte einmal sogar ins Englische übersetzt
wurden. Als Lehrer hat er nur kurz, aber intensiv gewirkt. Seine sprachliche Begabung, Geschichte zu erzählen und zu verlebendigen, sticht heraus; der Historiker des Bauernkriegs ist über die Rezeption bei Geschichts-
theoretikern wie Friedrich Engels oder Dramatikern wie Gerhart Haupt-
mann populär geblieben.

Der Theologe Zimmermann ist heute unbekannt, weil seine Wirkung
und Rolle als Politiker der Revolution breiter war und indirekt bis heute
reicht. Außerdem bleibt er theologisch seltsam unbestimmt – und sagt
doch viel über seine Epoche. Allein der Titel *Lebensgeschichte der Kirche
Jesu Christi* weist darauf, dass er sich nicht für Dogmengeschichte interessiert. Für ihn zeigt sich die Schönheit und Wahrheit des Christentums im
Geist, in der gelebten Liebe, in der Tat. Er sieht Verfallsphasen des Christentums, wenn sich die orthodoxe Theologie oder die Macht der Hierarchie
vor die Entwicklung des Geistes oder die gelebte Religion stellen. Der Ur-
gedanke des Evangeliums ist für ihn egalitär-freiheitlich. Sein Freiheitsbe-
griff ist nicht innerlich reformatorisch-religiös, sondern politisch-gesell-
schaftlich. Die reformatorisch hervorgehobene, religiöse Rechtfertigungslehre insistiert auf der Freiheit des Gläubigen von vermittelnden Instanzen
zwischen ihm und Gott. Der Zimmermannsche Begriff sieht dagegen wie

ein Vorläufer des heutigen kirchlichen Freiheitsbegriffes aus, nämlich als die Möglichkeit zur Entfaltung der eigenen Freiheit, auch vor Gott.

Die Reformation hat den Urgedanken in revolutionärem Schub wieder sichtbar gemacht, wenn auch nicht komplett verwirklicht, und dann wurde er in Zimmermanns Zeit wieder greifbarer. Diese Entwicklung hat er auch an der Geschichte Württembergs in Höhe, Fall und Wiederaufstieg gezeigt. Am Beispiel des reformatorischen Bildersturms in Württemberg schreibt Zimmermann:»Die Blume der alten Religion, die Schönheit, wurde hinweggenommen, ohne daß etwas Anderes, Geistiges dafür gegeben wurde: veränderte äußere Ceremonien, theologisches Gezänke über gar nicht zur Sache Gehörendes und ein dürres, inquisitorisches, zwingendes Glaubens-System wurden das Erbe der folgenden Geschlechter. Verunreinigt und verdeckt von dem Schutt, dem Rauch und der Asche der stürzenden Trümmer des Alten, konnte der wahre Geist des Neuen erst drei Jahrhunderte später beginnen, seine Schwingen im Lichte zu entfalten« (Geschichte Würtembergs 2: 276 f.).

Fortschritt ist vernünftige Vergeistigung und der immer stimmigere Zusammenhang von Geist, Leben und Tat.»In der Weltgeschichte überhaupt offenbart sich Gott«, schreibt er in der *Lebensgeschichte der Kirche Jesu Christi* in hegelisierender Sprache (Lebesgeschichte 1: XI). Trotz des Fortschrittsgedankens ist ihm die Realität seiner Zeit klar, sie ist für ihn»krank« und doch voller Möglichkeiten. In der Trennung von Staat und Kirche entsteht Freiheit für beide Institutionen. Beide machen sich frei von »verlebten« Ideologien und gelangen zu geistiger Unmittelbarkeit. Zimmermann sieht eine»Religion des Geistes« heraufkommen, und eine »Neue allgemeine Kirche Jesu Christi«. Bezeichnender Weise fehlen dieser Kirche die anderen Merkmale Einheit, Heiligkeit und Apostolizität. Die neue »Geisteskirche« wird analog zur Urkirche sein. Geschichte gelangt an ihr Ende und Ziel, indem sie ihren normativen Anfang in Geist und Vernunft verwirklicht.

Sein Christus ist ein freundlicher Jesus:»So erhaben und ernst seine Religion ist, eben so sehr lieblich, sanft und mild ist sie; wohl ist sie ein tiefer, dunkelblauer Himmel, aber dieses dunkle Blau von der Sonne der Liebe, wie von einem unendlichen Auge, durchleuchtet und verklärt.« Gemalt würde dieser Mensch nazarenisch aussehen.

Dieser Jesus ist ein Sittenlehrer, der zur Tat anleitet und anstiftet. Weil »das wahre Christentum Leben und That ist«, besteht die Nachfolge in der nüchternen konkreten Lebensführung. Für Zimmermann ist das politische Engagement Nachfolge. Deshalb kann er auch einer Konfessionalisierung des Protestantismus nichts abgewinnen, und auch nichts der Entwicklung einer Spiritualität nach mittelalterlichen Mustern. Er wendet sich gegen die Bildung einer »Mystik«, welche Innerlichkeit statt Ethik fördert. Leidensmystik ist falsch, weil sie sich selbst kontempliert und damit der Tat die Kraft raubt. So wie Jesus den Willen seines Vaters tat, sollten wir seinen Willen tun, predigt er.

So liest Zimmermann die Evangelien mit Konzentration auf Ethik und Historie. Er nimmt sie im Geist seiner Zeit als positive Quellen. Er erzählt sie harmonisierend, spekulierend und psychologisierend nach, ergänzt historische Erkenntnisse. Hätte er das theologisch-mythische Element der Erzählungen über Jesus ernst genommen, hätte er gefragt »was bedeutet es«, dann hätte er weitere Schlüssel für das Verständnis in der Hand gehabt – doch solche Fragen waren erst wieder späteren Zeiten möglich und erlaubt.

Abgesehen von seinem politischen Verdienst um die parlamentarische Demokratie bleibt eine kreative und exemplarische Existenz, die Religion, Wissenschaft, Poesie und Politik nicht mehr zu einer Einheit verschmelzen konnte, aber doch noch den inneren Bezug der großen Teilbereiche des Lebens herzustellen suchte. Er ist kein Romantiker mehr, sondern mit seinen biografischen Suchbewegungen ein Beispiel für die gesellschaftliche Umbruchsepoche, die heute noch anhält.

Auf Zimmermanns Grabstein steht neben dem Zitat von ihm selbst: »Der Herr ist Geist; wo aber der Geist des Herrn ist, da ist Freiheit« (2. Kor. 3,17). Besser kann sein Leben, Denken und Glauben nicht gedeutet werden. Zimmermanns Geist der Freiheit weht eben doch von Gott her.

Werke und Werkausgaben

ZIMMERMANN, Wilhelm:
- Die Geschichte Würtembergs, nach seinen Sagen und Thaten dargestellt, 2 Bde., Stuttgart 1836–1837.
- Die Deutsche Revolution, 2. Aufl., Karlsruhe 1851.
- Allgemeine Geschichte des großen Bauernkrieges. Nach handschriftlichen und gedruckten Quellen, 3 Teile, Stuttgart 1841–1843; Überarbeitung: Geschichte des großen Bauernkriegs. Nach den Urkunden und Augenzeugen, 2 Bde., Stuttgart 1856.
- Lebensgeschichte der Kirche Jesu Christi, 4 Bde., Stuttgart 1857–1859.

Weitere Literatur

BORST, Otto: Die heimlichen Rebellen. Schwabenköpfe aus fünf Jahrhunderten, Stuttgart 1980, 141–159.

HELLER, Robert: Brustbilder aus der Paulskirche, Leipzig 1849.

LAUBE, Heinrich: Das erste deutsche Parlament, Bd. 1, Leipzig 1849.

PROESCHOLDT, Joachim: »Der Staat ist das Volk«. Evangelische Pfarrer und Theologen in der Frankfurter Nationalversammlung. Standpunkte – Lebensbilder – Redebeiträge, in: Zentgraf, Martin (Hg.): Frankfurter Paulskirche 1848–1998, Frankfurt a. M. 1997, 31–159.

WINTERHAGER, Friedrich: Wilhelm Zimmermann. Ein schwäbischer Pfarrer als Historiker des Bauernkrieges, Würzburg 1986.

Jörg Schneider

Friedrich Theodor Vischer

* 30. Juni 1807
† 14. September 1887
Stiftseintritt: 1825

Seine Bildung und Sozialisierung im Tübinger Stift war für Vischer ein Gegenstand lebenslanger Reflexion. Die im Stift gemachten Erfahrungen hätten ihn tief geprägt, davon war er fest überzeugt. In seiner autobiographischen Skizze *Mein Lebensgang* zieht der 67jährige Vischer über sein Studium im Stift (1825–1830) eine Bilanz in Dritteln. Ein Drittel seiner Jugend sei vergeudet worden durch die qualvolle Beschäftigung mit der herkömmlichen Theologie, die »nicht mehr zu halten sei«; ein zweites Drittel mache die kritische Einsicht in die Hintergründe von Kirche und Dogmen aus, die er in der Stiftszeit gewonnen habe – der Blick »hinter die Kulissen«. Das dritte Drittel schließlich sei für sein weiteres Leben ein reiner Gewinn geworden: »die stetige Rückkehr zur Philosophie, welche die theologischen Fragen als Nötigung mit sich führten«.

Die Prägung durch das Stift als dauerhafte Nötigung zu verstehen, dafür spricht einiges im Fall des zeitlebens widerständigen und in den unterschiedlichsten Arbeitsfeldern und Ausdrucksformen nach der Wahrheit suchenden Vischer. Der frühe Verlust der Religiosität und das Bedürfnis nach einem Ersatz wurden zum Motor für das Projekt einer anderen, individuellen Gelehrtenexistenz, die durch tiefe Widersprüche gekennzeichnet ist, welche auch das Werk bestimmen. Gerade diese Zerrissenheit zwischen traditionellen Denkformen und modernen Rationalisierungsprozessen macht Vischer zu einem typischen Vertreter der Umgestaltung von Kultur und Wissen im 19. Jahrhundert, und dies sahen schon seine Zeitgenossen so. Obwohl er die Kultur seiner Epoche immer kritisch wahrgenommen hat, wird Vischer am Ende seines Lebens als Repräsentant deutschen Geistes und als deutscher Patriot gefeiert und sogar geadelt – auch dies ein drastischer Ausdruck der Paradoxie seines Lebens.

Er gilt als Ästhetiker, der nach Schiller, Schelling und Hegel die letzte monumentale Ästhetik seines Jahrhunderts vorgelegt hat, dabei war der vielfältig begabte, rastlos produktive Vischer auch Kunst- und Literaturhistoriker, Philosoph, Schriftsteller, Theologe, Zeichner, Politiker, Journalist und Essayist. Sein satirisch-philosophischer Gelehrtenroman *Auch Einer* (1878) wurde bis in die 1920er Jahre hochgeschätzt, seine Parodie auf Goethes Faust II (*Faust. Der Tragödie dritter Teil*, 1862) zählt zu den besten deutschen Literaturparodien. Vischer schrieb Mode- und Kunstkritiken, gehörte zu den führenden Vertretern der Goethe- und Faust-Philologie des 19. Jahrhunderts (u. a. *Goethes Faust. Neue Beiträge zur Kritik des Gedichts*, 1875), er saß im Paulskirchenparlament, wurde wegen Pantheismus von seinem Ordinariat suspendiert und lehrte als Professor für Deutsche Literatur und Ästhetik am Stuttgarter Polytechnikum. Zwischen seinen verschiedenen Arbeitsfeldern und Ausdrucksformen – den künstlerischen, wissenschaftlichen und politischen – bestehen vielfältige, komplexe Korrespondenzen: Was er in der Ästhetik behauptet, widerlegt er im Roman, was er künstlerisch verspottet und parodiert, traktiert er woanders mit akademischem Ernst.

Wie die Stiftler Eduard Mörike und David Friedrich Strauß ist Friedrich Theodor Vischer gebürtiger Ludwigsburger. Der Vater starb, als Vischer sieben Jahre alt war, »die Mutter«, schreibt er, »war sehr arm; ich bin unter dem Drucke der Noth aufgewachsen«. Er war ein begabter Gymnasiast, bestand das Landexamen und besuchte das Evangelische Seminar Blaubeuren. Der Weg zur Theologie war vorgezeichnet: Vischer studierte im Stift, arbeitete 1830/1831 als Vikar in Horrheim und kam als Repetent nach Tübingen zurück. Den Ruf als Pfarrer nach Herrenberg 1834 lehnte er mit Entschiedenheit ab, denn in den Jahren als Repetent hatte er sich endgültig der deutschen Literatur und der Philosophie zugewandt. 1836 habilitierte er sich – trotz seiner theologischen Ausbildung – mit der Arbeit *Über das Erhabene und Komische. Beitrag zu der Philosophie des Schönen*; 1837 ernannte ihn die Universität Tübingen zum Außerordentlichen Professor für Ästhetik und Deutsche Literatur. Um eine ordentliche Professur bemühte er sich jahrelang vergebens, denn er hatte sich mit seiner offenen Kritik an Theologie und Kirche Feinde im Land gemacht. Als Vischer schließlich 1844 – gegen die Mehrheit der Stimmen der philosophischen Fakultät – in Tübingen zum Ordentlichen Professor für Ästhetik und Deutsche Literatur ernannt wurde, bekannte er sich in seiner Ordinariatsrede ausdrücklich zum Pantheismus und forderte eine Erneuerung theologischer Denkformen, etwa einen neuen Gedanken der Unendlichkeit »auch ohne dass das Unendliche in den positiven Formen der kirchlichen Vorstellungsweise gefasst wird«.

Es kam zu einem Skandal. Durch seine waghalsige Antrittsvorlesung, in der er auch mit dem Pietismus abrechnete, konfrontierte sich Vischer mit der protestantischen Kirche des Landes, die Mitte des 19. Jahrhunderts noch die mächtigste Institution in Württemberg war. Dabei waren seine theologischen Argumente nicht neu; sie stehen in einer Linie mit der Bibelkritik der Junghegelianer und der kritischen Theologie seines Freundes David Friedrich Strauß, der 1835 mit seinem aufsehenerregenden Buch *Das Leben Jesu* die Überwindung der vorwissenschaftlichen »mythischen« Vorstellung Jesu Christi zugunsten eines vernünftigen Verständnisses der Evangelien gefordert hatte. Strauß, der sich – anders als Vischer – immer als Theologe begriff, hatte seinen Mut mit dem Ausschluss aus dem Kirchendienst bezahlt, worunter er lebenslang litt. Vischer wurde wegen seiner Antrittsvorlesung nur für zwei Jahre vom Hochschuldienst suspendiert, was er nicht als Bestrafung, sondern als Befreiung empfand. Seine Ordinariatsrede machte ihn weit über Württemberg hinaus berühmt; zur Causa Vischer erschienen zahlreiche Veröffentlichungen, empörte, aber auch unterstützende. Seine Studenten waren fast ausnahmslos begeistert von der Unerschrockenheit ihres Professors und bekundeten mit einem Fackelzug ihre Solidarität.

Vischer, der die Dienstaufgaben des Hochschullehrers als Zwangsjacke empfunden hatte, die ihn von eigenen Projekten fernhielt, nutzte die Situation für seine eigenen Pläne; schon länger hatte er die Absicht, eine großangelegte Ästhetik als Systematik der Künste und umfassende Wissenschaft vom Schönen in Angriff zu nehmen – Grundzüge davon finden sich in der Antrittsvorlesung bereits angedeutet. Das Vorhaben war Hegels *Vorlesungen über die Ästhetik* (1835–1838) eng verpflichtet und wollte sich in eine Art Konkurrenz oder Nachfolge begeben – eine Absicht, die fehlschlagen musste. Für Vischer sollte Schönheit sowohl Ausdrucksform der absoluten Idee sein und sich gleichzeitig in einer enzyklopädischen Überfülle von Realisierungen nachweisen lassen. An diesem Widerspruch scheiterte das ambitionierte Werk: von dem 1846 erschienenen ersten Band der *Aesthetik oder Wissenschaft des Schönen* (die 1857 mit dem 9. Band abgeschlossen wurde) hat sich Vischer bald selbst distanziert. Immer weniger glaubte er an die Versöhnung von Ideal und Wirklichkeit, von Sinnlichem und

Geistigem durch das schematische, peinlich nach Paragraphen geordnete Theoretisieren – dazu faszinierten ihn das Hässliche und der Alltag viel zu sehr. Auf dem Gebiet der Ästhetik zukunftsweisend waren erst seine späten Essays zur Alltagskultur, zu Mode, Gymnastik und den modernen Sitten, über den *Traum* (1875) und *Das Symbol* (1887) – Aby Warburg, Sigmund Freud, Georg Simmel und andere knüpften später daran an.

Wie fast alle von Hegel beeindruckten Intellektuellen der Zeit glaubte Vischer an die Unaufhaltsamkeit des historischen Fortschritts und begriff sich als Zeitgenosse einer bürgerlich-revolutionären Epoche, deren Ziel ein Nationalstaat mit demokratisch legitimierten Institutionen war. Es lag nahe, dass er sich 1848 als Abgeordneter in das Frankfurter Paulskirchenparlament wählen ließ, wo er zur gemäßigten Linken (Fraktion Westendhall) gehörte. Das Paulskirchenjahr wurde zum Wendepunkt in Vischers Leben, der die glücklichere erste Hälfte von der dunklen zweiten Lebenshälfte trennte. Bis zu seinem Ende habe Vischer, so sein Biograph Fritz Schlawe, am Scheitern des Parlaments getragen.

Dabei besaß er keine konkrete Vorstellung, sondern eher ästhetische Visionen über die Form der künftigen Regierung. Im Dezember 1848 schrieb er in ein Stammbuch:»Die Kämpfe sind häßlich geworden und werden noch häßlicher werden, aber die neue Weltanschauung und mit ihr eine neue Schönheit wird geboren werden«. Grundiert war sein politisches Denken, wenn man davon im Falle Vischers überhaupt sprechen möchte, von religiösen Vorstellungen: Für den ehemaligen Theologen hatte der Staat die Aufgaben der Religion – Bildung, Kunst und Sittlichkeit – zu übernehmen. Der vormärzliche Vischer glaubte an die Bildung des sittlichen Individuums in harmonischer Verbindung mit dem Staat; das Ziel waren Entwicklung statt Umsturz und die sanfte Vorbereitung der Republik als höchster Stufe des Staatslebens. Die Souveränität sollte beim Volk liegen, der Staat hatte vom Bürgertum getragen, der Adel gänzlich ohne Privilegien zu sein.

Noch in der Paulskirche, die er»ein vom Satan erfundenes Lokal« nannte, gab Vischer dieses Staatsideal fast vollständig preis. Am Ende der Paulskirchenzeit sah er keine Möglichkeit des Fortschritts mehr und verspürte den Wunsch nach der eisernen Faust eines großen Mannes. Wie der überwiegende Teil der deutschen Intelligenz arrangierte sich Vischer später mit dem wilhelminischen Kaiserreich; seine Wandlung war die vom großdeutschen Demokraten zum kleindeutschen Nationalliberalen und Vernunftmonarchisten. Er nahm den württembergischen Kronenorden und den persönlichen Adel an, ließ sich 1870 als nationalliberaler Kandidat für den württembergischen Landtag aufstellen und war begeistert über die großpreußisch-militärische Reichsgründung von 1871. Karl Marx nannte ihn boshaft den »Vergil des Wilhelm I.«. Dennoch bewahrte Vischer auch Distanz vom neuen Machtstaat: Seinen Adelstitel hat er nie getragen.

Werke und Werkausgaben

VISCHER, Friedrich Theodor:
- Über das Erhabene und Komische. Beitrag zu der Philosophie des Schönen, Stuttgart 1837.
- Kritische Gänge, 2 Bde., Tübingen 1844.
- Akademische Rede zum Antritte des Ordinariats am 21. November 1844 zu Tübingen gehalten, Tübingen 1845.
- Aesthetik oder Wissenschaft des Schönen. Zum Gebrauche für Vorlesungen, 3 Teile, Reutlingen/Stuttgart 1847–1858 (Nachdruck Hildesheim 1996).
- Faust. Der Tragödie dritter Theil in drei Acten. Treu im Geiste des zweiten Theils des Göthe'schen Faust gedichtet, Tübingen 1862.
- Auch Einer. Eine Reisebekanntschaft, 2 Bde., Stuttgart/Leipzig 1879.
- Ausgewählte Prosaschriften, hg. von Gustav Keyßner, Stuttgart/Berlin 1918.
- Ausgewählte Werke, hg. von Gustav Keyßner, 3 Bde., Stuttgart/Berlin 1918.
- Ausgewählte Werke in acht Teilen, hg. und eingel. von Theodor Kappstein, 3 Bde., Leipzig 1919 (2. Aufl., Leipzig 1920).
- Mein Lebensgang, in: ders.: Ausgewählte Werke in acht Teilen, hg. und eingel. von Theodor Kappstein, Bd. 1, 2. Aufl., Leipzig 1920, 9–122.
- Über das Erhabene und Komische und andere Texte zur Ästhetik, eingel. von Willi Oelmüller (Theorie 1), Frankfurt a. M. 1967.

Weitere Literatur

POTTHAST, Barbara/RECK, Alexander (Hgg.): Friedrich Theodor Vischer. Leben – Werk – Wirkung (Beihefte zum Euphorion 61), Heidelberg 2011.
SCHLAWE, Fritz: Friedrich Theodor Vischer, Stuttgart 1959.

Barbara Potthast

David Friedrich Strauß

* 27. Januar 1808
† 8. Februar 1874
Stiftseintritt: 1825

»Mit dem Leben Jesu von Strauß 1835 ging ein großer Schicksalstag über dem evangelischen Christentum, ja, überhaupt über dem Christentum auf. Aus der Macht der Wahrheit selber reckte sich ein Fragezeichen auf wider unsere Religion, mit dem Theologie und Kirche bis heute nicht in rechter Weise fertig geworden sind« (Hirsch: 502). Mit solchen oder ähnlichen Worten würdigt die theologische Wissenschaft das epochale Opus, das der nur 27jährige David Friedrich Strauß einer eher entsetzten Öffentlichkeit vorlegte, denn »zwei Perioden heben sich von selbst ab: vor Strauß und nach Strauß« (Schweitzer: 10). Dem *Leben Jesu* kam dieser Charakter als Wasserscheide weniger wegen seiner innovativen Wucht, als vielmehr durch seine bis dato nicht gekannte Konsequenz und Radikalität zu: Der hochbegabte Repetent am Tübinger Stift wurde über Nacht berühmt – und theologisch untragbar.

Worin bestand nun das Erschütternde des *Leben Jesu*? Strauß wollte die bedrängende historische Frage, wie sich mithin die Historie zur christlichen Glaubenswahrheit verhalte, einer Antwort zuführen. Zielstrebig entlarvte er die ungenügenden Antworten seiner Zeit: Weder der Supranaturalismus noch der Rationalismus genügten hier. Wo ersterer das Leben Jesu eins zu eins mit der Historie gleichsetzte, allerorten trotzig Wunder behauptete, da hatte letzterer zwar erkannt, dass das Wunder, des »Glaubens liebstes Kind«, sich als ein krakelender Störenfried entpuppt. Doch auch die rationalistische Auskunft, das Leben Jesu sei eins zu eins rein natürlich zu begreifen, konnte nicht befriedigen. Wo der Supranaturalismus dem christlichen Glauben ein Zuviel an Übernatürlichem aufbürdete, da unterbot der Rationalismus dies. Beidem wollte Strauß Abhilfe schaffen, indem er nun den »mythischen Gesichtspunkt« auf das Leben Jesu anwandte, wie es in den Evangelien vor Augen gestellt ist: Mythen sind »geschichtartige Einkleidungen urchristlicher Ideen, gebildet in der absichtslos dichtenden Sage« (Leben Jesu 1: 75). Nicht darin bestanden Ärgernis und Anstoß, dass hier der heikle und auch vage Mythosbegriff Verwendung fand, auch nicht darin, dass Strauß das Gesamt des Lebens Jesu dergestalt betrachtete – der Sprengsatz verbirgt sich hinter dem, was hier als »Idee« bezeichnet wird. Die Frage ist nämlich, wer diese erzeugt, wem sie entstammt. Oder auf Jesus, als dem Inhalt des christlichen Bekenntnisses bezogen, was in ihm vorgestellt ist. Wohl versichert Strauß, den Glaubensgehalt wahren zu wollen, doch ob ihm das gelungen ist, wird man ernstlich bezweifeln müssen. Als sein Heureka ruft er nämlich aus: »Das ist der Schlüssel der ganzen Christologie, dass als Subjekt der Prädikate, welche die Kirche Christo beilegt, statt eines Individuums eine Idee, aber eine reale [...] gesetzt wird. [...] Die Menschheit ist die Vereinigung der beiden Naturen, der menschgewordene Gott« (Leben Jesu 2: 734 f.).

Wie laufen hier – in aller Kürze – die Denkbahnen? Der »Mythos« interpretiert das Leben Jesu als Realisierung einer »Idee«, diese verdankt sich der Produktivität der Gläubigen, dies wird durchschaut als Projekt der Menschheit, die sich in »Jesus« erkennt, wo ihr »aus der Aufhebung ihrer Endlichkeit als persönlichen, nationalen und weltlichen Geistes ihre Einigkeit mit dem unendlichen Geist des Himmels hervorgeht« (Leben Jesu 2: 735). Es fragt sich nur, was bei dieser – so müsste man sagen – Diesseitsreligion noch der »unendliche Geist des Himmels« sein könnte.

Schauen wir ein wenig genauer hin, indem der Werdegang von Strauß in den Fokus rücken soll; auch bei jenem verzahnen sich Biographie und Theologie. Das Leben von Strauß war mit dem *Leben Jesu* auf das Engste verbunden, obgleich es ihm keineswegs schon in der Wiege prophezeit war, zum enfant terrible der Theologie zu werden. Es war ja vielmehr seine erklärte Absicht, ihr mit dem *Leben Jesu* einen Dienst erweisen zu wollen. Doch was folgte, war eine hitzige Debatte, in welcher der geschmähte Autor 1837 mit seinen *Streitschriften* noch versöhnliche Töne anschlug, bis 1841 mit der *Glaubenslehre* der dröhnende Schlussakkord ertönte. Hier vermochte Strauß als Bilanz des Christentums nur noch dessen Bankrott festzustellen: »Das Dogma ist die Weltanschauung des idiotischen Bewusstseins« (Glaubenslehre 2: 625).

Strauß wurde am 27. Januar 1808 in Ludwigsburg geboren. Den eigentümlichen Zwiespalt, der schlussendlich in dem genannten Projekt einer Diesseitsreligion enden wird, zwischen spekulativem Denken, bei dem die »Idee« zur Triebfeder wird, um die so sperrige Historie von sich zu stoßen, und unmittelbarem Fühlen, bei dem die Realität des »unendlichen Geistes des Himmels« gewahr werden soll, hatte Strauß schon als Erbe seiner Eltern empfangen. Die Mutter war »in Sachen der Religion ebenso entschieden auf das [...] rationale gerichtet, wie ihr Mann auf [...] Mystik« (Zeller: 6). 1821 kam Strauß in das Seminar nach Blaubeuren. Hier waren Ferdinand Christian Baur, der Begründer der »Tübinger Schule«, und Friedrich Heinrich Kern seine Lehrer, beide hörte Strauß später in Tübingen als Professoren. Den für das *Leben Jesu* so zentralen Mythosbegriff dürfte er bei Baur kennen gelernt haben – freilich noch nicht in der später gebrauchten Fassung. Im Oktober 1825 wechselte Strauß an das Evangelische Stift nach Tübingen, wo er der sogenannten Geniepromotion angehörte. Von den beiden philosophischen Jahren schilderte Strauß nichts Gutes. Er und seine Kommilitonen klagten über die Dürre des Unterrichts: »Was insbesondere die Philosophie, den Hauptgegenstand ihrer jetzigen Studien anbelangt, so sahen sie sich hier ganz überwiegend auf sich selbst angewiesen; und da war es denn zunächst Schelling, welcher Strauß [...] am stärksten anzog und am lebhaftesten begeisterte« (Zeller: 12 f.). Schelling war der Philosoph der Romantik, dem sich die Professoren Heinrich Christoph Wilhelm Sigwart und Carl August Eschenmayer widmeten. Namentlich die Natur- und Identitätsphilosophie Schellings kamen dem Drang nach gefühlter Unmittelbarkeit entgegen, und Schelling blieb als subkutaner Faktor für die folgende Hegelaneignung entscheidend, auch wenn bis dato »der Name des anderen philosophischen Schwaben, der damals gerade auf der Höhe seines Ruhmes in Berlin stand, der Name Hegels, [...] nicht genannt« wurde (Ziegler: 41). Zunächst kam der Begegnung mit Schleiermacher eine Katalysatorfunktion zu: Die Unmittelbarkeit des religiösen Gefühls durfte für Strauß keiner Vergewisserung durch das Wunder eines historischen Urbildes bedürfen, wie es dieser Kirchenvater des modernen Protestantismus forderte. Strauß hielt Hegel für konsequenter, weswegen seine Philosophie, wie Strauß sie verstand, von nachhaltiger Bedeutung gewesen ist: »Mit der Hegelschen Philosophie stand meine Kritik des Lebens Jesu von ihrem Ursprung an in innerem Verhältnis« (Streitschriften 3: 57) – dergestalt, dass sein Unmittelbarkeitsdrang ohne den »historischen Ballast« der Evangelien an einer zeitlosen »Idee« sein Genügen fand. Für die Spekulation ist die Historie entbehrlich, die religiösen Vorstellungen der

Evangelien sind inhaltlich mit den philosophischen Begriffen identisch. Ja, »zwischen Philosophie und Theologie, [...] [bestehe] nur ein formaler Unterschied [...]: Beide lehren inhaltlich dasselbe, unterscheiden sich aber formell so, dass, was die Religion in der inadäquaten Form der Vorstellung hat, die Philosophie als inadäquat durchschaut, seiner Vorstellungsform entkleidet und auf die Stufe und in die Form des Begriffs und begrifflichen Wissens erhebt« (Ziegler: 70). Geradezu genialisch fegte sodann Strauß mit dieser alles Weitere leitenden Annahme die »historische Frage« mit seinem genannten mythischen Standpunkt vom Tisch.

Doch zurück zum biographischen Werdegang: Nachdem Strauß 1830 ein glänzendes Examen abgelegt hatte, verbrachte er neun Monate als Vikar in der Nähe seiner Heimatstadt Ludwigsburg, wo es ihm ähnlich wie seinem Freund Christian Märklin erging. Beide rangen mit der Frage, wie sich das Gegenüber von Vorstellung und Begriff im christlichen Bekenntnis auswirkt – konkret bei der sonntäglichen Predigt. Wie später im *Leben Jesu*, brachte er auch in seiner alsbald verfassten Promotionsschrift *Die Lehre von der Wiederbringung aller Dinge in ihrer religionsgeschichtlichen Entwicklung dargestellt* (vgl. Müller) eine Optik zur Anwendung, die er Hegel entlehnt zu haben meinte. Strauß war allerdings in spekulativer Hinsicht eigenwillig radikaler: »Die Dissertation von 1831 [...] [weist] Strauß als Hegelianer aus, der unter dem Einfluss Schellings die ›Phänomenologie‹ rein monistisch deutet« (Breuss: 394) und alle dialektischen Nuancen einebnet. Diese reichlich glatte Lösung taucht an zentraler Position im *Leben Jesu* erneut auf; das Unmittelbarkeitspathos weiß sich auch hier in der Weise Geltung zu verschaffen, dass sich der bereits vollendeten Versöhnung nichts mehr störend in den Weg stellt. Nicht dies brachte Strauß eine bescheidene Zensur (bene) ein, vielmehr war die Kommission in Tübingen der Ansicht, seine Arbeit strotze von Irrtümern Hegels.

1831/1832 verbrachte Strauß einige Zeit in Berlin, um Hegel selbst zu hören, der jedoch nach wenigen Kollegstunden am 14. November 1831 verstarb; er konnte nur noch an der Beisetzung des von ihm verehrten Philosophen teilnehmen. Strauß wandte sich – einer Verlegenheitslösung gleich – nun Schleiermacher zu und diagnostizierte im Lichte Hegels dessen genanntes Ungenügen. Als Strauß vom plötzlichen Tod Hegels erfuhr, kränkte er Schleiermacher durch das unbedachte Wort: »»Um seinetwillen war ich doch hierher gekommen«« (Barth: 379 f.). In der Berliner Zeit reifte sein Entschluss, ein *Leben Jesu* zu verfassen, und er fand in dem Alttestamentler Wilhelm Vatke einen Verbündeten; dieser kann geradezu als alttestamentliche Entsprechung zu Strauß gesehen werden. »Es war [...] eine

Freundschaft fürs Leben, wie sie auch bis zu Straußens Tode gedauert hat, und war zugleich eine wissenschaftliche Waffenbrüderschaft, die sich schon im Jahre 1835 offenbaren sollte; denn da erschienen gleichzeitig ›Das Leben Jesu‹ von Strauß und Vatkes ›Religion des Alten Testaments‹« (Ziegler: 99). Ihm enthüllte Strauß seine literarischen Pläne; ursprünglich war an eine Art Dogmatik gedacht: »Sie sollte nämlich in drei Teilen zuerst das Leben Jesu nach den Evangelien, das Leben Jesu in den Gläubigen und die Vermittlung beider Seiten im zweiten Artikel des apostolischen Symbolum darstellen; hierauf in einem kritischen Teil die Lebensgeschichte Jesu als Geschichte großenteils auflösen; dann aber in ihrem dritten Teil das Vernichtete dogmatisch wiederherstellen« (Zeller: 28).

Nach der Rückkehr aus Berlin veröffentlichte Strauß ab 1832 mehrere kurze Rezensionen zu theologischen und exegetischen Werken in den *Jahrbüchern für wissenschaftliche Kritik*, dem Publikationsorgan der Hegelschule (Sandberger: 58–84). In ihnen zeigen sich erneut die zentralen Themen seines Denkens: Historische Kritik, auf dass die »Idee« obsiege, und spekulative Versöhnung, auf dass die Unmittelbarkeit mit dem »unendlichen Geist des Himmels« erlangt sei: eigenwilliger Rationalismus und eigenwilliger Monismus reichen einmal mehr einander die Hände.

Zu dieser Zeit trat Strauß eine Repetentenstelle am Tübinger Stift an, wo der allseits beliebte junge Lehrer glänzende Vorlesungen hielt, die wesentlichen Gedanken vorwegnahmen, wie sie im *Leben Jesu* auftreten. Eine Episode verdient Beachtung: »Als er dabei einmal in sehr kritischer Weise den Locus von der Person Christi behandelte und darauf hinwies, dass das, was die Kirchenlehre über Christus sage, vielmehr von der Menschheit im ganzen gelte, da ergriff […] Inspektor Steudel das Wort, um nun auch noch die orthodoxe Lehre gegen den kritischen Repetenten […] zu ihrem Recht kommen zu lassen« (Ziegler: 110). Dadurch gewarnt, las Strauß im Sommer 1832 über Hegels Logik, im folgenden Semester über die »Entwicklungsgeschichte der neuesten Philosophie von Kant an, nebst einer Übersicht der übrigen Geschichte der Philosophie«, wo Hegel als Krönung des Gebäudes dargestellt ist. Bei all dem eckte Strauß bei den namhaften Persönlichkeiten der Fakultät zunehmend an, so dass er sich immer mehr aus dem Lehrbetrieb zurückzog und nun seinen Plan, ein *Leben Jesu* zu schreiben, in die Tat umsetzte.

»Das Buch, das er dort im Repetentenzimmer am Fenster, das gegen den Torbogen schaut, in jugendlicher Begeisterung geschrieben, machte ihn über Nacht zum berühmten Mann […] und vernichtete seine Zukunft« (Schweitzer: 72). Wie der Halleysche Komet, der auch 1835 wiedererschien, versetzte das *Leben Jesu* die Menschen in Aufregung. Manche Reaktion erweckte den Anschein, als kündigte der »Ischariotismus unserer Tage«, wie die Gegenschrift Eschenmayers betitelt war, den Weltuntergang an, den Johann Albrecht Bengel für die Jahre 1836/1837 berechnet hatte. Strauß hatte de facto »als ›neuer Judas Ischarioth‹ seine Rolle in der Theologie ausgespielt« (Stephan/Schmidt: 157): Eine in Zürich anvisierte theologische Professur endete 1839, bevor sie begann – die wenig rühmliche Episode ging als »Straussenhandel« in die Geschichte ein. Diese weitere Enttäuschung und mehr noch seine im *Leben Jesu*, das er im selben Jahr nach einer etwas versöhnlicheren Zwischenfassung in erneuerter Radikalität herausgab, leitende »Diesseitsreligion« kulminierte in seinem bereits genannten zweiten Hauptwerk von 1840/1841 *Die christliche Glaubenslehre, in ihrer geschichtlichen Entwickelung und im Kampf mit der modernen Wissenschaft dargestellt*. Da das christliche Bekenntnis nurmehr Ausdruck eines idiotischen Bewusstseins sei, ist es nur konsequent, dass Strauß 1874 nach schwerer Krankheit in aller Schlichtheit beerdigt wurde, »von jeder Beteiligung der Kirche an der Feier sollte abgesehen [...] werden. So wurde er denn am 10. Februar ohne Glockengeläute und Begleitung eines Geistlichen [...] bestattet« (Zeller: 124).

Hier endigte ein Leben, das nach seinem Abgesang auf den christlichen Glauben nicht mehr recht Fuß fassen konnte: Seine Ehe war von Zerrüttungen überschattet, eine Kandidatur für das Paulskirchenparlament scheiterte, immerhin ein bescheidener literarischer Erfolg war Strauß durch einige biographisch orientierte Publikationen beschieden. Auch wenn das Christentum sich freilich Strauß gegenüber nicht von seiner besten Seite gezeigt hat, so weisen ihn seine Charakterskizzen als im Protest verfangen aus, wo er sich der Gestalt des Julian Apostata, des destruktiven Vorkämpfers Reimarus oder des stets bissigen Voltaire widmet. In seinem Spätwerk *Der alte und der neue Glaube* von 1872 konkludiert Strauß nicht überraschend, dass wir nicht mehr Christen sein können und dürfen.

Barth betont zu Recht, dass »der Name Strauß [...] das böse Gewissen der neueren Theologie« bedeute, denn ihm komme das Verdienst zu, »der Theologie jene Frage, die historische, in prinzipieller Schärfe gestellt zu haben. Die Theologie hat seither viel und vielerlei darum herumgeredet, was doch mehr ein Zeugnis dafür war, dass sie seine Frage nicht gehört hat. Viele haben Strauß bis auf den heutigen Tag nicht überwunden und sagen bis auf diesen Tag dauernd Dinge, die [...] nicht mehr gesagt werden dürften.« Die von Strauß aufgeworfenen Fragen sind »nur von wenigen geliebt, [aber] [...] von den meisten gefürchtet worden« (Barth: 514f.). Zu fürchten ist freilich die Bankrotterklärung, die Strauß in seiner Position dem christlichen Glauben gegenüberstellt, liegt ihr doch eine moderne »Mystik ohne Gott« zugrunde. Formal fußt sie auf dem Drang zu einer unmittelbaren Schau des Absoluten, inhaltlich vollzieht sie die rationalistischen Weichenstellungen der Moderne mit; ihr Absolutes ist profanisiert. Strauß diagnostiziert im »extra nos« Gottes die zu überwindende »idiotische« Bewusstseinsstufe. Seine Forderung nach einem »in nobis« bekommt es freilich nur mit der vorfindlichen Menschheit zu tun. An Stelle des göttlichen Geistes tritt bei Strauß der emanzipierte Menschengeist, in dessen Binnenschau jede behauptete Offenbarung ein Skandalon sein muss. Strauß befreit das moderne Bewusstsein von dieser Entfremdung – es soll sich selbst genügen. Ironischer Weise beruft er sich am Ende der *Glaubenslehre*, gewissermaßen am Ende des christlichen Glaubens, auf die christliche Mystik, die bei Strauß nun nicht mehr christlich ist. Insofern ist es nicht »verwunderlich, dass Strauß den Schlussstrich unter seine Beschäftigung mit der christlichen Dogmatik ausgerechnet in Form eines Zitates aus Angelus Silesius zog, den er als Kronzeugen für seine eigene Todfeindschaft gegen allen ›Transzendenz‹-Glauben mit Worten anführte, die sonnenklar erkennen lassen, dass seine eigentliche geistige Heimat im Bereich der Immanenz-Mystik liegt« (Müller: 259):

> »Mensch, wo du deinen Geist schwingst über Ort und Zeit,
> so kannst du jeder Blick sein in der Ewigkeit.
> Ich selbst bin Ewigkeit, wenn ich die Zeit verlasse,
> und mich in Gott und Gott in mich zusammenfasse.«

Werke und Werkausgaben

STRAUSS, David Friedrich:
- Die Lehre von der Wiederbringung aller Dinge in ihrer religionsgeschichtlichen Entwicklung dargestellt, Tübingen 1831 (Zürich 1968).
- Das Leben Jesu. Kritisch bearbeitet, 2 Bde., Tübingen 1835; 1836 (Reprographischer Nachdruck 1984).
- Das Leben Jesu. Kritisch bearbeitet, 4. Aufl., Tübingen 1840.
- Streitschriften zur Verteidigung meiner Schrift über das Leben Jesu und zur Charakteristik der gegenwärtigen Theologie, 1 Bd., 3 Hefte, Tübingen 1838.
- Vergängliches und Bleibendes im Christentum. Selbstgespräche, in: ders.: Zwei friedliche Blätter. Vermehrter und verbesserter Abdruck, Der Freihafen 4/1 (1839), 59–132.

- Die christliche Glaubenslehre in ihrer geschichtlichen Entwicklung und im Kampfe mit der modernen Wissenschaft, 2 Bde., Tübingen 1840; 1841.
- Der Christus des Glaubens und der Jesus der Geschichte. Eine Kritik des Schleiermacherschen Lebens Jesu, hg. von Hans-Jürgen Geischer (Texte zur Kirchen- und Theologiegeschichte 14), Gütersloh 1971.
- Das Leben Jesu für das deutsche Volk bearbeitet, Bonn 1895.
- Der alte und der neue Glaube. Ein Bekenntnis, Bonn 1895.

Weitere Literatur

BARTH, Karl: Die Protestantische Theologie im 19. Jahrhundert. Ihre Vorgeschichte und ihre Geschichte, Zollikon/Zürich 1947.

BREUSS, Joseph: Das »Leben Jesu« von David Friedrich Strauß und die Hegelsche Philosophie, Freiburger Zeitschrift für Philosophie und Theologie 19 (1972), 389–409.

HAUSRATH, Adolf: David Friedrich Strauß und die Theologie seiner Zeit, 2 Bde., Heidelberg 1876; 1878.

HIRSCH, Emanuel: Geschichte der neuern evangelischen Theologie. Im Zusammenhang mit den allgemeinen Bewegungen des europäischen Denkens, Bd. 5, 3. Aufl., Gütersloh 1964.

MÜLLER, Gotthold: Identität und Immanenz. Zur Genese der Theologie von David Friedrich Strauß. Eine theologie- und philosophiegeschichtliche Studie (Basler Studien zur historischen und systematischen Theologie 10), Zürich 1968.

ROHLS, Jan: Protestantische Theologie der Neuzeit, Bd. 1: Die Voraussetzungen und das 19. Jahrhundert, Tübingen 1997.

SANDBERGER, Jörg F.: David Friedrich Strauß als theologischer Hegelianer. Mit unveröffentlichten Briefen (Studien zur Theologie und Geistesgeschichte des Neunzehnten Jahrhunderts 5), Göttingen 1972.

SCHWEITZER, Albert: Geschichte der Leben-Jesu-Forschung, 2., neu bearb. u. verm. Aufl. des Werkes ›von Reimarus zu Wrede‹, Tübingen 1913 (9. Aufl. [=Nachdr. d. 7. Aufl. in einem Band], UTB für Wissenschaft/Uni-Taschenbücher 1302, Tübingen 1984).

STEPHAN, Horst/SCHMIDT, Martin: Geschichte der deutschen evangelischen Theologie seit dem deutschen Idealismus (Sammlung Tölpelmann – Theologie im Abriß 9), 2. Aufl., Berlin 1960.

WINTZEK, Oliver: Ermächtigung und Entmächtigung des Subjekts. Eine philosophisch-theologische Studie zum Begriff Mythos und Offenbarung bei D. F. Strauß und F. W. J. Schelling (Ratio fidei 35), Regensburg 2008.

ZELLER, Eduard: David Friedrich Strauß in seinem Leben und seinen Schriften, Bonn 1874.

ZIEGLER, Theobald: David Friedrich Strauß, 2 Bde., Straßburg 1908.

Oliver Wintzek

Isaak August Dorner

* 20. Juni 1809
† 8. Juli 1884
Stiftseintritt: 1827

Isaak August Dorner fehlt zumeist in Aufzählungen prominenter Stiftler, da er lange Zeit »zu den vergessenen Theologen« (Axt-Piscalar: 5) zählte, ja sein Name wurde »ziemlich alsbald nach seinem Tode mit einer dichten Staubschicht bedeckt« (Barth: 525). Die wenigen expliziten Würdigungen Dorners – etwa diejenige Karl Barths – machen dieses Defizit der Theologiegeschichtsschreibung eher noch bewusst. In neuerer Zeit lässt sich erfreulicherweise eine Hinwendung zur Dornerschen Theologie konstatieren. In gewisser Weise hat sich erfüllt, was Paul Kleinert in seiner Rede bei der Dorner-Gedenkfeier der theologischen Fakultät zu Berlin prognostizierte: »Das zukünftige Geschlecht [...] wird auf seinen Grabstein schreiben, daß er ein Wegweiser und Prophet in den höchsten Fragen der Theologie gewesen ist« (Kleinert: 13).

Dorner war ein extraordinärer Wissenschaftsakteur von internationalem Format (das exemplifiziert etwa seine transatlantische Korrespondenz mit dem amerikanischen Theologen Charles Augustus Briggs), der sich aber zeitlebens seiner Verwurzelung im heimatlichen Boden der Südwestalb, die sich auch in seinem schwäbischen Idiom artikulierte, bewusst war. Seiner Herkunft verdankte er ein kontinuierliches Interesse an der Verbindung von Praxis und Wissenschaft sowie ein auf Synthese von Glaubensansprüchen und wissenschaftlichem Bewusstsein abzielendes Schaffen. Theologiegeschichtlich wird Dorner etwas schematisch, aber durchaus zu Recht als Vermittlungstheologe klassifiziert, erhob doch seine Theologie den Anspruch, »das Problembewußtsein seiner Epoche im An-

schluß an Schleiermacher und Hegel in seinem System zu integrieren«
(Axt-Piscalar: 255).

Geboren wurde er am 20. Juni 1809 als das sechste von zwölf Geschwis-
tern in Neuhausen ob Eck bei Tuttlingen, wo sein aus dem Schwarzwald
stammender Vater ein halbes Jahrhundert lang Pfarrer war. Mit 14 Jahren
trat Dorner in das niedere Seminar Maulbronn ein, wo Johann Ernst Osiander, Verfasser eines zweibändigen Korintherbrief-Kommentars, auf ihn
Eindruck machte.

Nach Abschluss seiner Schulzeit trat er als Primus seiner Promotion in
das Tübinger Stift ein und begann im November 1827 ein fünfjähriges The-
ologie- und Philosophiestudium an der Eberhard-Karls-Universität zu Tübingen. Er scheint ein fleißiger Student gewesen zu sein. Ausweislich der
öffentlichen Testimonien seiner Promotion verfügte er über ein außergewöhnlich gutes Gedächtnis und gute Sitten. Im Locus hat er einen positiven Eindruck hinterlassen. Auch das Incarcerationen- und Annotati-
onen-Verzeichnis des Stifts bestätigt dieses Bild. Unter seinen Tübinger
Lehrern ist zunächst der Professor für praktische Philosophie und nach-
malige Stiftsephorus Heinrich Christoph Wilhelm Sigwart zu nennen, bei
dem Dorner Anthropologie, Logik und Metaphysik studierte. Daneben
beeindruckten ihn vor allem die historischen Vorlesungen Karl Friedrich
Haugs und diejenigen – etwa über Moralphilosophie – des Schellingschü-
lers Carl August von Eschenmayer. Unter den Theologen war es Ferdinand
Christian Baur, damals noch auf dem Standpunkt Schleiermachers stehend, der ihn durch seine Vorlesungen über Symbolik sowie Kirchen- und
Dogmengeschichte beeinflusste. Den bedeutendsten direkten Einfluss auf
Dorner hat aber Christian Friedrich Schmid gehabt, bei dem er vornehmlich Neues Testament studierte, aber auch Symbolik, Ethik und Homiletik.
Der gemäßigte Supranaturalist Johann Christian Friedrich Steudel (im
weiteren Sinne zur älteren Tübinger Schule gehörig), bei dem er vor allem
Dogmatik studierte, hat ihn jedoch nicht überzeugt. Dorners Interesse
ging über die engeren Fachgrenzen der Theologie und Philosophie hinaus,
so dass er zum Beispiel auch geographische, mathematische oder elemen-
tarphysikalische Studien trieb. Durch dieses intensive Studium legte er ein
solides Fundament für seine weitere Gelehrtenlaufbahn. Eigens zu nennen
ist in diesem Kontext eine theologische Preisarbeit über die Ursachen der
seinerzeit zu konstatierenden Renaissance der Beschäftigung mit der Reformation (1829). Diese Arbeit lässt schon Dorners eigene Reformations-
deutung beziehungsweise seine Anschauungen über die Entwicklung des
Protestantismus erkennen, die er in seiner *Geschichte der protestantischen*

Theologie (1867) später dargelegt hat. Nachdem er das theologische Examen 1832 mit dem Prädikat I glänzend bestanden hatte, wurde Dorner für zwei Jahre Vikar bei seinem Vater in Neuhausen. Danach (1834) kehrte er wieder nach Tübingen zurück, wo er Repetent am Stift wurde.

1836 wurde er zum Doktor der Philosophie promoviert. Während dieser Zeit studierte er eingehend die Schriften Kants und Friedrich Heinrich Jacobis sowie diejenigen des Kirchenvaters des 19. Jahrhunderts, Friedrich Daniel Ernst Schleiermacher. Schon während seiner Studienzeit hatte er sich mit der Philosophie Schellings (v. a. des mittleren Schellings) und Hegels auseinandergesetzt. Schon hier bildete sich seine, durch eine Synthese zwischen Hegels Spekulation und Schleiermachers Erfahrungstheologie gekennzeichnete Position aus.

Zu den Tübinger Repetentenkollegen zählte auch David Friedrich Strauß, der mit seinem *Leben Jesu* eine Kontroverse entfachte, in die auch Dorner hineingezogen wurde. Obwohl er die Anschauungen seines Kollegen keineswegs teilte, bedauerte er dessen Amtsenthebung. Die Strauß-Debatte wirkte in gewisser Weise stimulierend auf Dorner, der den Ansatz seiner zentralen christologischen Lehre von Jesus Christus als Zentralindividuum in diesem Kontext entwickelte.

Zwischen April und Oktober 1836 konnte er aufgrund eines Reisestipendiums eine Studienreise unternehmen, die ihn in die Niederlande, nach Großbritannien, Irland und Norddeutschland führte und großen Eindruck auf ihn machte. Vor allem die Synodalverfassung der schottischen Presbyterialkirche begeisterte ihn derart, dass er sich später nachdrücklich für eine Synodalverfassung auch in Deutschland einsetzte. Zurück in Tübingen übernahm er nochmals eine Repetentur am Stift. 1838 wurde er außerordentlicher Professor für Theologie in Tübingen. 1839 erschien sein erstes großes Werk, die *Entwicklungsgeschichte der Lehre von der Person Christi* (gewidmet u. a. seinem Tübinger Lehrer Schmid), der intentio auctoris nach ein Beitrag zu der Aufgabe, »daß die Idee des Gottmenschen Jesus Christus [...] als das lösende Wort des Räthsels erkannt werde, was auf der deutschen Christenheit lastet« (Entwicklungsgeschichte der Lehre von der Person Christi: X).

Noch im selben Jahr folgte Dorner einem Ruf nach Kiel und verließ (nun endgültig) die schwäbische Provinz in Richtung Ostsee. Unterdessen (1838) hatte er geheiratet. Seine Frau Friederike Henriette, geborene Wolber, stammte aus Schiltach im Schwarzwald, der Geburtsstadt von Dorners Vater und scheint »eine geistig tief gebildete Frau« (Bobertag: 51) gewesen zu sein. Dorner hatte mit ihr drei Söhne, von denen einer jung starb, der andere geistig behindert war und einer – August Johannes Dorner – ebenfalls Theologieprofessor an der Königsberger Universität wurde.

Die Kieler Zeit war ungemein anregend, sowohl in beruflicher als auch in persönlicher Hinsicht. Dorner wendete sich fürsorglich den Studierenden zu (dies behielt er bei, solange es ihm gesundheitlich möglich war). Einen Schwerpunkt seiner akademischen Arbeit legte Dorner auf die – ihn seit seinen akademischen Anfängen kontinuierlich interessierende – Geschichte des protestantischen Lehrbegriffs. In dem Juristen Emil Herrmann fand er einen Freund fürs Leben, ebenso in dem kongenialen dänischen Theologen und nachmaligen Seeländer Bischof Hans Lassen Martensen – bekannt vor allem als Hauptziel von Kierkegaards Attacken –, den er 1839 in Kiel kennenlernte und mit dem er seitdem in regem, lebenslangem Briefkontakt stand (der bis 1881 während Briefwechsel wurde postum 1888 ediert). Auch mit Claus Harms, im Gegensatz zu Dorner ein Unionsgegner, war Dorner freundschaftlich verbunden; ihm eignete er seine bedeutende Abhandlung *Das Princip unsrer Kirche nach dem innern Verhältnis seiner zwey Seiten* (1841) als Festschrift zu. Darin bestimmt er den reformatorischen Glauben in der Einheit von Formal- und Materialprinzip beziehungsweise von Schrift und Rechtfertigungslehre.

1843 wechselte Dorner nach Königsberg, wo er auch Mitglied des Konsistoriums war, sich aber vergleichsweise unwohl fühlte. Ein besonderes Erlebnis dieser Zeit war seine Teilnahme an der ersten preußischen Generalsynode, die 1846 in Berlin abgehalten wurde.

1847 folgte Dorner einem Ruf nach Bonn als Nachfolger seines vermittlungstheologischen Kompagnons Karl Immanuel Nitzsch, der nach Berlin gewechselt war. Alsbald wurde Richard Rothe sein dortiger Kollege und beide zusammen bildeten die Hauptzierden der Bonner theologischen Fakultät, auch wenn sie erst später, in Berlin beziehungsweise in Heidelberg, ihren vollen Einfluss entfalten sollten.

Dorner war während seiner Bonner Zeit Synodaler und Mitglied des Konsistoriums der rheinischen Kirche. Sein besonderes Interesse galt der Konstituierung einer evangelisch-deutschen Nationalkirche (vgl. sein *Sendschreiben über Reform der evangelischen Landeskirchen*, 1848), so auch als Mitbegründer des Evangelischen Kirchentags. Zugleich zeigt sich darin eine Nachwirkung seiner Tübinger Zeit, dass er in Bonn die Errichtung eines theologischen Stiftes nach Tübinger Vorbild erreichte sowie die Vergabe von Reisestipendien, wie dies in Württemberg Sitte war.

Nicht zuletzt aufgrund des wachsenden Einflusses der Repristinationstheologie in Preußen nahm Dorner einen Ruf nach Göttingen 1853 an.

Auch hier entfaltete er eine rege Wirksamkeit und war ein Anziehungs-
punkt für den theologischen Nachwuchs. 1859–1860 bekleidete er das Rek-
torenamt der Georg-August-Universität Göttingen. Wie schon in Bonn
regte er auch in Göttingen die Einrichtung eines Studentenwohnheims an
– dieses »Theologische Stift an der Universität Göttingen« hat bis heute
Bestand. Dorner gewann eine ganze Reihe neuer Freunde hinzu, unter anderen den Philosophen Rudolph Hermann Lotze. Wissenschaftlich bedeutend ist vor allem Dorners Mitbegründung und Mitherausgabe der vermittlungstheologischen *Jahrbücher für deutsche Theologie* (1856–1878), die
er mit einem Programmaufsatz über *Die Deutsche Theologie und ihre Aufgaben in der Gegenwart* glänzend eröffnete.

In Göttingen engagierte sich Dorner öffentlich für die evangelische Uni-
on, als lutherische Pastoren der sogenannten Stader Konferenz (1853) die
Unionsgesinnung der theologischen Fakultät der Universität Göttingen
angriffen. Dorner verfasste in diesem Zusammenhang zwei Denkschrif-
ten, in denen er einerseits die Treue der Göttinger theologischen Fakultät
zum lutherischen Bekenntnis hervorhebt, andererseits aber die einseitige
Betonung der Orthodoxie durch Teile der Geistlichkeit kritisiert. Ziel eines
jeden Christen sei schließlich die Ökumene. In den folgenden Jahren
wandte sich Dorner gegen Angriffe Ernst Wilhelm Hengstenbergs (vgl.
Dorners *Abwehr ungerechter Angriffe des Herrn Professor Dr. Hengstenberg
gegen zwei Mitglieder der theologischen Facultät der Georgia Augusta*, 1854)
sowie gegen die rechtswidrige Amtsenthebung des Rostocker Theologieprofessors Michael Baumgarten durch die mecklenburgische Landeskirche im Januar 1858.

Im Jahr 1862 folgte er dem Ruf seines Freundes aus Bonner Zeiten, August von Bethmann-Hollweg (damals preußischer Kultusminister), an die
Universität Berlin, wo er zugleich Mitglied des Evangelischen Oberkirchenrats und 1863 Dekan der theologischen Fakultät sowie von 1864 bis
1865 Rektor der Friedrich-Wilhelms-Universität gewesen ist – ohne Zweifel
ein Höhepunkt seiner akademischen Laufbahn. Die Berliner Zeit, die 22
lange Jahre bis zum Tode Dorners dauerte, war fruchtbar. Dorners Vorlesungen waren so gut besucht, dass er in größere Hörsäle ausweichen musste (ein Beleg für seine pädagogische Begabung) und hier in Berlin verfasste
er seine Hauptschriften; die eminent bedeutende und auch heute noch
mit großem Gewinn zu lesende *Geschichte der protestantischen Theologie*
(1867), die schon vier Jahre später ins Englische übersetzt wurde, sowie
sein voluminöses, zweibändiges opus magnum, das *System der christlichen
Glaubenslehre* (1879–1881), mit dem er »das Christentum als die Wahrheit

zur Darstellung [...] bringen« (System der christlichen Glaubenslehre 1: 1)
möchte. Das *System der christlichen Sittenlehre*, das Seitenstück der Glaubenslehre (Dorner fasst die theologische Ethik als Explikation des Wahr-
heitsbewusstseins des christlichen Glaubens), wurde 1885 von Dorners
Sohn August Johannes als opus postumum herausgegeben.

In Berlin befreundete sich Dorner unter anderem mit dem Schleierma-
cherschüler August Detlev Christian Twesten sowie mit dem berühmten
Geschichtstheoretiker und Althistoriker Johann Gustav Droysen, wohin-
gegen Hengstenberg sein ungeliebter Kollege an der Fakultät war. Auch in
Berlin engagierte er sich für die Einrichtung von Studienhäusern und wurde Ephorus des Johanneums, eines Studentenwohnheims, das 1869 von
Leopold Graf Sedlnitzky gegründet wurde, dessen Autobiographie Dorner
1872 herausgab. Seine Wirksamkeit im Oberkirchenrat war vor allem durch
sein Eintreten für die Synodalverfassung der preußischen Landeskirche
gekennzeichnet, die 1873 durchgeführt wurde. Aber auch sein Engagement
in der evangelischen Allianz, an deren Versammlung in New York er 1873
teilnahm (mit 64 Jahren), verdient Beachtung; ebenso seine Verdienste um
die Innere Mission, für die er als langjähriges Mitglied des Zentralaus-
schusses gewirkt hat sowie seine Teilnahme an der Eisenacher Konferenz.
Kurz vor seinem Tode veröffentlichte Dorner 1883 noch seine *Gesammelten
Schriften auf dem Gebiete der systematischen Theologie, Exegese und Geschichte*, eine Zusammenstellung seiner wichtigsten Aufsätze (u. a. eine erweiterte Fassung seiner Abhandlung über die Prinzipien des Protestantismus). Ein geplanter zweiter Band kam nicht mehr zustande.

1884 verstarb Dorner im Alter von 75 Jahren nach einer längeren Periode
anhaltender Schwäche in Wiesbaden (er war dort zur Badekur). Beigesetzt
wurde er in der schwäbischen Heimat, in seiner Geburtsstadt Neuhausen.
Er scheint ein Mann gewesen zu sein, der durch seine Verbindung von
Ernst und Güte großen Eindruck auf seine Mitmenschen machte – jedenfalls wird diese Charakteristik in den zahlreichen Nachrufen und Erinnerungen an ihn eigens hervorgehoben. So wirkte er auf viele junge Theologen nachhaltig, auch wenn er nicht schulbildend im spezifischen Sinn
wurde.

Werke und Werkausgaben

DORNER, Isaak August:
- Entwicklungsgeschichte der Lehre von der Person Christi von den ältesten Zeiten bis auf die neuesten, Stuttgart 1839 (2., stark verm. Aufl. in 2 Theilen, Berlin 1845–1856).
- Das Princip unsrer Kirche nach dem innern Verhältnis seiner zwey Seiten, Kiel 1841.
- Sendschreiben über Reform der evangelischen Landeskirchen im Zusammenhang mit der Herstellung einer evangelisch-deutschen Nationalkirche, Bonn 1848.
- Abwehr ungerechter Angriffe des Herrn Professor Dr. Hengstenberg gegen zwei Mitglieder der theologischen Facultät der Georgia Augusta, Göttingen 1854.
- mit DILLMANN, August (Hgg.): Jahrbücher für deutsche Theologie (1856–1878).
- Die Deutsche Theologie und ihre Aufgaben in der Gegenwart, Jahrbücher für deutsche Theologie 1 (1856), 1–48.
- Geschichte der protestantischen Theologie, besonders in Deutschland, nach ihrer prinzipiellen Bewegung und im Zusammenhang mit dem religiösen, sittlichen und intellektuellen Leben betrachtet, München 1867.
- System der christlichen Glaubenslehre, 2 Bde., Berlin 1879–1881 (2. Aufl. in 2 Bdn., Berlin 1886–1887).
- Gesammelte Schriften aus dem Gebiet der systematischen Theologie, Exegese und Geschichte, Berlin 1883.
- System der christlichen Sittenlehre, hg. von August Dorner, Berlin 1885.
- mit MARTENSEN, Hans Lassen: Briefwechsel 1839–1881, hg. aus deren Nachlaß, 2 Bde., Berlin 1888.

Weitere Literatur

AXT-PISCALAR, Christine: Der Grund des Glaubens. Eine theologiegeschichtliche Untersuchung zum Verhältnis von Glaube und Trinität in der Theologie Isaak August Dorners (Beiträge zur historischen Theologie 79), Tübingen 1990.
BARTH, Karl: Die protestantische Theologie im 19. Jahrhundert. Ihre Vorgeschichte und ihre Geschichte, 3. Aufl., Zürich 1960.
BOBERTAG, Johannes: Isaak August Dorner. Sein Leben und seine Lehre mit besonderer Berücksichtigung seiner bleibenden Bedeutung für Theologie und Kirche, Gütersloh 1906.
DORNER, August Johannes: Art. Dorner, Isaak August, ADB 48 (1904), 37–47.
GRAF, Friedrich Wilhelm/WISCHMEYER, Johannes: »Verständigung der Protestanten diesseits und jenseits des Oceans« – Die Korrespondenz zwischen Isaak August Dorner und Charles A. Briggs (1866–1884), Zeitschrift für Neuere Theologiegeschichte 15 (2008), 56–118.

Kleinert, Paul: Zum Gedächtniß Isaak August Dorner's. ... den 8. Juli 1884. Rede bei der Gedenkfeier der theologischen Fakultät zu Berlin am 26. Juli 1884 gehalten vom Dekan der Fakultät, Berlin 1884.

Koppehl, Thomas: Der wissenschaftliche Standpunkt der Theologie Isaak August Dorners (Theologische Bibliothek Töpelmann 78), Berlin/New York 1997.

Rothermundt, Jörg: Art. Dorner, Isaak August (1809–1884), TRE 9 (1982), 155–158.

Sauter, Gerhard: Isaak August Dorner (1809–1884), in: Schmidt-Rost, Reinhard/ Bitter, Stephan/Dutzmann, Martin (Hgg.): Theologie als Vermittlung. Bonner evangelische Theologen des 19. Jahrhunderts im Porträt (Arbeiten zur Theologiegeschichte 6), Rheinbach 2003, 82–87.

Stamm= und Familienbuch der Familie Dorner aus Schiltach (Schwarzwald). Im Auftrag des Familienrats hg. von Gotthilf Elwert, Schwäbisch Hall 1932.

Friedrich Alexander July

Gustav Werner

* 12. März 1809
† 2. August 1887
Stiftseintritt: 1827

Zu seiner Konfirmation schrieb Gustav Werner an seine Eltern: »Ich halte es an diesem Tage für eine meiner größten Pflichten, Euch, liebe Eltern, für Eure großen Wohltaten, die Ihr mir von meiner frühesten Kindheit an erwiesen habt, innigst zu danken« (Briefe – Predigten – Schriften: 10). Von den vierzehn Jahren seines Lebens hatte er da bereits sechs fernab von seinen Eltern verbracht. Als Sechsjähriger war er bei seinem Großvater, einem Schulmeister, in Münsingen untergebracht worden, nach dessen Tod 1817 kehrte er zum inzwischen nach Biberach versetzten Vater zurück. Als dieser 1819 nach Ellwangen beordert wurde, kam der Zehnjährige zu seinem Onkel nach Göppingen, um hier die Lateinschule besuchen zu können. Der Weg in einen akademischen Beruf sollte damit geebnet werden. Der Onkel war Pfarrer, später Dekan in Calw, und ein ähnlicher Weg wurde für Gustav ins Auge gefasst. So kam er nach der Konfirmation ins Seminar Maulbronn (1823–1827) und danach ins Stift. Die Familie war pietistisch geprägt, der junge Gustav hat schon früh eine fast schwärmerische Frömmigkeit entwickelt: »Ich kann nur meinen Dank dir stammeln und ausrufen: Gott ist die Liebe! Ist es aber mein Verdienst, daß ich soviele unaussprechliche Wohltaten genieße, daß ich unter Christen geboren und erzogen wurde, daß ich so gute Eltern und Lehrer habe, welchen ich nächst Gott alles verdanke? Nein, mein Verdienst ist es nicht; unverdienterweise genieße ich so große Wohltaten und kann meinem Schöpfer nichts dafür geben. Aber ein redliches, frommes Herz kann ich ihm geben. So nimm es denn hin, bester Vater« (Briefe – Predigten – Schriften: 10 f.). Der Tenor späterer Predigten wird in diesem aus der Maulbronner Zeit stammenden Text schon deutlich.

In Maulbronn fühlte sich Gustav Werner nicht wohl. »Ich werde mich gar nimmer angewöhnen können in unsern düstern Klostermauern« (Wischnath, Anhang: 132). Zudem hatte er deutliche Mühe mit den an ihn gestellten Anforderungen. Die enge Freundschaft mit Eduard Eyth, den er aus Maulbronn kannte, zerbrach rasch, als beide ins Stift zogen. Werner selbst schreibt dazu 1828: »was uns zusammenführte, war (von meiner Seite wenigstens) von Sinnlichkeit nicht frey; es gelang uns, unser Verhältniß zu vergeistigen, so daß es beyden schöne Früchte trug« (Wischnath, Anhang: 133). »Ich stand Dir zu ungleich in wißenschaftlicher Hinsicht, und dieß noch; ich konnte Dir daher nicht genügen. Zudem hatte meine Liebe zu Dir ein unreines Beitheil; ich liebte Dich mit mädchenhafter Gluth, da, wie Du wohl weißt, meine Natur viel Weibisches in sich hat, was mir schon unsäglichen Kummer und Kampf verursacht hat, und noch nicht ganz ausgedrungen ist« (Wischnath, Anhang: 134). Die Mühe bezog sich insbesondere auf das philosophische Grundlagenstudium. Außer exegetischen Vorlesungen beim damaligen Stiftsephorus Gottlob Friedrich Jäger hörte er, wie damals vorgesehen, in den ersten vier Semestern keine theologischen Vorlesungen. Unter den Philosophen ragte sicherlich Heinrich Christoph Wilhelm Sigwart heraus, daneben besuchte er aber auch Vorlesungen bei Johann Friedrich Immanuel Tafel und bei Carl August Eschenmayer, bei dem er auch privat verkehrte, da dieser mit Werners Eltern befreundet war.

Von Tafel war bekannt, dass er deswegen nicht in den Kirchendienst gelangt war, weil er den Lehren Swedenborgs anhing. Die Gedankenwelt Emanuel Swedenborgs (1688–1772) war durch Visionen und Eingebungen geprägt und beruhte auf einer spiritualisierenden Exegese. Die Wiederkunft Christi wurde demnach insbesondere auf den inneren geistigen Weg bezogen, sie vollzog sich in der Einswerdung des Menschen mit dem Göttlichen, das seinerseits vornehmlich als Liebe bestimmt wurde. Hieraus folgt für Swedenborg das Ideal einer »Neuen Kirche«, einer verinnerlichten Gemeinschaft der wahrhaft Glaubenden (im Gegensatz zu einer äußerlich institutionalisierten Kirche). Zugleich wurde das Göttliche als Einheit aufgefasst (weswegen Swedenborg etwa die klassische Auffassung von drei göttlichen Personen ablehnte). Die Betonung der inneren Gemeinschaft des wahrhaft Glaubenden mit Gott führte ihn schließlich auch zu einer Kritik an der klassischen Rechtfertigungslehre und zu einer Betonung der tätigen Liebe.

Eschenmayer, Mediziner und Philosoph, beschäftigte sich mit Magnetismus und sah hierin eine Möglichkeit, eine Form von nichtmaterieller
Wirklichkeit zu ergründen. Dies verband er mit der Beobachtung von
Somnambulie, die er auf die Beeinflussung durch Geister zurückführte.
Entsprechend interessierte sich Eschenmayer bereits 1827 für die von Justinus Kerner in Weinsberg betreute Friederike Hauffe und hielt das, was die
ggf. magnetisierte (d. h. mit Magneten bestrichene) »Seherin« im somnambulen Zustand sagte, für wichtige Offenbarungen aus dem Jenseits. Die
Faszination dieser plötzlich konkret scheinenden Möglichkeit, wissenschaftliche Beobachtungen auf die Geisterwelt anzuwenden, war in dieser
Zeit immens, auch freie Geister wie David Friedrich Strauß pilgerten nach
Weinsberg. Im Hause von Eschenmayer dürfte Werner Ludwig Hofaker
kennengelernt haben, der sich selbst konsequent ohne c schrieb (und sorgfältig von dem 1828 gestorbenen Erweckungsprediger Ludwig Hofacker zu
unterscheiden ist). Dieser Hofaker versuchte ab 1827, die Swedenborg'sche
Lehre, wie sie Tafel propagierte, mit den Bemühungen Eschenmayers um
den Magnetismus und die Geisterwelt zusammenzubringen. Vermutlich
war für diese Hinwendung Hofakers zur Geisterwelt auch die persönliche
Lebenskatastrophe verantwortlich, die er kurz zuvor durchleben musste,
denn innerhalb weniger Jahre hatte Hofaker drei seiner fünf Kinder verloren, mit denen er nun – über die Geisterwelt – neu in Kontakt zu treten
hoffte (Wischnath: 41). Hofaker verlegte 1829 in der von ihm aufgekauften
(oder gegründeten) Tübinger Buchhandlung Zu-Guttenberg Kerners *Sehe-*
rin von Prevorst (Wischnath: 43.53). 1829 erhielt Werner, dessen Vater mit
Hofaker befreundet war, endlich die schon vorher beantragte Genehmi-
gung, in der Stadt wohnen zu dürfen, und zog in das Haus von Ludwig
Hofaker an der Neckarhalde.

Zu diesem Zeitpunkt dürfte Werner schon begonnen haben, sich intensiver mit Swedenborg zu beschäftigen (Wischnath: 60f.) – er war wohl
nicht der einzige, kein geringerer als Johann Adam Möhler setzte sich 1830
in einem ausführlichen Aufsatz mit der »Neuen Kirche« auseinander
(Möhler 1830) und übernahm den Text in seine wenig später erschienene
Symbolik. Als der Vater von der Lektüre seines Sohnes erfuhr, war er zunächst entsetzt, vor allem befürchtete er, dass Werner sich seine berufliche
Karriere verstellen würde. Werner schickte seinem Vater daraufhin einige
Bücher Swedenborgs, die dieser mit größter Zurückhaltung aufnahm. Als
Kernpunkt der Swedenborg'schen Lehre benennt er seinem Vater gegen-
über, »daß nur ein Gott sei, nicht 3 Personen, und daß man handeln, nicht
bloß glauben müsse« (Briefe – Predigten – Schriften: 18). Im selben Schrei-

ben an seine Eltern vom Juni 1829 versichert Werner seinen Eltern (und das war wohl als Beruhigung gedacht), täglich bei 10–12 Stunden Studien nur ca. 2 für die Swedenborglektüre aufzuwenden (Briefe – Predigten – Schriften: 20). Zugleich zeigt sich eine tiefe Verbundenheit Werners gerade mit seinem Vater, besonders in religiösen Fragen: »Ich bitte ihn [scil. den Vater], sich nur zu erinnern, wie vielerlei wir schon besprochen haben und dabei immer einig waren; was ich ihm da und dort sagte, ist immer noch meine Überzeugung; wir bekommen über religiöse Gegenstände nie Streit« (Briefe – Predigten – Schriften: 18). Und Werner lag richtig. Sein Vater fing nach kurzer Zeit selbst an, Swedenborg »mit Vergnügen, mit Heißhunger« (Briefe – Predigten – Schriften: 20) zu lesen. Zugleich blieben seine Bedenken bestehen, dass sich sein Sohn durch zu offensichtliche Neigungen zu Swedenborg seine berufliche Zukunft ruinieren würde. Die Sorge war durchaus berechtigt, im Dezember war die Swedenborgneigung Werners immerhin aktenkundig und hatte zu einer entsprechenden Warnung durch die Aufsichtsbehörde in Stuttgart, den Studienrat, geführt (Wurster: 31; Wischnath: 66). Zu allem Überfluss hatte sich Hofaker just in der Zeit, als Werner in dessen Haus in der Neckarhalde einzog, in einen öffentlichen Skandal verwickelt, weil er die Scheidung von seiner Frau betrieb und ihr dabei auch die Kinder wegnehmen wollte (Wischnath: 41). Gleichwohl blieb Werner Hofaker in Freundschaft verbunden. 1831 kaufte er für 100 Gulden (eine Summe, die er unmöglich allein zusammengespart haben konnte, vielleicht hat Werners Vater sich beteiligt) Swedenborgs Hauptwerk *Arcana coelestia* (Wischnath: 70 f.).

In derselben Zeit hat Werner sich der Akademischen Liedertafel angeschlossen, die, 1829 gegründet, unter der Leitung des Universitäts- und Stiftsmusikdirektors Friedrich Silcher stand. Silcher war für seine demokratischen Neigungen bekannt, und die Akademische Liedertafel gehörte zu den sich kurz vor der Julirevolution 1830 bildenden diversen studentischen Vereinigungen, die das Verbot der Burschenschaften nach 1826 unterliefen (Wischnath: 19–21). In Tübingen war ein Treffpunkt dieser Vereinigungen die kurz zuvor erst gegründete Museumsgesellschaft, ein Zusammenschluss verschiedener Lesegesellschaften mit liberaler Ausrichtung, die 1821 vor dem Lustnauer Tor das heute noch bestehende Museum gebaut hatte. Im Lesesaal des Museum trafen sich etwa auch die Feuerreiter, eine besonders von den Idealen Freiheit und Vaterland getragene Vereinigung. Ob Werner Mitglied in der Museumsgesellschaft war (so vermutet Wischnath: 19), ist unklar, seine politischen Interessen waren wohl eher begrenzt, doch dürfte er die spannungsreichen Ereignisse dieser Zeit unmittelbar

mitbekommen haben: den Druck, den der Staatskommissar Karl Hofacker
(ein Bruder des Erweckungspredigers) auf die Universität ausübte, die Begeisterung für die Julirevolution 1830, die (im Vergleich eher bescheidenen)
Unruhen in Tübingen im Januar 1831 (Wischnath: 17–24).

Sein Theologiestudium setzte Werner mit nur mäßigem Erfolg fort, auch
wenn er gegen Ende allmählich besser benotet und loziert wurde. Ein bleibender Einfluss von Ferdinand Christian Baur, den er in den letzten Semestern intensiv gehört hat, ist nicht festzustellen, auch Johann Christian
Friedrich Steudel und Friedrich Heinrich Kern haben ihn nur wenig beeinflusst. Im Rückblick auf sein Studium schrieb er später: »Wenn mir nur
damals Jemand gesagt hätte: Du bist nicht zum Gelehrten geschaffen, er-
greife das Practische! Das hätte mir viel Leid und Irregehen erspart und
viel Tüchtigkeit zuwege gebracht« (Wischnath, Anhang: 134). Immerhin
aber konnte Werner sein Studium dann im September 1832 abschließen,
allerdings mit der nicht gerade überragenden Note III.a. (Briefe – Predigten
– Schriften: 61). Noch im selben Jahr ging er zu Hofaker nach Straßburg,
um sich hier ganz seinen Swedenborgstudien hinzugeben. In dieser Zeit
hat sich Werner vermutlich auch publizistisch für die »Neue Kirche« engagiert. In der *Allgemeinen Kirchenzeitung* erschien im März 1833 ein Artikel
»Zur neuen Kirche des Herrn«, der stilistisch wie inhaltlich zu Werner
passt (Wischnath, Anhang: 156–162). Der Artikel betont die Verbindung
von Glaube und Leben und kritisiert mehrere klassische Theologoumena,
etwa die Annahme dreier Personen in der Trinität, die Erbsündenlehre
und die Rechtfertigungslehre. Er teilt die Swedenborg'sche Spiritualisie-
rung der Eschatologie: »mit Gott, mit dem Leben selbst verbunden werden,
heißt ewig leben. [...] Die Gemeinschaft aller mit dem Herrn Verbundenen
ist der Himmel« (Wischnath, Anhang: 159). Die Mitglieder der »Neuen
Kirche« sollen sich danach nicht abgrenzen, sondern in tätiger Nächstenliebe auf die Kirche und alle Menschen einwirken. »Die erweiterte, nun
Alles umfassende, Sphäre der Pflicht verdrängt die Verdienstlichkeit«
(Wischnath, Anhang: 160), die »Neue Kirche« wirkt so wohltuend auf die
Sittlichkeit der Menschen ein. Mit dem klaren Bekenntnis zum Gehorsam
gegenüber dem König und dem Hinweis auf die universale Ausbreitung
der »Neuen Kirche« endet der Text.

In Straßburg lernte Werner Kaspar Wegelin kennen, der 1833 starb und
dessen Nichte Nannette bald darauf somnambule Zustände erlebte, in denen ihr der Verstorbene erschien. Werner war hiervon zutiefst fasziniert,
seine Aufzeichnungen wurden später 1839 von Hofaker unter dem Titel *Er
bei uns* herausgegeben (Briefe – Predigten – Schriften: 48–56) und sind mit

den Aufzeichnungen Kerners zu Hauffe durchaus vergleichbar. Damit war neben Swedenborg auch der zweite Orientierungspunkt von Hofaker für Werner wichtig geworden. Die Straßburger Zeit ist demnach keineswegs nur eine vorübergehende Verirrung, sondern schließt konsequent an den geistigen Weg Werners in seiner Studienzeit an. Da Werner in seinen Anträgen an das Konsistorium für die Beurlaubung in Straßburg aus seiner Arbeit an Swedenborg kein Geheimnis gemacht hatte, begegnete man ihm nach seiner Rückkehr 1834 nach Württemberg mit Skepsis. So musste er bereits im Juli 1834 deutlich erklären, dass er keine Swedenborggedanken predigen oder unterrichten werde (Briefe – Predigten – Schriften: 65). Die zugewiesene Vikariatsstelle in Walddorf versah Werner mit großem Erfolg, konnte das Dienstexamen 1836 mit der Note II.b. abschließen (Briefe – Predigten – Schriften: 67) und blieb als Pfarrgehilfe in Walddorf. Seine Predigten aus dieser Zeit zeigen eine sehr kraftvolle, fast schwärmerische Sprachlichkeit und eine Betonung der Liebe des Glaubenden zu Gott und Gottes zu den Glaubenden. Die Ereignisse um das Jahr 1836, für das man aufgrund von Berechnungen Bengels den Anbruch des Tausendjährigen Reiches erhoffte, betrachtete Werner mit Skepsis. 1837 schrieb er einen Synodalaufsatz *Einige Gründe gegen die Erwartung eines tausendjährigen Reiches*, in dem er sich deutlich gegen jede Form von Chiliasmus positionierte: »Es ist also gegen alle Ordnung, Weisheit und Güte Gottes, auf dieser Erde eine durchgreifende plötzliche Scheidung des Guten und Bösen, sowohl im Innern des Menschen selbst als in der Äußerlichkeit annehmen zu wollen; und wer das einsieht, kann kein tausendjähriges Reich auf dieser Erde erwarten« (Briefe – Predigten – Schriften: 73). Werner schien es also doch noch in den regulären Pfarrdienst geschafft zu haben, 1838 wird er von dem Synodus ausdrücklich belobigt, er habe »in gesetzlich vorgeschriebenen und freiwilligen Leistungen zur Hebung der Religiosität in den Gemeinden« beigetragen (Briefe – Predigten – Schriften: 74). U. a. gründete Werner in Walddorf und dem Nachbarort Rübgarten zwei Kleinkinderschulen und trat als überregional bekannter Prediger hervor (er veröffentlichte noch 1839 einige Predigten unter dem Titel *Reden aus dem Wort*). Ein Jahr später jedoch regte sich bereits neue Unruhe, denn Werner begann, in privaten Erbauungsstunden zu predigen und auch an anderen Orten auf Einladung hin in entsprechenden Versammlungen zu sprechen. Dies erregte bald auch die Aufmerksamkeit in der regionalen Presse und führte zu einer wahren Welle von entsprechend kritischen bzw. schmähenden Leserbriefen (Briefe – Predigten – Schriften: 74–77). Daher fühlte sich auch das zuständige Dekanatamt Reutlingen verpflichtet, dem Konsis-

torium die Beschwerden über den Pfarrgehilfen Werner vorzutragen
(Briefe – Predigten – Schriften: 79). Das Konsistorium reagierte eindeutig,
den Pfarrgehilfen war ebenso wie den Vikaren untersagt, Privatversamm-
lungen zu halten, entsprechend wurde Werner die Fortführung seiner Tätigkeit untersagt. Daraufhin trug sich Werner mit dem Gedanken, die Sache persönlich in Stuttgart zu verteidigen, reiste auch nach Stuttgart, wurde aber nicht bei dem Konsistorium vorstellig, sondern entschloss sich, den
pfarramtlichen Dienst zu quittieren (Briefe – Predigten – Schriften: 81). In
seinem Aufkündigungsschreiben verweist er darauf, dass durch das Verbot, Erbauungsstunden zu halten, »meiner religiösen Freiheit und Wirksamkeit eine Beschränkung auferlegt [ist], welche ich mit meinem Gewissen und den Zwecken meines Berufs als Christ und Prediger nicht zu vereinigen weiß« (Briefe – Predigten – Schriften: 82).

Zum 14. Februar 1840 zog Werner von Walddorf nach Reutlingen um,
was fortan der Ankerpunkt seiner regen Reisetätigkeit werden sollte. Er
kam nicht allein, sondern brachte aus Walddorf 10 Kinder und zwei Helfe-
rinnen mit (Ehmer: 231). Entsprach dies zunächst den vielen Rettungshäu-
sern, die in dieser Zeit in Württemberg gegründet wurden, so entwickelte
sich aus Werners Rettungshaus doch etwas anderes. Nicht nur nahm er
neben Kindern auch Erwachsene auf, sondern auch ganze Handwerksfa-
milien. Er setzte darauf, dass die Rettungshäuser sich selbst erhalten mussten – also als Wirtschaftsbetriebe mit Landwirtschaft, Handwerk und
Dienstleistungen zu betreiben waren. Nicht nur in Reutlingen, sondern
auch an verschiedenen Orten der Umgebung gründete Werner entsprechende Häuser, auch an entlegenen Stellen wie Göttelfingen im Schwarzwald. Grundlage war stets seine Tätigkeit als Reiseprediger, d. h. in bestimmte Dörfer und Orte kam er immer wieder (es handelte sich um etwa
60 Orte), dort, wo es sich ihm anbot, kaufte er Grund und Boden oder
übernahm heruntergekommene Höfe. Der nächste Schritt bestand darin,
ganze Industrieanlagen zu übernehmen, so erwarb Werner 1850 in Reutlingen eine Papierfabrik, zu der dann 1859 eine weitere Papierfabrik in Det-
tingen/Erms kommen sollte. Allerdings war Werner kaum in der Lage, einen solchen komplexen wirtschaftlichen Betrieb wirklich erfolgreich zu
führen, sodass Anfang der sechziger Jahre der Betrieb im Grunde pleite
war. Zu diesem Zeitpunkt gehörten 1746 Personen zum Bruderhaus und
seinen verschiedenen Einrichtungen (Briefe – Predigten – Schriften: 183).

Die Konflikte mit der Landeskirche gingen auch nach dem Ausscheiden
von Werner aus dem aktiven Pfarrdienst weiter, denn zunächst blieb
Werner auf der Liste der Kandidaten des evangelischen Predigtamtes, d. h.

eine Rückkehr in den Pfarrdienst war immer noch möglich. Das Konsistorium bekräftigte noch im Februar 1840 das Verbot, Erbauungsstunden zu halten (Ehmer: 231f.). Hiergegen setzte sich Werner durch verschiedene Eingaben zur Wehr und erreichte schließlich eine gewisse Duldung seiner Tätigkeit, was wiederum in der Zeitung, die als Sprachrohr der württembergischen Pietisten zu gelten hat, dem *Christen-Boten*, zu heftigen Angriffen gegen Werner führte. Die Gegnerschaft vieler Pietisten ist vor allem darin begründet, dass in der Reisetätigkeit Werners die Keimzelle einer Abspaltung, die Gründung einer »Neuen Kirche« befürchtet wurde. Auch Hofaker gesellte sich zu Werner, was den Verdacht des Swedenborgianismus nur bestärkte. Allerdings kam es bereits 1842 zum Zerwürfnis mit Hofaker, als Werner die somnambulen Zustände einer Pflegetochter, Luise Haas, für falsch erklärte, Hofaker sie aber bei sich behalten wollte und ihre Offenbarungen für echt erklärte. Als Werner Luise Haas mit Polizeigewalt zu ihrer Familie zurückschickte, zog Hofaker mit einigen Anhängern aus dem Bruderhaus aus, was erhebliches Aufsehen erregte (Wischnath: 127f.).

Die Erbauungsstunden, die Werner an verschiedenen Stellen hielt, waren oftmals von mehreren hundert Personen besucht und fanden nicht selten gegen den Willen des zuständigen Pfarrers statt – damit waren die Regelungen des Pietistenreskripts von 1743 gleich mehrfach verletzt. So war es nur eine Frage der Zeit, bis die Konflikte um Werner sich neu zuspitzten. Nachdem er insbesondere wegen seiner Geschichtsauffassung erneut der Swedenborgschen Lehre verdächtigt wurde (Ehmer: 236–240), verlangte der Synodus im Dezember 1850 eine Verpflichtungserklärung von Werner, mit der er sich auf die Schrift und die Augsburgische Konfession verpflichtete. Dies verweigerte Werner (Briefe – Predigten – Schriften: 281–283). Daraufhin schloss ihn das Konsistorium am 31. März 1851 aus der Liste der Kandidaten des Predigtamtes aus, damit verbunden war das Verbot, sich irgendwie kirchenamtlich zu betätigen und überhaupt Kirchen für seine Versammlungen zu benutzen (Briefe – Predigten – Schriften: 286).

Zu dieser Zeit hatte Werners Werk bereits Ausmaße erreicht, die durchaus auch Anerkennung fanden. So sprach sich der Tübinger Dekan Albert Hauber dafür aus, Werners Werk als einen Teil der Inneren Mission neben der verfassten Kirche anzuerkennen (Ehmer: 243). Etliche Neustrukturierungen in den sechziger Jahren sicherten Werners Werk das Überleben. Nach seinem Tod leitete der Stiftler und spätere Professor für Praktische Theologie in Tübingen, Paul Wurster, mit seiner Wernerbiographie eine hagiographisierende Wahrnehmung von Werner ein (Ehmer: 244f.), die wirkungsgeschichtlich große Bedeutung erlangen sollte.

»Was nicht zur That wird, hat keinen Wert« soll Gustav Werner Ludwig Hofaker entgegengehalten haben, als sie sich 1842 überwarfen. Der Satz fiel also »in einer Auseinandersetzung zwischen zwei Anhängern Swedenborgs, die in ihrem Verständnis des Meisters unterschiedliche Wege gingen« (Wischnath: 129). Werner war zunehmend mehr auf die Auswirkung des Glaubens auf das Leben und die Pflicht ausgerichtet als auf die Untersuchung jenseitiger Geheimnisse. Theologisch ist der Satz nicht zu verstehen ohne Werners massive, von Swedenborg inspirierte Kritik einer (missverstandenen) Rechtfertigungslehre, zu der er als Stiftler nie einen fruchtbaren Zugang gefunden hatte. Zugleich lenkt der Satz zu der Prägung seines Elternhauses zurück, besonders des Vaters »immer wiederkehrende Mahnung« stand ihm schon als Stiftler vor Augen, »daß wir in allen Fällen unsere Pflicht treu erfüllen müssen« (Briefe – Predigten – Schriften: 18 f.). Hieraus ist Beachtliches entstanden, das bis heute in der Bruderhaus Diakonie als einem der wichtigsten diakonischen Werke Württembergs fortlebt. Den eigenwilligen theologischen Weg, den Gustav Werner 1828/1829 im Stift eingeschlagen hat, sollte man darüber jedoch nicht verschweigen.

Werke und Werkausgaben

WERNER, Gustav:
- Dem Reich Gottes Bahn brechen. Briefe – Predigten – Schriften in Auswahl, hg. von Gerhard K. Schäfer unter Mitarbeit von Thomas Lunkenheimer und Jutta Schmidt, Stuttgart/Berlin/Köln 1999.
- Reden aus dem Wort. Eine Predigtsammlung, 2 Bde., Tübingen 1839 f.
WISCHNATH, Johannes Michael (Hg.): Anhang. Briefe und Dokumente, Reutlinger Geschichtsblätter 48 (2009), 132–183.

Weitere Literatur

EHMER, Hermann: Gustav Werner im Konflikt mit der württembergischen Kirche, Reutlinger Geschichtsblätter 48 (2009), 219–250.
GÖGGELMANN, Walter: Dem Reich Gottes Raum schaffen. Königsherrschaft Christi, Eschatologie und Diakonie im Wirken von Gustav Werner (Veröffentlichungen des Diakoniewissenschaftlichen Instituts an der Universität Heidelberg 31), Heidelberg 2007.

GÖGGELMANN, Walter: Ein Haus dem Reich Gottes bauen. Diakonie und Sozial-form in Gustav Werners Hausgenossenschaft (Veröffentlichungen des Diako-niewissenschaftlichen Instituts an der Universität Heidelberg 32), Heidelberg 2007.

MÖHLER, Johann Adam: Symbolik, oder Darstellung der dogmatischen Gegensät-ze der Katholiken und Protestanten nach ihren öffentlichen Bekenntnis-schriften, hg., eingel. und komm. von Josef Rupert Geiselmann, 2 Bde., Köln 1958; 1961.

MÖHLER, Johann Adam: Über die Lehre Swedenborgs, Theologische Quartal-schrift 12 (1830), 648–697.

WISCHNATH, Johannes Michael: Im Banne Swedenborgs und des Animalischen Magnetismus – Gustav Werner, Ludwig Hofaker und ihr Tübinger Freundes-kreis im Licht alter und neuer Quellen, Reutlinger Geschichtsblätter 48 (2009), 9–191.

WURSTER, Paul: Gustav Werners Leben und Wirken nach meist ungedruckten Quellen, Reutlingen 1888.

ZWEIGLE, Hartmut: »Herrschen mög' in unserm Kreise Liebe und Gerechtigkeit!« Gustav Werner – Leben und Werk, Stuttgart 2009.

Volker Henning Drecoll

Christian David Friedrich Palmer

* 27. Januar 1811
† 29. Mai 1875
Stiftseintritt: 1828

Christian Palmer gilt als Mittler. Kaum ein anderer Zug wird häufiger herausgestellt, um sein vielfältiges Wirken zu beschreiben. Ihm liege an der Dekonstruktion einfacher Alternativen und an der Erschließung von Anknüpfungsmöglichkeiten (vgl. exemplarisch Dober 2003; Dober 2012). Tatsächlich lässt sich dieses Vermittlungsinteresse auf diversen Ebenen nachweisen. So zielt Palmer auf den Ausgleich zwischen verschiedenen Frömmigkeitsrichtungen, er reflektiert die Verbindung von religiöser Praxis und theologischer Wissenschaft, er sucht nach Anschlussstellen zwischen Theologie und Philosophie und er arbeitet am Nachweis einer Zusammengehörigkeit von Christentum und allgemeiner Kultur.

Das Leben, das in solcher Vermittlungsarbeit geformt wurde und das Werk, das aus ihr hervorgegangen ist, sind infolge zu skizzieren. Ich orientiere mich dabei vornehmlich an Palmers autobiographischen Notizen. Sie sind bisher unveröffentlicht und wurden mir dankenswerterweise von Herrn Dr. Thomas Meyer, einem Nachfahren Palmers, zur Verfügung gestellt. Palmer thematisiert darin u. a. seine Zeit im Tübinger Stift. Als Student und als Repetent verbrachte er hier mehrere Jahre. Sie sollten Palmers weiteren Lebensweg nicht unwesentlich prägen: In seiner Stiftszeit findet er theologische Förderer, erhält Zugang zur Württemberger Musikprominenz und lernt seine spätere Frau kennen. Mit diesen drei Koordinaten – Theologie, Musik, Familie – ist das Betätigungsfeld umrissen, auf welchem sich Palmer in der Folgezeit mit großem Engagement bewegt. Die Vielzahl seiner privaten, beruflichen und öffentlichen Tätigkeiten und seine überdurchschnittliche literarische Produktivität können dabei nur angedeutet werden. Und auch die Darstellung seiner Praktischen Theologie hat sich auf die Skizzierung von Palmers Idee praktisch-theologischen Arbeitens zu beschränken.

Palmer als Student im Evangelischen Stift

Palmer wird am 27. Januar 1811 als Sohn von Christiane Friedericke und Johann David Palmer geboren. In Winnenden wächst er in einem durchaus pietistisch geprägten Kontext auf. Er behält diese Zeit in guter Erinnerung: »So sehr [...] meine Erziehung eine fromme war, so wenig kann ich mich über irgend welchen Rigorismus beklagen; ich war ein heiterer, fröhlicher Knabe, als einziges Kind im ganzen Besitz der elterlichen Liebe, Conflicte wegen etwaigen Weltvergnügungen konnte es nicht geben, da kein Theater, Concerte etc. im Städtchen vorkamen« (Mein Lebensgang: 2).

Nach vier Jahren am evangelisch-theologischen Seminar in Schöntal kommt Palmer im Oktober 1828 nach Tübingen. Im Stift bezieht er zunächst die Stube Eisleben und später die Stube Wartburg. Die ersten Stiftsjahre beschreibt Palmer durchweg positiv. An seine Repetenten knüpfe er »nur die wohlthuendsten Erinnerungen« (Mein Lebensgang: 7). Wichtig hervorzuheben scheint ihm dies für David Friedrich Strauß. Er notiert: »Selbst an David Friedrich Strauß kann ich aus jener Zeit nur dankbar gedenken; er war auf Wartburg unser Repetent und hat uns (gerade in der Zeit, da er in dem Zimmer neben uns sein Leben Jesu schrieb) auf die honetteste und wohlwollendste Art behandelt; namentlich ließ er keinen von uns, der sehr positive christliche Ueberzeugungen mündlich oder schriftlich kund gab, deßhalb eigens einen Widerwillen empfinden, er hatte vielmehr auch in Betreff der wissenschaftlichen Arbeiten ein durchaus objectives, gerechtes Urtheil« (Mein Lebensgang: 7).

Für Palmers persönlichen Werdegang wichtiger war indes wohl Repetent Ludwig Heinrich Kapff. Palmer entwirft ihn als eine Art Gegenfigur zur Lehrerschaft in Schöntal. Hatten ihm dort mangelnde individuelle Förderung und wenig motivierende Ansprachen den Mut zu eigenständiger Arbeit genommen, erfuhr er in Kapff Zuspruch. Besonders dessen positive Beurteilung eines Aufsatzes und eine ihm »in dieser Situation seit 4 Jahren ganz fremd gewordene[-] Freundlichkeit« markiert Palmer als einschneidende Erfahrung: »Ich kam wie im Traum auf mein Zimmer zurück – und von dem Augenblick an habe ich ganz anders gearbeitet« (Mein Lebensgang: 5).

Gefördert wurde auch Palmers musikalisches Talent. Innerhalb und außerhalb des Stifts nahm er an mehreren Musikkränzen teil. Besonders zu Friedrich Silcher entstand dabei ein enger und produktiver Kontakt. Silcher war 1817 auf das Amt des Universitätsmusikdirektors berufen worden und damit zuständig auch für die musikalische Lehre am Stift. Palmer schreibt: »Ich kam durch die Musik gleich am Anfang in sehr nahe Verbindung mit dem wackeren Silcher selbst; ich habe viel, sehr viel von ihm gelernt, er hat mir eine Masse Musik, die ich noch nicht kannte, aus allen Gattungen derselben mitgetheilt; ich habe ihm aber auch treu und dankbar geholfen, wo ich konnte, habe für seine Concerte Sachen instrumentiert, von 1830 an in jedem Concert etwas gespielt, einmal auch eine selbstcomponierte Concertpolonaise mit vollem Orchester« (Mein Lebensgang: 7). Zudem waren beide maßgeblich an der Gründung der akademischen Liedertafel im Sommer 1829 beteiligt (Knapp 1876: 286).

Durch sein musikalisches Können machte Palmer schließlich auch Bekanntschaft mit seiner späteren Frau Wilhemine Bossert. Wilhelmines Mutter engagierte ihn als Klavierlehrer für ihre Töchter, nachdem sie Palmer im Haus des damaligen Ephorus Gottlieb Friedrich Jäger am Flügel erlebt hatte.

Palmer als Repetent am Evangelischen Stift

Nach seiner dreijährigen Vikariatszeit in Bissingen und Plieningen kehrt Palmer im November 1836 als Repetent an das Tübinger Stift zurück. »Meine ersten Geschäfte waren nicht glänzend: der Religionsunterricht bei den Stiftsbedienten und eine mathematische Repetition, lezteres eine harte Auflage für eine absolut unmathematische Seele, wie ich, die aber kein anderer übernehmen wollte« (Mein Lebensgang: 9 f.).

Es folgten diverse theologische Loci und im Sommer 1838 ein Examinatorium über Dogmatik, Dogmengeschichte und Moral. Im gleichen Jahr wird auch Palmers erste theologische Arbeit publiziert. Dem Angebot seines Repetentenkollegen Isaak August Dorner folgend übernimmt er eine Rezension über Richard Rothes *Die Anfänge der Christlichen Kirche und ihrer Verfassung*. Sie war für den *Litterarischen Anzeiger für christliche Theologie und Wissenschaft überhaupt* von Friedrich August Tholuck bestimmt. Tholuck war von Palmers Arbeit sehr angetan. Er nahm ihn daraufhin nicht nur in den ständigen Mitarbeiterstab seiner Zeitschrift auf, sondern bewegte ihn im Herbst 1840 auch zur Abfassung einer Homiletik, die Palmers erste und schon zu seinen Lebzeiten mehrfach aufgelegte monographische Schrift werden sollte (vgl. Stetter). Palmers Rezension bereitete damit in gewisser Weise seine akademische Initiation durch Tholuck vor.

Auch im Bereich der Musik blieb Palmer als Repetent aktiv. Abermals partizipierte er an verschiedenen Musikkränzen. Die Leitung der musikalischen Treffen im Hause Jäger und Bossert oblag ihm selbst. Auch der Kontakt zu Silcher wurde wieder aufgenommen, vertieft und auf Dauer gesetzt. Bis zu Silchers Tod im Jahr 1860 war Palmer ihm freundschaftlich verbunden.

Auf ganz andere Art auf Dauer gesetzt wurde die Beziehung zu Wilhelmine Bossert. Kurz nach Ostern 1837 hält Palmer um ihre Hand an. »[N]ach einer Probe auf die ›Glocke‹ erhielt ich das Jawort, u. so begann eine schöne Brautzeit für mich, die auch gerade so lange währte, als es schön und erwünscht ist« (Mein Lebensgang: 10). Sie heirateten am 25. April 1839.

So wurde in den Jahren Palmers als Stiftsstudent und -repetent sowohl im Bereich der Familie als auch in den Bereichen der Theologie und Musik manche Weiche gestellt, die seinem Leben in der Folgezeit eine nicht unwesentliche Richtung gab.

Palmers vielförmiges Wirken

Nach seiner Repetentenzeit verbrachte Palmer vier Jahre in Marbach. 1843 kehrte er nach Tübingen zurück. Dort war er zunächst zweiter Diakonus, ab 1848 Oberhelfer und ab 1851 Dekan. Schon seit 1846 hatte er einen universitären Lehrauftrag für Pädagogik inne. Nach dem Tod von Christian Friedrich Schmid wurde Palmer am 7. Juli 1852 zu dessen Nachfolger auf dem Lehrstuhl für Praktische Theologie und Ethik ernannt. Seine Lehrtätigkeit umfasste alle klassischen praktisch-theologischen Disziplinen, exegetische Erklärungen neutestamentlicher Texte – oftmals mit praktischer Zuspitzung – und ethische Vorlesungen. Hinzu kamen Lehrveranstaltungen über Württembergs Kirchenhistorie und die Geschichte kirchlicher Tonkunst sowie im Wintersemester 1859/1860 für Studierende aus allen Fakultäten gehaltene Vorträge über Religion, Christentum und Kirche (vgl. Stetter).

Palmers Professur implizierte die Leitung der evangelischen Prediger-anstalt. Vieles deutet daraufhin, dass diese Funktion mit im Zentrum sei-nes beruflichen Selbstkonzeptes stand. So konstatiert der als Stiftsrepetent zum Assistenten an der Predigeranstalt berufene Max Demmler: »[D]as Wirken an dieser Anstalt war ihm [sc. Palmer] in seinen Augen die Haupt-aufgabe, ja seine ganze akademische Thätigkeit in gewisser Beziehung nur eine Vorbereitung für jenes« (Demmler: 27). Und Theodor Schott fügt hin-zu: »[H]ier in der Verbindung von Theorie und Praxis zeigte er seine volle Meisterschaft; in der Leitung der homiletischen und katechetischen Ueb-ungen [...], in der Kritik der Predigten und Kinderlehren erkannte man seine ungemein reichen Kenntnisse, seine Gewandtheit und Leichtigkeit zu disponiren und die Hauptsachen hervorzuheben« (Schott: 108).

Aus den vielfältigen weiteren mit seiner Professur verknüpften Funkti-onen sei exemplarisch noch auf Palmers Frühpredigeramt hingewiesen, ferner wurde er 1857/1858 zum Rektor der Universität ernannt und von der Fakultät zur ersten Württembergischen Landessynode abgeordnet, die ihn zu ihrem Vizepräsidenten wählte.

Abseits dieses theologischen und kirchenpolitischen Engagements prägte Palmer das künstlerische Leben der Stadt. Liebte er einerseits die Hausmusik, so trug seine musikalische Kunstfertigkeit andererseits doch auch öffentliche Früchte. Vor allem über den Tübinger Oratorienverein war er aktiv. Palmer stand ihm von 1847 bis 1860 vor und leitete ihn auch unter Silchers Nachfolger Otto Scherzer im Jahr 1871 nochmals aushilfs-weise (Knapp 1880: 394).

Dass Palmers künstlerisches und kirchlich-theologisches Interesse nicht einfach nebeneinander standen, sondern sich in seinem Leben und Wirken durchdrangen, belegen seine populärwissenschaftlichen Vorträge, die 1873 in *Geistliches und Weltliches für gebildete christliche Leser* in Auswahl pu-bliziert wurden. Er hält sie in Tübingen, Karlsruhe und Stuttgart. Thema-tisch bearbeitet er Bach, Haydn, Beethoven und Schiller, spricht über Pau-lus, das Reich Gottes und den kirchlichen Kultus sowie über die Relationen zwischen Aberglaube und Aufklärung wie Pietät und Wahrheit. Dieser Vielfalt spricht Palmer eine »Grundtendenz« zu: »die Einheit und Zusam-mengehörigkeit echten evangelischen Christenthums mit echter deutscher Bildung praktisch ins Licht zu setzen« (Geistliches und Weltliches: VI).

Durch seine Vorträge in Stuttgart kam Palmer auch in Kontakt mit dem König. In Friedrichshafen, wo Palmer regelmäßig seine Tochter Julie und ihren Ehemann Karl Jetter besuchte, wird er von ihm »mehrmals zur Tafel geladen« und »auf der Straße öfters [gestellt]« (Mein Lebensgang: 16). Auf sein Geheiß verfasste Palmer 1868 auch eine Volksschrift über Herzog Christoph von Württemberg. Politisch aktiv wurde er mit seiner Wahl in den Stuttgarter Landtag durch die Tübinger Bürgerschaft im November 1870. Aufgrund der Einschränkungen, die seine akademische Tätigkeit dadurch erfuhr, musste Palmer dieses politische Amt freilich schon zwei Jahre später wieder niederlegen.

Dass Palmer trotz der hierdurch angezeigten Vielbeschäftigung ein ausladendes Oeuvre hinterlassen hat, kann mit Recht als seine »verblüffendste[-] [...] Besonderheit« (Jetter: 223) angesehen werden. Palmer war von erstaunlicher Schaffenskraft. Auf allen Gebieten der Praktischen Theologie verfasste er einschlägige Monographien, er veröffentlichte eine Fülle von Aufsätzen, Lexikonartikel, Rezensionen und Vorträgen, gab Predigtbände heraus und war Mitredakteur der *Jahrbücher für deutsche Theologie* sowie der *Encyklopädie des gesammten Erziehungs- und Unterrichtswesens*. Zu beachten ist auch sein künstlerisches Werk. Palmer publizierte *Psalmen und prophetische Stücke der heiligen Schrift für vierstimmige Singchöre*, drei Kantaten und geistliche Gesänge. Hinzu kommen viele unveröffentlichte Kompositionen sowie seine musiktheoretischen Besprechungen und Beiträge (vgl. Stetter). Alles in allem verweisen diese Schriften auf eine »rastlose Thätigkeit, Productivität und Vielseitigkeit« (Schott: 106).

Palmers Idee praktisch-theologischer Arbeit

Die Praktische Theologie, die Palmer in diesen Schriften ausformuliert, kann hier nicht hinreichend beschrieben werden. Stattdessen soll Palmers Idee praktisch-theologischer Arbeit angedeutet werden, wie er sie in seinem programmatischen Aufsatz *Zur Praktischen Theologie* 1856 notiert.

Palmers Überlegungen sind geprägt durch Friedrich Daniel Schleiermacher und Carl Immanuel Nitzsch. So ist die Praktische Theologie auch für Palmer »nicht Praxis, sondern Wissenschaft« (Zur praktischen Theologie: 321). Sie ist eine praxisbezogene Theorie. Ihr Praxisbezug ist vor zwei Missverständnissen zu schützen. Er besitzt weder direktiven noch applikativen Charakter. Anders als die überkommene Pastoraltheologie ist die Praktische Theologie als Wissenschaft weder eine »Sammlung von Regeln zur Erlangung derjenigen Fertigkeit und Brauchbarkeit, die ein Pfarrer haben muß« (Zur praktischen Theologie: 319) noch die »Anwendung eines vorher schon mir inwohnenden Wissens auf gewisse concrete Verhältnisse in Amt und Leben« (Zur praktischen Theologie: 323). Insofern kann auch der Ge-

genstand der Praktischen Theologie nicht mehr einfach über die Pfarrper-
son bestimmt werden. Ihr Thema ist »das Leben der Kirche« (Zur praktischen Theologie: 320). Palmer bestimmt die Praktische Theologie als
»Wissenschaft vom kirchlichen Leben« (Zur praktischen Theologie: 345).
Dadurch nähert sie sich dogmatischen und ethischen Forschungskon-
texten an. Die eigentliche Pointe von Palmers Konzeption liegt in der Bestimmung der Relationen zwischen diesen drei Disziplinen. So stellt er die
Praktische Theologie auf die Seite der Ethik und grenzt beide als »zwei auf
das engste verwandte und benachbarte Wissenschaftsbereiche« (Rössler:
368) von der Dogmatik ab. Geht es dieser um die gedankliche Rekonstruktion der im Christusgeschehen ein für allemal manifest gewordenen allgemeinen göttlichen Tatsachen, beziehen sich Praktische Theologie und
Ethik auf »Dasjenige, was noch nicht Thatsache ist, es aber werden soll, und
zwar nicht im Sinne einer göttlichen Nothwendigkeit, sondern durch
menschliche Freiheit« (Zur praktischen Theologie: 331). Beide nehmen
Wirklichkeit als Gestaltungsaufgabe in den Blick. Sie »haben es mit einem
durch christliche Prinzipien zu bestimmenden Handeln zu thun« (Zur
praktischen Theologie: 324).

Von der Ethik unterscheiden lässt sich die Praktische Theologie lediglich
über ihren Gegenstandsbereich. Die Ethik thematisiert das christliche Leben als Gestaltungsaufgabe des Individuums, die Praktische Theologie als
Gestaltungsaufgabe der kirchlichen Institution (Zur praktischen Theologie: 333).

Auf diese Weise konzipiert Palmer die Praktische Theologie als eine Disziplin, die wie die Dogmatik einen Begriff der Kirche eigenständig zu entwerfen hat und insofern über eine bloße Anwendungswissenschaft hinaus-
reicht, dabei jedoch ganz anders als die Dogmatik verfahren muss: nämlich
»in ganz concreter Weise – ich möchte fast sagen, mehr menschlich« (Zur
praktischen Theologie: 345). Um ihre praktische Funktion erfüllen zu können, hat sie bereits ihre grundlegenden Leitbegriffe immer schon in Blick
auf die historisch-konkreten Verhältnisse der kirchlichen Gegenwart zu
entwickeln. Praktisch-theologische Arbeit vollzieht sich so von Grund auf
in der Vermittlung zwischen stärker theoretischer, prinzipiengebundener
Reflexion und praxisbezogener Funktionalität.

Einmal mehr zeigt sich Palmer damit als ein Mann der Vermittlung –
oder wie Schott formulierte: als »ein schwäbischer Vermittlungstheologe
im besten Sinn des Wortes« (Schott: 110). Aus den Rufen nach Zürich, Halle und an die Oberhofpredigerstelle nach Dresden ist freilich durchaus zu
schließen, dass Palmers Ansatz auch außerhalb Württembergs nicht nur

wahrgenommen, sondern zudem als mögliche Antwort auf die tiefgreifen-
den religiösen und gesellschaftlichen Transformationsprozesse des 19.
Jahrhunderts angesehen wurde.

Werke und Werkausgaben

PALMER, Christian:
- Geistliches und Weltliches für gebildete christliche Leser, Tübingen 1873.
- Mein Lebensgang. Für Frau und Kinder niedergeschrieben (bisher unveröffent-
lichtes, 1871 erstelltes und bis 1874 mehrfach ergänztes Manuskript).
- Zur praktischen Theologie. Andeutungen in Betreff ihres Verhältnisses zur
gesammten theologischen Wissenschaft, namentlich zur Ethik, und in Betreff
ihrer innern Gliederung, Jahrbücher für deutsche Theologie 1 (1856), 317–361.
Eine Bibliographie der Werke Palmers findet sich in STETTER, Manuel: »Katalog
meiner literarischen Arbeiten.« Christian Palmers selbstverfasste Bibliographie,
in: DREHSEN, Volker/SCHWEITZER, Friedrich/WEYEL, Birgit (Hgg.): Christian
Palmer und die Praktische Theologie, Jena (erscheint 2012).

Weitere Literatur

DEMMLER, Max: Rede, in: Worte der Erinnerung an Dr. Christian Palmer, Tübingen 1875, 27–34.
DOBER, Hans Martin: Christian Palmer. Ein Praktischer Theologe im Zeitalter der
bürgerlichen Denk- und Lebensform, Blätter für Württembergische Kirchengeschichte 103 (2003), 197–213.
DOBER, Hans Martin: Ist Palmer ein Vermittlungstheologe?, in: DREHSEN, Volker/
SCHWEITZER, Friedrich/WEYEL, Birgit (Hgg.): Christian Palmer und die Praktische Theologie, Jena (erscheint 2012).
JETTER, Werner: Zur Erinnerung an die Anfänge der evangelischen Predigeranstalt und den Professor für Praktische Theologie Dr. Christian David Friedrich
(von) Palmer (1811–1875), Blätter für Württembergische Kirchengeschichte 90
(1990), 208–226.
KNAPP, Joseph: Christian Palmer. Eine Skizze,
- Evangelisches Kirchen- und Schulblatt für Württemberg 37 (1876), 221–223.257–
261.281–288.339–344.378–383.
- Evangelisches Kirchen- und Schulblatt für Württemberg 38 (1877), 52–62.194–
200.225–231.273–280.337–344.
- Evangelisches Kirchen- und Schulblatt für Württemberg 39 (1878), 265–267.273–
279.361–367.417–424.
- Evangelisches Kirchen- und Schulblatt für Württemberg 40 (1879), 41–48.81–
88.

– Beilage zum Evangelischen Kirchen- und Schulblatt für Württemberg 39 (1879), 281–288.
– Evangelisches Kirchen- und Schulblatt für Württemberg 41 (1880), 33–37.41–46.81–83.89–93.138–142.301–305.353–358.363–366.393–397.
– Evangelisches Kirchen- und Schulblatt für Württemberg 42 (1881), 41–47.201–208.

Rössler, Dietrich: Prolegomena zur Praktischen Theologie. Das Vermächtnis Christian Palmers, Zeitschrift für Theologie und Kirche 64 (1967), 357–371.

Schott, Theodor: Art. Palmer, Christian David Friedrich, ADB 25 (1887), 104–110.

Manuel Stetter

Hermann Kurz

* 30. November 1813
† 10. Oktober 1873
Stiftseintritt: 1831

In Reutlingen geboren und aufgewachsen, schlägt Hermann Kurz die württembergische Laufbahn eines Theologen ein, wird aber am 18. Juni 1835, ein Vierteljahr bevor er sein theologisches Examen ablegt, aus disziplinarischen Gründen aus dem Stiftsverband entlassen. Ohne die Auseinandersetzung, ob er nun Vikar oder wegen seiner Universitätsschulden nur Pfarrgehilfe sein könne, mit der Kirchenleitung zu betreiben oder abzuwarten, begibt er sich 1836 nach Stuttgart, um dort als freier Schriftsteller tätig zu werden.

Es entstehen eine Reihe selbständiger Publikationen: *Gedichte* (1836), eine Sammlung von Novellen (*Genzianen* 1837), *Dichtungen* (1839, Lyrik und Prosa) und sein Roman *Schillers Heimatjahre* (1843). Daneben erscheinen seine beiden großen Übertragungen der Versepik, *Ariost's Rasender Roland* (1840/1841) und *Tristan und Isolde* (1844), nebst einer Vielzahl von Erzählungen, Rezensionen, literarhistorischen und politischen Aufsätzen und Übersetzungen aus dem Englischen, Spanischen und Französischen. Große Beachtung allerdings wird seinen Werken nicht zuteil.

In den Jahren von 1844 bis 1848 ist Kurz in Karlsruhe, schreibt dort als Redakteur des *Deutschen Familienbuches zur Belehrung und Unterhaltung* (1845 eingestellt), betätigt sich weiter als Schriftsteller und Herausgeber und pflegt enge Kontakte zu den führenden Köpfen der liberalen Bewegung in Baden.

Im Revolutionsjahr 1848 kehrt Kurz nach Stuttgart zurück, zunächst um die Arbeit an seinem zweiten Roman voranzutreiben; doch tritt er Anfang

April in die Redaktion des *Beobachters*, der damals wichtigsten oppositionellen Zeitung, ein, und wird bereits im Juni nach der Flucht des Redakteurs A. Weisser dort »verantwortlicher Stellvertreter«. Seine Arbeit als politischer Redakteur wird seit 1850 erheblich behindert durch Konfiskationen und schließlich auch durch Einkerkerung (Kurz wird im Juli 1851 zu drei Monaten Festungshaft auf dem Hohenasperg verurteilt); er setzt seine Arbeit aber bis in das Jahr 1854 fort und endigt sie erst wegen politischer Differenzen innerhalb der demokratischen Linken, deren Stimme er sechs Jahre lang gewesen ist.

Trotzdem sein zweiter Roman *Der Sonnenwirth* und seine Erzählung *Der Weihnachtsfund* noch 1855 (bei Meiniger in Frankfurt) erscheinen konnten und er von 1858 bis 1861 eine dreibändige Ausgabe seiner Erzählungen herausgab, war das Jahrzehnt für Kurz eine Zeit der größten schöpferischen und finanziellen Schwierigkeiten.

Die Freundschaft zum erfolgreichen Schriftsteller und Herausgeber Paul Heyse (Kurz und Heyse geben ab 1870 die Sammlungen *Der Novellenschatz* und *Der Novellenschatz des Auslandes* heraus, auch finanziell ein – freilich zu spät sich einstellender – Erfolg), ab 1860 ein kleiner Ehrensold der deutschen Schillerstiftung und 1863 die Ernennung zum 2. Unterbibliothekar der Universitätsbibliothek Tübingen ändern seine Lage ein klein wenig. Doch es erscheinen kaum noch literarische Werke (seit 1862 fünf an der Zahl) und zwei seiner Übersetzungen (Shakespeare und Cervantes). Produktiver ist Kurz in seiner Zeit als Bibliothekar auf historischem und literaturhistorischem Gebiet: So erscheint 1865 sein Aufsatz *Zur Geschichte des Romans Simplicissimus und seines Verfassers* (Kurz hatte bereits 1837 – als erster auch in einer Publikation – Grimmelshausen als den Verfasser des Simplicissimus identifiziert), der ihm 1866 die Ehrendoktorwürde der Universität Rostock »auf Grund höchster Verdienste um die Geschichte der Deutschen Literatur« einbringt (Pfeiffer: 43).

Kurz lebt auch in Tübingen in ärmlichen Verhältnissen, zurückgezogen und von einem größeren Publikum unbeachtet, von einem kleineren eher argwöhnisch betrachtet. Im Sommer 1873 zieht er sich bei der Einweihung des Denkmals für seinen verehrten Lehrer Ludwig Uhland einen Sonnenstich zu und stirbt noch vor Vollendung des 61. Lebensjahres, womöglich an den Folgen des Sonnenstichs (oder auch des Alkoholmissbrauchs), mit verfettetem Herzen und entzündetem Gehirn.

1988 würdigt ihn seine Heimatstadt Reutlingen mit Katalog und Ausstellung zum 175. Geburtstag mit dem Untertitel: »Schriftsteller des Realismus. Redakteur der Revolution. Übersetzer und Literaturhistoriker«.

»*Das blaue Genie*«

So lautete des Stiftlers Hermann Kurz Spitzname, welcher wohl weniger von übermäßigem Trinken, sondern von seiner (ordnungswidrig) blauen Kleidung herrührte. Wie auch immer (Kurz selbst gibt einem der Hauptakteure im *Wirtshaus gegenüber* den oder seinen Namen Caeruleus [der Blaue], angeblich wegen der durch blaue Schnupftücher verfärbten Nase), der Name weist auf einen Studenten, der sich nicht der ihn umgebenden Klosterzucht anpassen und unterordnen will. Und das war er schon während seiner Zeit als Seminarist in Maulbronn (1827–1830).

Jedoch war für »Knaben seiner Begabung und seiner geringen Ausrüstung mit äußeren Mitteln [...] die theologische Laufbahn [...] die gegebene« (Sämtliche Werke 1: V; vgl. auch bei Kurz, Die beiden Tubus: 53: »Die öffentliche Meinung aber huldigte nicht bloß der Heiligkeit des geistlichen Berufes, sondern in fast höherem Grade noch der zeitlichen Wohlfahrt, die mit dieser Bestimmung in Perspektive stand. [...] Versorgung vom zurückgelegten vierzehnten Lebensjahre an bis auf Lebenszeit [...] zu vergeben, ja in den Wind zu schlagen, das ging nicht an.«) Dementsprechend lesen sich auch die brieflichen Ermahnungen seiner Mutter, die 1830 starb.

Im Seminar fand Kurz Zuflucht in der Literatur moderner Sprachen, die ihm durch Repetent Johann Gottfried Rau in Übungen außerhalb des regulären Unterrichts vermittelt wurden. Es entstanden dort bereits Gedichte und Übersetzungen und literarische Vorhaben (Byron und Scott und, in Maulbronn naheliegend, der Faust-Stoff), die Kurz dann als Student in Tübingen zum Teil publizierte.

Im Stift hat sich Kurz, obwohl seine Locierungen und Zeugnisse ihm mittelmäßige bis gute Leistungen und Kenntnisse bescheinigen, nie recht einordnen können und wollen. Der Semesterbericht der Repetenten vom Sommer 1833 spricht da eine deutliche, vielleicht aber auch etwas überzeichnende Sprache, wenn es dort heißt, es sei »bei den Seminaristen Günzler, Denzel und Kurz ein gewisser krankhafter Zustand zu erwähnen, welcher sich in verschiedener Weise als Abneigung gegen ernstliche Studien, falsches Streben nach Originalität, Widerwille gegen die Ordnung des Seminars, ja selbst als Lebensüberdruß kundgab« (zitiert nach: Leube: 531). Kurz scheint tatsächlich im Sommer einen lebensbedrohlichen Versuch mit »Belladonnakörner[n]« (Schöllkopf: 26) unternommen zu haben. Einen etwas anderen Verlauf jedoch zeichnet sein Studienbuch: Kurz besucht nur im Winter 1832/1833 und in seinen beiden letzten Semestern nicht die vorgegebene Anzahl von sechs Veranstaltungen, sonst gelegentlich sogar mehr. Nach einem Semester, in dem er mehr »Allotria« (Studien außerhalb des theologischen Kursus) getrieben zu haben scheint – Platon und Philosophiegeschichte bei Repetent Strauß und spanische Lektüre (Calderon) bei Privatdozent Moriz Rapp, bei dessen Theaterbühne in der Neckarhalde Kurz auch mitgespielt hat –, hat er sich wieder in das Curriculum bequemt. Allerdings tut er das mit Ablehnung und sehr eingeschränktem Interesse. An den Vorlesungen von Baur scheint er Gefallen gehabt zu haben und hört ihn, um zu sehen, wie weit er »die Liberalität zu treiben wagt, d. h. um am dürren Holze zu lernen, wie's das grüne machen darf« (Brief an Rudolph Kausler, 24. 4. 1834, zitiert nach: Wittkop: 104). Ansonsten erscheint ihm das Studium leer, geistlos und unsinnig. Im *Wirtshaus gegenüber* lässt er seinen Protagonisten Ruwald (eventuell eine an seinen lebenslangen Freund Kausler angelehnte Gestalt, der zu Studienzeiten der Kopf des Freundeskreises war) mehrere Epen entwerfen, in denen die universitäre Gelehrsamkeit als bloßes Stoffsammeln karikiert und gegen die individuelle und poetische Weisheit und Wahrheit ausgespielt wird. Der von diesem Kreis distanzierte Paul gibt dann auch einen Hinweis, woher »diese Hypochondrie« der Studenten herrührt: »Es scheint, man habe sie zu früh in die Schule gepfercht und mit Weisheit vollgepfropft, bis ihr Kopf davon dumm und das Herz öde geworden ist [...] Ihr arbeitet euch mit dem Kopfe ab, während die Hände müßig geworden sind, und kommt mir [...] wie eine Kaffeemühle vor, die immer und immer getrieben wird, ohne daß man ihr etwas zum Zermalmen gibt, und die sich deshalb notwendig abnutzen muß« (Sämtliche Werke 12: 66).

Entlastung davon haben Kurz zunächst (1831/1832) die Vorlesungen von Ludwig Uhland gegeben, in denen die Studenten zu eigenem poetischen Schaffen angeregt und angeleitet wurden. Später, im Sommer 1834, hört Kurz zu diesem Zweck die Faust-Vorlesung von Repetent Vischer und belegt die »Rezitationsübungen« bei Moriz Rapp. Kurz war außerdem Mitglied der Gesellschaft der »Patrioten«, die sich von den Zusammenkünften der »Pia« (dem Bund der Pietisten) absetzte und deren gesellige, genialische und geistreiche Seiten im *Wirtshaus gegenüber* geschildert werden, deren politische Dimension aber von der (Stifts)obrigkeit äußerst argwöhnisch verfolgt wurde. Der klösterlichen und geistigen Enge, »all dem Elend«, versucht Kurz mit Hilfe der Literatur zu entkommen. So schreibt er in oben erwähnten Brief an Kausler, in dem er erst von seinen Krankheiten, dann von seiner geliebten Patentante, Clara Margarethe Kenngott († 9. August 1834), berichtet, dann von seinen Lektüreerlebnissen, von seinem »Herumknuspern« an der Theologie, vom Tode seiner Kommilitonen und schließlich von Baurs Vorlesung.

Kurz beendet sein Studium zwar im Herbst 1835 mit dem kirchlichen Examen (Note »gut« Classe IIb), jedoch nicht mehr als Stiftler: Er hatte sich im November 1834 – wohl nicht zum ersten Mal – unerlaubt aus dem Kloster zu einer dreitägigen Reise entfernt, »die er im Interesse eines anderen gemacht hatte und deren Anlass sein ritterlicher Sinn ihm nicht zuließ zu bekennen« (Sämtliche Werke 1: VIII). Daraufhin wurde ihm das Ultimatum gestellt und schließlich wird er im Juni 1835 aus dem Stiftsverband ausgeschlossen. Die Folgen davon, nicht zuletzt hohe Schulden, hatte Kurz wohl einerseits nicht recht überblickt, andererseits waren sie ihm wohl auch gleichgültig, wenn sie ihn nicht mit gewissem Stolz erfüllt haben; so schreibt er noch zwei Wochen vor seinem Ausschluss aus dem Stiftsverband (an A. Keller) von seinen literarischen Projekten, die ihm »zu einer Fortsetzung des Daseins behilflich« sind und dann: »Ich werde, wenn die Stunde gekommen ist, aus diesem akademischen Wesen herausfahren, wie ein Schuss aus einer Schlüsselbüchse« (Wittkop: 107).

Mehr ironisch und den Kopf voller literarischer Vorhaben schreibt er an seine Freunde von seiner Stellung als Vikar, die er im rechtlichen Sinne nie hatte: Kurz war bei seinem Onkel Pfarrer Mohr in Ehningen untergekommen, wurde aber wegen seiner Schulden bei der Universität vom Konsistorium nur als Pfarrgehilfe, nicht aber als Vikar angenommen. Knappe drei Monate spielt Kurz das Spiel der theologischen Laufbahn mit, um dann »von diesem dürren Felsen hinabzuspringen in die beweglichen Gewässer der Übersetzungskünstler.«

»Ja, mein Freund,« schreibt Kurz weiter an Kausler, der ihm in seinem Antwortschreiben sanft in die theologische Laufbahn zurückbringen will, »ich werde über den Jordan gehen zu den Kindern Edom, Moab und Amalek; denn da ich das noch nicht geworden bin, wozu ich entschiedenes Talent habe, nämlich ein unabhängiger Mensch, so ist es eins, wo und wie ich mein Faß wälze [...] Jetzt kommen aber die Feiertage, und ich mag nicht *vor* der Schlacht desertieren. [...] Ein paar Novellen krabbeln mir auch im rechten Arm, und ich wäre selber begierig, wohin es mit diesem Rheumatismus käme« (beide Briefe bei Fischer: 58 f.).

Mit doppeltem Gepäck aus dem Stift

Wer aus dem Stift hervorgeht, nimmt von dort zweierlei mit: eine solide akademische Bildung, die sich im günstigen Falle mit einer geistigen Gewandtheit, in aller Regel aber mit einer hohen Meinung von den eigenen Möglichkeiten und Fähigkeiten paart, und eine oft erstaunliche (naive oder fast unschuldige) Unkenntnis des Lebens und der Welt außerhalb der Klostermauern und der in ihnen befindlichen Gedankengebäude.

Die klösterliche Zucht, die im 19. Jahrhundert im Stift noch herrschte, hat dieses doppelte Phänomen freilich um ein Vielfaches stärker hervortreten lassen, umso mehr bei Kurz, dem schon in Maulbronn »zu viel Selbstgefühl« bescheinigt wurde (Abschlusszeugnis, zitiert nach: Schöllkopf: 22). Ebenso hatte Kurz das Gefühl mangelnder Weltkenntnis, ja sogar mangelnder Kenntnis des universitären Lebens, denn es ist wohl erlaubt, die Schilderung, die Kurz vom Helden seines ersten Romans, Heinrich Roller, gibt, auch auf ihn selbst zu beziehen: »Sein Enthusiasmus [... und] seine Unkenntnis des Lebens [... verrieten ...], daß er ein schwäbischer Magister war. [Er ...] war für die Universität reif geworden, von deren Glanz er doch wenig genoß, da das [... Stift ...], ihn in seine ehrwürdigen Hallen aufnahm und mit mütterlicher Behutsamkeit vor jeder profanen Berührung bewahrte. So war er denn nun ein Mitglied jenes eigentümlichen Menschenschlages geworden, auf den von jeher die Augen der Welt [...] mit einer gewissen Verwunderung gerichtet waren« (Schillers Heimatjahre: 46–49).

Als Kurz im Februar 1837 mit der Arbeit an seinem historischen Roman *Schillers Heimatjahre* beginnt, ist seine Situation nicht so sehr verschieden von der seines Helden: »Was er [... in der Gottesgelahrtheit] geleistet, übergehen unsere Quellen mit bedenklichem Stillschweigen; dafür melden sie uns jedoch desto mehr von gewissen Liebhabereien, die man dort mit dem Kunstausdruck ›Allotria‹ zu bezeichnen pflegte [...]. Diese Richtung auf die Ästhetik, die im Tübinger Stift zu allen Zeiten eine geheime Kirche um sich versammelt hat, gehörte zu den verpöntesten und mußte vor dem streng dogmatischen Geist der Anstalt sorgfältig verborgen gehalten werden [...], und er verließ [...] das Stift, an dessen Pforten er etwas verwundert in eine ganz neue und unbekannte Welt ohne bestimmten Lebenszweck hinaussah« (Schillers Heimatjahre: 49 f.).

Kurz selbst hat noch anderes im Gepäck, als er das Stift und die theologische Laufbahn verließ: Seine geistige Beweglichkeit und seine sprachliche Begabung haben Anregungen und Ausbildung erhalten und er kann an die ein oder andere Bekanntschaft in der schwäbischen Geisteswelt anknüpfen

– vor allem aber hat er einen Haufen Schulden und ist daher doppelt begierig, seine literarischen Kinder in die Welt gehen zu lassen. So wendet er sich unter anderem an Gustav Schwab und liefert dem Musikdirektor (von 1817 bis 1860) Friedrich Silcher Übersetzungen und Neudichtungen für seine Liedersammlungen. Jedoch »gibt es für den Dichter im ganzen Kreise seines Schaffens keine schönere Aufgabe, als den Beruf, sich neben den Geschichtsschreiber zu stellen und seinen grauen Umrissen Farbe und Leben zu verleihen« (Schillers Heimatjahre: 925). Dieser Aufgabe stellt sich Kurz und wird ihr vielfach und in auf jeden Fall lesenswerter Weise gerecht, gelegentlich in seinen Erzählungen, insbesondere aber in seinen Romanen. Diese sind Dichtung, »aber innerhalb gegebener geschichtlicher Grenzen« und enthalten neben den Akten und Quellen eigene Erfindung, »welche die vorhandenen geschichtlichen Züge, eine trockene zerstreute Masse, zu verbinden und zu erklären unternimmt« (»Geleitswort« des *Sonnenwirt*, Sämtliche Werke 5: 7). Und seine Erklärung schließt eben auch eine Klärung der Rolle und Verantwortung der Gesellschaft für ihre Glieder mit ein (im *Sonnenwirt* das ins Verbrechertum gestoßene und getriebene Glied, in *Schillers Heimatjahre* die in ihrer denkerischen und körperlichen Freiheit eingeschränkte Intelligenz, wie Schubart, Schiller und »Roller«).

Dass aus Hermann Kurz kein typischer Stiftler und damit Theologe geworden ist, entspricht ihm völlig; dass er aber kein großer Stiftskopf geworden ist, ist teils der Zeit und der Gesellschaft in der er lebte, für deren Veränderung er sich bis zur Resignation einsetzte, geschuldet, teils womöglich der Lebensbeschreibung, die seine Tochter Isolde gegeben hat. Sie hat mit ihrem sicher auch wertvollem Zeugnis – ohne jedes Verständnis für das politische Engagement und die Ideale ihrer Eltern und leider auch ohne den Humor, den gerade die autobiographischen Teile des Werkes ihres Vaters auszeichnen – dazu beigetragen, dass Hermann Kurz als »Heimatdichter« verkannt worden und darum weitgehend in Vergessenheit geraten ist.

Werke und Werkausgaben

Kurz, Hermann:
– Gedichte, Stuttgart 1836.
– Genzianen, Suttgart 1837.
– Dichtungen, Pforzheim 1839.
– (Übers.): Ariost's Rasender Roland, 3 Bde., Pforzheim 1840/1841.

- Schillers Heimatjahre. Vaterländischer Roman, 3 Teile, Stuttgart 1843 (zitiert nach der Neuaufl. unter dem Titel: Schillers Heimatjahre. Die Wanderungen des Heinrich Roller, hg. von Jürgen Schweier, ohne Ort [Kirchheim] 1986).
- Tristan und Isolde, Stuttgart 1844.
- Der Sonnenwirth. Schwäbische Volksgeschichte aus dem vorigen Jahrhundert (Deutsche Bibliothek 4), Frankfurt a.M. 1855 (Neuaufl. unter dem Titel: Der Sonnenwirt. Eine schwäbische Volksgeschichte, hg. von Jürgen Schweier, ohne Ort [Kirchheim] 1980).
- Der Weihnachtsfund, ohne Ort [Frankfurt] 1855 (2. Aufl., Berlin 1862).
- Erzählungen, 3 Bde., Stuttgart 1858–1861.
- Zur Geschichte des Romans Simplicissimus und seines Verfassers, Beilage zur Allgemeinen Zeitung 194–196 (1865), 217–219.221f.
- Sämtliche Werke in zwölf Bänden, hg. und mit Einleitungen versehen von Hermann Fischer, Leipzig 1904.
- Die beiden Tubus, Stuttgart 1975.

Eine Bibliographie der Werke von Kurz hat Gregor Wittkop erstellt; findet sich in Ströbele: 193–200.

Weitere Literatur

FISCHER, Hermann: Hermann Kurz in seinen Jugendjahren. Nach ungedruckten Briefen, Süddeutsche Monatshefte 3 (1906), 52–67.246–255.499–514.620–632.

LEUBE, Martin: Das Tübinger Stift 1770–1950. Geschichte des Tübinger Stifts, Stuttgart 1954.

STRÖBELE, Werner (Red.): »Ich bin zwischen die Zeiten gefallen«. Hermann Kurz – Schriftsteller des Realismus, Redakteur der Revolution, Übersetzer und Literaturhistoriker. Katalog u. Ausstellung zum 175. Geburtstag, hg. von der Stadt Reutlingen, Reutlingen 1988, darin:
- SCHÖLLKOPF, Wolfgang: »Kann man auch so aus dem Stift hervorgehen?«. Hermann Kurz im Tübinger Stift, 22–30.
- PFEIFFER, Gustav: Ein Fund ohne Folgen. Hermann Kurz entdeckt den Verfasser des Simplicissimus, 39–45.
- WITTKOP, Gregor: Hermann Kurz 1813–1873 – Eine Chronik zu Leben und Werk, 83–192.
- WITTKOP, Gregor: Bibliographie Hermann Kurz, 193–200.

Alexander Beck

Hermann Gundert

* 4. Februar 1814
† 25. April 1893
Stiftseintritt: 1831

In seinem Beitrag *Geschichte, Erinnerung und Gedenkstätten im Alltagsleben in Kerala* beschreibt Scaria Zacharia im Buch *Zukunft im Gedenken* drei Szenen in Kerala, die Gunderts Präsenz heute zeigen. Die erste Szene spielt in der Stadt Thalassery, in der Gundert seine ersten zehn keralesischen Jahre verbrachte: Am markantesten Platz der Stadt erhebt sich die elf Meter hohe Statue Gunderts auf einem Granitsockel; auf dem flachen Hügel Illikkunnu im Vorort Nettur steht der Bungalow – seit 1972 »Gundert Bungalow« –, in dem Gundert zehn Jahre lang wohnte und der heute von der Nettur Technical Training Foundation (NTTF) genützt und erhalten wird; im östlichen Stadtteil errichtete die Gundert Foundation die »Gundert English Medium School«. Die zweite Szene spielt in Edapally, einem Stadtteil von Kochi-Ernakulam, wo Gundert im Kerala-Museum einen prominenten Platz einnimmt. Die dritte Szene verlagert Scaria Zacharia in das Verlagshaus von DC Books in Kottayam, in dem Gunderts Malayalam-Werke ab 1991 neu aufgelegt wurden: die sechsbändige *Hermann Gundert Series* sowie die fünfbändige *Tuebingen University Library Malayalam Manuscript Series*, in der die von Gundert aus Indien mitgebrachten Malayalam-Handschriften veröffentlicht sind.

Scaria Zacharia stellt fest, dass Gundert den größten Teil seines Lebens für die Verbreitung der Bibel und die Lehre des Christentums hingab, dass jedoch die Erinnerung daran in Kerala je länger je mehr in den Hintergrund tritt und Gundert heute als Symbol der Modernisierung angesehen wird. Die Offenheit, die er anderen Menschen, Religionen und Kulturen entgegenbrachte, bewirkte eine Offenheit ihm gegenüber, die nun schon 175 Jahre andauert.

Wer war dieser Hermann Gundert, und woher hatte er seine weitverzweigten Erkenntnisse, die nach modernem Sprachgebrauch als global bezeichnet werden können?

Hermann Gundert wurde am 4. Februar 1814 in Stuttgart geboren, wo er auch ab 1819 das Gymnasium (heute Eberhard-Ludwigs-Gymnasium) besuchte. Im Herbst 1827 kam er ins Seminar nach Maulbronn und wechselte 1831 ans Evangelische Stift nach Tübingen. Neben dem Theologie-Studium befasste er sich mit Geschichtsphilosophie und wurde in diesem Fach auch promoviert. Am Anfang seiner Studienzeit gehörte er zum engeren Kreis um David Friedrich Strauß, näherte sich jedoch nach dem Tod seiner Mutter im Januar 1833 – über die er wenige Wochen danach eine ausführliche Biografie verfasste – und einer lebensbedrohlichen Krankheit dem pietistischen Studentenkreis an und zog innerhalb des Stifts auf die »Pietistenstube« um (vgl. die ausführliche Beschreibung in: Schöllkopf: 95–99). Durch Stiftsrepetent Ludwig Heinrich Kapff, der ab dem Wintersemester 1826/1827 in Tübingen die ersten Sanskrit-Vorlesungen und -Übungen anbot, rückte Indien ins Bewusstsein Gunderts. Damit wurde vertieft, was er schon während seiner Schul- und Seminarzeit durch viele Besucher aus Übersee erfahren sowie durch Übersetzungen englischer Artikel und Berichte aus der Missionswelt Indiens für die von seinem Vater, dem Leiter der Bibelgesellschaft in Stuttgart, herausgegebenen *Nachrichten aus der Heidenwelt* kennengelernt hatte.

Im März 1835 wurde er von Gustav Oehler, einem älteren Stifts- und Studienkollegen, der inzwischen als Lehrer am Basler Missionshaus wirkte, eingeladen, den englischen Freimissionar A. N. Groves zu treffen. Dieser suchte einen Hauslehrer für seine beiden Söhne in Indien. Gundert nahm das Angebot an, lernte Sanskrit und reiste nach seiner Promotion und dem theologischen Examen im Oktober 1835 nach London. Da sich die Abreise verzögerte, nützte Gundert die Zeit, um die englische Gesellschaft und vor allem das kirchliche Leben auf der Insel kennenzulernen.

Die Groves'sche Reisegruppe, zu der auch Julie Dubois aus Corcelles bei Neuchâtel gehörte, verließ am 1. April 1836 Milford Haven und kam am 7. Juli auf der Reede von Madras (Chennai) an. Schon bald stellte sich heraus, dass die beiden Söhne Groves' kein Interesse am Lernen hatten. Deshalb wurde Gundert im August zu dem deutschen Missionar Karl T. E. Rhenius nach Sinduponturei bei Tirunelveli im südlichen Tamilnadu geschickt. Dort sollte er die Haltung von Rhenius erkunden, der von der anglikanischen Missionsgesellschaft ausgeschlossen worden war und nun auf Spendenbasis eine erfolgreiche eigene Missionsgesellschaft betrieb. Gundert kam am 20. August 1836 bei Rhenius an. Von der ersten Begegnung an verstanden sich die beiden ausgezeichnet, arbeiteten zusammen und schätzten sich gegenseitig. Schon anderntags begann Gundert, im Katechistenseminar zu unterrichten, wobei er von den Katechisten Tamil und diese von ihm Englisch lernten. Was er im Seminar Maulbronn und am Stift in Tübingen gelernt und erfahren hatte, gab er an die südindischen Studenten weiter.

Gundert war angetan von Rhenius' Gewohnheit, mit seinen Katechisten jeden Monat eine Woche lang umliegende Dörfer zu besuchen, nach den Schulen zu schauen und nach Möglichkeit neue Schulen zu gründen. Mit Rhenius zusammen übersetzte er die Bibel ins Tamil und arbeitete an der Tamil-Grammatik mit. Beeindruckt war er von Rhenius' Predigten an Sonntagnachmittagen in Tempelvorhallen oder auf öffentlichen Plätzen, zu denen Hindus, Muslime und Christen herbeiströmten. Im Januar 1837 gründete Rhenius eine Friedensgesellschaft in Nagercoil. Als er im Juni 1838 starb, verweigerte ihm die anglikanische Mission eine Grabstelle auf dem Friedhof; da bot ein Hindu ein Stück Land in Palayamkottai, der Zwillingsstadt von Tirunelveli, an, auf dem Rhenius bestattet wurde und wo bis heute ein eindrucksvoller Grabstein an die außergewöhnliche Persönlichkeit erinnert.

In dieser Zeit schon konzipierte Gundert seine wegweisenden Biografien, die er 1868 im *Evangelischen Missions-Magazin* veröffentlichte. Sie beschreiben die Jesuitenmissionare Franz Xavier, Robert de Nobili und Joseph Beschi, die Lutheraner Bartholomäus Ziegenbalg, Johann Philipp Fabricius, Christian Friedrich Schwartz, Karl T. E. Rhenius, Karl Graul und den Schotten John Anderson sowie Gajetan Ragland aus Gibraltar (Quellen: 259–364). In diesen Biografien wird Gunderts in Maulbronn und im Stift geschulter Scharfsinn sichtbar: Jede dieser Persönlichkeiten erfährt eine kritische und objektive Würdigung.

In Chennai blieb die enge und fruchtbare Zusammenarbeit von Rhenius und Gundert nicht verborgen. Deshalb wurde Gundert im März 1837 von Groves zurückbeordert. Er willigte unter der Bedingung ein, dass er eine eigene Missionsstation gründen dürfe. Dafür wurde Chittoor im Telugu-Tamil-Sprachgrenzgebiet im heutigen Andhra Pradesh gewählt und die Missions- und Schularbeit am 1. Mai 1837 aufgenommen. Als Gundert am 23. Juli 1838 Julie Dubois heiratete, zerbrach das Verhältnis mit Groves. Eine Woche später machte sich das junge Paar mit Pferd und Ochsenwagen auf den Weg nach Tirunelveli. Zunächst sah es so aus, als könnte Gundert dort an die Stelle des kurz zuvor verstorbenen Rhenius treten, aber schnell wurde klar, dass sich die Umstände verändert hatten.

Noch unterwegs ergab sich eine neue Perspektive: Die Generalkonferenz der Basler Mission in Mangalur lud Gundert auf den Vorschlag seines Stifts- und Studienkollegen Herrmann Mögling (Schöllkopf: 92–95) ein, auf dem kürzesten Weg zu ihnen zu kommen. So reisten die beiden nach kurzem Aufenthalt in Tirunelveli über Nagercoil und Thiruvananthapuram weiter und kamen am 2. November 1838 in Mangalur an. Hier bewarb er sich um Aufnahme in die Basler Missionsgesellschaft. Im beigelegten Lebenslauf berichtete er, dass er während der 5/4 Jahre in Chittoor in der Stadt und den umliegenden Dörfern neun Schulen betreut bzw. eingerichtet, ferner Tamil-Traktate, eine hebräische Grammatik, die Hälfte einer ausführlichen Kirchengeschichte und ein griechisch-tamilisches Lexikon verfasst hatte.

Von Mangalur aus besuchte Gundert Anfang Februar 1839 einen von Rhenius ausgebildeten Katechisten auf einer Zimtplantage bei Thalassery in Malabar. Wenige Wochen nach seiner Rückkehr nach Mangalur bot der englische Richter T. L. Strange der Basler Mission seinen geräumigen Bungalow auf dem Hügel Illikkunnu bei Thalassery mit der Bedingung an, dort eine Missionsstation einzurichten. Daraufhin bestimmte die Generalkonferenz Gundert und Missionar J. Dehlinger für diese Aufgabe. Am 12. April 1839 landeten sie in dem kleinen Hafen von Nettur. Allerdings wurde Dehlinger krank und musste schon nach wenigen Wochen wieder abreisen.

Mit ganzer Hingabe lernte Gundert Malayalam, die Sprache Keralas, und sammelte Malayalam-Handschriften, wo immer er sie bekommen konnte. Am 15. Mai, also wenige Wochen nach seiner Ankunft, eröffnete Gundert eine Malayalam-Schule unter dem überstehenden Dach des Bungalows. Jeden Abend bereitete er die Malayalam-Lektionen für den Unterricht am nächsten Tag vor. Nach einigen Wochen wurde daraus die erste Malayalam-Fibel und -Grammatik. Großen Wert legte Gundert auch hier darauf, die umliegenden Ortschaften regelmäßig zu besuchen, mit den Menschen ins Gespräch zu kommen und sie dafür zu gewinnen, Schulen zu eröffnen. Wo solche entstanden, stellte Gundert hinduistische Lehrer an, die er einmal monatlich besuchte, um den Unterricht zu überprüfen. Durch den regen Kontakt mit der Bevölkerung schuf er sich eine umfangreiche, auf mündlicher Basis beruhende Wörtersammlung, die später etwa ein Drittel seines umfangreichen Malayalam-Wörterbuchs ausmachte.

Schon im Herbst 1839 verfasste Gundert seinen ersten Malayalam-Bibel-traktat über Genesis 1–11 und nannte ihn nach indischem Brauch ein *Itiha-sa* (einem Epos vergleichbar) und wählte eine der indischen Denkweise entsprechende Sprache. Als die Ablehnung der Basler Missionsleitung zum Druck eintraf, war der Traktat bereits verteilt. Gundert entschuldigte sich und versprach, künftig auf Bibelkonformität zu achten. Heute gilt dieser Bibeltraktat als Muster dafür, wie der biblische Inhalt in Indien verständlich vermittelt werden kann.

Nachdem sein Stifts- und Studienkollege Gottfried Weigle (Schöllkopf: 99–103) 1842 die erste lithografische Presse von Mumbai nach Mangalur gebracht hatte, reiste Gundert sogleich dorthin und druckte Traktate und geschichtliche Abhandlungen. Darunter war auch die *Keralolpati*, »die Entstehung Keralas«, die den Keralesen das ihnen durch die Kolonialkultur verlorengegangene Selbstbewusstsein zurückgab. Im Herbst 1845 wurde auf Illikkunnu eine eigene lithografische Presse eingerichtet und gleich mit dem Druck von Luthers Katechismus und Zellers Konfirmandenbüchlein begonnen – dafür vereinheitlichte und vereinfachte Gundert das Malayalam-Alphabet und führte den Prosastil mit der im Westen gebräuchlichen Zeichensetzung ein. Es folgten die ersten Malayalam-Zeitungen *Paschimodayam* und *Rajya Samacharam* sowie eine Malayalam-Kirchengeschichte, mehrere Traktate und 1849 die Malayalam-Synopse der Evangelien. Letztere gab Gundert 1878 in deutscher Bearbeitung im Calwer Verlag heraus, musste sie jedoch aufgrund der Kritik aus pietistischen Kreisen bei der nächsten Auflage 1885 entflechten und die Evangelien wieder einzeln drucken und erklären.

Im Mai 1849 wurde Gundert nach Chirakkal bei Kannur versetzt, wohin auch Julie Gundert mit den 50 Mädchen ihrer Schule umzog. Wegen eines Bronchial- und Kehlkopfleidens konnte Gundert drei Jahre lang nicht sprechen. In dieser Zeit übersetzte er wesentliche Teile seiner Malayalam-Bibel sowie Malayalam-Abhandlungen und -Übertragungen aus dem Sanskrit.

Nach Weigles Tod im Juni 1855 wurde Gundert nach Mangalur versetzt, einerseits als Leiter der dortigen Gemeinde, andererseits als Leiter der Basler Mission in Indien. Seine Menschenkenntnis und Weitsicht zeigte sich in besonderer Weise am Beispiel von Missionar Christian Georg Richter, der Ende 1855 nach Südindien kam und nun Lehrer an der englischen Schule in Mangalur war. Da Richter sich mit einem Straßenmädchen einließ, musste er entlassen werden. Gundert, der von Richters Talent überzeugt und von dem Umstand getrieben war, dass zuvor schon zwei Missionare wegen ihres Sexualverhaltens hatten entlassen werden müssen, bat den seit 1853 als »freier württembergischer Missionar« in Kodagu arbeitenden Mögling, Richter als Lehrer an der neu gegründeten englischen Schule in Madikeri anzustellen. Nach wenigen Jahren wurde Richter von der Regierung als Lehrer übernommen und zum Schulinspektor von Kodagu berufen. Daneben war er der Erste, der Südindien fotografisch dokumentierte. Erst 1893 kehrte er nach Stuttgart zurück.

Im April 1857 berief die Schulbehörde Gundert als ersten Regierungs-Schulinspektor für die Distrikte Malabar und Kanara. Er freute sich, wieder ins Malayalam-Sprachgebiet umziehen zu können. Zu seinen Aufgaben gehörte es, Schulen von Kozhikode über Mangalur bis Hubli (ca. 600 km) und von der Küste bis hinauf in die West Ghats (ca. 80 km) zu inspizieren, Schulbücher für alle Schulklassen und -arten sowie Lehrbücher für die neu entstandene Universität Madras zu überarbeiten oder zu verfassen.

Die vielen Reisen auf oft beschwerlichen Wegen griffen Gunderts Gesundheit so stark an, dass er im Frühjahr 1859 zur Erholung nach Europa zurückkehren musste. Am 20. Mai 1859 kam er in Basel an. Eine Kur brachte nicht die erhoffte Besserung, weshalb er nicht wieder nach Indien ausreisen konnte. Das veranlasste die Basler Missionsleitung, Gundert als Mitarbeiter in den Calwer Verlag nach Calw zu vermitteln. Nach dem Tod des Verlagsgründers Christian Gottlob Barth übernahm er 1862 die Leitung des Verlags, die er bis zu seinem Tod am 25. April 1893 innehatte.

In Calw konnte Gundert einen Teil seiner Arbeitszeit für Malayalam-Arbeiten verwenden. Er revidierte die Malayalam-Grammatik und ließ sie 1868 durch Missionar C. A. Ernst Diez in Mangalur herausgeben. Vier Jahre später folgte das umfangreiche *A Malayalam and English Dictionary*, das bis heute ein Standardwerk des Malayalam und der Lexikografie ist. 1886 verließ der letzte Teil seiner Bibelübersetzung die Druckerei in Mangalur – 1992 lag diese Übersetzung zum ersten Mal als Gesamtausgabe vor.

Im 100. Todesjahr Gunderts wurde in Stuttgart die »Hermann-Gundert-Gesellschaft« gegründet und die Hermann-Gundert-Konferenz abgehalten. Ebenso benannte man in Calw das Berufliche Schulzentrum in »Hermann-Gundert-Schule« um und in Kerala wurde die »Association for Comparative Studies« etabliert. Im Vorfeld der Feierlichkeiten zum 125. Geburtstag von Gunderts Enkel Hermann Hesse 2002 in Calw fand ein erster Austausch zwischen Calw und Thalassery statt.

In seinen Werken wie *Siddhartha* und *Glasperlenspiel* verarbeitete Hesse viel von dem, was von seinem Großvater auf ihn gekommen war. So schreibt er in *Kindheit des Zauberers*: »Er verstand alle Sprachen der Menschen, mehr als dreißig, vielleicht auch die der Götter [...], kannte die Gebetsübungen der Mohammedaner und der Buddhisten, obwohl er Christ war und an den dreieinigen Gott glaubte [...], niemand wußte so wie er Bescheid darum, daß unsre Stadt und unser Land nur ein sehr kleiner Teil der Erde war, daß tausend Millionen Menschen anderen Glaubens waren als wir, andere Sitten, Sprachen, Hautfarben, andere Götter, Tugenden und Laster hatten als wir« (Hesse: 99 f.). Damit beschrieb Hesse eine der offensten und weitesten Persönlichkeiten, die das Evangelische Stift Tübingen hervorbrachte und die in den nachfolgenden Generationen weiterlebt.

Ein weiterer Enkel Gunderts und Stiftler, Wilhelm Gundert, übersetzte das *BI-YÄN-LU* (1977) und gibt die Anfangszeilen des ersten Beispiels so wieder: »WU-DI von Liang fragte den Großmeister Bodhidharma: Welches ist der höchste Sinn der Heiligen Wahrheit? Bodhidharma sagte: Offene Weite – nichts von heilig« (Gundert: 37).

Werke und Werkausgaben

FRENZ, Albrecht (Hg.): Hermann Gundert. Quellen zu seinem Leben und Werk (Hermann Gundert series 3), Ulm 1991.
FRENZ, Albrecht (Hg.): Hermann Gundert – Reise nach Malabar. Von Stuttgart nach Talasseri an der Malabarküste. Briefe aus den Jahren 1835–1839, Ulm 1998.

Literatur

FRENZ, Albrecht (Hg.): Hermann Gundert – Brücke zwischen Indien und Europa. Begleitbuch zur Hermann-Gundert-Ausstellung im GENO-Haus Stuttgart vom 19. April bis 11. Juni 1993. In Verbindung mit der Dr. Hermann-Gundert-Konferenz Stuttgart 19. bis 23. Mai 1993, Ulm 1993.
GUNDERT, Wilhelm: BI-YÄN-LU. Meister Yüan-wu's Niederschrift von der smaragdenen Felswand, verfaßt auf dem Djia-schan bei Li in Hunan zwischen 1111 und 1115, im Druck erschienen in Sïtschuan um 1300. Verdt. und erl., Bd. 1, 4. Aufl., München 1977.
HESSE, Hermann: Kindheit des Zauberers. Ein autobiographisches Märchen. Handgeschrieben, illustriert und mit einer Nachbemerkung versehen von Peter Weiss (Insel Taschenbuch 67), Frankfurt a. M. 1974.
SCHÖLLKOPF, Wolfgang: »Das eine Wort in vielen Sprachen«, in: Frenz, Albrecht/ Frenz, Stefan (Hgg.): Zukunft im Gedenken. Future in Remembrance, Norderstedt 2007, 89–104.

SCHÖLLKOPF, Wolfgang: Zwischen Stift, Stadt und Stunde. Das Tübinger Theologiestudium von Hesses Großvater Hermann Gundert im Spiegel seines Tagesbuchs, in: Lorenz, Sönke/Schäfer, Volker (Hgg.): Tubingensia. Impulse zur Stadt- und Universitätsgeschichte. Festschrift für Wilfried Setzler zum 65. Geburtstag, hg. in Verbindung mit dem Institut für Geschichtliche Landeskunde und Historische Hilfswissenschaften an der Universität Tübingen, Ostfildern 2008, 483–501.

ZACHARIA, Scaria: Geschichte, Erinnerung und Gedenkstätten im Alltagsleben in Kerala, in: Frenz, Albrecht/Frenz, Stefan (Hgg.): Zukunft im Gedenken. Future in Remembrance, Norderstedt 2007, 31–36.

Albrecht Frenz

Georg Herwegh

* 31. Mai 1817
† 7. April 1875
Stiftseintritt: 1835

»Wer im Lande etwas werden will, muß im Stift gewesen sein. Wer außerhalb des Landes etwas werden will, muß aus dem Stift geflogen sein« (nach: Schöllkopf: 129). – Das berühmte Diktum Wilhelms II. von Württemberg scheint auf keinen Stiftler besser zu passen als auf den Dichter Georg Herwegh. Bereits in seinem zweiten Stiftssemester aufgrund mehrerer Disziplinarverstöße aus dem Stift geworfen, wurde Herwegh nur fünf Jahre später einer der erfolgreichsten Dichter des deutschen Vormärz. Seine *Gedichte eines Lebendigen*, 1841 veröffentlicht, waren trotz Verbot ein Verkaufsschlager: Bis zur Revolution im Jahre 1848 gingen fast 16.000 Exemplare des Bandes über den Ladentisch bzw. unter diesem durch – damit verkaufte sich Herweghs Lyrik damals besser als jene Uhlands und Mörikes zusammen. Ihre Popularität erklärt sich durch ihr glühendes Freiheitspathos, das in Zeiten eiskalter Unterdrückung freiheitlich-nationaler Ideen die Gemüter erwärmte. In der Tat vertrat und verfolgte Herwegh in der Epoche der Restauration politische Ziele, die in Deutschland erst Ende des 20. Jahrhunderts Wirklichkeit wurden. Insofern war Herwegh, »was einmal fortschrittlich hieß« (Enzensberger: 7). Aus diesem Grund nahm er das Stift, das ihn ausgesondert hatte, auch als rückschrittliche Institution wahr: Seine XXVII. Xenie vermerkt voller Hohn:

> »Wie sie sich ärgern, die Schwaben, daß wieder das Rad der Geschichte
> Weiter zu gehen sich erlaubt ohne den [sic] Tübinger Stift!«
> (Werke und Briefe 1: 139).

Herwegh kommt am 31. Mai 1817 als Sohn des Gastwirts Ernst Ludwig und seiner Frau Rosine Katharine Herwegh (geb. Märklin) zur Welt. Die Mutter war es, die die einzigartige Begabung des kleinen Georg erkannte und beschloss, ihn Pfarrer werden zu lassen. Obwohl er während der Vorbereitungen auf das hierfür notwendige Landexamen an Veitstanz erkrankte, bestand er die Prüfungen und kam im Herbst 1831 ins Seminar nach Maulbronn. In Georgs Zeit als Seminarist fällt die Scheidung seiner Eltern, unter der Georg sehr gelitten hat. Der erste von ihm überlieferte Brief vom 19. Juli 1832 bittet die Mutter: »Versuche es noch einmal, ach, ich halte es nicht aus, ich vergehe im Jammer fast, [...]. Du weißt nicht, wie es einem Kinde zu Muth ist, wenn es die Eltern getrennt wissen muß« (Werke und Briefe 5: 5).

In Maulbronn schreibt Georg seine ersten Gedichte. Darüber hinaus beginnt er sich für Politik zu interessieren: Unter der Schulbank liest er heimlich die Reden, die 1832 auf dem Hambacher Fest gehalten wurden, sowie Ludwig Börnes *Briefe aus Paris*, ein von der Zensur verbotenes Buch. Sein Abgangszeugnis aus Maulbronn offenbart sein Interesse für die schöne Literatur: Die besten Noten erhält er in den Fächern Poesie, Deklamation und Deutsch.

Als 26. von 32 erfolgreichen Kandidaten (also eher schlecht loziert) tritt Herwegh am 23. Oktober 1835 ins Tübinger Stift ein. Mit sechs weiteren Studenten bezieht er die Stube »Schwärzloch«. Er kommt zu einer Zeit ans Stift, die von großer Anspannung geprägt ist: Soeben war *Das Leben Jesu* des Stiftsrepetenten David Friedrich Strauß erschienen, das allerhand mythische Einkleidungen in den Evangelien diagnostiziert hatte. Die Publikation kostete Strauß die Stelle im Stift.

Darüber hinaus war die Stimmung an den deutschen Universitäten von Misstrauen bestimmt. Aufgrund des Attentats des einstigen Tübinger Theologiestudenten und Burschenschaftlers Karl Ludwig Sand auf den Dichter August von Kotzebue im Jahre 1819 wurden die Karlsbader Beschlüsse in Kraft gesetzt. Diese ermöglichten u. a. die Entlassung kritischer Professoren, führten die Zensur ein und verboten die Burschenschaften. Jene waren Träger des freiheitlich-nationalen Gedankens, den die restaurativen Kräfte zu unterdrücken trachteten. Bei seiner Immatrikulation am 29. Oktober 1835 hatte Herwegh schriftlich zu geloben, an keiner verbotenen burschenschaftlichen Verbindung teilzunehmen und keine politischen Gespräche zu führen.

Herwegh verfolgte an der Universität breite Interessen: Er belegte im Winter 1835/1836 Lehrveranstaltungen zur Geschichte, Entwicklungsgeschichte, Psychologie, Philosophie, Mathematik, Astronomie, zu Sophokles und eine zu den Kleinen Propheten. Trotz allem scheint er als Erstsemester das Studium nicht übertrieben zu haben: Bei Prüfungen pflegte er nämlich zu schwänzen. Außerdem wird er wegen seines vorlauten Urteils und seiner Vorliebe für Belletristik getadelt.

Mit seinem Stubengenossen Krieger besuchte Herwegh unter dem Kneipnamen Horst die Treffen der Königsstiftler, die auch den Namen Patrioten führten – und heute noch unter dem Namen A. V. Roigel (Tübinger Königsgesellschaft) aktiv sind. Es handelte sich hierbei um eine Verbindung, die weder erlaubt noch verboten war, aber unter peinlichster Beobachtung des Stiftsinspektorats stand. Der Zirkel traf sich im Gasthaus König an der Herrenberger Straße, diskutierte über Literatur, las Hegel und stand im Ruf, schwarz-rot-goldene Gesinnungen zu hegen.

Im Sommersemester 1836 begann Herwegh zunehmend über die Stränge zu schlagen. Von April bis Juli wird Herwegh über 20 Mal wegen Unregelmäßigkeiten »notiert«, sei es wegen »Nichtabgabe des Aufsatzes« oder weil er morgens nicht aus den Federn kam. Eine erste Karzerstrafe von 24 Stunden erhielt er wegen mangelnden Fleißes, dann hatte er über Pfingsten seine Reiseerlaubnis missbraucht und sich der Lüge schuldig gemacht, weshalb er für zwei Tage in den Karzer wanderte. Weitere Karzerstrafen wurden in Aussicht gestellt, da Herwegh zu viele Schulden hatte. Im Juni dann waren die Stiftler Herwegh, Krieger, Diezel und Barth gemeinsam unterwegs, wurden aber auf ihrer Rückreise ins Stift von einem Unwetter überrascht, weshalb sie die Nacht auswärts verbringen mussten. Die schriftliche Entschuldigung für das Ausbleiben am Vorabend wurde angenommen, nicht entschuldigt hingegen, dass die Herren am Folgetag eine Vorlesung versäumten. Als Strafe wurde über die vier Stiftler Hausarrest verhängt.

Der Gipfel der Unregelmäßigkeiten wurde schließlich am 17. Juli 1836 erreicht: Herwegh kehrte am Abend betrunken ins Stift zurück und veranstaltete dort einen derartigen Lärm, dass er auf die Repetentenamtsstube zitiert werden musste. Nachdem er seinen Magen entleert hatte, riss er sich zusammen, stritt dort alles ab, was ihm vorgeworfen wurde, und bezichtigte den Aufwärter der Lüge. Als er in die Stube zurückkam, soll er sich über die Repetenten Landerer und Stock, die ihn wohl bespitzelt und angeschwärzt hatten, äußerst respektlos und beleidigend geäußert haben. Kurzum: Der Vorfall brachte ihm acht Tage Karzer ein. Die Karzerstrafe brachte ihn jedoch bei der Abgabe eines Aufsatzes in Verzug, weshalb er zwei Mal schriftlich beim Stiftsinspektorat um eine Verlängerung der Frist bat.

Die Verlängerung wurde ihm aber verweigert, indem ausführlich und umständlich nachgewiesen wurde, dass ihm ausreichend Gelegenheit gegeben worden sei, sich die nötige Literatur zu beschaffen. Kurzum: Die peinlich dokumentierte Angelegenheit belegt eigentlich nur eines: Man war nicht länger bereit, den aufmüpfigen Herwegh weiterhin durchzufüttern und studieren zu lassen.

In der Tat hatte das Inspektorat längst der Schulverwaltung in Stuttgart Bericht erstattet. Der »Königliche Studienrath« reagierte am 3. August mit einem *Rescript*, das anordnete, dass Herwegh »sogleich« und »unter Verfällung in den Kosten-Ersatz aus dem Seminar entlassen« werden solle. Das Promotionsbuch vermerkt mit einiger Genugtuung: »derselbe [...] war d[en] 5. Aug[ust] letztmals beim Mittagessen.«

Ob die Verstöße gegen die Anstaltsordnung wirklich Ursache für den Rauswurf waren oder bloß zum Anlass genommen wurden, Herwegh loszuwerden, kann in der Rückschau nicht ermittelt werden. Fest steht, dass Herwegh dem Stift und der Aussicht auf eine Pfarrstelle keine Träne nachweinte. Hiervon zeugt folgendes Sonett:

> »Wie Jakob hab' ich oft mit Gott gerungen,
> Oft fühlt' ich meinen Glauben zweifelnd stocken,
> Und oftmals haben Eure Kirchenglocken,
> Ich läugn' es nicht, verdrießlich mir geklungen.
>
> Ich habe gern mein eigen Lied gesungen,
> Gesponnen gern von meinem eignen Rocken,
> Bin nie nach eines Priesters schmalen Brocken,
> Ein hungeriger Zionsheld, gesprungen.
>
> Doch scheint auch Ihr mir nicht vom besten Stempel,
> Und so verschmerz ich Euer pfäffisch Schnauben
> Und Euere für mich verschloßnen Tempel.
>
> Wär' ich wie Schlangen klug und fromm wie Tauben,
> Würd' ich ein Heiliger gar zum Exempel –
> Ihr steinigtet mich wohl um meinen Glauben!«
> (Werke und Briefe 1: 74).

Der Pfarrberuf ist für Herwegh fortan negativ behaftet: Der »Pfaffe« wird eine leitmotivisch wiederkehrende Negativ-Gestalt in vielen Gedichten der Folgezeit (vgl. z. B. Werke und Briefe 1: 58.91 f.123). Auffällig ist darüber hinaus, dass bei Herwegh eine Wendung gegen das Christentum zu verzeichnen ist, so beispielsweise im *Heidenlied* (Werke und Briefe 1: 122 f.), das die Heiden ob ihrer republikanischen Staatsform preist, oder in seinem *Lied vom Hasse* (Werke und Briefe 1: 34 f.), das den Hass auf die Tyrannei an die Stelle der Liebe setzt. Im *Aufruf* an die Deutschen zum Kampf um die Freiheit findet sich diese anti-christliche Wendung emblematisch verdichtet:

> »Reißt die Kreuze aus der Erden!
> Alle sollen Schwerter werden,
> Gott im Himmel wird's verzeihn. [...]
> Heiland soll das Eisen sein. [...]«
> (Werke und Briefe 1: 25).

Die Abkehr vom Christentum zeigt hier aber auch, wie ursprünglich christliche Gehalte bei Herwegh säkularisiert und Ausdruck politischer Religiosität werden: Die Erwartung des Reiches Gottes wird in die Hoffnung auf ein diesseitiges Reich der Freiheit umgemünzt:

> »Bald erschallt in Ost und West
> Jubel, millionentönig;
> Freiheit heißt der letzte König,
> Und sein Reich bleibt ewig felsenfest.«
> (Werke und Briefe 1: 55; vgl. 14 f. 99 f. 108 f. 136).

Dem Stift entronnen begab sich der zwanzigjährige Herwegh nach Stuttgart, um dort sein Glück als Dichter und Schriftsteller zu machen. August Lewald beschäftigte ihn in der Redaktion der von ihm herausgegebenen Zeitschrift *Europa*, in der Herweghs erste Gedichte sowie einige Rezensionen und Prosaskizzen erschienen.

Dem Wehrdienst in der Armee des württembergischen Königs entzieht sich Herwegh durch Flucht in die Schweiz. Dort trifft er auf den Heros des Hambacher Fests, den Liberalen Georg August Wirth, für dessen *Deutsche Volkshalle* er zu schreiben beginnt. In kürzester Zeit entstehen eine Fülle von Rezensionen und Aufsätzen, in denen Herwegh die programmatischen Grundsätze seines Literaturverständnisses ausformuliert: Die Literatur darf sich nicht in den Höhen eines Ästhetizismus verschließen, sondern muss für das Volk Partei ergreifen (vgl. auch Werke und Briefe 1: 119–121).

In der Schweiz macht Herwegh die für seinen literarischen Durchbruch entscheidende Bekanntschaft mit einem weiteren Exildeutschen: dem Dichter Adolf Ludwig Follen, einem Veteranen der Befreiungskriege und Burschenschaftler der ersten Stunde, der aus politischen Gründen in der Schweiz Asyl gefunden hatte. Follen war es, der Herweghs Gedichte für die Veröffentlichung unter dem Titel *Gedichte eines Lebendigen* (1. Teil: 1841; 2. Teil: 1843) ordnete. Der reißende Absatz des Bandes begründete Herweghs Ruhm in ganz Deutschland und verhalf dem relegierten Stiftler und fahnenflüchtigen württembergischen Untertanen endlich zu finanzieller Unabhängigkeit.

1842 übernahm Herwegh die Redaktion des *Deutschen Boten aus der Schweiz,* der schonungslos die politischen Verhältnisse in Deutschland zum Thema machen sollte. Er erschien ab 1843 unter dem Titel *21 Bogen aus der Schweiz* und war eines der wichtigsten Sprachrohre der politischen Opposition. Um hierfür Verbindungen zu knüpfen, trat er eine Deutschland-Reise an, die zu einem Triumphzug für den Verfasser der *Gedichte eines Lebendigen* geriet. Überall wurde Herwegh gefeiert, mit Ständchen begrüßt, in Köln gar von Karl Marx mit einem Festbankett geehrt. Er traf auf Robert Blum, in Dresden auf den Anarchisten Michail Bakunin, mit dem er Freundschaft schloss, und in Berlin auf die gebildete Emma Siegmund, Tochter eines reichen Kaufmanns, mit der er eine Woche später Verlobung und wenige Monate drauf Hochzeit feierte.

Die Begeisterung für den Dichter erregte auch das Interesse des Preußenkönigs Friedrich Wilhelm IV., der Herwegh zu einer Audienz bat. Die Begegnung zwischen dem Monarchen und dem Freiheitsdichter am 19. November 1842 umranken zahlreiche Legenden. Als gesichert dürfte gelten, dass sich die Herren höflichst ihrer gegenseitigen Feindschaft versicherten. – Was war auch anderes zu erwarten von einer Begegnung zwischen einem, der sich von Gottes Gnaden wähnte, und einem, der in Jamben und Trochäen gegen 34 Monarchen gleichzeitig kämpfte? Entscheidender war, was folgte: Erst nach der Unterredung erfuhr Herwegh, dass sein *Deutscher Bote* in Preußen längst verboten war, was ihm zu einem bösartigen Brief an den König Anlass gab. Der Brief, der von Herwegh nicht abgeschickt wurde, geriet auf Umwegen an die Öffentlichkeit, woraufhin Herwegh aus Preußen und schließlich auch aus Zürich ausgewiesen wurde.

Um vor weiteren politischen Verfolgungen sicher zu sein, ließen sich Herweghs langfristig in Paris nieder, wo sie 1848 Zeugen der Februarrevolution wurden. Als man erfuhr, dass das Feuer der Revolution auch die deutschen Staaten in Brand gesetzt hatte, wurde in Paris die Deutsche demokratische Legion zusammengestellt. Ziel war es, den Gesinnungsgenossen in Deutschland zur Hand zu gehen. Herwegh wurde dazu gedrängt, der Legion als politischer Führer vorzustehen.

Die Legion unter Führung Herweghs sammelte sich in Straßburg, um zum gegebenen Zeitpunkt über den Rhein zu setzen und sich mit den Freischaren Heckers in Baden zu vereinigen. Insgesamt waren rund 1000 Männer zusammengekommen. Auf deutschem Boden gelandet, musste man aber bald erfahren, dass sämtliche Freischaren in Baden von konterrevolutionären Truppen geschlagen worden waren. Die Führung der Legion musste einsehen, dass allein nichts mehr auszurichten war und beschloss daher, die Legion in die Schweiz zu retten. Unmittelbar vor der Grenze, bei Dossenbach, wurde die Legion am 27. April 1848 jedoch von württembergischen Truppen aufgerieben. Herwegh und seiner Frau gelang unter vielen Mühen die Flucht über die Grenze.

Die Presse schlachtete das Debakel der Deutschen Demokratischen Legion weidlich aus, Herwegh wurde mit Hohn überschüttet. Bei allem Scheitern ist es aber doch bemerkenswert, dass Herwegh die von ihm in seinen Gedichten erhobene Forderung, für die Freiheit des Volkes notfalls nicht nur mit Worten sondern auch mit Taten zu kämpfen, selbst erfüllt hat. Schon 1840 hatte er im Gedicht *An die deutschen Dichter* verlangt:

> »Dem Volke nur seid zugethan,
> Jauchzt ihm voran zur Schlacht [...]!
> Und so man ihm den letzten Rest
> Der Freiheit will verkümmern,
> So haltet nur am Schwerte fest,
> Und laßt die Harfen uns zertrümmern!«
> (Werke und Briefe 1: 36 f.).

Als entschiedener Republikaner nimmt er das Debakel von Dossenbach sowie das Scheitern der Revolution in Deutschland insgesamt als Niederlage größten Ausmaßes wahr. Folgerichtig wird die enttäuschte Heilserwartung auch hier in christologischer Bildersprache formuliert:

> »Die Freiheit wird von Sklaven
> Geschändet und entweiht:
> Sie stirbt am Kreuz, verraten,
> Schon würfeln die Soldaten
> Um ihr zerrissen Kleid.«
> (Werke und Briefe 1: 169 f.).

Nur noch selten trat Herwegh nach der Revolution als Dichter in Erscheinung. Eine Ausnahme bildet sein *Bundeslied für den Allgemeinen Deutschen Arbeiterverein* aus dem Jahr 1863. Die vielzitierten Verse der drittletzten Strophe sind längst schon zum Sinnspruch der Arbeiterbewegung geronnen:

> »Mann der Arbeit, aufgewacht!
> Und erkenne deine Macht!
> Alle Räder stehen still,
> Wenn dein starker Arm es will.«
> (Werke: 233).

Die letzten Lebensjahre verbrachte Herwegh dank einer Amnestie in Lichtental bei Baden-Baden. Er stirbt als unbeugsamer Republikaner am 7. April 1875 und wird auf eigenen Wunsch hin in freier Schweizer Erde bestattet.

Werke und Werkausgaben

HERWEGH, Georg:
- Werke in einem Band, ausgewählt und eingeleitet von Hans-Georg Werner, 4. Aufl., Berlin/Weimar 1980.
- Werke und Briefe. Kritische und kommentierte Gesamtausgabe, hg. von Ingrid Pepperle u. a.; bislang erschienen: Bd. 1: Gedichte 1835–1848, Bielefeld 2006; Bd. 5: Briefe 1832–1848, Bielefeld 2005; Bd. 6: Briefe 1849–1875, Bielefeld 2010.

Weitere Literatur

ENZENSBERGER, Ulrich: Herwegh. Ein Heldenleben, Frankfurt a. M. 1999.
KRAUSNICK, Michail: Die eiserne Lerche. Die Lebensgeschichte des Georg Herwegh, Weinheim/Basel 1998.
SCHÖLLKOPF, Wolfgang: Schwäbischer Olymp und württembergische Pfarrerschmiede. 450 Jahre Evangelisches Stift Tübingen 1536–1986. Katalog zur Ausstellung 31.05.–30. 06. 1986, Tübingen 1986.
VAHL, Heidemarie/FELLRATH, Ingo: »Freiheit überall, um jeden Preis!«. Georg Herwegh 1817–1875. Bilder und Texte zu Leben und Werk, Stuttgart 1992.
ZIEGLER, Hansjörg: Mundraub. Annäherung an Georg Herwegh, Vaihingen an der Enz 1987.

Andreas Ehmer

Carl Heinrich von Weizsäcker

* 11. Dezember 1822
† 15. August 1899
Stiftseintritt: 1840

»Die Wahrheit allein darf uns leiten«
(Untersuchungen über die evangelische Geschichte: VII) –
Carl Heinrich Weizsäcker als Stiftler und Theologe

Dass Carl Heinrich Weizsäcker Stiftler und Theologe wurde, hängt mit drei Umständen zusammen. Erstens ist er in ein württembergisches Pfarrhaus geboren: Am 11. Dezember 1822 kam er als zweites Kind des Pfarrers Christian Ludwig Friedrich Weizsäcker (1785–1831) in Öhringen zur Welt. Obwohl sein Vater starb als Carl Heinrich neun Jahre alt war, ist ihm der geistliche Stand vertraut gewesen. Zweitens schien eine langwierige Krankheit seit seiner Kindheit tieferes Nachdenken und einen gefestigten Glauben bewirkt zu haben (Wein: 30 f.). Die Krankheit hatte ihn so geschwächt, dass er zwischen 1835 und 1838 zum Zuhausebleiben gezwungen war, wodurch er auch den zweiten Teil des Landexamens verpasst hatte. Seiner Mutter, Sophie Weizsäcker, geb. Rößle (1796–1864), gelang es 1839, durch ein unmittelbares Gesuch an König Wilhelm I., dass Carl Heinrich – obwohl er drei Schuljahre versäumt hatte – in das Niedere Seminar Schöntal in seine Jahrgangsklasse aufgenommen werden konnte (Wein: 32). Drittens lässt sich annehmen, dass der Weg über das Niedere Seminar und ab 1840 mit einem Stiftsstipendium ausgestattet, für ihn die Möglichkeit bot, trotz des Witwenstands der Mutter, ein Studium zu durchlaufen. Auch seine beiden Brüder, der ältere, mit vierzehn Jahren verstorbene Hugo (1820–1834) und sein jüngerer Bruder Julius Ludwig Friedrich Weizsäcker (1828–

1889), der später Historiker wurde, schlugen diesen Weg ein. Durch gute Leistung das Stipendium zu erlangen, war für den aufgeweckten und fleißigen Jungen, dem die Schulleitung außerdem »einen für das Gute entschiedenen Charakter« bescheinigte (AEvST), kein großes Problem.

Am 23. Oktober 1840 war es für Carl Heinrich soweit: Er konnte in das Stift einziehen und zum Wintersemester 1840/1841 mit dem Studium beginnen. Der Geist, der in diesen Jahren im Stift herrschte, war einerseits geprägt durch die Disziplinierung der Studenten (Schöllkopf: 431). Andererseits war aber auch ein akademisches Umfeld geboten, das zur eigenen wissenschaftlichen Entwicklung anregte. Theologisch traf Weizsäcker in Tübingen auf eine Fakultät, die von Ferdinand Christan Baur angeführt wurde, der als »Haupt der ›Jüngeren Tübinger Schule‹« (Köpf 1998: 1185) von Hegel in seiner geschichtlichen Systematisierung inspiriert war und insbesondere die historisch-kritische Forschung als grundlegende Methode in die Theologie einführte. Gleichzeitig waren an der Fakultät aber auch Christian Friedrich Schmid und ab 1842 Johann Tobias Beck tätig. Mit Schmid, der als Supranaturalist dem Rationalisten Baur konträr gegenüber stand, ist die Bibel als direktes Offenbarungszeugnis zu verstehen. Weizsäcker hörte bei beiden und ist von diesen verschiedenen Richtungen geprägt worden. So gab er 1853 den Nachlass Schmids heraus und grenzte sich in seinen frühen Jahren gegen Baur ab. Im Laufe seines Lebens näherte er sich Baur wieder an und verstand sich als dessen Schüler.

Carl Heinrich studierte sehr erfolgreich. Gemeinsam mit August Dillmann, dem späteren Orientalisten und Professor, war er der Primus seiner Promotion. Er fügte sich in die Stiftsgemeinschaft gut ein, aber sein gesundheitlicher Zustand machte ihm immer wieder zu schaffen. Daher durfte er teilweise auch außerhalb des Stifts wohnen. Er nahm ferner am studentischen Leben teil, indem er Mitglied einer Studentenverbindung, der Königsgesellschaft »Roigel«, wurde, die mit dem Motto »Ehre, Freiheit, Vaterland«, den Geist der Zeit traf, weil in ihr auch Politisches, dabei insbesondere die nationale Frage, diskutiert wurde.

Das Stift war prägend für Weizsäckers Werdegang, und er blieb ihm über die Jahre beruflich verbunden: 1848 war er kurze Zeit als Repetent tätig und erlebte dort die revolutionären Aktivitäten dieses Jahres, an denen er sich aber nicht beteiligte. Von 1877–1889 wurde er neben seiner Professur an der Universität Inspektor des Stifts und in den Jahren 1875 und 1879 Mitglied der evangelischen Landessynode.

1845 begann Weizsäcker mit seinem Vikariat. Nach Stationen in Urach, am Niederen Evangelisch-theologischen Seminar in Blaubeuren und in

Esslingen wurde er im Herbst 1846 für ein Jahr beurlaubt, um an Universitäten außerhalb Württembergs weiter zu studieren. Carl Heinrich ging nach Berlin, blieb dort aber nur drei Monate, kehrte dann zurück und reichte 1847 bei der philosophischen Fakultät in Tübingen seine Doktorarbeit ein und habilitierte sich sodann an der theologischen Fakultät. Nach einer kurzen Zeit als Repetent ging Weizsäcker 1848 ins die Gemeindepfarramt. Knapp drei Jahre nachdem er Pfarrer in Billingsbach im Hohenlohischen geworden war und Sophie Auguste Dahm (1824–1884) geheiratet hatte – die Eheleute hatten vier Kinder, wovon drei die Eltern überlebten – führte ihn seine Laufbahn ab 1851 als zweiter Hofkaplan nach Stuttgart. Außerdem wurde er ab 1856 zum »Hülfsarbeiter im Ministerium des Kirchen- und Schulwesens« (Jülicher: 28) und ab 1859 auch noch als außerordentliches Mitglied des Konsistoriums zum Oberkonsistorialrat berufen.

Wissenschaftlich arbeitete Weizsäcker während seiner Zeit in der Gemeinde und am Hof weiter. Er verfasste Rezensionen und Artikel und gab Schmids *Biblische Theologie des Neuen Testaments* 1853 (Schmid 1886) heraus. 1856 übernahm er die Redaktion der *Jahrbücher für deutsche Theologie*, die im Sinne der Vermittlungstheologie verfasst wurden (Jülicher: 29). Als dann 1860 unerwartet Ferdinand Christian Baur starb, wurde Weizsäcker zu Ostern 1861 auf diesen Lehrstuhl berufen, um »die historische Theologie« (Jülicher: 30) zu vertreten, worunter damals auch Veranstaltungen zum Neuen Testament fielen. Neben seinen kirchen- und dogmengeschichtlichen Vorlesungen und Veröffentlichungen lag der Schwerpunkt seiner Forschungen auf dem Neuen Testament.

Drei große Werke sind zu nennen, die aufgrund ihrer historischen und textlichen Analysen Weizsäckers wissenschaftliche Reputation begründet haben. 1864 erschienen seine *Untersuchungen über die evangelische Geschichte, ihre Quellen und den Gang ihrer Entwicklung.* Weizsäcker war daran gelegen, »den Verlauf der Geschichte, wie er sich aus den ältesten Quellen ergibt« im Hinblick auf ein religiöses Bewusstsein Jesu darzustellen, wobei er betonte: »Ich habe [...] kein Leben Jesu geschrieben, sondern eine theologische Abhandlung zur Beleuchtung seiner Geschichte« (Untersuchungen über die evangelische Geschichte: X). Dabei war es vor allem die Frage nach dem Charakter des Johannesevangeliums, an dem sich der Unterschied zu Baur zeigte. So war dieses für Weizsäcker eine historische Quelle für das Verständnis des Lebens Jesu, d. h. er sah »die große Wahrheit dieses Evangeliums«, die er jedoch einschränkend »nicht ängstlich an seinem Buchstaben gemessen« (Untersuchungen über die evangelische

Geschichte: V) wissen wollte. Obwohl Weizsäcker im Hinblick auf das Verständnis des Johannesevangeliums sich selbst schon zu Lebezeiten revidierte, blieb das Werk verdienstvoll, weil es die historisch-kritische Methode vorangetrieben hatte. Weizsäckers zweites großes Werk ist seine Übersetzung des Neuen Testaments, dessen erste Auflage 1875 erschien. Er wollte damit nicht die Lutherübersetzung verdrängen, sondern den Lesern der Übersetzung den Duktus des griechischen Texts sowie den aktuellen Stand der Exegese nahe bringen. Das Buch erlebte zwölf Auflagen und hatte einen großen Verbreitungsgrad.

Sein letztes großes Werk kam 1886 heraus: *Das apostolische Zeitalter der christlichen Kirche*. Im Sinne Baurs legte er darin eine historisch-kritische Analyse des sogenannten Urchristentums vor, welche »die wissenschaftliche Diskussion auf eine neue Grundlage stellt« (Köpf 2008: 286). Aus heutiger Sicht ist an seiner Untersuchung die Fokussierung auf biblische Texte kritisch zu sehen, so dass Quellen des historischen Umfelds nicht vorkommen, sowie der Anspruch, zu einem »idealen Zustand des apostolischen Zeitalters und der unverstellten Person Jesu« (Schöllkopf: 440) kommen zu wollen. Weizsäcker verteidigte den historisch-kritisch Ansatz gegenüber den Anfeindungen seitens der biblizistisch eingestellten kirchlichen Kreise, die sich beispielsweise im Fall Schrempf zeigten. Sein wissenschaftlicher Anspruch stellte für ihn keinen Widerspruch zu seinem Glauben dar.

»Die Universität ist eben nicht eine Schulanstalt,
sondern eine Pflegestätte der Wissenschaft«
(Weizsäcker, Einleitung Preisverleihung: 8 f.) –
Carl Heinrich von Weizsäcker als Universitätsrektor und -kanzler

Im Laufe der Jahre hatte sich Weizsäcker als renommierter Gelehrter etabliert und »gehörte zu den bedeutendsten Mitgliedern der Evangelisch-theologischen Fakultät der Universität Tübingen im 19. Jahrhundert« (Köpf 2008: 269). Mit der Ernennung zum Professor war die Verleihung des Ritterkreuzes des Ordens der Württembergischen Krone und die Ernennung in den Adelsstand einhergegangen (dieser Orden ist auf dem oben abgebildeten Portrait des Universitätsmalers R. Risse (1878) aus der Professorengalerie zu sehen). Auch im Rahmen der universitären kollegialen Selbstverwaltung wurde Weizsäcker aktiv: Zweimal, 1867–1868 und 1877–1878, war er Rektor der Universität Tübingen und hatte damit u. a. die Außenvertretung der Universität inne (Paletschek: 189). 1867 gab es seitens des

Ministeriums noch Vorbehalte gegen diese Wahl, denn Weizsäcker war politisch tätig geworden und hatte sich in der nationalen Frage für eine großdeutsche Lösung positioniert, die der württembergischen Regierung entgegenstand (Personalakte, UAT: 119/47). Diese Bedenken konnten aber ausgeräumt werden. 1877 wurde Weizsäcker dann auch außerhalb der internen Reihenfolge ein weiteres Mal zum Rektor gewählt (Paletschek: 196–198). Hintergrund war, dass man ihn für den geeigneten Mann hielt, das 400-jährige Jubiläum der Universität zu leiten. In seiner für dieses Ereignis verfassten Schrift (Lehrer und Unterricht) fallen neben einem sorgsamen Umgang mit den Quellen der Universitätsgeschichte, die er zu einem plastischen Bild seiner Vorgänger zusammensetzt, auch sein politisches Verständnis der Zusammenhänge auf. Seine Beschreibungen lesen sich wie ein Überblick über die Wissenschaftspolitik einer theologischen Fakultät durch die Jahrhunderte und zeigen Weizsäcker als »homo politicus«, der Strukturen und Machtkonstellationen durchschaute. Als er 1889 von König Karl I. zum Kanzler der Universität Tübingen ernannt wurde, war es wohl die Verbindung seiner theologisch-wissenschaftlichen und politischen Fähigkeiten, die ihn für dieses mächtige Amt geeignet machten.

Als Kanzler war er nicht nur der Vertreter der Regierung an der Universität, der dem Ministerium zu berichten hatte und somit politische Kontrolle ausübte. Gleichzeitig hatte er qua Amtes auch Sitz und Stimme in der Zweiten Kammer der Abgeordneten des württembergischen Landtags (Paletschek: 186–188) und konnte für die Interessen der Universität gegenüber dem König, dem Ministerium und bei Debatten im Landtag eintreten. Beispielsweise vertrat er bei einer der intensiv geführten Auseinandersetzungen dieser Zeit – die Zulassung von Frauen zum Universitätsstudium – in einer Stellungnahme des Jahres 1892 die Meinung, dass Frauen in einzelnen, »auf wissenschaftlicher Vorbildung beruhenden Berufen« (Glaser: 73) durchaus zugelassen werden könnten, sah jedoch die Aufnahme von Frauen zum Medizinstudium aus ökonomischen Gründen nicht gegeben. Hierin zeigt sich eine gewisse Ambivalenz: ein klares »Nein« sprach er nicht aus, aber er lehnte die Zulassung trotzdem ab. Bis Frauen 1904 offiziell der Zugang zu einem Studium an der Universität Tübingen erlaubt wurde gab es im Einzelfall Ausnahmegenehmigungen, wie bei Maria Gräfin von Linden, die 1892 als die erste Studentin Württembergs von Universitätskanzler Weizsäcker begrüßt wurde. Über ihre Begegnung mit ihm schrieb sie später: »Ich kann wohl sagen, daß alles, was zur Universität gehörte, mir freundliches Interesse entgegen brachten. Selbst Rektor und Kanzler, der katholische Professor Dr. Funk und Staatsrat Prof. Dr. von

Weizsäcker, erwiderten meine Besuche, und als ich den Letzteren wie üblich in dem Salon meiner Hauswirtin empfangen wollte, bestand der alte Herr darauf, meine ›Bude‹ zu sehen, die glücklicherweise in schönster Ordnung war. Er gab mir den guten Rat, solid zu sein, keine Abendgesellschaften zu besuchen und um zehn Uhr ins Bett zu gehen, denn: ›Sie müssen uns Ehre machen!‹« (Junginger: 119 f.). Als Kanzler legte Weizsäcker offensichtlich auf den guten Ruf der Universität Tübingen Wert, was sich auch in seiner Amtsführung ausdrückte (UAT: 126/756).

In seine Zeit als Kanzler fiel auch der weitere Ausbau der Universität, der sich in einer Ausdifferenzierung der Fakultäten und damit auch in einer Erweiterung der Bauten in Tübingen niederschlug. Der Finanzbedarf der Universität wuchs ständig, was Mitte der 1890er Jahre zu Debatten im Landtag über die Höhe von deren Ausgaben sowie über deren Funktion führte – war sie nur Ausbildungsstätte für Staatsdiener oder auch Forschungsstätte und dazuhin wirtschaftliche »Produktivkraft« (Paletschek: 508)? Weizsäcker trat bei solchen Debatten als Verfechter der Freiheit der Wissenschaften auf und verteidigte seine Institution. Ehrungen durch weitere Doktorwürden, eine Festschrift zum 70. Geburtstag (1892, Harnack) und große Feierlichkeiten zu seinem 50jährigen Doktorjubiläum wurden Teil seines Lebens.

»Das Vaterland, nicht die Partei!« (Hieber: 18) – Carl Heinrich von Weizsäcker als Politiker und Mann der Öffentlichkeit

Carl Heinrich von Weizsäcker war ein Mann der Öffentlichkeit und politisch aktiv. Als ein starker Verfechter der nationalen Einheit, ein Thema, das damals heftig diskutiert wurde, war er eines der Gründungsmitglieder der Deutschen Partei in Tübingen, die »für ein Deutsches Reich unter preußischer Führung eintrat« (Wein: 67). Sein Engagement für die nationale Einheit wurde seitens der Obrigkeit kritisch vermerkt – bis Württemberg Ende 1870 den Eintritt in das Deutsche Reich erklärte. National orientiert und politisch liberal-konservativ war Weizsäcker ein Befürworter einer konstitutionellen Monarchie – und damit »im Grunde doch eine konservative Natur« (Grafe: 752), wie es in einem Nachruf heißt, auch wenn er andererseits anmahnte »sich seiner Unfertigkeit immer bewußt zu sein« (Hegler: 69). Freiheit war ihm ein wichtiges politisches Moment, das er aber im Sinne des damaligen liberalen Selbstverständnisses mit monarchistischen Elementen verknüpfen konnte. »In der Politik war für ihn das Wohl des

Staates die höchste Norm« (Hegler: 14). Seine konservative Haltung zeigte sich auch darin, dass er es ablehnte, »in Christi Auftreten und Lehre eine Mahnung zum sozialen Engagement zu sehen und gar gesellschaftliche Reformen seitens der evangelischen Kirche zu stützen« (Wein: 64).

Politisch hatte Württemberg eine vertraglich erarbeitete Konstitution, die ein Kammersystem des Landtags umfasste. Die Zweite Kammer, der Weizsäcker angehörte, hatte wichtige Rechte wie das Budgetrecht und die Zustimmungspflicht zu Gesetzen und konnte daher maßgeblichen Einfluss auf das politische Geschehen nehmen. Weizsäcker war als Universitätskanzler ein engagiertes Mitglied des Landtags und gab nicht nur wissenschaftspolitische Stellungnahmen ab, sondern hielt Reden zu den unterschiedlichsten Themen.

Trotz seiner Agilität fühlte Weizsäcker, wie ihm die Jahre zusetzten: »Dass ich das Alter spüre, ist natürlich und angemessen, und die Geduld muss ich eben lernen, und um den Humor kämpfen« (Brief an seinen Sohn Karl, 10. Oktober 1897, HStAS: Q 1/18 Bü 8). Noch mehrere Wochen vor seinem Tod am 15. August 1899 nahm er geschwächt an den Sitzungen des Landtags zu Beratungen über das neue Bürgerliche Gesetzbuch teil. Seine Beerdigung in Tübingen war ein gesellschaftliches Ereignis. Aus dem Stiftler war ein bekannter Theologe, Politiker und Wissenschaftsmanager geworden, der in dem Vertrauen gelebt hatte, »es kommen zu lassen, der Weisheit Gottes zuzutrauen, daß sie das schickt, was recht ist« (Demmler: 10). Weizsäcker kann als Vertreter einer bürgerlichen Theologenschicht des 19. Jahrhunderts gelten, der durch die Weiterentwicklung der historisch-kritischen Methode den Wissenschaftscharakter der Theologie stärkte. Gleichzeitig verstand er sich für das Gemeinwesen mit verantwortlich, wobei er politisch an monarchistischen Strukturen festhielt, die er mit bürgerlichen Freiheiten und Partizipationsmöglichkeiten verbunden sehen wollte.

Werke und Werkausgaben

SCHMID, Christian Friedrich: Biblische Theologie des Neuen Testamentes, hg. Carl Weizsäcker, 2 Bde., Stuttgart 1853 (5. Aufl., Leipzig 1886).
WEIZSÄCKER, Carl:
– Untersuchungen über die evangelische Geschichte, ihre Quellen und den Gang ihrer Entwicklung, Gotha 1864 (2. Aufl., Tübingen/Leipzig 1901).

- Das Neue Testament übersetzt von Carl Weizsäcker, Tübingen 1875 (11. Aufl., Tübingen 1927).
- Lehrer und Unterricht an der evangelisch-theologischen Facultät der Universität Tübingen von der Reformation bis zur Gegenwart. Zur vierten Säcularfeier der Universität Tübingen im Sommer 1877. Festprogramm der evangelisch-theologischen Facultät, Tübingen 1877.
- Das apostolische Zeitalter der christlichen Kirche, Freiburg 1886 (3. Aufl., Tübingen/Leipzig 1902).
- Einleitung zu der Akademischen Preisverleihung Tübingen den 6. November 1890, Tübingen 1890.

Archivalien

Promotionsakte Weizsäcker-Dillmann, AEvST: E 1, 320,2.
GRAFE, Eduard: Carl Weizsäcker, gestorben 13. August 1899, Die christliche Welt. Evangelisches Gemeindeblatt für Gebildete aller Stände, 14, 32 (9. August 1900), Sp. 749–754, HStAS: Q 1/18 Bü 4.
WEIZSÄCKER, Carl: Brief an seinen Sohn Karl, Tübingen, 10. Oktober 1897, HStAS: Q 1/18 Bü 8.
Art. Karl Weizsäcker, Schwäbische Chronik 491, 9. Dezember 1922, UAT: 126/756.
Personalakte Karl Weizsäcker, UAT: 119/47.

Weitere Literatur

DEMMLER, Max: Rede am Grabe von Stadtpfarrer Demmler, in: Worte der Erinnerung an D. Karl Weizsäcker gesprochen bei seinem Begräbnis 15. August 1899, Tübingen 1899, 5–11.
GLASER, Edith: Der Einbruch der Frauenzimmer in das gelobte Land der Wissenschaft. Die Anfänge des Frauenstudiums am Beispiel der Universität Tübingen, in: Schlüter, Anne (Hg.): Pionierinnen – Feministinnen – Karrierefrauen? Zur Geschichte des Frauenstudiums in Deutschland (Frauen in Geschichte und Gesellschaft 22), Pfaffenweiler 1992, 62–85.
HARNACK, Adolf: Theologische Abhandlungen. Carl von Weizsäcker zu seinem siebzigsten Geburtstage 11. December 1892, Freiburg 1892.
HEGLER, Alfred: Zur Erinnerung an Carl Weizsäcker (Die christliche Welt 45), Tübingen/Leipzig/Freiburg 1900.
HIEBER, Johannes (von): Rede des Reichstagsabgeordneten Professor Dr. Hieber, in: Worte der Erinnerung an D. Karl Weizsäcker gesprochen bei seinem Begräbnis 15. August 1899, Tübingen 1899, 17–19.
JÜLICHER, Adolf: Art. Weizsäcker, Karl Heinrich, ADB 25 (1910), 26–38.

JUNGINGER, Gabriele (Hg.): Maria Gräfin von Linden. »Erlebtes und Erstrebtes eines Sonntagskindes«. Die Erinnerungen der ersten Studentin in Württemberg, 2. überarb. Aufl., Tübingen 1998.

KÖPF, Ulrich: Carl Weizsäcker als Theologe, in: Haag, Norbert/Hermle, Siegfried/Holtz, Sabine/Thierfelder, Jörg (Hgg.): Tradition und Fortschritt. Württembergische Kirchengeschichte im Wandel. Festschrift für Hermann Ehmer zum 65. Geburtstag (Quellen und Forschungen zur württembergischen Kirchengeschichte 20), Epfendorf 2008, 269–287.

KÖPF, Ulrich: Art. Ferdinand Christian Baur, RGG⁴ 1 (1998), 1183–1185.

PALETSCHEK, Sylvia: Die permanente Erfindung einer Tradition. Die Universität Tübingen im Kaiserreich und in der Weimarer Republik, Stuttgart 2001.

RABERG, Frank: Biographisches Handbuch der württembergischen Landtagsabgeordneten 1815–1933, im Auftrag der Kommission für geschichtliche Landeskunde in Baden-Württemberg (Veröffentlichungen der Kommission für Geschichtliche Landeskunde in Baden-Württemberg), Stuttgart 2001.

SCHÖLLKOPF, Wolfgang: Wegkreuzungen. Karl Heinrich von Weizsäcker (1822–1899) und das Tübinger Stift. Spuren aus Leben und Werk des liberalen Theologen, Blätter für württembergische Kirchengeschichte 88 (1988), 428–445.

WEBER, Reinhold: Bürgerpartei und Bauernbund in Württemberg. Konservative Parteien im Kaiserreich und in Weimar (1895–1933) (Beiträge zur Geschichte des Parlamentarismus und der politischen Parteien 141), Düsseldorf 2004.

WEIN, Martin: Die Weizsäckers. Geschichte einer deutschen Familie, Stuttgart 1988.

Herzlich danke ich den Nachfahren von Weizsäckers für Auskünfte.

Gotlind Ulshöfer

David Friedrich Weinland

* 30. August 1829
† 16. September 1915
Stiftseintritt: 1847

Als Friedrich Nicolai im Jahre 1781 seine *Beschreibung einer Reise durch Deutschland und die Schweiz* schreibt, spottet er über die Zöglinge des Tübinger Stifts, die »schon Schriftsteller geworden waren, noch mit dem ersten Lorbeer auf dem Haupte, und mitten unter dem Elaboriren der ihnen diktirten lateinischen Exercitien; noch dazu zum Theile über wichtige Materien, welche junge Leute eben nicht durchzuschauen pflegen« (Nicolai: 69 f.).

Die Beobachtung, dass die Stiftler sich berufen fühlten, auch weit über ihr angestammtes Feld der Theologie hinaus zu wirken, galt auch noch 70 Jahre später. Natürlich schrieben dabei viele »von Sachen [...], die sie nicht verstehen« (Nicolai: 70), aber es waren doch immer wieder auch erstaunlich viele, für die das Stift vor allem den Zugang zu höherer Bildung überhaupt verschaffte und die dann auf anderen Gebieten als der Theologie durchaus respektable Leistungen vollbrachten. Einer von ihnen war David Friedrich Weinland, der sich eine gewisse Reputation als Zoologe erarbeitete, der Nachwelt aber vor allem als Autor des populären Jugendbuchs *Rulaman* in Erinnerung geblieben ist.

Christoph David Friedrich Weinland kommt am 30. August 1829 als Sohn des Pfarrers August Johann Friedrich Weinland und seiner Frau Sophie geb. Klingler in Grabenstetten zur Welt. Die Familie Weinland gehört seit Jahrhunderten zu den angesehensten Familien der Stadt Esslingen. Schon der Vater ist Stiftler gewesen, und auch ihm war der Pfarrberuf nur eine von vielen Berufungen. Er machte sich einen Namen als Landwirt auf den Pfarrgütern Grabenstettens, die er als Musterlandwirtschaft betrieb. Viele Mittel seines nicht unbeträchtlichen Vermögens flossen in die Verbesserung der umliegenden Landwirtschaft.

Weinland hat auf seine naturnah verbrachte Kindheit später gerne zurückgeblickt: wie »wir Jungen nach Herzenslust in die Kreuz und Quere, wie auf einer Amerikanischen Prairie auf unseren Pferden dahinjagten« (zitiert nach: Binder: 317) und wie er schon als kleines Kind jeden Singvogel der Alb an der Stimme erkannt habe.

1840 kommt Weinland auf die Lateinschule in Nürtingen, besteht drei Jahre später das Landexamen und wird Seminarist in Maulbronn. Die theologische Laufbahn führt ihn 1847 auf das Tübinger Stift. In seiner Stiftspromotion findet sich eine ganze Reihe von Stipendiaten, die wie Weinland ihr vordringliches Interesse nicht auf die Theologie, sondern auf die Naturwissenschaften richten. Dazu gehören u.a. sein Vetter Albert Günther, später Direktor der Zoologischen Abteilung des British Museum in London; Gustav Jaeger, ebenfalls Zoologe sowie Hygieniker und Mediziner, der mit seiner wollenen »Normalkleidung« später eine gewisse Berühmtheit erlangte; Ferdinand von Hochstetter, später Professor für Geologie in Wien; Eduard von Martens, Zoologe. Sie treffen sich in naturwissenschaftlichen Zirkeln und bleiben zum Teil über Jahrzehnte freundschaftlich verbunden.

Weinland hat schon im Stift, so erzählt er später, Tiere auf seiner Stube gehalten, um sie zu beobachten: Vögel in seinem Pult und einen frei laufenden Edelmarder. Er scheint dabei nie ertappt worden zu sein – in den disziplinarischen Unterlagen bleibt er unauffällig, abgesehen von einigen Weinentzügen und einem Eintrag aus Maulbronner Zeiten, wegen »Wirtshausbesuchs und Trunkenheit in höherem Grade« (AEvST: E 1, 324,1). Die Unruhen des Jahres 1848, die ja auch das Stift berührten, kommen in biografischen und autobiografischen Dokumenten Weinlands nicht vor, er scheint daran keinen Anteil genommen zu haben.

Im theologischen Studium tut er sich nicht leicht. In seiner Promotion nimmt er schließlich den 23. Platz ein. Sein Abschlusszeugnis bescheinigt ihm eine ziemlich gute Begabung und eine mehr als mittelmäßige Urteilskraft, anhaltenden Fleiß und gute Sitten – das sind im Vergleich eher mittelmäßige Bewertungen. Auch als Prediger scheint er keinen großen Eindruck gemacht zu haben. In den Zeugnissen heißt es: »Die Predigt war weder ganz logisch noch ganz textgemäß disponirt, ziemlich oberflächlich u. gewöhnlich ausgeführt, nicht ohne Ernst u. Kraft, aber unsicher u. mit wenig Abwechslung vorgetragen« (AEvST: E 1, 324,1).

Während seines ganzen theologischen Studiums hört er stets auch naturwissenschaftliche Vorlesungen, u. a. Physik, Chemie, Astrologie und Physiologie. Dazu nimmt er Zeichenstunden. Ab 1850 wohnt er in der Stadt. Als er 1851 das theologische Examen ablegt, beantragt er ein weiteres Studienjahr, um die Naturwissenschaften vertiefen zu können: »Mein Studienplan, wie ich ihn schon seit einigen Jahren verfolge, ist nemlich der, die deskriptiven Naturwissenschaften mir so umfassend & so genau, als es in meinen Kräften steht, anzueignen, um so vielleicht, so Gott will, in diesen Fächern später dem Staat als Lehrer nüzlich zu werden, der mich schon seit 8 Jahren, wenn auch für einen andern Zweck, erzogen hat« (LKA Stuttgart: A 27, 3485,1).

Zwei Semester, 1851–1852, studiert er also die Naturwissenschaften, denen er sich, wie er schreibt, »von Kindesbeinen an, wann immer er die Muße hatte, mit größter Liebe« (UAT: 131/26,9) zugewendet hat. Vor allem hört er bei dem Geologen Quenstedt, einem ausgezeichneten Kenner der Alb, und Julius Schlossberger, dem Begründer der physiologischen Chemie. Er schließt sein Studium mit einer Dissertation zur Frage der Urzeugung ab, also der Entstehung von Pflanzen und Tieren aus unbelebter Materie.

Weinland bewirbt sich anschließend erfolgreich um die Finanzierung einer wissenschaftlichen Reise nach Berlin. Dort trifft er auf herausragende Forscher, etwa den Mikrobiologen Christian Gottfried Ehrenberg oder den Botaniker Alexander Braun. Enger arbeitet er mit dem Physiologen Johannes Müller zusammen, in dessen zoologischem Universitätsmuseum Weinland über Eingeweidewürmer forscht. 1855 beruft ihn der berühmte Glaziologe Louis Agassiz als Mitarbeiter nach Harvard. Drei Jahre bleibt er in Amerika. Dort arbeitet er unter anderem über die Anatomie von Schildkröten und unternimmt ethnologische Forschungsreisen nach Kanada und Haiti. Ein familiär angelegtes Leiden plagt ihn: »fortwährender brennender Reiz im Kehlkopf und jeden Abend Athembeklemmungen mit Stimmlosigkeit« (LKA Stuttgart: A 27, 3485,2). Er sieht sich gezwungen, nach Deutschland zurückzukehren.

Von seiner Mutter gesund gepflegt, ereilt ihn ein Ruf nach Frankfurt, wo er wissenschaftlicher Direktor des neu gegründeten zoologischen Gartens und Dozent am Senckenbergischen Museum wird. In dieser Funktion sieht sich Weinland als Wissenschaftler ebenso wie als populärer Vermittler. Es weht »ein Hauch vom alten Griechenland herüber, wo [...] ein Aristoteles auf dem offenen Markte lehrte [...]« (Berger: 9). Er gründet die heute noch bestehende Zeitschrift *Der zoologische Garten*. Nach vier Jahren, im Jahre 1863, muss er seine Frankfurter Tätigkeit aufgeben. Zum einen meldet sich sein altes Halsleiden wieder, zum anderen ist er in einen Konflikt mit den Geldgebern des Zoos geraten. Weinland ist vorwiegend an der Akklimatisation fremder Tierarten zum Zweck ihrer möglichen Ansiedlung interessiert, während die Zooverwaltung »nur noch der Schaulust des Publicums fröhnte, Elefanten anschaffte u. dgl.« (LKA Stuttgart: A 27, 3485,2). Eine »schwere Gemüthsaffektion« (LKA Stuttgart: A 27, 3485,2) macht ihn vorübergehend arbeitsunfähig.

In Frankfurt hat Weinland 1862 Anna Burnitz, die Tochter eines Frankfurter Oberbaurats, geheiratet. Deren Vermögen und das seiner Familie ermöglichen es ihm, sich im Alter von 34 Jahren auf das Familiengut Hohenwittlingen bei Urach zurückzuziehen, wo er bis zu seinem Tod die Existenz eines Privatgelehrten führt, unterbrochen von längeren Aufenthalten in Urach, Esslingen und Baden-Baden. Weinland forscht weiter rege und publiziert u. a. über Weichtiere und Vögel. Er ist Mitglied in unzähligen wissenschaftlichen Gesellschaften und hält engen Kontakt zu Kollegen, darunter Alfred Brehm und nicht wenige ehemalige Stiftler. Seine wissenschaftlichen Arbeiten bringen ihm hohen Respekt ein, auch wenn er gelegentlich einen Missgriff tut, wie bei seiner Abhandlung *Über die in Meteoriten entdeckten Thierreste.*

Ob er seine neue Existenzform aus freien Stücken und aus »Sehnsucht nach der Alb« (Nägele: 28) gewählt hat, ist fraglich. Dem Konsistorium gegenüber gibt er zu verstehen, dass er auf einen Ruf wartet, etwa nach Hohenheim, Tübingen oder Stuttgart. Diese Hoffnung zerschlägt sich aber ebenso wie der Plan einer Akklimatisations-Station in Hohenwittlingen.

Auf Weinlands naturwissenschaftliche Existenz ist seine Ausbildung im Stift nicht ganz ohne Einfluss geblieben. Er selbst weist darauf hin, dass die Tatsache, dass er nicht nur Empiriker ist, und die, dass er »auch in einer höheren philosophischen Auffassung der Naturkunde nicht ohne Glück – wenigstens mit vielfacher entschiedener Anerkennung gearbeitet hat, [...] einzig und allein jenen gründlichen klassischen und philosophischen Studien verdankte, welche unsere Gelehrtenbildungsanstalten Württembergs [...] auszeichnen« (LKA Stuttgart: A 27, 3485,2).

Naturwissenschaft tritt zu jener Zeit noch oft im Gewand der Naturphilosophie auf. In Weinlands Rezeption der Darwinschen Schriften spiegelt sich seine Verhältnisbestimmung von Theologie und Wissenschaft. Er nimmt Darwin in Schutz vor den Anwürfen von theologischer Seite. Zugleich erkennt er die Grenzen menschlicher Erkenntnis an, »aber er sah es auch als seine Aufgabe an, bis zu dieser Grenze vorzudringen« (Binder:

331). Weinland selbst: »Mit der Naturwissenschaft läßt sich nie das Dasein eines Gottes beweisen, aber [...] ebenso wenig das Gegenteil [...], denn du sollst an Gott glauben, nicht ihn wissen« (zitiert nach: Binder: 331). Er hält Kontakt zu den Kollegen, auch zu denen im Pfarramt, zum Beispiel im Uracher »Pfarrkranz«. Hier trägt er auch zuerst Auszüge aus dem später so berühmten Buch vor – dem *Rulaman*. Er hat es für seinen ältesten Sohn Karl geschrieben. Im Pfarrkranz ermutigt man ihn, diese wissenschaftlich inspirierten Abenteuergeschichten zu veröffentlichen, und nach manchen Anlaufschwierigkeiten entwickelt sich der 1875 erscheinende Roman dann zu einem veritablen Long- und Bestseller mit einer Gesamtauflage von über einer halben Million.

Dem Buch kommt die zu jener Zeit aufkommende Begeisterung für Höhlenkunde und Urgeschichte zugute – aber es trägt auch dazu bei, diese Begeisterung zu verstetigen, besonders im schwäbischen Raum. Das Buch hat sowohl bei der jugendlichen Zielgruppe als auch bei der Kritik wohlwollenden bis begeisterten Anklang gefunden. Theodor Heuss nannte es »das beste deutsche Jugendbuch [...], in mancher Hinsicht mit dem ›Robinson‹ zu vergleichen« (Binder: 324).

Heute tut man sich mit dem Text – und erst recht mit dem schwächeren Nachfolgeroman *Kuning Hartfest* – allerdings schwer. Dass der Roman, auch wenn man von dichterischer Freiheit absieht, wissenschaftlich überholt ist, ist dem Autor nicht anzulasten. Immerhin versucht er, den Text bei jeder Auflage im Lichte neuerer wissenschaftlicher Erkenntnisse aktuell zu halten. Schwer erträglich ist jedoch die nationalistisch-rassistische Färbung der Romane. In diesen Dingen ist Weinland Kind seiner Zeit. Schon bei seinen ethnologischen Reisen kommt er zu der Überzeugung, »dass eine massvolle und menschenfreundliche Beherrschung des Negers durch den Weissen geboten ist, wo immer beide durch die Umstände [...] zum Zusammenleben [...] genötigt sind« (Metzger: 171). Der im *Rulaman* gestaltete Konflikt zwischen dem primitiven, aber moralisch intakten eingesessenen Volk der Aimats und den kulturell entwickelten, aber heimtückischen Kalat-Einwanderern ist auch wohl zu Recht als »ein antifranzösisches [...] Moment kurz nach dem deutsch-französischen Krieg von 1870/71« (Brunecker: 426) gedeutet worden.

Andererseits kann man sich bis heute dem Reiz der Geschichten, der eindringlichen Vergegenwärtigung urgeschichtlicher Lebenswelten, nicht ganz verschließen. Man merkt, dass das Buch, wie Weinland selbst sagte, »mit großem Eifer und Fleiß nach sehr sorgfältig gemachten Vorstudien

[... und] mit wahrer Lust und innerem Genuß« (zitiert nach: Binder: 338) verfasst wurde.
In seinen letzten Jahren zieht sich Weinland immer mehr auf sein Gut zurück. Er wird zum »Einsiedler von Hohenwittlingen«. Vielfach ausgezeichnet und von Kollegen und Lesern hoch verehrt, stirbt er mit 86 Jahren in Hohenwittlingen.

Werke und Werkausgaben

WEINLAND, David Friedrich:
- Rulaman. Erzählung aus der Zeit des Höhlenmenschen und des Höhlenbären, Leipzig 1875 (Reutlingen 2009).
- Kuning Hartfest. Ein Lebensbild aus der Geschichte unserer deutschen Ahnen, als sie noch Wodan und Duonar opferten, Leipzig 1879 (Reutlingen 1990).

Archivalien

AEvST: E 1, 324,1.
LKA Stuttgart: A 27, 3485.
UAT: 131/26,9.

Literatur in Auswahl

BERGER, Fritz: David Friedrich Weinland. Biographie, München 1967.
BINDER, Hans: David Friedrich Weinland. Zoologe, Jugendbuchautor 1829–1915, Lebensbilder aus Schwaben und Franken 13 (1977), 314–340.
BRUNECKER, Frank: »Rulaman der Steinzeitheld« – Ein historischer Roman mit Irrtümern, Schwäbische Heimat 54 (2003), 420–426.
METZGER, Emil: Württembergische Forschungsreisende und Geographen des 19. Jahrhunderts, Stuttgart 1889.
NÄGELE, Eugen: Zu Dr. Weinlands Gedächtnis, Blätter des Schwäbischen Albvereins 41 (1929), 217–219.
NICOLAI, Friedrich: Beschreibung einer Reise durch Deutschland und die Schweiz, 11. Bd., 3. Buch, Berlin/Stettin 1796.

Johannes Grützmacher

Eberhard Nestle

* 1. Mai 1851
† 9. März 1913
Stiftseintritt: 1869

1898 erschien im Verlag der Württembergischen Bibelanstalt erstmals das *Novum Testamentum Graece*, das Eberhard Nestles Namen in alle Welt tragen sollte. Dabei galt sein ursprüngliches Interesse doch dem Alten Testament.

Eberhard Nestle wurde am 1. Mai 1851 in Stuttgart geboren. Sein Vater Christian Gottlieb Nestle (1808–1879) war Obertribunalprokurator und Landtagsabgeordneter für Stuttgart. Eberhard Nestle entstammte der zweiten Ehe seines Vaters mit Sophie Beate Kleinmann, Tochter eines Oberamtspflegers in Heilbronn. Aus dieser Ehe stammen auch die Geschwister Sophie (* 1850), Theodor (1852–1929), die Zwillinge Paul (1854–1914) und Martin Ehregott (1854–1929), der ebenfalls Pfarrer wurde, sowie Philipp (* 1855), bei dessen Geburt die Mutter starb. Aus der Ehe mit seiner ersten Frau, von der außer dem Namen Sick nichts bekannt ist, brachte der Vater Sohn Fritz mit. Von seiner dritten Frau Marie Steudel, Tochter des Tübinger Professors Friedrich Steudel, wurde ihm noch der siebte Sohn Wilhelm (1865–1959) geboren. Wilhelm wurde ein bekannter Altphilologe (Klara Nestle: 3–9).

Durch die drei Ehen des Vaters bekamen die Nestle-Kinder eine beachtliche Anzahl Tanten, Onkel, Vettern und Basen. Über Sophie Beate Kleinmanns Mutter entstand beispielsweise die Verbindung zur Familie Hommel aus München. Vetter Fritz Hommel war ebenfalls Orientalist. Marie Steudel war die Schwägerin von Prälat Christian Friedrich Dettinger und Stiftsephorus Gustav Oehler (Klara Nestle: 10).

Eberhard Nestles Elternhaus war pietistisch geprägt. Während der ersten Schuljahre besuchte er daher auch das Hayer'sche Knaben-Institut in Stuttgart, das 1857 aus Ablehnung der rationalistischen Staatsschule gegründet worden war (Klara Nestle: 1 f.). Dort gehörte er zu den ersten vier Schülern (Seminar- und Studienzeit: 11). Es folgte der klassische Ausbildungsweg württembergischer Theologen: von 1865 bis 1869 besuchte er das Seminar Blaubeuren, ab 1869 war er Stiftstipendiat in Tübingen. Bereits im Frühjahr 1869 trat er mit der Bitte an das Tübinger Ephorat heran, auf die Stube Luginsland zu kommen (Seminar- und Studienzeit: 10) – ein Wunsch, der ihm erfüllt wurde. Doch Eberhard Nestle tat sich zunächst schwer im Stiftsverband. In seinem ersten Brief an die Eltern vom 1. November lamentierte er: »Wenn ich mir ein Urteil über meine Stubengenossen erlauben darf, so muss ich sagen, dass ich sie, wenn mir die Wahl freigestanden wäre, und ich sie schon gekannt hätte, so würde ich sie nicht zu meinem Umgang gewählt haben« (Seminar- und Studienzeit: 12). Auch im zweiten Brief »bin ich immer noch nicht zur Gewissheit und Klarheit darüber gekommen, ob ich mich an die Pietisten Luginsland anschliessend [sic] soll oder nicht« (Seminar- und Studienzeit: 13). Trotz manch kritischer Auseinandersetzung mit dem Pietismus konnte Eberhard Nestle diese Frage schließlich bejahen und er fand im Luginsländer Kreis wertvolle Freunde. Insbesondere mit Theodor Haering, Gustav Oehler, Hermann Weigle, Friedrich Müller, Gustav Bührlen, Julius Uhl, Hermann Stotz und Bruder Theodor Nestle führte er nach dem Studium das so genannte Luginsländer Korrespondenzbuch. Abschriften der Einträge Eberhard Nestles in dieses Korrespondenzbuch befinden sich in seinem Nachlass in der Württembergischen Landesbibliothek.

Sein Onkel Ephorus Oehler soll den jungen Nestle als den »unzufriedensten, aber loyalsten aller Stiftler« (Holzinger: 51) bezeichnet haben. Oehlers eifrigem Neffen waren die üblichen Studieninhalte offenbar zu eng geschnitten. So gingen denn auch insbesondere seine orientalischen Sprachstudien weit über das von Studenten geforderte Maß hinaus. Nach zwei Jahren im Stift, unterbrochen durch den Deutsch-Französischen-Krieg (1870–1871), in dem er als freiwilliger Krankenpfleger gedient und eine schwere Typhuserkrankung durchlebt hatte, erhielt Nestle die Erlaubnis außerhalb des Stifts zu wohnen und zog zu Professor Landerer »in die ›Hölle‹« (Seminar- und Studienzeit: 14), um sich seine Zeit besser einteilen und konzentrierter arbeiten zu können. Diese neue Freiheit nutzte er auch gleich, um sich einer Preisaufgabe der Tübinger Theologischen Fakultät über Ezechiel zu widmen, für die er schließlich mit dem ersten Preis belohnt wurde. 1874 legte Eberhard Nestle das erste theologische Examen ab und wurde im gleichen Jahr zum Dr. phil. promoviert. Die weitere Zukunft war ungewiss. Zwar hoffte er auf eine akademische Laufbahn, sah sie aber zugleich in immer weitere Ferne rücken. In einem Brief vom 4. März 1874 heißt es »[...] wenn es nicht sofort zu einer Fortsetzung der orientalischen Studien kommt, dann muss ich den Gedanken daran überhaupt aufgeben, und das wird mich nicht mehr viel Überwindung kosten; im Gegenteil, ich habe ihn eigentlich schon ganz aufgegeben« (Seminar- und Studienzeit: 28).

So trat er zunächst eine Stelle als Stadtvikar in Ravensburg an und war danach für kurze Zeit stellvertretender Stiftsbibliothekar in Tübingen (Nestle 1951, Eberhard Nestle: 194). Dort bearbeitete er eine Aufgabe der Taylerschen Gesellschaft über die Bedeutung der Israelitischen Eigennamen, für die er den ersten Preis erhielt. Ab Ende 1874 bis 1877 begab sich Nestle auf diverse Studienreisen nach Leipzig, Berlin und England, wo er in Bibliotheken und Museen forschte und vor allem seine Kenntnisse der orientalischen Sprachen weiter vertiefte. Im British Museum setzte er sich insbesondere mit syrischen Handschriften auseinander, die er geduldig kopierte. Seinen Lebensunterhalt verdiente er sich derweil als Hauslehrer und leistete auch Predigtaushilfe für deutsche Pfarrer in England. 1877 hatte Nestle vorübergehend eine Stelle als Vikar in Schnaith inne, bevor er am 15. Mai 1877 Repetent im Tübinger Stift wurde.

Seine ausgedehnten Studien und die Repetentenstelle schienen den Weg für eine wissenschaftliche Laufbahn geebnet zu haben, dennoch kam Nestle am 24. April 1877 zu dem Urteil: »Zum rein philologischen Orientalisten wuerde ich ja doch kaum taugen; zum AT.lichen Theologen kann ich mich auch noch im Kirchendienst ausbilden« (Repetentenzeit: 2). Als Repetent hielt er in den folgenden drei Jahren semitische und alttestamentliche Vorlesungen, hatte Predigtdienste zu versehen, die Studenten zu betreuen, Arbeiten zu korrigieren und auch den Examina beizuwohnen. Gleichzeitig fungierte er als Herausgeber verschiedener Schriften und war eifrig als Rezensent tätig. Zu seinen frühen Werken aus jener Zeit zählen etwa die Edition von *Conradi Pellicani de modo legendi et intelligendi Hebraeum*, ein Werk, das als verschollen galt und das Nestle im British Museum wiederentdeckt hatte (Holzinger: 51). Des Weiteren das *Psalterium Tetraglottum* und sein *Veteris Testamenti Graeci Codices Vaticanus et Sinaiticus cum Textu Recepto Collati*. Diese Werke belegen Nestles frühe Vorliebe für das Alte Testament. Seine Rezensententätigkeit war wohl zumindest teilweise aus der Not heraus geboren, da er sich die Neuerscheinungen anders nicht hätte leisten können. Dennoch führte diese Beschäftigung dazu, dass er stets auf dem neuesten Stand der Forschung war, auch Desiderate erkannte und zudem sein kritischer Verstand geschult wurde. Trotzdem blieben Zweifel, ob das Leben eines Gelehrten der richtige Weg für ihn sei und so heißt es in einem Brief vom 25. November 1877 »Ob ich meine bisherigen gelehrten Liebhabereien fortführen darf oder sie besser ganz aufgeben soll? In einer Zeit, die so viele Anforderungen an alle ordentlich gesinnten Menschen stellt, erscheint mir ein reines Gelehrtenleben das reinste Schmarotzertum« (Repetentenzeit: 5). Im Wintersemester 1879/1880 hielt er eine vierstündige Vorlesung über die Psalmen, wofür sich 90 Zuhörer fanden, und das obwohl Professor Socin zur gleichen Zeit eine Vorlesung über die Genesis hielt. In seiner Rückschau urteilte Nestles Sohn Erwin, dass diese Vorlesung wohl die Hoffnung seines Vaters auf eine künftige Berufung auf den alttestamentlichen Lehrstuhl genährt habe (Repetentenzeit: 10).

Trotz dieser vielversprechenden Anfänge ging Nestle 1880 zunächst als Diakon nach Münsingen. Die Stelle verschaffte ihm endlich die nötige Grundlage, um nach dreijähriger Verlobungszeit seine Braut Clara Kommerell heiraten zu können. Clara war die Tochter des Rektors der Tübinger Realschule (Holzinger: 52). Der Ehe entstammte der Sohn Erwin, der am 22. Mai 1883 geboren wurde und schließlich das Werk des Vaters fortführen sollte. Kurz nach Erwins Geburt zog die junge Familie nach Ulm, wo Eberhard Nestle eine Stelle als Gymnasiallehrer, hauptsächlich für Religion und Hebräisch, übernahm. Dies war der Beginn einer langjährigen Lehrtätigkeit, was Erwin Nestle schließlich zu dem Urteil brachte: »So war er hauptsächlich Lehrer gewesen« (Nestle 1951, Eberhard Nestle: 195). 1887 verstarb Clara, Eberhard Nestle blieb mit dem gemeinsamen Sohn Erwin allein zurück. 1890 heiratete er in zweiter Ehe Elisabeth Aichele (1867–1944), Tochter des Pfarrers Christian Aichele in Bernstadt bei Ulm. Aus der Ehe gingen sechs Kinder hervor, Klara (* 01. November 1891), Hildegard (* 23. März 1895), Hedwig (* 30. Juli 1896), Else (* 29. Juni 1898), Bernhard (* 06. Februar 1902) und Irene (* 28. August 1905). Bernhard studierte ebenfalls Theologie und wurde Pfarrer.

1890 schien sich Nestles Hoffnung auf eine akademische Laufbahn endlich zu erfüllen. Vertretungsweise übernahm er die Professur für semitische Sprachen in Tübingen. Dass dies in eine dauerhafte Berufung münden würde, war eine durchaus realistische Annahme. Diese Aufgabe wies ihn auch den Weg zurück zur Philologie und zu intensiver textkritischer Arbeit. Am 31. Juli 1890 schrieb er ins Luginsländer Korrespondenzbuch: »Durch die Philologie der Theologie zu dienen, wird nun mehr als je mein

Bestreben sein. ›Gott stelle dich an einen Platz, wo du mit deinen Gaben dem Reich Gottes dienen kannst‹, war das Absc[h]iedswort des sterbenden Oehler an mich vor 18 Jahren. Ob ich diesen Platz nun gefunden habe? ich hoffe es« (Luginsland: 18). Doch diese Hoffnung erfüllte sich nur zum Teil. Seine Lebensaufgabe hatte er in Tübingen mit der neutestamentlichen Textkritik gefunden, seinen Platz musste er für Christian Friedrich Seybold räumen, der den Lehrstuhl letztlich erhielt. Nestle hingegen wurde 1893 enttäuscht ans Ulmer Gymnasium zurückbeordert. Ein kleiner Trost dürfte 1894 die Verleihung der Ehrendoktorwürde der Theologie durch die Universität Königsberg gewesen sein.

Seine in Tübingen wieder intensiv betriebenen orientalischen und textkritischen Studien setzte Nestle indes unbeirrt fort und so erschien 1898 erstmals sein *Novum Testamentum Graece*, zunächst noch ohne Nennung seines Namens. Nestles Ziel war es, den längst als unzureichend erkannten *Textus Receptus*, der auf einer Ausgabe des Erasmus von Rotterdam aus dem frühen 16. Jahrhundert beruhte, durch eine wissenschaftlich fundierte Textausgabe zu ersetzen. Seine Vorgehensweise war einfach, er verglich die kritischen Ausgaben von Tischendorf, Westcott/Hort und Weymouth miteinander und folgte bei Abweichungen dem Mehrheitsprinzip. Die Württembergische Bibelgesellschaft sorgte für die kostengünstige Produktion und den Vertrieb, sodass sich fortan auch Studenten eine gute Textausgabe des griechischen Neuen Testaments leisten konnten. 1904 übernahm die Britische und Ausländische Bibelgesellschaft Nestles Text, was zu seiner weltweiten Verbreitung beitrug. Bis zu Nestles Tod erlebte sein griechisches Neues Testament neun Auflagen. Anschließend setzte der Sohn Erwin das Werk des Vaters fort. Nach und nach trat an die Stelle der Verweise auf die benutzten Editionen die Angabe der jeweiligen Bezeugung, die in den weiteren Ausgaben ausgebaut wurde. Ab 1952 wurde Kurt Aland neuer Editionsmitarbeiter, der dem »Nestle-Aland« den zweiten Namensteil hinzufügte und im Hinblick auf die Breite der im Apparat sichtbaren Bezeugung und durch Untersuchungen zum Textwert der verschiedenen Überlieferungszweige das Projekt neu aufstellte. Das auf ihn zurückgehende Institut für neutestamentliche Textforschung in Münster bereitet heute die editio cricita maior des Neuen Testaments vor.

Auch äußerlich brachte das Jahr 1898 eine neuerliche Wende mit sich, indem Nestle eine Stelle als Professor am Seminar Maulbronn antrat. Diese gewährte ihm mehr Freiraum für seine wissenschaftliche Arbeit und so erschienen in den Folgejahren neben verbesserten Auflagen des *Novum Testamentum Graece* auch kritische Ausgaben der Vulgata, Luthers deutscher Bibel und verschiedene Parallelausgaben. Die Maulbronner Jahre waren insgesamt eine glückliche Zeit für die gesamte Familie. Sie nahmen rege am kirchlichen Leben Teil und Eberhard Nestle vertrat im Jahr 1900 sogar den Bezirk in der Landessynode, 1904 wurde er Kirchenpfleger der örtlichen Gemeinde (Ludwig: 170 f.). 1912 übernahm Nestle in Maulbronn das Amt des Ephorus, das er bis zu seinem Tod inne hatte. Er starb am 9. März 1913 im Stuttgarter Katharinenhospital infolge eines Gallenleidens. Drei Tage später fand er auf dem Friedhof in Maulbronn seine letzte Ruhestätte.

Werke und Werkausgaben

NESTLE, Eberhard:
- Die Israelitischen Eigennamen nach ihrer religionsgeschichtlichen Bedeutung, Haarlem 1876.
- Conradi Pellicani de modo legendi et intelligendi Hebraeum. Deutschlands erstes Lehr-, Lese- und Wörterbuch der hebräischen Sprache, Tübingen 1877.
- Psalterium Tetraglottum, Tübingen 1879.
- Veteris Testamenti Graeci Codices Vaticanus et Sinaiticus cum Textu Recepto Collati, Leipzig 1880 (2. Aufl. 1887).
- Brevis Linguae Syriacae. Grammatica, Litteratura, Chrestomathia cum Glossario, Karlsruhe/Leipzig 1881.
- Novi Testamenti Graeci Supplementum editionibus de Gebhardt-Tischendorfianis, Leipzig 1896.
- Philologica sacra. Bemerkungen über die Urgestalt der Evangelien und Apostelgeschichte, Berlin 1896.
- Einführung in das griechische Neue Testament, Göttingen 1897 (4. Aufl. 1923).
- Novum Testamentum Graece. Cum apparatu critico ex editionibus et libris manuscriptis collecto, Stuttgart 1898 (27., rev. Aufl. 1993).

Archivalien

Nachlass Eberhard Nestle, Württembergische Landesbibliothek:
Cod.hist.qt.730/Krypto Erwin Nestle/I., Mappe 9 (Seminar- und Studienzeit).
Cod.hist.qt.730/Krypto Erwin Nestle/I., Mappe 11 (Repetentenzeit).
Cod.hist.qt.730/Krypto Erwin Nestle/II./c, Mappe 3 (Luginsland).
Cod.hist.qt.730/Krypto Klara Nestle/I., Mappe 1 (Klara Nestle).

Weitere Literatur

BUDER, Walther: 60 Jahre Nestle, Die Bibel in der Welt. Jahrbuch des Verbands der Evangelischen Bibelgesellschaften in Deutschland 2 (1958), 33–46.

HOLZINGER, Heinrich: Nestle, Eberhard. Ephorus des evangelisch-theologischen Seminars zu Maulbronn, Orientalist und Bibelforscher, in: Weller, Karl/Ernst, Viktor (Hgg.): Württembergischer Nekrolog für das Jahr 1913, Stuttgart 1916, 50–79.

LUDWIG, Wilhelm Theodor: Eberhard Nestle. Leben und Werk, Blätter für württembergische Kirchengeschichte 64 (1964), 141–175.

NESTLE, Erwin: Aus Briefen von Eberhard Nestle, Blätter für württembergische Kirchengeschichte 51 (1951), 143–150.

NESTLE, Erwin: Eberhard Nestle. Zu seinem 100. Geburtstag, Für Arbeit und Besinnung 5 (1951), 194–198.

Simone Waidmann

Christoph Schrempf

* 28. April 1860
† 13. Februar 1944
Stiftseintritt: 1879

Bekannt geworden ist Christoph Schrempf in erster Linie als der Pfarrer, der sich 1891 weigerte, bei einer Taufe das apostolische Glaubensbekenntnis zu verwenden und sich dafür selbst anzeigte. Er geriet in einen Streit mit der württembergischen Landeskirche, der 1892 zu seiner fristlosen Entlassung führte, und brachte den bereits seit einigen Jahren schwelenden »Apostolikumsstreit« weit über Württemberg hinaus zu einem Höhepunkt. Jahre später kam es in Württemberg zu Reformen, die Schrempf im Nachhinein den Verbleib im Pfarramt – oder zumindest den Wiedereintritt in die Kirche – vielleicht hätten ermöglichen können, wenn er denn noch gewollt hätte. Doch das hätte zu diesem kantigen Scharfdenker und kompromisslosen Kritiker der Kirche wohl kaum gepasst.

Wer war dieser Mann, der sein Leben nicht beschrieben wissen wollte, der aber seinen Konflikt mit der Kirche aufs Genaueste dokumentierte und über seinen Werdegang, seine Gedanken und sein Ringen um die Wahrheit immer wieder Rechenschaft ablegte? Den größten Einschnitt in seinem Leben markierten sicher die Jahre 1891/1892. Was an inneren Kämpfen in ihm vorging, kam hier zu einem Durchbruch – doch in dem Moment, in dem Schrempf sich entschied, öffentlich zu bekennen, womit er innerlich rang, und sein Gewissen über die Amtsverpflichtungen stellte, fand er gewissermaßen zu sich selbst.

Christoph Schrempf wurde am 28. April 1860 in Besigheim geboren. Seine Mutter war eine fromme Frau, die knapp 10 Jahre nach ihrer Eheschließung den Alkoholismus und die Gewaltausbrüche ihres Mannes nicht mehr ertragen konnte und sich von ihm trennte. Aufgenommen wurde sie mit ihren Kindern von ihrem älteren Bruder. Wie es scheint, konnte dieser jedoch die fehlende Vaterrolle für Christoph und seine Brüder nicht ersetzen. Mit 13 Jahren begann Schrempf eine Ausbildung in einem privaten Lehrerseminar. Mit 17 war er Volksschullehrer in Stuttgart. Dann bekam er die Chance, das »Gymnasium illustre« in Stuttgart zu besuchen und durchlief dort in nur anderthalb Jahren alle Klassen. Als Bester bestand er die Konkursprüfung zur Aufnahme ins Evangelische Stift in Tübingen und zog 1879 ins Stift ein (Gesammelte Werke 1: XVI–XXI). Auch das Studium meisterte er in ausgezeichneter Weise, konnte darüber hinaus – nicht zuletzt über die Verbindung »Luginsland« – bleibende Freundschaften schließen, etwa zu Martin Finckh und zu seinem späteren Schwager Heinrich Grunsky, seine Herkunft blieb Schrempf jedoch schmerzlich bewusst – als Kind aus einer Ehe, die »nicht hätte geschlossen werden sollen« (Gesammelte Werke 1: XVI).

Während des Studiums im Stift veränderte sich Schrempfs Denken in radikaler Weise. Im Pietismus groß geworden, wurde ihm nun alles, was er bislang nahezu unhinterfragt hingenommen hatte, zur Frage. »Ich hatte mir, wie bisher, ein objektives Wissen anzueignen. [...] Aber der Inhalt dieses objektiven Wissens war nicht mehr eine feste, für selbstverständlich geltende Wahrheit, die ich mir nur persönlich zuzueignen hatte, sondern der Kampf der Meinungen, die für Wahrheit gelten wollten, und also das [...] Suchen nach der Wahrheit, in das auch ich hineingezogen werden sollte [...] ›Was ist Wahrheit?‹ wurde mir also zu einer offenen Frage, auf die die Antwort erst zu finden war« (Gesammelte Werke 1: XLI). Dieser wissenschaftlichen Ungewissheit eine persönliche Glaubensgewissheit entgegenzustellen, vermochte Schrempf nicht. Er spürte, dass er Glauben brauchte, dass ihm sein pietistischer Kindheitsglaube aber nicht mehr half und fühlte sich extremen Stimmungsschwankungen unterworfen. In Gedichten (Gesammelte Werke 1: XLIII–XLV) brachte er seine Suche nach Gott zum Ausdruck.

Die Chancen des Stipendiums müssen ihm klar vor Augen gestanden sein. Die Akte seines Jahrgangs weist ihn vom ersten Semester an als Primus seiner Promotion aus. Er scheint sich auch keiner Vergehen schuldig gemacht zu haben, nur einmal gibt es die Notiz, dass ihm ein Hausarrest auferlegt wurde, weil er einen Aufsatz verspätet abgegeben habe (AEvST: E 1, 338,1). In seinem letzten Semester wohnte er allerdings nicht mehr im Stift selbst, sondern in der Stadt, was ihm aus gesundheitlichen Gründen gestattet wurde (AEvST: E 1, 168,1). Über seine Lehrer spricht Schrempf in seinen späteren Reflexionen wenig, nennt eher die Theologen, deren Werke er studierte: Kant, Schleiermacher, Ritschl, Wilhelm Herrmann und, ab 1883, Sören Kierkegaard, dessen Schriften er später übersetzte (Gesammelte Werke 14: XV). Nur ein Lehrer muss ihn sehr beeindruckt haben: Carl Heinrich von Weizsäcker, Professor für Neues Testament und Dogmengeschichte und seit 1877 Inspektor im Stift. Paul Buder, Ephorus von 1872–1910, wird dagegen gar nicht erwähnt. Natürlich könnte man spekulieren, ob das Vorbild von Männern wie Weizsäcker Auswirkungen hatte auf die Reifung seiner Persönlichkeit, Belege gibt es hierfür jedoch nicht.

Erkennbar sind dagegen sein wissenschaftlicher Drang und sein kritischer Geist. Interessant sind hier zwei sehr unterschiedliche Predigtbeurteilungen, die sich im Stiftsarchiv finden (AEvST: R 1, 15,2): Am 29. Januar 1882 heißt es zu einer Predigt Schrempfs über 1. Kor 4, 3.4 es handle sich um eine treffliche Auslegung des Textes, deren feine Gedanken von Schärfe des Denkens und Reife des Verständnisses zeugten. Dagegen steht in der Beurteilung einer Predigt über Joh 12, 24 am 18. Juni 1882 die Ausführung »gibt eine wohlgeordnete, gedankliche Entwicklung einer Seite des Textes, wenn auch die vom Verfasser gewählte Auffassung des Textes nicht diejenige ist, welche sich einem unbefangenen Blick zunächst als die sinnvollste bietet [...].« Von hierher betrachtet überrascht es nicht, dass Schrempf 1884, vor der Übernahme in den kirchlichen Dienst, dem zuständigen Oberkonsistorialrat von Wittich mitteilt, er könne das Evangelium nur nach den Synoptikern predigen (Gesammelte Werke 1: 101). Ein Hinderungsgrund gegen seine Aufnahme ins Vikariat war dies offensichtlich nicht.

Der übliche Weg in den württembergischen Pfarrdienst schien also vorgezeichnet, wozu in seinem Fall, so wie es für die Besten in der Regel üblich war, noch eine Zeit als Repetent gehörte. 1885–1886 kam Schrempf deshalb nach mehreren Vikariatsstellen und einer Zeit, in der er sich mit einer fundamentalethischen Preisaufgabe der theologischen Fakultät beschäftigte, nochmals ans Stift zurück. Aus dieser Zeit stammt die abgebildete Fotographie. Es war für Schrempf eine Zeit der intensiven Auseinandersetzung mit Kierkegaard. Dieser blieb für ihn auch später wichtig, ohne dass er je zu einem dezidierten Anhänger Kierkegaards geworden wäre, wie aus einer kleinen Schrift aus dem Jahre 1918 deutlich wird, in der Schrempf sich über sein Verhältnis zu Kierkegaard Rechenschaft gibt (Gesammelte Werke 16: 55–90).

Im Herbst 1886 trat Schrempf eine Pfarrstelle in Leuzendorf an. Der Konflikt zwischen Amtspflicht und Gewissen muss ihn von Anfang an begleitet haben. Schrempf fühlte sich in ständiger Spannung zwischen dem, was er als Wahrheit erkannt hatte und dem, was ihm als Glaube der Kirche zu verkündigen aufgetragen war. Bereits 1889 suchte er nach einer Möglichkeit, dem Konflikt zu entkommen und bewarb sich um Versetzung auf eine Schulstelle. Sein Antrag wurde abgelehnt (Gesammelte Werke 1: 104). Schrempf fühlte sich allein gelassen von der Kirchenleitung, nicht ernst genommen in seinen theologischen Argumentationen und eben aufgefordert, gegen seine Überzeugung den Schein wahren zu müssen. Bezeichnend für sein Aufbegehren und die Reaktionen seiner Vorgesetzten ist seine Weigerung, anlässlich einer Fahnenweihe zu predigen. Schrempf hielt die Fahnenweihe für eine rein gesellige Angelegenheit, eine Predigt wäre ihm wie schmückendes Beiwerk vorgekommen, was für ihn der Intention des Evangeliums direkt widersprach. Auf seine Argumente wurde nicht eingegangen, zumindest nicht in Form einer theologischen Auseinandersetzung, vielmehr wurde ein benachbarter Pfarrer aufgefordert, den Dienst zu vertreten.

Und dann kam der 5. Juli 1891 mit dramatischen Folgen für Schrempf und seine Familie. Im Detail beschreibt Schrempf in den Akten zu seiner Entlassung, was passierte. Es war ein Taufgottesdienst, als Predigttext Mt 6, 19–34 vorgesehen. »Als ich in der Sakristei den Zeitpunkt abwartete, da ich auf die Kanzel gehen sollte, sagte ich mir, dass ich die sittliche Berechtigung eigentlich nicht besitze, über das Wort zu predigen: »Trachtet am ersten nach dem Reich Gottes und seiner Gerechtigkeit«; denn ich tue das ja selbst nicht, sei vielmehr jetzt eben wieder im Begriff aus sehr fragwürdigen Rücksichten vor Gott und der Gemeinde ein Bekenntnis zu bekennen, das ich vor Gott doch eigentlich nicht bekennen könne« (Gesammelte Werke 1: 107). Schrempf beschloss spontan, auf das Apostolikum zu verzichten. Die Gemeinde scheint die Auslassung nicht einmal bemerkt zu haben. Schrempf aber zeigte sich selbst noch am selben Tag bei seinem Dienstvorgesetzten, dem Dekan von Blaufelden, an.

Ein Disziplinarverfahren kommt in Gang. Mündlich wird er nur einmal angehört, am 22. Juli 1891, bei einer Besprechung mit dem Generalsuperintendenten, der ihm jedoch lediglich rät, sich bei Taufhandlungen zunächst von Nachbarkollegen vertreten zu lassen (Rössler: 16). Schrempf wendet sich nun direkt an das Konsistorium mit einer längeren Abhandlung, in der er seine theologischen Ansichten darlegt, und beantragt, »ihm eine sittlich unanfechtbare Wirksamkeit in der evangelischen Landeskirche zu ermöglichen« (Gesammelte Werke 1: 131). Eine Antwort auf sein Schreiben wartet er dann gar nicht ab, sondern tritt am 9. August 1891 vor die Öffentlichkeit seiner Gemeinde und erläutert ihr seine Probleme mit den Aussagen des Apostolikums, insbesondere der Jungfrauengeburt Jesu und seiner leiblichen Himmelfahrt (Rössler: 18). Der Kirchengemeinderat in Leuzendorf reagiert prompt und bittet das Konsistorium, Schrempf abzuberufen. Am 18. August 1891 wird Schrempf vom Dienst suspendiert und schließlich mit Wirkung vom 14. Juni 1892 gänzlich aus dem kirchlichen Dienst entlassen.

Sein Ton gegenüber der Kirchenleitung war nach und nach immer schärfer geworden bis zu der Äußerung, die württembergische Lehr- und Gottesdienstordnung sei gegenwärtig »eine Decke, die eine böse sittliche Unordnung sorgsam verhüllt« (Gesammelte Werke 1: 164). Was erstaunlicherweise in keiner seiner theologischen Überlegungen auftaucht, ist die Möglichkeit, die Aussagen des Apostolikums symbolisch verstehen zu können. Das ist bei der Schärfe des Verstandes, die Schrempf sonst zeigt, verwunderlich, zumal es eine Brücke zum Verbleib in der Kirche, und damit auch in Lohn und Brot hätte sein können, ohne die eigenen Überzeugungen aufgeben zu müssen. Fast scheint es, als habe es Schrempf bewusst auf den Bruch mit der Kirche angelegt, der er zwar im Rückblick 1931 konzediert, sie habe ihm den Gedanken »an eine ›Führung‹ durch Gott unauslöschlich eingeprägt« (Gesammelte Werke 5: XVII), von der er sich zugleich bleibend missverstanden und eingeschränkt sah.

Auf dieser Basis konnte es kein Zurück mehr geben, auch nicht angesichts der finanziellen Schwierigkeiten, in die Schrempf durch seine Entlassung geriet – in einer Situation, in der seine Frau schwer erkrankt war und das Ehepaar bereits drei Kinder hatte. Glücklicherweise gab es immer wieder Freunde und Gönner, die Geld zur Verfügung stellten, wenn Schrempfs eigene Verdienste nicht ausreichten (Gesammelte Werke 2: XLIII).

Die Konsequenz und Unbeirrbarkeit, mit der Schrempf seinen Weg ging, beeindruckt, auch wenn man sich des leisen Gedankens nicht ganz erwehren kann, ob er es sich wirklich so schwer hätte machen müssen. Da ist auch ein gewisser Trotz in dieser Treue zu sich selbst, dieser unerschütterlichen Überzeugung, das als wahr Erkannte gegenüber allem verteidigen zu müssen – vielleicht resultierend aus einem inneren Kampf gegen die eigene Herkunft.

Einen knappen Eindruck über Schrempfs theologische Entwicklung gibt eine von ihm selbst stammende Kurzzusammenfassung in dritter Person von 1922: *Der Weg*. Wie in vielen seiner Reflexionen setzt Schrempf auch hier bei der Auseinandersetzung um das Apostolikum an: »[Z]unächst hat er den Kampf mit der Kirche um die intellektuelle Redlichkeit des Pfarrers

und der Laien aufgenommen und bis zur äußersten Konsequenz durchge-
fochten [...].; zugleich hat er sich aus der geschichtlichen Bedingtheit seines
Denkens [...] herauszulösen gesucht, um eines unbefangenen Denkens und
Erlebens erst wirklich fähig zu werden; und nachdem er sich so die Fragen
der Weltanschauung in wirklich offene Fragen zurückverwandelt hat,
sucht er nun [...] unmittelbar aus dem Leben in ihm und um ihn heraus
den Weg zu bestimmen, den der Mensch [...]. geführt wird, und der nach
seiner Überzeugung jeden zum Leben – nämlich zum ewigen Leben führt.
Dieser Weg fällt ihm [...] mit dem Weg ›Jesus‹ zusammen [...]. Insofern hat
er sich zum freien (nicht-kirchlichen und, wenn es sein muß, anti-kirch-
lichen) Zeugen für die von Jesus entdeckte Wahrheit entwickelt« (Gesammelte Werke 16: 160).

Die berufliche Entwicklung Schrempfs ging von einem Lehrauftrag an
einer privaten Handelsschule in Stuttgart von 1895–1906 über die Habilitation in Philosophie 1906, auf die sich bis 1921 eine Lehrtätigkeit an der
Technischen Hochschule in Stuttgart anschloss, die allerdings erst ab 1919
mit dem Titel »außerordentlicher Professor« verbunden und bezahlt wurde. Von einer breiten Öffentlichkeit wahrgenommen wurden nicht zuletzt
seine Vorträge und Aufsätze. Von 1892–1939, lediglich unterbrochen durch
die Kriegsjahre 1914–18, hielt Schrempf regelmäßig sonntags Reden in
Stuttgart und Umgebung, und wurde zunehmend auch weit darüber hinaus als Redner angefragt. Von 1893–1898 gab er eine Halbmonatsschrift *Die
Wahrheit* heraus. Privat heiratete er nach dem Tod seiner ersten Frau noch
zweimal wieder und bekam insgesamt 5 Kinder, von denen ihn allerdings
nur eines überlebte.

Der »Fall Schrempf« blieb keine bloß württembergische Angelegenheit.
Er zog Kreise bis nach Berlin, löste dort eine weitere Phase des »Apostoli-
kumsstreits« aus, in den sich auch Adolf von Harnack mit öffentlichen Thesen einschaltete und selbst in die Kritik geriet. In Württemberg kam es
schon 1893 zu Eingaben an das Konsistorium, hinter denen eine große Anzahl von Pfarrern und Vikare stand, die für eine Lockerung des Bekennt-
niszwangs eintraten. Es folgten in den folgenden Jahren weitere Stellungnahmen und Eingaben, oftmals unter Beteiligung von Freunden Schrempfs
und von Schrempf mit eigenen Äußerungen und Aufsätzen begleitet. 1908
wurde schließlich ein neues Kirchenbuch verabschiedet, das den Pfarrern
eine gewisse Freiheit gegenüber Bekenntnis und Liturgie ermöglichte. 1912
wurden Perikopen- und Agendenzwang und Bekenntnisverpflichtung ge-
lockert – bis dahin, dass von einem Vertreter des Konsistoriums festgehalten wurde, es könne aus seelsorgerlichen Gründen Fälle geben, in den auch

ohne Gebrauch des Apostolikums eine Taufe rechtlich gültig und erbaulich sein könne (Rössler: 31). Genau dies hatte Schrempf ja ursprünglich gewollt! Interessant ist auch, dass sich als eine Wirkung des »Fall Schrempfs« verschiedene kirchliche Gruppierungen in Württemberg bildeten, etwa die 1912 gegründete Freie Volkskirchliche Vereinigung, deren Anliegen es war, bei festem Willen zur positiven Mitarbeit in der Kirche die größtmögliche Freiheit von Bekenntniszwängen zu erreichen (Weitbrecht/Daur: 6).

Wer war also dieser Mann, dessen Leben und Denken solche Wirkungen entfaltete? Ein Kämpfer und Individualist, streng zu sich und anderen, auf seine Weise fromm, bereit aus der Hand Gottes zu nehmen, was er ihm zudachte, einer, der Wahrheit und Freiheit über alles hochhielt, mit scharfem Verstand, aber letztlich doch ohne Gespür für das wechselseitige Verhältnis zwischen Einzelnem und Glaubensgemeinschaft.

Christoph Schrempf starb am 13. Februar 1944 in Stuttgart-Degerloch. Eine Kirche, die sich bewusst ist, sich ständig weiter entwickeln zu müssen, sollte an ihm nicht vorübergehen – denn sein Fall wirft auch über 100 Jahre später Fragen auf: wie wird mit Amtspersonen umgegangen, die in theologischen Grundfragen abweichende Position beziehen? Wie weit ist der Ermessensspielraum in der individuellen Aneignung und Deutung des Evangeliums? Welche Verbindlichkeit haben Agenden und andere Texte der Tradition in einer »Kirche der Freiheit«? Das sind Grundfragen des Verhältnisses von Ekklesiologie, Theologie und Amtsbegriff, die noch längst nicht erledigt sind und nicht zuletzt auch in der Arbeit mit Theologiestudierenden immer wieder begegnen.

Werkausgaben in Auswahl

SCHREMPF, Christoph: Gesammelte Werke, Bde. 1–13; Bde. 14–16, hg. von Otto Engel, Stuttgart 1930–1940.
Eine Bibliographie der Werke Schrempfs findet sich in: Gesammelte Werke 16: 322–328.

Archivalien

Promotionsakte, AEvST: E 1, 338,1.
Wohnen in der Stadt. Erlaubnisse und Verbote 1851–1900, AEvST: E 1, 168,1.
Zeugnisbuch über die Predigtübungen, AEvST: R 1, 15,2.

Literatur in Auswahl

Abschied von Christoph Schrempf, Stuttgart 1946.

FAUSEL, Heinrich: Christoph Schrempf. Zu seinem hundertsten Geburtstag, Die Zeichen der Zeit 14 (1960), 147 f.

FINCKH, Martin: Art. Christoph Schrempf, RGG¹ 5 (1913), 384–388.

RÖSSLER, Andreas: Christoph Schrempf (1860–1944). Württembergischer Theologe, Kirchenrebell und Religionsphilosoph. Ein Leben in unerbittlicher Wahrhaftigkeit, Stuttgart 2010.

WEITBRECHT, Oskar/DAUR, Theodor: Weg und Aufgabe eines Freien Protestantismus in der Evangelischen Kirche (Schriftenreihe Freies Christentum 46/47), Hanau 1962.

ZIEGLER, Theobald: Zum Fall Schrempf [1892, 1893, 1900], in: ders.: Menschen und Probleme. Reden, Vorträge und Aufsätze, Berlin 1914, 334–382.

Juliane Baur

Karl Holl

* 15. Mai 1866
† 23. Mai 1926
Stiftseintritt: 1884

Der Berliner Kirchenhistoriker Karl Holl, der sich bis zu seinem frühen Tod 1926 um die Erforschung der Theologie Martin Luthers verdient gemacht hat und der deshalb zu Recht als Begründer der Lutherrenaissance gilt, hat seine theologische Prägung als Stiftler und Repetent am Tübinger Stift erhalten.

Geboren am 15. Mai 1866 in Tübingen war Holl »als Junge von den Eltern bereits für die Theologie vorgesehen« (Lebenslauf). Dieser Bestimmung entsprechend absolvierte er die Schullaufbahn über die niederen Seminare in Maulbronn und Blaubeuren und wurde im Herbst 1884 als Theologiestudent an der Universität Tübingen in das Evangelische Stift aufgenommen.

Das theologische Klima an der Tübinger Universität wertet Holl rückblickend als konservativ und von Abgrenzung gegenüber modernen theologischen Strömungen bestimmt: *Sententiae a Ritschelio propositae a theologis Tubingensibus minus probatae aut oppugnatae* (Lebenslauf). Positiveren Kontakt mit neueren theologischen Ansätzen erhielt er im Tübinger Stift durch den Repetenten Max Reischle, der ihm seit seinem 2. Semester als Betreuer zugeordnet war und von dem ein »zeitgenössisches Bonmot überliefert, daß die Stiftler Tübingen als Ritschl-Reischlianer verließen« (Schäfer: 215). Diese Beeinflussung zeigt sich an den Themenstellungen seiner (nicht erhaltenen) Stifts-Semesteraufsätze, die die Darlegung einzelner Aspekte der Ritschlschen Theologie forderten, und lässt sich an Holls Examensarbeiten vom Herbst 1888 nachvollziehen, die sich z. T. bis in den

Wortlaut hinein an Ritschls Werk *Die christliche Lehre von der Rechtfertigung und Versöhnung* und im dogmengeschichtlichen Bereich an dem gerade erschienenen ersten Band der *Dogmengeschichte* Adolf Harnacks orientierten.

Nach dem mit der Note IIa bestandenen Ersten Theologischen Examen absolvierte Holl ab Herbst 1888 sein Vikariat in Rottenburg. Die Gutachten seines Mentors Karl Wilhelm Glauner und des Dekans Sandberger schildern ihn als charaktervollen, liebenswerten und intellektuell begabten Menschen, dessen »amtliches und außeramtliches Verhalten« überaus gut bewertet werden (Vikariatsbericht 1889). Zu dieser Zeit galt Holl in den kirchlichen Kreisen als begabter Nachwuchswissenschaftler, dessen Weg vorbestimmt war – ein Eindruck, der durch den Erwerb des philosophischen Doktors im Juni 1889 mit einer Arbeit über die Logik von Thomas Hobbes bei dem Tübinger Philosophen Christoph Sigwart und durch die vom Konsistorium gewährte Studienreise bestärkt wurde.

Den Studienaufenthalt verbrachte Holl in Berlin und Gießen und widmete ihn dem Studium der historischen Disziplinen. In Berlin hörte er die »Meister der Geschichtswissenschaften« Adolf Harnack, Wilhelm Wattenbach, Heinrich von Treitschke und Hans Delbrück, in Gießen Emil Schürer, Bernhard Stade und Karl Müller (Studienbericht: 121). Angesichts ihrer Lehre erschien Holl seine Ausbildung in Tübingen nunmehr als minderwertig: »meine erste Studienzeit war für mich unbefriedigend [...] manchmal übermannt mich doch der Zorn über die viele Zeit und Kraft, die ich fruchtlos verschwenden mußte« (Brief an Harnack, 18. 04. 1890, Briefwechsel: 11). Seinen Tübinger Lehrern war nicht gelungen, was Harnack geschafft hatte: in ihm »die Freudigkeit zum Dienst für unsere Kirche« zu wecken und »das Bewußtsein [...], wie jeder Dienst an unserer Kirche, sei es nun in wissenschaftlicher wie in praktischer Tätigkeit, ein heiliger Dienst ist« (Briefwechsel: 11).

Als den größten Gewinn aus dem Studienjahr betonte Holl, dass Harnack, von dem er sich als Wissenschaftler, Lehrer wie als Mensch stark beeindruckt zeigte, ihm die biographisch-identifikatorische Methode nahebrachte, indem er es ihm »als heilige Pflicht« lehrte, »an den großen Persönlichkeiten der Geschichte unserer Kirche hinaufzusehen, mich unter sie zu beugen und [als Vorbilder im Glauben und im Leben] von ihnen zu lernen« (Briefwechsel: 11). Diese Methode wird Holls kirchengeschichtliche Betrachtungsweise bestimmen und auch für die Entwicklung seines Glaubens entscheidende Bedeutung erhalten.

Als Harnack Holls Entwurf einer von Harnack angeregten Ausarbeitung zu Polykarp so positiv beurteilte, dass er ihm die Veröffentlichung in der Reihe *Texte und Untersuchungen* in Aussicht stellte, fühlte Holl sich in seinen wissenschaftlichen Ambitionen so bestärkt, dass er einen Großteil der Zeit in Gießen und seines Vikariats in Tübingen und Stuttgart auf die Beendigung der Ausarbeitung verwendete und diese als Lizentiatenarbeit am 25.11.1890 in Tübingen einreichte, woraufhin er am 19.12.1890 promoviert wurde.

Paradoxerweise versperrte ihm aber gerade der erlangte Titel den Einstieg in die Wissenschaft, denn der Tübinger Kirchengeschichtler Carl Heinrich von Weizsäcker bewertete die Arbeit nur mit dem nicht »besonders rühmlichen Prädikat« *bene*, kommentierte sie mit der Bemerkung »lieber gar kein Polykarp als so einer« und verlangte Holl die Zusage ab, die Arbeit nie zu veröffentlichen (Brief an Jülicher, 31.12.1890). Diese Zurückweisung zerstörte nicht nur Holls Karrierehoffnungen, sie erschütterte auch sein Selbstbewusstsein in Bezug auf seine wissenschaftliche Qualifikation tief und langanhaltend.

Schien jetzt nur noch der Weg ins Pfarramt offen zu stehen, so wurde ihm auch dieser zunehmend unsicherer. Schon nach dem Studienjahr war statt Freude über den Wiedereinstieg, die Harnack in ihm geweckt hatte, eher Resignation zu spüren. Und auch die Gutachten über seine zweite Vikariatsphase lassen eine deutliche Persönlichkeitsveränderung erkennen. War Holl zuvor als »kindlich treu- und offenherzig« charakterisiert worden, so wurde er jetzt als »über sein Alter gereift und innerlich fertiger junger Mann« beschrieben. War vormals seine Liebenswürdigkeit gerühmt worden, so wurde er jetzt als »nach dem ersten Eindruck nicht gerade gewinnend« dargestellt (Vikariatsbericht 1889 und 1891).

Der Grund für diese Veränderung lag – neben der wissenschaftlichen Enttäuschung – in seiner zunehmenden Glaubensverunsicherung. Nach Holls Verständnis musste ein Christ als Merkmal seiner Religiosität ein stetiges Gottesbewusstsein aufweisen, was er selbst an sich jedoch vermisste. Bisher hatte er sich durch die Ritschlsche Lösung zu beruhigen gesucht, nach der die ›weltbeherrschende Geduld‹ das sichere Merkmal des christlichen Glaubens sei (Ritschl, Die christliche Lehre 3: 592 f.), doch war ihm dies inzwischen zweifelhaft geworden. An sich selbst konnte er nur eine »ärmliche« Religiosität feststellen, deren einziger Inhalt der Gedanke der Nächstenliebe ist, »daß ein Mensch nur dann ein Leben gewinnt, wenn er mit allem, was er hat, anderen dient«, was nicht zu glauben ist »ohne zu glauben an den Vater, in dessen Gut ich stehe« (Brief an Jülicher, 21.05.

1891). Die Dialektik zwischen Zerknirschung und Erhebung, die er in seiner Examenspredigt über Röm 1,16 benannt hatte (ohne dies als Rechtfertigungsbotschaft zu charakterisieren), erkannte er jetzt noch nicht als Hilfe zur Bewältigung seiner Glaubenszweifel. Diese erhoffte er sich von dem biographisch-identifikatorischen Ansatz, den Harnack ihm vermittelt hatte. Indem er sich »in die einzelnen religiösen Persönlichkeiten ... hinein zu leben« und »ihnen [...] abzufühlen« versuchen wollte, »welchen Wert einzelne religiöse Gedanken für sie hatten«, hoffte er, sich ihren gefestigten Glauben aneignen zu können (Brief an Jülicher, 21. 05. 1891).

Die Gelegenheit zu solch intensiver Vertiefung in religiöse Persönlichkeiten und gleichzeitig einen Aufschub für die Entscheidung für oder gegen die kirchliche Laufbahn bot Holl seine Berufung als Repetent an das Tübinger Stift zum Oktober 1891. Die patristischen Studien, die er dort neben seinen Repetentenpflichten betrieb, konnte er im Wintersemester 1893 zu seiner ersten universitären Vorlesung zusammenfassen.

Als die erhoffte Glaubensfestigung trotz dieser Studien ausblieb, kam Holl zu dem resignierten Schluss: »So habe ich allmählich in die Lösung gefunden, daß der gewöhnliche Mensch das Bewußtsein der Gotteskindschaft, das ein religiöser Geist voll und stetig hat, nur dumpf und zagend besitzt, mit sich selbst ringend und an dem Größeren sich aufrichtend« (Brief an Jülicher, 15. 10. 1893). Schloss dies zwar die Erkenntnis ein, dass er selbst nie das erstrebte dauerhafte Glaubensbewusstsein erlangen könnte, so konnte Holl damit immerhin sein Gefühl des Scheiterns vor Gott beenden. Denn da es für normale Gläubige nicht möglich war, ein starkes Glaubensbewusstsein zu erringen, reichte es bei ihnen aus, »aufrichtigen Sinn für diese größten Lebensfragen« zu entwickeln (Brief an Jülicher, 31. 12. o. J. [1893]).

Holls Distanz zum Pfarrdienst konnte durch die scheinbare Beruhigung seiner Glaubenszweifel aber nicht überbrückt werden. Vielmehr verstärkte diese sich noch durch den Apostolikumsstreit, den Holl als einen Kampf um die Freiheit der wissenschaftlichen Erkenntnis bewertete, bei dem »jeder Einzelne von uns jüngeren Theologen vor eine persönliche Entscheidung gestellt ist [...] ob einer im Kirchendienst bleiben und weiter das Apl. ›bekennen‹ kann, der dieses ablehnen muß, nachdem Schr. [Schrempf] sich geopfert und unser Kirchenregiment die Gewissensfrage, die ihm Anlaß gab, totgeschwiegen hat« (Brief an Jülicher, 31. 12. 1892). In dieser Frage der persönlichen »Aufrichtigkeit und Wahrhaftigkeit« (Brief an Harnack, 31. 12. 1892) rang Holl sich im Oktober 1893 zu einer Entscheidung durch: »den Rückweg zur Kirche finde ich nicht!« (Brief an Jülicher, 09.10.1893).

Am Ende seiner Tübinger Zeit stand Karl Holl so in mehrfacher Hinsicht gescheitert und perspektivlos da. In dieser Situation verschaffte Harnack ihm durch die Hilfsarbeiterstelle bei der Kirchenväteredition der Berliner Akademie eine Existenzsicherung und ebnete ihm den Weg zurück in die Wissenschaft. Unglücklich mit der ungeliebten Editionsaufgabe und sich trotz seiner Habilitation über Johannes Damascenus 1896 und der Veröffentlichung der Edition von dessen *Sacra Parallela* 1897 wissenschaftlich missachtet fühlend, entfremdete Holl sich nun mehr und mehr von Harnack, obwohl dieser sich nach wie vor sehr für ihn einsetzte (u.a. durch das intensive Bemühen um Verbesserung von Holls angespannter finanzieller Lage). Holl selbst benennt als Grund der Entfremdung die zunehmende Differenz zwischen ihm und Harnack in der kirchengeschichtlichen Methode. Der Hauptgrund liegt aber eher in der Verschiedenheit beider Charaktere: dem selbstbewussten und gesellschaftlich wie wissenschaftlich angesehenen Harnack stand mit Holl ein ernsthafter, zu depressiven Verstimmungen neigender Mensch gegenüber, der bei Studierenden wenig Zulauf fand und ein stetes Misstrauen gegen andere Menschen und ihre Beurteilung seiner wissenschaftlichen Leistungen hegte.

Hätte Holl so eigentlich erleichtert sein können, als er im Herbst 1900 auf das kirchengeschichtliche Extraordinariat nach Tübingen berufen wurde, vermochte er sich nur zögerlich zur Rückkehr in seine schwäbische Heimat zu entschließen, die für ihn mit der Erinnerung an seine frühen Lebenskrisen belastet war.

Im Zusammenhang der Erarbeitung der kirchen- und dogmengeschichtlichen Überblicksvorlesungen beschäftigte Holl sich hier erstmals intensiv mit Luther. In ihm erkannte er jetzt eine ihm in seinen Glaubenszweifeln verwandte Persönlichkeit und entdeckte Luthers Rechtfertigungserlebnis als Schlüssel für seine eigenen Glaubensunsicherheiten. Sein Schüler Hanns Rückert beschreibt diesen »reformatorischen Durchbruch« Holls in Tübingen so: »Wahrscheinlich ist Holl von Luther überwältigt und festgehalten worden, als er sich in der Zeit des Tübinger Extraordinariats […] in ihn vertiefte, und wahrscheinlich bildete Holl deswegen hier einen neuen Schwerpunkt seiner Arbeit, weil er in den Fragen seines eigenen Glaubens und seiner eigenen theologischen Erkenntnis nirgends so vollmächtige Hilfe fand wie bei Luther« (Rückert: 370). An Luther erkannte Holl, dass die Dialektik zwischen Zerknirschung und Erhebung, die er in seiner Examenspredigt benannt hatte, als Dialektik von Glaubenszweifel und Glaubensgewissheit das Merkmal jeder religiösen Persönlichkeit darstellt. Wie befreiend diese Entdeckung für Holl war, beschrieb er in seinem 1907 veröffentlichten Vortrag *Was hat die Rechtfertigungslehre dem modernen Menschen zu sagen?*: »ein wie Großes« ist es, »wenn in einem Menschen der lebendige Gottesglaube durchbricht: die Sonne ist ihm aufgegangen«, und er hat »zugleich damit sich selbst gefunden« (Gesammelte Aufsätze 3: 560).

War Holl jetzt endlich von seinen Glaubenszweifeln befreit, fühlte er sich ansonsten in Tübingen wie erwartet eher unglücklich. Er empfand die »gesellschaftlichen und kollegialen Verhältnisse« als »fast unerträglich«, fühlte sich »den Leuten«, »ihrem Standpunkt und ihren Interessen« gegenüber »fremd geworden«, von den Kollegen – bis auf Adolf Schlatter – ausgegrenzt und als Extraordinarius als Wesen »einer anderen Menschheitsstufe« behandelt (Brief an Jülicher, 08. 03. 1902). So kam er schon 1902 zu dem Schluss: »Für mich wäre es ein Glück, wenn ich fortgehen dürfte« (Brief an Harnack, 30. 08. 1902).

So kehrte Holl im April 1906 gerne nach Berlin zurück auf das für ihn von Harnack – gegen Widerstände aus der Fakultät – geschaffene zweite Ordinariat für Kirchengeschichte. Hier widmete er sich – neben der ungeliebten Aufgabe der Edition der Schriften des Epiphanius von Salamis, die ihn bis zu seinem Tod 1926 begleiten sollte – vor allem der Erforschung der Theologie Luthers. Hatte er dabei bisher deren Bedeutung für die Entwicklung der individuellen Religiosität in den Vordergrund gestellt, so entdeckte er durch die Erfahrungen des politischen und kirchlichen Umbruchs 1918/1919 ihre ekklesiologische Dimension und ihre Relevanz für die Lösung der kirchlichen Gegenwartsfragen, als deren dringendste Aufgaben Holl die Erneuerung des individuellen Glaubens und des kirchlichen Gemeinschaftsgefühls betonte. Diese Entdeckung war es, die ihm jetzt wieder die Hinwendung zur institutionellen Kirche eröffnete, für deren Gestaltung er aus der Theologie Luthers Orientierung zu geben versuchte und für die er jetzt auch wieder selbst tätig wurde: als Universitätsprediger, als Ephorus des Berliner Studienhauses Johanneum, im Berliner Volkskirchendienst oder beim Deutschen Evangelischen Kirchentag.

Lange Jahre von der Wissenschaftswelt wie den Studierenden wenig beachtet, konnte Holl mit dieser Lutherdeutung, mit der er 1921 in einem Aufsatzband an die Öffentlichkeit trat und breite Aufmerksamkeit erregte, in seinen letzten Lebensjahren endlich aus dem Schatten Adolf Harnacks heraustreten. Jetzt gelang es ihm auch, einen Kreis von Schülern aufzubauen, den er begeistern und prägen konnte und dem u. a. Persönlichkeiten wie Hanns Rückert, Heinrich Bornkamm, Walther Eltester und Helmuth Kittel angehörten (Emanuel Hirsch und Paul Althaus sind mehr als theologische Weggenossen als als Schüler anzusehen).

Holls Lutherdeutung zeichnet sich dadurch aus, dass er – im Gegensatz zu einigen seiner Weggenossen und Schüler – den kirchlichen und nationalen Gemeinschaftsgedanken in einem freiheitlich-individuellem Glauben verankerte. Hierin zeigt sich bis zum Schluss die Prägung Holls durch den liberalen Individualismus, der ihm in seiner Tübinger Studien- und Repetentenzeit vermittelt wurde und dem Karl Holl sich Zeit seines Lebens verpflichtet fühlte.

Werke und Werkausgaben

HOLL, Karl:
- Die Sacra Parallela des Johannes Damascenus (Texte und Untersuchungen zur Geschichte der altchristlichen Literatur 16,1), Leipzig 1897.
- Gesammelte Aufsätze zur Kirchengeschichte, Bd. 1: Luther, Tübingen 1921 (2. und 3. verm. und verb. Aufl., Tübingen 1923).
- Gesammelte Aufsätze zur Kirchengeschichte, Bd. 2: Der Osten, posthum hg. von Hans Lietzmann, Tübingen 1928 (Nachdruck Darmstadt 1964).
- Gesammelte Aufsätze zur Kirchengeschichte, Bd. 3: Der Westen, posthum hg. von Hans Lietzmann, Tübingen 1928 (Nachdruck Darmstadt 1965).
- Briefwechsel mit Adolf von Harnack, hg. von Heinrich Karpp, Tübingen 1966.

Archivalien

Briefe Karl Holls an Adolf Jülicher, Universitätsbibliothek Marburg: Nachlass Jülicher.
Briefe Karl Holls an Adolf Harnack, Staatsbibliothek Berlin: Nachlass Harnack.
Lateinischer Lebenslauf Karl Holls von 1896, Humboldt-Universitätsbibliothek: HUB.Th 137/96.
Vikariatsberichte vom 01. 04. 1889 und vom 01. 04. 1891 und Studienbericht, LKA Stuttgart: H 380.

Weitere Literatur

ASSEL, Heinrich: Der andere Aufbruch. Die Lutherrenaissance – Ursprünge, Aporien und Wege: Karl Holl, Emanuel Hirsch, Rudolf Hermann (1910–1935) (Forschungen zur systematischen und ökumenischen Theologie 72), Göttingen 1994.

BODENSTEIN, Walter: Die Theologie Karl Holls im Spiegel des antiken und reformatorischen Christentums (Arbeiten zur Kirchengeschichte 40), Berlin 1968.

HARNACK, Adolf: Lehrbuch der Dogmengeschichte, Bd. 1: Die Entstehung des kirchlichen Dogmas, Tübingen 1886.

RITSCHL, Albrecht: Die christliche Lehre von der Rechtfertigung und Versöhnung, Bde. 1–3, Bonn 1870–1874.

RÜCKERT, Hanns: Vorträge und Aufsätze zur historischen Theologie, Tübingen 1972.

SCHÄFER, Rolf: Die Anfänge des Ritschlianismus im Stift, in: Hertel, Friedrich (Hg.): In Wahrheit und Freiheit. 450 Jahre Evangelisches Stift in Tübingen (Quellen und Forschungen zur württembergischen Kirchengeschichte 8), Stuttgart 1986, 205–225.

Sabine Drecoll

Karl Heim

* 20. Januar 1874
† 30. August 1958
Stiftseintritt: 1892

Tübingen ist den Einen geistige Heimat für immer, Inspirationsquelle für das eigene Denken und Sehnsuchtsort früh geknüpfter Freundschaften. Anderen wird es zum Entrebillet zur Erkundung der weiten Welt. In der Lebensgeschichte von Karl Heim kommt beides auf eigentümliche Weise zusammen.

»[...] wir [Schwaben] lieben unsere Universitätsstadt, die am Neckar im Herzen dieses schwäbischen Heimatlandes liegt; sie hält zwar keinen Vergleich aus mit den Großstadtuniversitäten wie München, Berlin und Hamburg, birgt aber eine Fülle von kostbaren Erinnerungen an Männer, deren Namen die ganze Welt kennt« (Heim, Ich gedenke der vorigen Zeiten: 140). In den Erinnerungen Heims spielt Tübingen vor allem als Studien- und Wirkungsort eine Rolle, und es werden wie beiläufig lauter Stiftler genannt »Schelling, Hegel, Hölderlin, Uhland, Mörike«. Heims Blick in die weite Welt ist kaum verständlich ohne seine Verbundenheit zur schwäbischen Heimat, deren akademisches Herz in Tübingen schlägt, wovon das Ev. Stift ein unablösbarer Teil ist.

Dabei ist die Perspektive, die sich im Leben von Heim öffnet, denkbar weit. Geboren in Frauenzimmern im Zabergäu zu einer Zeit, wo die »kleindeutsche Lösung« unter der Führung von Preußen sich durchgesetzt, aber noch nicht den Alltag und Sprachgebrauch der breiten Bevölkerung erreicht hat, wird Heim ein Weltreisender. Er gelangt über verschiedene Stationen zunächst nach Tübingen, dann nach Halle und Münster und kehrt wieder nach Tübingen, und bereist neben vielen Teilen Europas einschließlich Russlands auch Amerika und den nahen und fernen Osten. Er ist unterwegs als Student, dann als Reisesekretär der Deutschen Christlichen Studentenvereinigung (DCSV), später als Teilnehmer von Missionskonferenzen und auch als Feldseelsorger. Wohin er auch kommt, hat er stets einen offenen Blick für Mensch und Natur, nimmt wahr, welche politischen, historischen und religiösen Entwicklungen vor sich gehen.

Der akademische Lehrer

Der Weite seiner ausgedehnten Reisen entspricht sein Wirken als Theologieprofessor für Dogmatik (ab 1914 an der neu eingerichteten ev. Fakultät in Münster, ab 1920 in Tübingen als Nachfolger von Haering). In umfassender Weise setzt sich Heim mit der Frage auseinander, wie christlicher Glaube und das Denken der Gegenwart miteinander ins Gespräch treten können. Im Fokus steht dabei vor allem die Auseinandersetzung mit dem Säkularismus. Heim versteht darunter eine Weltsicht, in der völliges Desinteresse gegenüber religiösen Belangen vorherrscht: »Der ausgereifte Säkularist lebt in der Überzeugung, dass er allein auf den Boden der Wirklichkeit zurückgekehrt ist, während die anderen noch Phantomen nachjagen, die längst überholt sind« (Der evangelische Glaube 4,1: 20). So wird Heim zum Zeitgenossen für den säkularen Menschen in einer Welt, in der sich die Globalisierung anbahnt. Kein Beitrag zur Auseinandersetzung über die Grundfrage der Theologie nach Glaubensgewissheit ist ihm daher fremd: In den Religionswissenschaften findet er den Schlüssel zum Verständnis fremder Religionen und vermag sich auch innerlich in ihr Zentrum einzufühlen: »So fremdartig mir das alles war, was ich hier inmitten einer Schar japanischer Pilger miterlebte, so verließ ich den Tempelbezirk doch mit diesem Eindruck: Auch hier stehen Menschen andächtig still vor einem unergründlichen Geheimnis« (Ich gedenke der vorigen Zeiten: 190). Heim durchdenkt außerdem die Naturwissenschaften in fundamentaler Weise: Ihm werden dabei die Ergebnisse der aktuellsten Entdeckungen, insbesondere aber die Grundlagenkrise als Probleme durchsichtig, die mit der Weltanschauung zusammenhängen. Vielleicht nicht ganz zu Unrecht wird ihm daher nachgesagt, Einstein – mit dem er sich nachweislich getroffen hat – habe ihn als einen der drei Menschen angesehen, die seine Relativitätstheorie verstanden hätten.

Die Fülle der genau beobachteten Gegenstände und die Fähigkeit zur Zeitgenossenschaft wird ein Grund dafür gewesen sein, dass Heims Vorlesungen so gut besucht waren. Mehrmals mussten Vorträge in Nachbarsäle übertragen werden; es kamen Hörer aus allen Fakultäten.

Bei Heim kamen unterschiedliche Bereiche des Wissens in ihrer Eigenständigkeit zur Sprache, und doch fand ein jedes seinen Platz im umfassenden Ganzen der Weltgeschichte, als deren Mitte Jesus Christus betont wurde. Untrügliche Gottesgewissheit und authentische Solidarität mit den Zweiflern waren die Pole, zwischen denen Heims Denken sich gleichsam oszillierend hin- und herbewegte.

Ebenso offen verhielt Heim sich als Lehrer im persönlichen Umgang mit seinen Schülern und Gesprächspartnern. Wenn man zu ihm eingeladen wurde, »dann konnte man bei ihm meist uns Theologen überraschend ungewöhnlichen Persönlichkeiten begegnen, etwa einem jüdischen Rabbiner oder einem modernen Maler, einem japanischen Samurai [...], der Christ geworden war, oder einem nur schwäbisch sprechenden Bauern von der Alb, dessen geprägtes Gesicht uns seltsam anzog« (Ringwald: 4). So geschah es, dass Heim auf seiner Reise nach Japan von einem ehemaligen japanischen Schüler unversehens mit »Bruder Heim« begrüßt wurde, oder er von einem Muslim, der in Tübingen studiert hatte, in Jerusalem erfuhr, wie die Weltmissionskonferenz vor Ort aus Sicht der Einheimischen wahrgenommen wurde. Diese Weite kann in Heims jungen Jahren nicht erahnt werden.

Der Schüler

Der Schüler Heim war ein unfreier Mensch. Der Vater, ein Pfarrer, schickte den achtjährigen Karl zur Vorbereitung auf das Landexamen unter die Zuchtrute des »eisernen Rektors« Strölin an die Lateinschule in Kirchheim/Teck. Den Eintritt in die Schule erlebte Heim als Vertreibung aus dem Paradies (Ich gedenke der vorigen Zeiten: 27) und Beginn der Gefangenschaft (Ich gedenke der vorigen Zeiten: 29). Es ist kaum ein positives Bildungserlebnis aus jener Zeit überliefert. Das innere Gefühl in der vor allem durch Zwang geprägten Anstalt kommt kontrastierend im Zitat aus Schillers Don Carlos zum Ausdruck: »Lassen Sie großmütig wie der Starke / Menschenglück aus Ihrem Füllhorn strömen – / Geben Sie Gedankenfreiheit.«

Noch im hohen Alter gab er zu verstehen, dass in ihm durch die Schulzeit »etwas zerbrochen wurde, wovon er sich seelisch nie mehr ganz zu befreien vermochte« (Köberle: 15). Heim hat sich in seiner Schul- und Stu-

dienzeit bewusst aus Wettbewerbssituationen herausgehalten. Lakonisch
heißt es zur bestandenen Konkurs-Prüfung: »Mit Gottes Hilfe kam ich
auch durch diesen Engpass gerade noch hindurch« (Ich gedenke der vorigen Zeiten: 39).

  Vielleicht lag darin der Grund, dass auch der Professor, der er später
wurde, nicht kämpferisch, sondern zurückhaltend auch die strittigsten
Fragen im Seminar darlegte, und er niemals einen solchen »missiona-
rischen Drang« (Ich gedenke der vorigen Zeiten: 54) hatte, der andere über-
rannte. Eine in der Zeit des nationalsozialistischen Regimes geschriebene
Schrift hebt die Bedeutung des reformatorischen *non vi, sed verbo* hervor:
»Sobald irgendein äußerer Druck hinter das Wort gesetzt wird, kann keine
lebendige Kirche entstehen« (Ich gedenke der vorigen Zeiten: 269). Diese
Aussage erscheint auf dem Hintergrund der Erziehungserfahrungen
Heims in einem anderen Licht, und umgekehrt beleuchtet sein Werdegang
sein ganz und gar nicht opportunes, aber auch zum Teil defensives, wenig
kämpferisches Verhalten in jener Zeit. Heim ging seinen eigenen, individuellen Weg.

Der Stiftler

Heim spricht in seinen Erinnerungen kaum von der Stiftszeit selbst; erwähnt werden nur »die glänzenden Vorlesungen unseres Philosophen
Sigwart über Logik und Anthropologie und die ausgezeichneten Übungen,
die die Repetenten im Stift über griechische Philosophie hielten« (Ich gedenke der vorigen Zeiten: 41). Zentral war für den Neuling im Haus aber
die Frage, ob er sich einer Verbindung anschließen sollte. Es verrät viel
über seine Eigenständigkeit, dass ihn das überhaupt beschäftigte. Denn die
Zugehörigkeit zu einer in der Regel farbentragenden Verbindung war so
selbstverständlich, dass von den Repetenten eigens ein Verbindungs-Verzeichnis geführt wurde (AEvSt: E 2/3, 444,1). Letztlich schloss sich Heim
dem Bibelkreis an, dem auch sein älterer Bruder Paul angehörte, um später
einen vom Verbindungsgedanken unabhängigen Kreis zu gründen, wobei
er bis zum Schluss als Angehöriger des Bibelkreises geführt wurde.

  Es hätte ein stilles Studium werden können. Heim war kein exzellenter,
aber doch guter und gewissenhafter Student. In den Akten des Ev. Stifts
heißt es über seine exegetische Arbeit zu Röm 9–11: »fleißige, von guten
exegetischen Methoden und tiefem Interesse zeugende Arbeit« (AEvSt: E 1,

344,2). Nur sporadisch wird sein Zuspätkommen nach dem abendlichen Ausgang vermerkt.

Doch traten hier Ereignisse ein, die Heims Leben den Impuls gaben, den sein Studium ihm nicht zu geben vermochte. Es waren Begegnungen mit der Erweckungsbewegung im Rahmen der Deutschen christlichen Studentenvereinigung (DCSV, eine Art geistiger Vorgänger der SMD; in den Stiftsakten seit 1912 im Verbindungs-Verzeichnis geführt: AEvSt: E 2/3, 444,1). Heim hatte schon in der Kindheit Berührungen mit freikirchlicher Frömmigkeit gemacht. Sein Onkel mütterlicherseits hatte sich in England den Baptisten angeschlossen und sich von Spurgeon taufen lassen. Diese familiäre Offenheit machte Heim aufgeschlossen gegenüber verschiedenen Formen von Frömmigkeit.

In der Tübinger Stiftskirche hörte Heim den Evangelisten Elias Schrenk über Jesaja 43,18 ff. »Gedenket nicht an das Alte und achtet nicht auf das Vorige« (vgl. den Titel der Autobiographie *Ich gedenke der vorigen Zeiten!*). Diese Predigt, die Heim auf einer Frankfurter Studentenkonferenz vom DSCV wieder zu hören bekam, veränderte sein Leben. Mit Schrenk »gab [es] ein kurzes, aber befreiendes und erquickendes Gespräch [...]. Das war der schöpferische Neubeginn meines Lebens« (Ich gedenke der vorigen Zeiten: 49). Heim selbst spricht hierbei an keiner Stelle von »Bekehrung«, und doch verwandelte diese Begegnung seinen Blick auf die Welt, als er mit einem Freund von Frankfurt aus nach Tübingen zurückwanderte: »Es schien mir, der Himmel über den deutschen Buchenwäldern sei nie in so tiefem Blau erstrahlt, die Wälder hätten ein leuchtenderes Grün, die Vögel jubelten heller hoch in den Zweigen, die Bauernkinder in den Dörfern, durch die wir kamen, lachten uns freundlicher an« (Ich gedenke der vorigen Zeiten: 49).

Der Bezug auf das individuelle religiöse Erleben als Ort der Gewissheit schlägt sich auch an verschiedenen Stellen im Stiftsleben nieder, zum einen institutionskritisch, als Heim bei der Einrichtung des »dritten Kreises« beteiligt ist, der sich vom Korporationsgedanken abgrenzt.

Zum anderen lassen sich auch Spuren theologischer Akzentsetzungen feststellen. Bei den Stiftsaufsätzen, die jedes Semester nach einem von den Repetenten vorgegebenen Thema geschrieben wurden, findet sich ein Aufsatz zu »Augustins Lehre von der Sünde und Gnade« Heims eigentümliche Auffassung der Verbindung von Erleben und Lehre tritt zutage, wenn er schreibt: »Sünde und Gnade war für Augustin zunächst Erlebnis. Seine Lehre von Sünde und Gnade ist die Auseinandersetzung dieses Erlebnisses mit gewissen anthropologischen Voraussetzungen [...]« (Stiftsaufsätze im Wintersemester 1895/1896, AEvSt: E 1, 344,1).

Auch beim Thema: »Die lutherische Lehre von der Rechtfertigung« kann ein ähnlicher Zusammenhang aufgezeigt werden. Dabei ist die Tendenz zu einer Interpretation der Wirksamkeit des Glaubens festzustellen, die im Pietismus und in der Erweckungsbewegung häufiger begegnet.

Heim hatte den »paradoxe[n] Gedanke[n]« beschrieben »dass die fides [der Glaube] selbst es ist, um derentwillen die Unvollkommenheit ihrer eigenen notwendigen Lebensäußerungen unschädlich ist«, also den Glauben als Grund der Rechtfertigung angesehen. Der Repetent Finckh spießt in einer Randbemerkung diesen Gedanken aus lutherisch-orthodoxer Sicht auf: »Ganz schief! [...] Gott übersieht die Unvollkommenheit unserer Gesetzeserfüllung nicht um unserer fides [Glaubens] willen, sondern propter iustitiam Christi [um der Gerechtigkeit Christi willen]« (Stiftsaufsätze Karl Heim, zum Sommersemester 1895, AEvSt: E 1, 344,1).

Offenbar ist im »Tübinger Stift, der Hochburg der liberalen Theologie und der Bibelkritik« (Ich gedenke der vorigen Zeiten: 47) auch eine grundlegende Auseinandersetzung über die Interpretation des lutherischen Bekenntnisses geführt worden und nicht nur, wie Heim sich erinnert, »Philosophie« getrieben worden. Es muss im Studium jedenfalls auch etwas für den Glauben Wertvolles für Heim deutlich geworden sein. Nach der Stiftszeit führt zwar der Weg nach kurzem Vikariat hinaus in die Begleitung von Studenten als Reisesekretär der DCSV, doch dann wieder auf gleichsam wunderbaren Wegen auf die akademischen Gleise, die ihn nach Tübingen zurückführten. Hier hat Heim seine letzte Ruhestätte gefunden.

Heim heute

Bei den Bücherspenden für das Stift kann man auch heute noch viele Werke Heims entdecken. Seine Schriften wurden offenbar häufig erworben und wohl auch intensiv gelesen, wovon Lesespuren und Anstreichungen zeugen. Wenn aber nach der Bedeutung Karl Heims für die gegenwärtige Theologie gefragt wird, ist eine Antwort nicht leicht zu geben. Obwohl der Zusammenhang zwischen Erleben und Erkenntnis seit einiger Zeit wieder in den theologischen Fokus gerückt ist und obwohl das Thema der »säkularen Gesellschaft« die kirchlichen Debatten beherrscht, ist eine Anregung durch Heims Ansatz nur sporadisch nachweisbar, etwa in der Arbeit der Karl-Heim-Gesellschaft. Die Grundfrage »Wie lässt sich Glauben als neue

Sicht auf die Welt überhaupt aussagen?« ist aber von bleibender Aktualität ebenso wie das Gespräch mit den Naturwissenschaften und den Religionen, so dass Heim sich als Impulsgeber für den gegenwärtigen Diskurs anbieten würde. Aber das scheint nicht der Fall zu sein.

Darin steckt etwas Rätselhaftes. Liegt es daran, dass Heim die theologischen Entwicklungen seiner Zeit nicht so mitgetragen hat, wie es vom Bildungsbetrieb erwartet wurde, weil er meinte, »er [müsse] das ganze dogmatische Denken noch einmal ganz vorn anfangen« (Ich gedenke der vorigen Zeiten: 111) und darum wenig anschlussfähig war?

Oder lag es an den naiv-spekulativen Elementen in Heims Denken, die neben manchen tiefgründigen biblischen Auslegungen und erhellenden anekdotischen Geschichten immer wieder hindurch scheinen, etwa wenn er das Verständnis der Glaubensdimension aus einer Analogie zu mathematischen Räumen entwickelt und darin auch die Möglichkeit spiritistischer Erfahrungen ansiedelt?

Diese Frage muss vorerst offen bleiben. Festgehalten kann jedenfalls: Die breitenwirksame Rezeption von Heim steht aus, ebenso wie die Darstellung seines Wirkens als »diakonischer Denker«, der aus dem Verständnis der Eigenart der Glaubensgewissheit heraus eine erstaunliche seelsorgerliche Kompetenz an den Tag gelegt hat. Geradezu modern erscheint etwa, dass er während des ersten Weltkriegs mit Kriegsversehrten den Dom im dänischen Viborg aufgesucht hat, um gemeinsam das Bild zum Gleichnis vom Gastmahl zu betrachten, das gerade die »Lahmen und Krüppel« in vollkommener Gemeinschaft darstellt. Es steckt also mehr in Heims Lebenszeugnis als die immer wieder zu Recht betonte Erkenntnistheorie oder das Verhältnis zu den Naturwissenschaften und den anderen Religionen. Kirchliche Theologie, die in einer säkular geprägten Umwelt als authentische Gesprächspartnerin auftreten will, kann sich von ihm in vielfacher Weise anregen lassen.

Heim selbst hat freilich die Einordnung seines denkerischen Lebenswerks bei aller existenziellen Durchdringung der Fragen mit großer Gelassenheit gesehen: »Es ist ein Jakobskampf unseres Geistes mit Gott, aus dem wir mit gebrochener Hüfte hervorgehen. Aber es ist schon etwas Großes, etwas, das uns mit Dank erfüllt und alle unsere Kräfte anspannt, dass Gott unserem menschlichen Geist überhaupt erlaubt, mit ihm zu kämpfen« (Glaube und Leben: 30).

Werke und Werkausgaben

HEIM, Karl:
- Das Weltbild der Zukunft. Eine Auseinandersetzung zwischen Philosophie, Naturwissenschaft und Theologie, Berlin 1904.
- Leitfaden der Dogmatik. Zum Gebrauch bei akademischen Vorträgen, Halle 1912.
- Glaubensgewissheit. Eine Untersuchung über die Lebensfrage der Religion, Leipzig 1916.
- Glaube und Leben. Gesammelte Aufsätze und Vorträge, Berlin 1926.
- Der evangelische Glaube und das Denken der Gegenwart. Grundzüge einer christlichen Lebensanschauung, 6 Bde., Berlin (danach unterschiedliche Verlagsorte) 1931–1957.
- Ich gedenke der vorigen Zeiten, Hamburg 1957.

Archivalien

AEvSt: E 2/3, 444,1.
AEvSt: E 1, 344,2.

Weitere Literatur

BEUTTLER, Ulrich: Gottesgewissheit in der relativen Welt. Karl Heims naturphilosophische und erkenntnistheoretische Reflexion des Glaubens, Stuttgart 2006.
GRÄB-SCHMIDT, Elisabeth: Erkenntnistheorie und Glaube. Karl Heims Theorie der Glaubensgewissheit vor dem Hintergrund seiner Auseinandersetzung mit dem philosophischen Ansatz Edmund Husserls, Berlin/New York 1993.
HILLE, Rolf: Das Ringen um den säkularen Menschen. Karl Heims Auseinandersetzung mit der idealistischen Philosophie und den pantheistischen Religionen, Gießen 1990.
KÖBERLE, Adolf: Das schwäbisch-spekulative Erbe in der Theologie Karl Heims, Theologische Beiträge 5 (1974), 14–24.
RINGWALD, Alfred: Karl Heim. Ein Prediger Christi vor Naturwissenschaftlern, Weingärtnern und Philosophen (Gotteszeugen. Eine Schriftenreihe für Jugend und Gemeinde 61), Stuttgart 1960.

Sung Kim

Friedrich Bidlingmaier

* 5. Oktober 1875
† 23. September 1914
Stiftseintritt: 1893

Schon am 31. Januar 1902 bei der Abreise von den Kerguelen-Inseln »merk-
ten [wir] sogleich am ersten Tage [...], daß die Fahrt jetzt unter anderen
Bedingungen erfolgte als bisher« (Drygalski 1903: 1 f.). Am 21. Februar 1902
wird die schlimmste Befürchtung dann wahr: »Wir hatten nun Eis in allen
Richtungen, außer in der, von welcher wir gekommen waren, und in die
wir deshalb nicht zurückfahren wollten. [...] Als es dunkelte, hatten wir
nach Westen hin noch offenen Weg. [...] Da es bei zunehmender Dunkel-
heit nicht zu entscheiden war, wie weit wir bei dieser Sachlage nach Westen
hin noch fahren konnten, [...] gab ich abends den Befehl, umzuwenden
[...]. Dies ist nicht mehr gelungen. [...] Am Morgen des 22. Februar befanden wir uns in fester Lage, von schweren Schollen umbaut« (Drygalski
1903: 8 f.). Fast ein ganzes Jahr steckt das Forschungsschiff Gauss bei eisiger
Kälte bei 89° Ost und 66° Süd fest (Drygalski 1903: 71). Ein halbes Jahr zuvor stach sie im Auftrag des Kaisers unter der Leitung Erich von Drygalskis
in See. Als Teil des interdisziplinären Forschungsteams befindet sich auch
Friedrich Bidlingmaier an Bord.

Christof Ludwig Friedrich Bidlingmaier wird am 5. Oktober 1875 in
Lauffen am Neckar geboren. Bereits zwei Jahre nach seiner Geburt ver-
stirbt seine Mutter Christine Caroline geb. Schmid, Bierbrauerstochter aus
Leonberg. Der Vater Christof, Sohn eines Schäfers und ab 1892 Oberlehrer
in Lauffen, heiratet daraufhin Maria Jakobine geb. Wöhr, eine »feine, stille,
zurückhaltende Frau« (Köhle-Hezinger: 290). Mit ihr bekommt er die beiden Töchter Maria und Hanna.

Friedrich wächst in einem Elternhaus auf, dem viel an Bildung gelegen ist: Von fünf der sechs Kinder ist bekannt, dass sie studieren: Die älteste Tochter Sophie wird Lehrerin, Theodor, ebenfalls Stiftsstipendiat, wird später Pfarrer in Zwiefalten und Ravensburg. Hanna wird Ärztin am Olga-Krankenhaus in Stuttgart, Maria schließlich wird 1915 in Staatswissenschaften promoviert.

Die Atmosphäre im Elternhaus ist bestimmt von kleinbürgerlich-landwirtschaftlicher Bodenständigkeit (die Familie bewirtschaftet Weinberge), die religiös stark vom Pietismus geprägt ist. Der Vater Christof ist »Stundenbruder«, bis es wegen der Töchter Hanna und Maria zum Bruch kommt: Die Lauffener Pietisten erfahren wohl von der Kleidungsweise der beiden Töchter, die neumodische Hosen tragen und ermahnen Christof Bidlingmaier, woraufhin er entgegnet haben soll: »Dann ist mir euer Gott zu klein!« und sich von ihnen distanziert (Köhle-Hezinger: 291).

Der junge Friedrich tritt mit 14 Jahren ins Seminar Maulbronn ein, zwei Jahre später wechselt er nach Blaubeuren. Als zwölfter von 48 Seminaristen gehört Bidlingmaier zu den besten der Promotion. Charakterisiert wird er zwar als »gewissenhaft und strebsam«, aber auch als »nervös und ängstlich« (Zeugnisse Seminar Maulbronn).

Im Oktober 1893 wird Bidlingmaier als Stipendiat ins Tübinger Stift aufgenommen (AEvST: E 1, 88,1). Zum Wintersemester 1893/1894 beginnt er sein Studium und setzt es mit einer zweimonatigen Unterbrechung (März bis April 1894) wegen Einzugs zum Militär bis 1897 in Tübingen fort (AEvST: E 1, 345,2). Obwohl er 1893 im Matrikelbuch der Universität als Student der Evangelischen Theologie geführt wird (UAT: 5/33, fol. 165), studiert Bidlingmaier in Tübingen nachweislich das Fach Mathematik. Dies belegen sowohl die Einträge seiner Studentenakte, die ihn als stud. rer. nat. bzw. als stud. math. führen (UAT: 42/2, Nr. 36), als auch das Stiftszeugnis des Wintersemesters 1894/1895, das vom Bestehen seines mathematischen Vorexamens berichtet (AEvST: E 1, 345,2). Auch das universitäre Abschlusszeugnis vom 30. Juli 1897 bestätigt, dass »Herr Friedrich Bidlingmaier [...] mit Staatserlaubnis als Zögling des Evangelisch Theologischen Seminars seit Herbst 1893 die Mathematik an der Landesuniversität hier studiert hat« (UAT: 42/2, Nr. 36).

Dass es dem begabten Bidlingmaier gelingt, Natur- und Geisteswissenschaften zu verbinden, davon zeugen seine Stiftsaufsätze. Bidlingmaier setzt sich mit Themen wie *Wie ist nach Kant's Prolegomena § 2, 5, 2 § 6–11 eine Mathematik möglich?* auseinander (AEvST, Stiftsaufsätze), die sein Repetent in einem Fall mit I- benotet, obwohl er sie, wohl in schwäbischer

Manier, als »nicht unfleißige, aber von sekundären Quellen sklavisch abhängige Arbeit« bewertet (AEvST: E 1, 345,2).

Zur Zeit Bidlingmaiers ist das Leben im Stift geprägt von einem gut organisierten Verbindungswesen: Täglich treffen sich die Stiftler in Verbindungsgruppen an festgelegten Orten beispielsweise vor der Burse zum Informationsaustausch und gemeinsamen Singen zum sogenannten Ständerling. Auch Bidlingmaier organisiert sich – seit 1893 im Studentenkreis Luginsland (AEvST: E 1, 291,3), einer 1873 aus der pietistischen Gruppe »Pia« entstandenen Verbindung. Vielleicht ist hier die pietistische Prägung des Elternhauses ersichtlich?

Bewohnt er im ersten Semester noch die Stube Leipzig, wird er durch Fürsprache des Verbindungssprechers des Luginsland in den folgenden Semestern der gleichnamigen Stube Luginsland zugewiesen (AEvST: E 1, 164,1), die neben den Stuben Hohenheim und Jerusalem zu den Stammstuben der nicht farbentragenden, zahlenmäßig starken Verbindung gehört. Er gehört ihr auch dann noch an, als er ab dem Sommersemester 1896 ohne Geldsurrogat in der Stadt wohnt.

Bidlingmaier erhält sich die ihm in Blaubeuren bescheinigte Charaktereigenschaft der Gewissenhaftigkeit: Nur selten fällt er während seiner Stiftszeit wegen Versäumnis von Kirche bzw. Predigtübung, Unreinlichkeit oder Verspätungen beim Essen auf. Einmal aber benutzt er ohne Erlaubnis den Repetentengang, einen Steg, der den Weg zwischen Stift und Stadt erheblich verkürzt: Seine Benutzung aber war den Repetenten vorbehalten, die über dieses Privileg streng wachten (AEvST: E 1, 266,1). Im Vergleich zu seinen Kompromotionalen und übrigen Stiftlern sind seine Vergehen allerdings unbedeutend. Sein Verhalten wird als »gut, geordnet« beschrieben, sein Fleiß erhält stets die Note »recht gut« (AEvST: E 1, 345,2). Im Privat-Zeugnis des Sommerhalbjahres 1897 werden Bidlingmaiers mathematische Fähigkeiten besonders gelobt: »Bidlingmaier ist für Mathematik begabt und hat in der Semestralprüfung eine besonders schwierige Aufgabe mit anerkennenswertem Verständnis behandelt. Er ist energisch in der Auffassung der Probleme und konsequent und genau in der Durchführung« (AEvST: E 1, 345,2). Auch seine charakterliche Verfassung findet lobende Erwähnung: »Er hat eine angenehme natürliche Art, sich zu geben« (AEvST: E 1, 345,2).

1897 verlässt Bidlingmaier das Tübinger Stift. Er studiert zuerst in Göttingen mit einem Geldsurrogat des Stifts, später in Dresden Mathematik und Physik und arbeitet dann als Assistent am Physikalischen Institut der Technischen Hochschule Dresden. Nur drei Jahre später wird er mit einer

Arbeit über den *Geometrischen Beitrag zur Piezoelektrizität der Krystalle*
zum Doktor der Philosophie promoviert. Ab 1900 arbeitet er am Potsda-
mer Observatorium an der Entwicklung eines einheitlichen meteorolo-
gisch-geomagnetischen Beobachtungsprogramms für die Deutsche Expedition und die gleichzeitig stattfindenden Südpolarunternehmungen der
Schotten, Schweden, Argentinier und Briten. Erich von Drygalski, Leiter
der deutschen Südpolarexpedition beruft den begabten Erdmagnetiker
Bidlingmaier in sein Forscherteam.

Am 11. August 1901 nimmt das Forschungsschiff Gauss unter Drygalskis
Leitung seine Fahrt auf. Der Wissenschaftler Bidlingmaier ist geradezu eu-
phorisch über die Gelegenheit, das »nicht gelöste Problem des Erdmagnetismus« (Magnetische Beobachtungen: 72) zu lösen: Da bisher »kein nach
Menge und Güte brauchbares Material« über den »größten Theil der Erdo-
berfläche, dem Meere« vorliegt, ist der »Erdmagnetiker der Expedition [...]
in der glücklichen Lage, schon auf der Reise an wichtigen Arbeiten mitwir-
ken zu dürfen« (Magnetische Beobachtungen: 72). Mit den zeitgleich stattfindenden Expeditionen vereinbart Bidlingmaier internationale Termin-
tage, an denen alle Forschenden der Korporation messen, um Vergleichs-
daten zu erhalten.

Anfangs verläuft die Fahrt gen Süden unproblematisch: Einen Monat
nach Beginn der Reise notiert Drygalski: »Der äußere Verlauf ist der denkbar günstigste gewesen. Alle Insassen der ›Gauss‹ sind in bester Stimmung
und stetiger, erfrischender Thätigkeit ununterbrochen bis heute geblieben«
(Drygalski 1901: 1 f.). Weiter fährt die Gauss über Kap Lizard nach Madeira,
wo den deutschen Forschungsreisenden eine besondere, wenn auch unver-
diente Ehre zuteil wird: »Am Abend des 31. August [1901], als wir Madeira
langsam aus dem Gesicht verloren, ging ein prächtiges Feuerwerk über
Funchal auf, und wir combinierten, daß es wohl zu Ehren des englischen
Südpolarschiffs ›Discovery‹ sein könnte, das in diesen Tagen dort zu liegen
plante« (Drygalski 1901: 3 f.). Auch zu Ende des Jahres 1901 auf der Fahrt
von den Kapverdischen Inseln bis nach Kapstadt gestaltet sich das »das
Leben an Bord [...] dauernd angenehm, und der Gesundheitszustand war
gut« (Drygalski 1901: 18).

Doch als sich das Schiff am Morgen des 22. Februar 1902 umbaut von
schweren Eisschollen findet, ändert sich die Lage schlagartig: Nun war das
»allgemeine Leben der Expedition [...] ausschließlich durch das Klima bedingt, denn nirgends sonst auf der Erde werden sich die Extreme von gut
und böse so nahe begegnen, wie in der Antarktis. [...] Von Ende April bis
Ende August [...] löste ein Schneesturm den andern ab [...] und verschüt-

tete alles, was man etwa draußen unvollendet gelassen hatte [...] und jedes Mal die schwere Arbeit des Ausgrabens von neuem beginnen musste« (Drygalski 1903: 16). Immerhin mangelt es der Mannschaft in dieser misslichen Lage nicht an Essen, wie Drygalski notiert: »Besonders die großen Pinguine sind uns sehr nützlich gewesen. Wir hatten an ihnen eine brauchbare Nahrung und vor allem genügend Futter für die Hunde« (Drygalski 1903: 19). Gefangen im Eis, des Ausgangs der Situation ungewiss, ist Bidlingmaiers anfängliche Euphorie verschwunden: »Es waren trübe Aussichten für den Erdmagnetiker [...]. Es war so unwahrscheinlich wie möglich, daß es gelingen sollte, unter solchen Umständen ein magnetisches Observatorium in Betrieb zu setzen« (Bericht über die erdmagnetischen Arbeiten: 82). Zudem sind die für den Bau des Observatoriums vorgesehenen Häuser verschwunden. Doch Bidlingmaier, wohlgemerkt ehemals als ängstlich charakterisiert, lässt sich nicht entmutigen und baut Schneehäuser auf Eisschollen, fest vereist mit dem Untergrund, die ihm als Observatorien dienen. Hier führt er unter widrigsten Bedingungen viermal am Tag seine erdmagnetischen Messungen durch und dies auch als sich die Situation weiter zuspitzt: »Im Mai wurde es immer schlimmer mit den Stürmen; die alle 10 Schritte als Wegweiser eingerammten Pfosten vom Schiff bis zu den Observatorien genügten nicht mehr; beim ersten Nachttermin im Sturm brauchten wir eine volle Stunde zum einfachen Weg, um von Pfosten zu Pfosten und so auf die ›Gauss‹ zurückzufinden« (Bericht über die erdmagnetischen Arbeiten: 87). Seine Leistung unter diesen erschwerten Bedingungen wird von Drygalski als »aufopfernde Pflichttreue« gewürdigt (Drygalski 1903: 16).

Mithilfe eines Gestells, »in das zwei Kompasse in konstanter, bestimmter Entfernung senkrecht übereinander aufgehängt werden können« (Bericht über die erdmagnetischen Arbeiten 1903: 101), führt er Versuche zu einem neuen Doppelkompass zur Bestimmung der Horizontalintensität auf See durch. Sorgfältig zeichnet er seine Messdaten auf und wertet sie nach der glücklichen Heimkehr im Sommer 1903 aus. So trägt er dazu bei, dass »die Ausbeute der deutschen Südpolarexpedition gerade in magnetischer Hinsicht unvergleichlich reichhaltig ausgefallen ist« (Sommerfeld/ Nippoldt: 179).

Wie prägend die Anregungen der Südpolarexpedition für Bidlingmaier sind, zeigt sich an seiner weiteren wissenschaftlichen Tätigkeit, die er trotz eines privaten Schicksalschlages verfolgt: 1905 veröffentlicht er seinen populärwissenschaftlichen Reisebericht *Zu den Wundern des Südpols*, zwei Jahre später eine Arbeit, in der er die Bedeutung des Kompasses darlegt.

Im selben Jahr habilitiert sich Bidlingmaier an der Universität Berlin. 1908 wird Bidlingmaier Privatdozent für Geophysik und Assistent für Markscheidewesen an der Technischen Hochschule Aachen. Ein Jahr später wird er kurz nach dem Tod seiner jungen Frau Edith, die er erst 1906 geheiratet hatte, als Professor an das kaiserliche Marine-Observatorium in Wilhelmshaven berufen. 1910 geht er zum zweiten Mal die Ehe ein und heiratet Toni, Tochter eines Brauereidirektors.

1911 veröffentlicht Bidlingmaier die für seine Zeitgenossen als »besonders aufschlussreiche Gedankenreihe« (Sommerfeld/Nippoldt: 180) geltende Arbeit zur Aktivität des Erdmagnetismus. Für die Wissenschaftler seiner Zeit ist seine Untersuchung in ihrer Bedeutsamkeit gleichzusetzen mit der »große[n] Reihe der modernen Schwankungsuntersuchungen experimenteller und theoretischer Art: [...] die theoretischen Strahlungsschwankungen und die Schlüsse, die daraus von Einstein auf die Natur der Wärmestrahlung überhaupt gezogen wurden« (Sommerfeld/Nippoldt: 180).

Im selben Jahr, am 19. Mai 1911 vermeldet das Bürgerbuch seiner Geburtsstadt Lauffen die Löschung seines Lauffener Bürgerrechts: Der Königlich-Preußische Regierungs-Präsident in Aurich nimmt ihn als Preußischen Staatsangehörigen auf (Stadtarchiv Lauffen: B 1144, Nr. 338). Spätestens zu diesem Zeitpunkt ist klar, dass Bidlingmaier nicht mehr in die Dienste des Landes Württemberg tritt, weshalb das Bezirkssteueramt Bietigheim im Jahre 1916 von den Hinterbliebenen des Stiftsstipendiaten Friedrich 1307 Mark Studienkostenersatz fordern wird (Stadtarchiv Lauffen: A 158, Nr. 34).

1912 folgt Bidlingmaier dem Ruf als Observator an die erdmagnetische Station der Sternwarte München und unterrichtet als Dozent für Geophysik an der dortigen Universität. Nur zwei Jahre bleiben dem begabten Wissenschaftler da noch bis zu seinem Tod: Im Ersten Weltkrieg wird Bidlingmaier mit seinem Landwehrersatzregiment in Ulm stationiert, im September 1914 an die französische Grenze verlegt. In seinem ersten Gefecht ist er »am 23. September in Avocourt schwer verwundet worden und den Folgen der Verletzungen erlegen. Er wurde am 26. Oktober im Argonnerwald, wohin er sich geschleppt hatte, tot aufgefunden und in Avocourt bestattet« (Sommerfeld/Nippoldt: 179).

Bestürzt reagiert die Gelehrtenwelt auf seinen Tod und beklagt einen großen Verlust, nicht nur in wissenschaftlicher Hinsicht: Als wesentliches Charakteristikum Bidlingmaiers wird »die tiefe Anlage seines Gemüts und die klare Denkweise seiner Verstandestätigkeit« gewürdigt, aus deren »Zusammenspiel [...] eine reiche, geschlossene Persönlichkeit« entstand. »Nie vergaß er, daß ein jeder auch [...] Pflichten gegen den Nächsten hat« (Sommerfeld/Nippoldt: 180). Und schließlich sind in einem Nachruf Worte zu lesen, die an die Formulierung des Stiftszeugnisses erinnern: »Seine Art sich zu geben war durchleuchtet von jener ernsten Heiterkeit wie sie eine nur die Wahrheit suchende Forschung dem reinen Gemüt verleiht« (Sommerfeld/Nippoldt: 181). Der Name dieses außergewöhnlichen Stiftlers ist nicht nur bleibend mit der Erfindung des Doppelkompasses verbunden, sondern auch auf der Weltkugel verewigt. Nach ihm wurde das Kap Bidlingmaier im Norden der Heard-Insel benannt.

Bis zuletzt ist Friedrich Bidlingmaier seiner württembergischen Heimat eng verbunden und empfindet eine »tiefe Verehrung für die Dichter seiner engeren Heimat, des Schwabenlandes« (Sommerfeld/Nippoldt: 182), wohl auch für die Stiftler Hölderlin und Hauff. Seine Worte aber zeugen von der aufgeschlossenen Weltläufigkeit dessen, der seinen Horizont nicht nur gedanklich erweitert hat: »Wenn man von draußen kommt, will einem manches in Deutschland klein und beschränkt vorkommen, das aber in Wahrheit nur bescheidener, aber gediegener ist, als im Ausland« (Sommerfeld/ Nippoldt: 182).

Werke und Werkausgaben

BIDLINGMAIER, Friedrich:
- Magnetische Beobachtungen, in: Veröffentlichungen des Instituts für Meereskunde und des geographischen Instituts an der Universität Berlin, hg. von deren Direktor Ferdinand Frhr. V. Richthofen, Die Deutsche Südpolar-Expedition auf dem Schiff »Gauss« unter der Leitung von Erich von Drygalski, Heft 1, Berlin März 1901, 72–94.
- Bericht über die erdmagnetischen Arbeiten, in: Veröffentlichungen des Instituts für Meereskunde und des geographischen Instituts an der Universität Berlin, hg. von deren Direktor Ferdinand Frhr. V. Richthofen, Die Deutsche Südpolar-Expedition auf dem Schiff »Gauss« unter der Leitung von Erich von Drygalski, Heft 5, Berlin Oktober 1903, 82–101.

Archivalien

AEvST: E 1, 88,1.
AEvST: E 1, 164,1.
AEvST: E 1, 266,1.

AEvST: E 1, 291,3.
AEvST: E 1, 345,2.
UAT: 5/33, fol. 165.
UAT: 42/2, Nr. 36.
Stadtarchiv Lauffen: A 158, Nr. 34 (vor fol. 1).
Stadtarchiv Lauffen: B 1144, Nr. 338.

Weitere Literatur

DRYGALSKI, Erich von: Allgemeiner Bericht über den Verlauf der Fahrt, in: Veröffentlichungen des Instituts für Meereskunde und des geographischen Instituts an der Universität Berlin, hg. von deren Direktor Ferdinand Frhr. v. Richthofen, Die Deutsche Südpolar-Expedition auf dem Schiff »Gauss« unter der Leitung von Erich von Drygalski, Heft 1, Berlin März 1901, 1–19.

DRYGALSKI, Erich von: Allgemeiner Bericht, in: Veröffentlichungen des Instituts für Meereskunde und des geographischen Instituts an der Universität Berlin, hg. von deren Direktor Ferdinand Frhr. v. Richthofen, Die Deutsche Südpolar-Expedition auf dem Schiff »Gauss« unter der Leitung von Erich von Drygalski, Heft 5, Berlin Oktober 1903, 1–40.

KÖHLE-HEZINGER, Christel: Nachwort, in: Bidlingmaier, Maria: Die Bäuerin in zwei Gemeinden Württembergs, Nachdruck der Ausgabe von 1918, Kirchheim/ Teck 1990, 275–300.

SOMMERFELD, Arnold/NIPPOLDT, Alfred: Bidlingmaier, Friedrich, in: Weller, Karl/ Ernst, Viktor (Hgg.): Württembergischer Nekrolog für das Jahr 1914. Im Auftrag der Württembergischen Kommission für Landesgeschichte herausgegeben, Stuttgart 1917, 179–182.

Andrea Dietzsch

Otto Riethmüller

* 26. Februar 1889
† 19. November 1938
Stiftseintritt: 1910

»Die Stunde der Kirche, da wir zugleich bauen und kämpfen müssen, ist da. Darum, alte und junge Kämpfer, auf die Mauern an die Front« (Riethmüller, Was sagt Christus: 15). Einer der an vorderster Stelle gegen die Gleichschaltung der Kirche im Nazi-Staat gekämpft hat, war Otto Riethmüller. Der ursprünglich aus Württemberg stammende Pfarrer wird 1928 zum Leiter des »Reichsverbandes Evangelischer Weiblicher Jugend« berufen, der, Ende des 19. Jahrhunderts gegründet, als Dachorganisation für über 300 000 weibliche evangelische Jugendliche im Alter von 14 bis 25 Jahren fungiert. Aus seiner Gemeinde in der Esslinger Pliensauvorstadt kommt er nach Berlin, hinein ins Getümmel der Hauptstadt, wo bereits die braunen Kolonnen die Straßen mit lautem Kampfgebrüll erschüttern. Riethmüller wird hineingeworfen in den beginnenden Kirchenkampf: Den Kampf um die Kirche kämpft er als Kampf um die kirchliche Jugend. Denn am Geschick der Jugend entscheidet sich für ihn die Zukunft der Kirche: »Jeder Kirche, die keine lebendige Jugend mehr hat – eine lebendige Jugend die mit freudigem Bewusstsein in der Gemeinschaft und im Dienst dieser Kirche steht – ist das Todesurteil gesprochen, [...] weil eine Kirche dann nicht mehr ihren universalen Auftrag erfüllt, wenn sie mit ihrer Botschaft den jungen Menschen nicht erreicht« (Zukunft: 3).

Riethmüller tritt energisch für die Unabhängigkeit der Jugendverbände ein, die er aus zwei Gründen für unentbehrlich hält: Zum einen fungieren sie als Mittler zwischen den ihrem Alter entsprechend institutionskritischen Jugendlichen und der Kirche. Zum anderen braucht es eine christliche Gemeinschaft unter den Jugendlichen, soll ihr Glaube eine lebendige Gestalt gewinnen. Solche Gemeinschaft ist für Riethmüller etwas völlig anderes als einzelne christliche Elemente innerhalb einer äußerlich und innerlich dem nationalsozialistischen Drill unterworfenen Volksjugend, der sich nach dem Willen der Nazis auch die bisher in der evangelischen Jugendarbeit aktiven Jugendlichen anschließen sollen. Christliche Jugendarbeit betrifft das ganze Leben der Jugendlichen: »Das heißt, der totale Anspruch des lebendigen Christus in seinem Evangelium erlaubt es nicht, Lebensgebiete abzusondern, die unberührt vom Evangelium bestehen können. Es gibt nicht ein Evangelium nur für die Seele, nicht aber für den Leib, nur für den Sonntag, nicht aber für den Werktag. Die Kirche und die evangelische Jugendarbeit gibt sich selbst auf, wenn sie den Anspruch aufgibt, ihre Botschaft in alle Lebensgebiete hineinzutragen« (Zukunft: 8).

Zunächst versucht Riethmüller mit allen Mitteln die Eingliederung zu verhindern: Als erste konkrete Gegenmaßnahme gegen die Manipulationsversuche von HJ und Deutschen Christen beteiligt er sich an der Gründung des Jugendwerkes, dessen stellvertretender Leiter er wird. Ziel ist es, die christliche Jugendarbeit zu bündeln und zu stärken. Letztlich aber wird er bitter getäuscht durch einen Reichsbischof, dem die Jugendverbände nur ein Spielball zur Vergrößerung seiner Macht sind. Es erweist sich als fataler Fehler, dass sich das Jugendwerk im November 1933 der Führung des Reichsbischofs Müller unterstellt hat. Hinter dem Rücken der Jugendpfarrer beschließt Müller am 19. Dezember 1933 die Eingliederung. Die im Eingliederungsvertrag zugestandenen Sonderrechte wie die Garantie fester Zeitfenster für die kirchliche Jugendarbeit werden von der HJ ausgehebelt. De facto bedeutet der Vollzug der Eingliederung das Ende der bisherigen kirchlichen Jugendarbeit: Alle Erkennungszeichen und Identitätssymbole werden abgeschafft, es wird unmöglich, Nachwuchs für die kirchliche Jugend zu finden. Öffentliche Versammlungen der kirchlichen Jugend, Jugendfreizeiten und Schulungen werden durch die Gestapo, obwohl im Eingliederungsvertrag ausdrücklich erlaubt, mit Hilfe absurder Vorschriften schikaniert und kommen bis zum Kriegsbeginn praktisch zum Erliegen. 1941 müssen auch die christlichen Jugendzeitschriften auf offiziellen Befehl hin eingestellt werden. Jugendarbeit wird wie die übrige kirchliche Arbeit systematisch aus dem öffentlichen Bereich verdrängt. Riethmüller hat es so kommen sehen. Jetzt muss er einsehen, dass aller Protest vergeblich ist. Selbst die Kirchenleitungen der intakten Landeskirchen, unter ihnen Riethmüllers Freund Theophil Wurm, der württembergische Landesbischof,

unterstellen sich im Januar 1934 nach Vermittlung Hitlers dem Willen des
Reichsbischofs, für Riethmüller eine Katastrophe.

Ist das – wie von den Nationalsozialisten geplant – der Anfang vom Ende
der Kirche?

Riethmüller gibt nicht auf: Für ihn beginnt eine zweite Phase des
Kampfes: Nachdem die Eingliederung nicht rückgängig zu machen ist, gilt
es innerhalb des verbleibenden Spielraumes eine möglichst effektive kirchliche Jugendarbeit zu organisieren: Auf der dritten Bekenntnissynode von
Augsburg (4.–6. Juni 1935) wird die »Reichsjugendkammer der Bekennenden Kirche« ins Leben gerufen. Riethmüller wird ihr Vorsitzender. Er
setzt alles daran, um die verbleibenden Orte der Kirchlichkeit, den Bin-
nenraum der ortskirchlichen Gemeindearbeit, für die Jugendarbeit fruchtbar zu gestalten: Riethmüller will sich aber gerade nicht mit einer Redukti-
on der Jugendarbeit auf Gottesdienst, Bibelarbeit und Katechese abfinden,
– das würde ja einer Kapitulation vor den Nationalsozialisten gleichge-
kommen, die den kirchlichen Einfluss auf geistliches Leben in engstem
Sinne einschränken wollen. In seiner Schrift *Evangelische Jugendführung
heute* stellt er noch einmal die umfassende Dimension der Jugendarbeit
heraus:»›Lediglich Wortverkündigung‹ ist eine hohle Phrase. Soll das Wort
von dem totalen Herrschaftsanspruch Gottes an sein Eigentum verkündet
werden oder nicht? Soll es nur verkündigt werden oder sollen die Folgerungen daraus gezogen werden? [...] Wie sollen Folgerungen des Wortes
Gottes im täglichen Leben, im Stand der Familie, im Stand des Volkes, im
Dienst der Jugend an ihren Altersgenossen gezeigt und durchgeführt werden? Das waren doch die Fragen, die seit hundert Jahren die evangelische
Jugendarbeit beschäftigt und die Sammlung der Jugend bestimmt hatten«
(Evangelische Jugendführung: 15). Und so baut Riethmüller konsequent
eine Gemeinschaft um das biblische Wort herum auf: Was im Schutze der
Kirchengebäude getarnt als Bibelstunde und Katechese entsteht, ist in der
Tat mehr als nur die letzten verzweifelten Lebensäußerungen einer abster-
benden Kirche, es ist funktionierende Jugendarbeit und damit aufblü-
hendes kirchliches Leben im umfassenden Sinne.

An die Stelle der verbotenen Banner und Uniformen rücken die Jahreslosung, der Monatsspruch und das Monatslied als identitätsstiftende Elemente. Mit seinen Kollegen gibt er dazu Arbeitshilfen und Andachten heraus. Die Jahreslosung, die heute aus dem gesamten kirchlichen Leben nicht
mehr wegzudenken ist, hat Riethmüller bereits 1930 eingeführt. Das Band
der Einheit unter den deutschen Jugendlichen, das früher in Jugendtagen,
Freizeiten und Versammlungen gestärkt wurde, besteht jetzt in einem ge-

meinsamen Bibelleseplan, der in vier Jahren einmal durch die Schrift führt, und den sich daran anschließenden Bibel-, Besprechungs- und Schulungsthemen. Während die alten kirchlichen Lieder unter dem Dröhnen der HJ-Kampflieder langsam verstummen, etabliert Riethmüller eine neue Singkultur. Das bereits 1932 von ihm herausgegebene Liederbuch *Ein neues Lied* enthält nicht in erster Linie neu erfundene, sondern vor allem neu entdeckte Lieder. Durch Übertragungen, neue Texte und Zusammenstellungen geht es Riethmüller darum, den alten Liedern einen neuen Sitz im Leben der angefochtenen Jugend zu verschaffen.

In einem seiner bekanntesten Lieder dichtet Otto Riethmüller:

> »Mach in unserer kleinen Schar / Herzen rein und Augen klar; /
> Wort zur Tat und Waffen blank, / Tag und Weg voll Trost und Dank«
> (Evangelisches Gesangbuch, Ausgabe Württemberg: Nr. 594,5).

Wie wurde Otto Riethmüller als Theologe, Pfarrer und Christenmensch für diesen Kampf gerüstet?

Von seinem Vater, Uhrmachermeister in Bad-Canstatt und Leiter der dortigen Hahnschen Gemeinschaft, wurde er im Glauben erzogen. Von seiner Mutter lernte er die ersten Kirchenlieder auf dem Harmonium spielen. Seine künstlerische Begabung und literarischen Fähigkeiten wurden auf dem humanistischen Gymnasium gefördert. Riethmüller entschloss sich zum Theologiestudium. Die Konkursprüfung 1908 bestand er nur mit sehr mäßigem Erfolg. Bei insgesamt 60 Bewerbern war er an der fünfzigsten Stelle. So brachte ihm die Prüfung lediglich die Zulassung zum Theologiestudium, nicht aber das erwünschte Stiftsstipendium. Sein Studium musste Riethmüller als Stadtstudent außerhalb des Stifts beginnen.

Mit einigem Unbehangen entließ der Vater seinen Sohn nach Tübingen. Bei den konservativen Kreisen stand die dortige Fakultät in schlechtem Ruf, wie man an dem Urteil des Hilfsgeistlichen der Cannstatter reformierten Gemeinde Adolf Zahn ablesen kann, das dieser über die Tübinger Professorenschaft spricht: »Welche Stadt in Deutschland ist dieser an Frevelthat gegen die gewisse Wahrheit zu vergleichen! [...] Das Gesetzbuch Gottes (Josua 24,26) [ist] nach Grill eine bunte Komposition von Lug und Trug, nach Gottschick die ganze Schrift ohne gesetzliche Autorität (am Ende auch der Dekalog) und nach Häring das Opfer Jesu Christi, das Herz der Schrift, kein Genugthuungsopfer« (Zahn: 3). Auf besorgte Briefe von Zuhause konnte Otto Riethmüller aber bald eine beruhigende Antwort geben. Er hatte in Adolf Schlatter einen Halt gefunden. Dieser Inhaber der neu errichteten »gläubigen Professur« war danach bestrebt, eine gläubige

Auslegung ganz aus der Schrift heraus zu entwickeln, ohne fremde Methoden und Gedanken einzutragen, und so Glaube und Wissenschaft miteinander in Einklang zu bringen. Die erste Vorlesung, über das Leben Jesu, hat Riethmüller bei ihm im Sommer 1909, in seinem zweiten Semester, gehört. Den jungen Studenten muss Schlatter wie viele damals regelrecht begeistert haben, denn in jedem darauffolgenden Semester hat Riethmüller Schlatter gehört, u. a. seine Einführung in das theologische Studium, seine Erklärungen des Matthäus- und Johannesevangeliums sowie des Römerbriefes und die Geschichte der apostolischen Gemeinde. Mit neun Veranstaltungen führt Schlatter in Riethmüllers Belegungsliste mit Abstand. Schlatter war gegen alle historische Kritik daran gelegen, die Einheitlichkeit der von Jesus ausgehenden Botschaft im Neuen Testament festzuhalten. Wie das auf die Studierenden wirkte, drückt ein ehemaliger Student so aus: »Das Entscheidende, das wir alle von Adolf Schlatter gelernt haben, ist nicht eigentlich ein theologisches System oder eine exegetische Methode, sondern die ernsthafte Verpflichtung, auf den Text selbst zu hören, allzu schnelle Vorurteile zurückzustellen und die Autorität der Heiligen Schrift zu achten« (Michel: 325). Diese Art von unmittelbarer gläubiger Schriftauslegung zeigt Riethmüller später selbst in seinen Bibelarbeiten, in denen er die Quelle der bekennenden Jugendarbeit finden wird. Riethmüller schreibt 1935: »Es ist Zeit, viele Bücher liegen zu lassen und das Buch mit ganz neuem Ernst zu lesen und zu hören. Es ist Zeit, die Sinnlosigkeit unserer Selbstgespräche einzusehen und uns auf die Zwiesprache zu besinnen, die wir täglich mit dem König aller Welt haben können« (Was sagt Christus: 15). Sicherlich war ihm Schlatter auch als Christenmensch ein Vorbild. Als Lehrstuhlinhaber saß dieser nämlich nicht auf hohem Ross, sondern hielt als Vorsitzender des Tübinger CVJM Bibelarbeiten und Evangelisationswochen vor Handwerkern und Lehrlingen, Schülern und Studenten, Gehilfen und Angestellten. Bald nach der ersten Begegnung konnte Riethmüller nach Hause schreiben: »Glaube ohne Theologie ist – kräftiger Irrtum« (Block: 56). Schlatters Vorlesungen ermutigen Riethmüller dann auch, sich mit der zeitgenössischen Theologie auseinanderzusetzen. Immerhin hat Riethmüller auch beim Ritschlianer Theodor Haering sechs Veranstaltungen besucht.

Wie das biblische Wort eine Gemeinschaft konstituiert, erlebte Riethmüller vor allem im Tübinger Bibelkreis, einer christlichen akademischen Verbindung. Man versammelte sich, dem Namen entsprechend, jeden Mittwoch um die Bibel und sprach über den eigenen Glauben. Wissenschaftlicher und kultureller Austausch wurde bei den samstäglichen Unterhaltungsabenden gepflegt mit Referaten zu aktuellen Themen der Geschichte, Literatur und Kunst. Diesem Bund von Freunden wurde Riethmüller mit seinen Gaben ein geschätztes Mitglied. Bernhard Ritter, damals ein jüngerer Student, schwärmt von Riethmüller: »Ich hatte das Glück Otto Riethmüller als Fuxmajor zu haben, der uns etwas zu geben hatte und auch viel mit uns sang« (Ritter: 20).

Schließlich wurde Riethmüller dann doch ins Stift aufgenommen, als für das Wintersemester 1910/1911 in der Promotion von 1908 ein Platz frei geworden war. Zeitgleich mit Riethmüllers Aufnahme trat der neue Ephorus Friedrich Traub sein Amt an. Der liberale, von Kant und Ritschl geprägte Theologe begann unmittelbar damit, ein neues pädagogisches Konzept im Stift umzusetzen, das auf Einsicht statt auf Autorität zielte: Wegfall zweckloser Freiheitsbeschränkungen, dafür aber Respektierung der Schranken, die im Interesse der Ordnung notwendig erschienen. Riethmüller erwies sich des Stipendiums würdig, war er doch bereits im ersten Stiftssemester Fünftbester seiner Promotion. Im Hausleben hielt er sich aber zunächst zurück. Repetent Henne schrieb: »Riethmüller hat in diesem Semester Außerordentliches geleistet, namentlich in seinen Aufsätzen. Persönlich ist er mir nicht näher getreten, so dass ich ihn eingehender recensieren könnte.« Doch bald wurde auch seine Persönlichkeit erkannt und geschätzt. Ein Jahr später hieß es dann im Zeugnis: »Riethmüller ist ein fleißiger u. liebenswürdiger Mensch« (AEvST: E 1, 355,1).

Der Universität mit guten Zensuren entsprungen, wurde er nach Vikariaten in Stuttgart, Flein, Beilstein und Heilbronn Pfarrverweser in Schöntal, wo er den dortigen Seminaristen nicht nur Religionsunterricht erteilte, sondern auch den Umgang mit Dichtung und Musik vermittelte.

Auf seine erste ständige Pfarrstelle wurde er 1918 gewählt: die Esslinger Pliensauvorstadt. Er vermählte sich mit Anne von Heider und gründete mit ihr eine Familie mit drei Kindern. In der Arbeitersiedlung musste der junge Pfarrer grundlegende Aufbauarbeit leisten. Es gab kaum kirchliche Strukturen – dafür viele Vorbehalte gegen Religion und Christentum. Nicht einmal ein Kirchengebäude stand zur Verfügung, das »Kinderschüle« musste als Gottesdienstraum herhalten. Riethmüller machte sich ans Werk. Er sammelte vor allem die Jugend. Von da aus wollte er Gemeinde bauen. Dazu stellte er sich auch den aktuellen Weltanschauungsfragen der jungen Arbeiter. Bald wurde Kirche an allen Orten der Südstadt wahrnehmbar: Die Jugend scharte sich in Gruppen, die von älteren Jugendlichen geleitet wurden. Die Predigten des jungen Pfarrers zogen auch Kirchenkritische an. Alle Bemühungen um den Aufbau der Gemeinde krönte das weit über das Neckartal sichtbare von Architekt Martin Elsaesser neuerbaute Kirchengebäude. Im Nebenamt war Riethmüller Leiter des »Evangelischen Mädchenwerks in Württemberg«. In dieser Funktion begeisterte er die Jugend bis über die Landesgrenzen hinaus. Dem Ruf an die Spitze der weiblichen Jugend im Reich konnte er sich schließlich nicht mehr entziehen. In seiner Abschiedspredigt an die Esslinger Gemeinde über Röm 8 sagte er: »Es [gibt] auf dieser blutgetränkten Erde voll Hass und Neid überhaupt keinen Weg, der am Leiden vorbeiführt. [...] Wir sind nicht vor die Frage gestellt: Leiden oder nicht-leiden, sondern nur vor die Frage mit wem und für wen wir leiden wollen, mit wessen Trost und Kraft wir leiden wollen. Ganz allein oder mit dem Trost der Welt oder mit Jesus als unserem Herrn, der das Kreuz trug und der die Dornenkrone trug. Mit ihm, das heißt nicht allein [...]« (Riethmüller-Archiv Esslingen, 2. Abteilung). Der Abschied von Esslingen war für Riethmüller tatsächlich der Beginn eines Leidensweges, des Leidens um die Kirche. Nach unermüdlichem Einsatz stirbt er am 19. November 1938, äußerlich an einem Gallenleiden – innerlich, so sagen es die ihm Nahestehenden, an gebrochenem Herzen.

Werke und Werkausgaben

RIETHMÜLLER, Otto:
- Die Zukunft der evangelischen Jugendarbeit, Göttingen 1934 (Sonderdruck aus: Monatsschrift für Pastoraltheologie 8/9,10 [1934]).
- Was sagt Christus unserem Volk, Berlin-Dahlem 1935.
- Evangelische Jugendführung heute, Berlin-Dahlem 1936.
- Kirche und Jugend. Vortrag auf der Lutherischen Woche in Braunschweig, 9. Januar 1938 (Studienreihe der Jungen Gemeinde 22), Berlin-Dahlem 1939.
- Herr, wir stehen Hand in Hand, in: Evangelisches Gesangbuch. Ausgabe für die evangelische Landeskirche in Württemberg, Stuttgart 1996, Nr. 594.

Archivalien

AEvST: E 1, 355,1.
Abschiedspredigt an die Esslinger Gemeinde, Riethmüller-Archiv Esslingen, 2. Abteilung.

Weitere Literatur

BLOCK, Detlev: Das Lied der Kirche. Gesangbuchautoren des 20. Jahrhunderts, Bd. 1, Lahr 1995, 55–108.

LAUXMANN, Emil: Otto Riethmüller. Sein Leben und sein Wirken, Stuttgart 1959.

MEIER, Kurt: Der Evangelische Kirchenkampf, Bd. 1: Der Kampf um die »Reichskirche«, Göttingen 1976.

MICHEL, Otto: Adolf Schlatter als Ausleger der Heiligen Schrift, Theologische Beiträge 34 (2003), 323–334.

RIEDEL, Heinrich: Kampf um die Jugend. Evangelische Jugendarbeit 1933–145, München 1976.

RITTER, Bernhard: Vor dem ersten Weltkrieg, in: Berron, Gottfried (Hg.): 100 Jahre Tübinger Bibelkreis, Stuttgart 1979, 20 f.

SCHÖLLKOPF, Wolfgang: Kugelkreuz. Das neue alte Zeichen der evangelischen Jugendarbeit und eine Erinnerung an Otto Riethmüller, in: Jugend Gottesdienst Material, hg. vom Landesjugendpfarramt Württemberg, Stuttgart 2006.

ZAHN, Adolph: Ein Winter in Tübingen. Skizzen aus dem Leben einer deutschen Universitätsstadt und Mitteilungen aus Vorlesungen über die Thora Moses im Lichte der Heiligen Schrift, Stuttgart 1896.

Johannes Wahl

Paul Schempp

* 4. Januar 1900
† 4. Juni 1959
Stiftseintritt: 1918

Schempp, als fünftes von neun Kindern geboren, entstammte einer dem Pietismus verbundenen Familie; sein Vater betrieb ein Sanitätshaus. Schempp war Mitarbeiter im CVJM, besuchte das Stuttgarter Eberhard-Ludwigs-Gymnasium und schloss die Schulzeit als Klassenprimus ab. Wenige Monate nachdem sein älterer Bruder Hermann im November 1917 an seinen Kriegsverletzungen verstorben war, meldete sich der Abiturient zum Militärdienst und kam noch im Spätherbst 1918 zum Einsatz. Obwohl Schempp im Februar 1919 das Studium der Theologie aufgenommen hatte, wirkte er im April 1919 an der Niederschlagung der Augsburger Räterepublik mit und kämpfte im Frühjahr 1920 im Ruhrgebiet gegen streikende Arbeiter. Als Stipendiat des Evangelischen Stifts studierte Schempp in Tübingen und Marburg und legte nach drei Jahren das 1. Theologische Examen ab. Bereits nach wenigen Monaten im Pfarrdienst ließ er sich beurlauben, um in Göttingen Karl Barth zu hören, dessen zweite Auflage des Römerbrief-Kommentars er im Stift eingeführt hatte. Barths »Theologie der Krise« mit ihrer absoluten Zentrierung auf das Wort Gottes sollte neben Luthers Theologie Maßstab für Schempps eigenes Denken werden. Das Wort der Bibel sollte nicht der Legitimation der eigenen Lebenswelt, sondern der »Beleuchtung der Lage« dienen, also der kritischen Analyse der Wirklichkeit (Bemerkungen: 53). Ab 1925 wirkte Schempp als Repetent am Evangelischen Stift, eine Zeit, die von intensiven Diskussionen und Luther-Studien geprägt war. Im Sommersemester 1927 las er an der Universität über *Das Wesen der Theologie nach Luther*. In diesen Jahren entstand auch seine

Hausarbeit für das 2. Theologische Examen über *Luthers Stellung zur Heiligen Schrift*, die 1929 beim Kaiser Verlag in München gedruckt erschien.

Kennzeichnend für Schempp war eine kompromisslose theologische Position, die mit einer oft unerträglich groben Sprache einherging. Drei Beispiele mögen dies veranschaulichen: Als er seine Hausarbeit – im Übrigen mit der Traumnote 1b beurteilt – einreichte, wurde bemängelt, dass er die vorgegebenen Richtlinien nicht eingehalten habe. Daraufhin erwiderte er: »Ich bitte den OKR um Entschuldigung, daß ich seine Paragraphenfreiheit überschätzt habe. [...] Sollte der OKR mir meine Arbeit noch einmal zurücksenden, so werde ich genötigt sein, persönlich bei Herrn Prälat Finckh vorzusprechen, ohne für eine friedliche Haltung garantieren zu können, denn ich habe es satt, mich vom OKR wie ein Schulbube behandeln zu lassen« (Schäfer 6: 508). Im August 1938 bezeichnete er in einem Brief an den für seine Gemeinde Iptingen zuständigen Heilbronner Prälaten Karl Gauß die Oberkirchenräte als »mimosenhaft empfindsame [...] Kirchenbonzen« (Schäfer 6: 530). Noch schärfer wurde der Ton dann im Dezember 1938, als er nach der Eröffnung eines Disziplinarverfahrens gegen ihn nach Stuttgart schrieb: »Ich habe mit einem gottverfluchten und verlogenen Oberkirchenrat nichts mehr zu tun und verbitte mir, weiter von diesem Judaskirchenregiment behelligt zu werden. Der Oberkirchenrat ist ein öffentliches Lügeninstitut, das überhaupt kein Recht hat, sich Vertreter einer Evangelischen Kirche zu nennen« (Schäfer 6: 541).

Schempp sah seine Ausdrucksweise als notwendig an, da man ihn beim Oberkirchenrat sonst nicht gehört hätte. Zudem verwies Schempp – wie er es gerne und oft tat – auf Luther: »Luther hat das Rezept gegeben, wenn man hohe Herren auf ihre Christlichkeit prüfen wolle, so dürfte man nur etwas ihre Ehre antasten. Nun, die Prüfung ist erfolgt« (Bizer: 241).

Nach einer kurzen Zeit als Religionslehrer in Bad Cannstatt wurde Schempp 1931 Stadtpfarrer in Waiblingen, doch schon nach wenigen Monaten legte er dieses Amt wieder nieder. Grund hierfür war, dass der Steuerausschuss des Kirchenbezirks beschlossen hatte, gegen säumige Kirchensteuerzahler das Zwangsmittel der staatlichen Steuerpfändung anzuwenden. Schempp sprach sich gegen dieses Vorgehen aus, da seiner Ansicht nach in der Kirche der Reformation nur Freiwilligkeit herrschen könne und neben dem Wort keine Zwangsmittel angewandt werden dürften. Da Schempp meinte, diese Sache gehe die ganze Landeskirche an, kritisierte er am 30. Juni gegenüber Kirchenpräsident Theophil Wurm, die »Anwendung von Gewalt nach weltlichem Recht« (Bizer: 19). Schaffe die Kirche das Übel der Zwangskirchensteuer nicht ab, so sei dies ein Anzeichen dafür, dass

»ihr das Dasein in der Welt wichtiger [sei] als die Erlösung vom Übel«.
Wurm eiferte sich über dieses Schreiben: »Es gibt doch keine Dummheit,
die sich nicht ins Gewand der Gescheitheit zu kleiden versteht, und keine
Anmaßung, die sich nicht auf den Glauben berufen würde« (Schäfer 6:
508). Nach einem Gespräch zwischen Wurm und Schempp riet man ihm,
sich auf eine kleinere Pfarrstelle zu bewerben, doch letztlich wurde dessen
Bitte um Verwendung im Schuldienst stattgegeben. Bemerkenswert ist in
diesem Zusammenhang noch, dass Wurm Schempp gefragt hatte, ob bei
seiner Einstellung überhaupt die Landeskirche und nicht vielmehr eine
Freikirche der richtige Platz sei. Schempp antwortete daraufhin brieflich:
»Ich kann Konfessionen, Sekten und Freikirchen nicht anerkennen; hierin
bin ich so stockkatholisch wie Luther wider alle Vernunft und Erfahrung.
Das verbietet mir eine Wahl der Kirche nach meiner eigenen Eignung und
verlangt, daß ich an meinem Ort für die eine Gemeinschaft der Heiligen
eintrete, die zwar zerstreut ist, aber am Wort erkennbar und vereinbar ist«
(Widmann: 355).

Nicht erst die Ereignisse nach 1933 und der Kampf gegen die dem Nationalsozialismus ergebenen Deutschen Christen beziehungsweise einer dem
Staat gegenüber in den Augen Schempps und seiner Freunde zu nachgie-
bigen Kirchenleitung beschwor also den Widerspruch Schempps gegen die
Landeskirche herauf. Die Grundposition, die im Folgenden die immer
schärfer werdende Auseinandersetzung bestimmte, war bereits bei diesem
Streit um den Kirchensteuereinzug deutlich: Schempp wollte die Kirche
allein an der Schrift ausgerichtet sehen und legte deshalb allen Nachdruck
darauf, dass sich die Kirche aller – staatlicher – Machtmittel enthalten sollte; sie sollte sich allein vom Wort her konstituieren: *sine vi, sed verbo.*

Schempps Kirchenverständnis lässt sich anhand eines 1933 publizierten
Aufsatzes aufzeigen, in dem er darlegte, dass es »nur *ein* Evangelium von
Christus [gebe], nur *eine* heilige christliche Kirche, nur *ein* Volk Gottes,
und nicht vielerlei Christentümer. Erkennbar ist nicht das Volk Gottes,
wohl aber die Kirche, in der Volk Gottes ist, erkennbar an der Verkündigung dieses einen Evangeliums, des Wortes Gottes, und nicht an Organisation und Verfassung, nicht an Gesetzen und Ordnungen, nicht an Streit
oder Friedsamkeit, nicht an der Stimme der Mehrheit und den Wünschen
oder dem Gotteshunger von Menschen« (Gesammelte Aufsätze: 67).

Von diesen Prämissen ausgehend wandte sich Schempp gegen Versuche,
eine deutsche Nationalkirche zu installieren, denn wer »aus dem Kampf
Luthers um die Reinheit der Verkündigung einen Kampf um eine deutsche Kirche und um ein deutsches Christentum macht, der begeht nicht

nur eine Geschichtsfälschung, sondern Abfall vom Evangelium.« Für Schempp war unzweifelhaft, dass die Kirche seiner Zeit in weltlichen Dingen der nationalsozialistischen Obrigkeit zu gehorchen habe, keinesfalls aber sei »der Nationalsozialismus [...] der Boden der Kirche« (Gesammelte Aufsätze: 71). Resümierend hielt Schempp fest, dass weder »die Reichskirche noch eine Landeskirche noch irgend eine Kirchengemeinde [...] heute mit gutem Gewissen sagen [dürfe], sie sei auf dem Grund der Propheten und Apostel erbaut, da Jesus Christus der Eckstein ist. Menschenworte, Verfassungen, Konkordate, Gesetze, Rechte, Vertrauensleute und Steuern müssen überall die Einigkeit im Geist stützen, wenn nicht ersetzen« (Gesammelte Aufsätze: 71f.).

Gemeinsam mit den Mitgliedern der Kirchlich-Theologischen Arbeitsgemeinschaft und später mit den Freunden der Sozietät wandte sich Schempp in zahlreichen Worten und Erklärungen gegen die Deutschen Christen. Das große Ansehen, das er sich erworben hatte, zeigt seine Teilnahme an den Bekenntnissynoden in Barmen und in Berlin-Dahlem 1934, wie auch daran, dass er 1935 zu Vorlesungen an die neu gegründete Kirchliche Hochschule Elberfeld eingeladen wurde.

Zum einzigen offenen Konflikt Schempps mit der Staatsgewalt kam es im September 1933. Auf einer Tagung der Kirchlich-Theologischen Sozietät äußerte Schempp, dass »für die Wirksamkeit des Evangeliums zwischen dem kommunistischen und dem nationalsozialistischen Staat kein Unterschied« bestehe (Widmann: 357). Dies wurde vom Leiter der württembergischen Deutschen Christen in einem Zeitungsartikel publik gemacht, woraufhin die Schulbehörde Schempp zu einer Stellungnahme aufforderte. Da Schempp seine Position unbeirrt aufrecht erhielt, verfügte Kultminister Christian Mergenthaler am 5. September 1933 die fristlose Entlassung Schempps. Für diesen Schritt mag auch eine Aussage eine Rolle gespielt haben, die Schempp im Lehrerzimmer nach einer heftigen Diskussion über den Nationalsozialismus gemacht haben soll: »Jetzt gehe ich zu meinen künftigen Kriegerwitwen« (Widmann: 357).

Der Oberkirchenrat setzte Schempp daraufhin zum Pfarrverweser in der kleinen Pfarrei Iptingen ein und der Kirchengemeinderat wählte ihn dann 1934 zum Pfarrer. Doch schon bald begann eine lebhafte Kontroverse mit dem Oberkirchenrat. Schempp warf der Kirchenleitung und insbesondere Landesbischof Wurm vor, sie würden durch ihre Politik zur Spaltung der Bekennenden Kirche beitragen. Vor allem aber geißelte Schempp die »Bürokratenstruktur« der Kirche. Eine anstehende Visitation lehnte er ab, da er mit dem Dekan genauso wenig Gemeinschaft haben wolle wie mit der

Kirchenleitung. Die grundsätzliche Seite des Konflikts machte Schempp in einem Schreiben an den zuständigen Prälaten Gauß deutlich: Während eine lutherische Kirche »in der Verkündigung streng gebunden und in den Ordnungen und Zeremonien frei und aller gewaltsamen Einigung feind« sei, herrsche in der württembergischen Kirche in der Verkündigung Freiheit und Chaos, in ihren Zeremonien und Ordnungen hingegen sei sie »Gesetzen nach staatlichem Muster, einem Verwaltungsapparat nach staatlichem Muster, einem Rechtsgefüge nach staatlichem Muster vollständig unterworfen« (Schäfer 6: 518). Vermittlungsversuche scheiterten, so dass ein 1938 eingeleitetes Disziplinarverfahren im März 1939 für Schempp den Verlust aller pfarramtlichen Rechte und die Entlassung aus dem Dienst der Landeskirche brachte.

Schempp jedoch weigerte sich, sein Amt, das er von der Gemeinde erhalten habe, aufzugeben, und die Gemeinde stellte sich zunächst einmütig hinter ihren Pfarrer. Als die Einberufung Schempps zur Wehrmacht im September 1939 eine Versehung des Pfarramtes immer schwieriger werden ließ, und die Amtsführung des von der Kirchenleitung eingesetzten Stellvertreters neue Konflikte brachte, wurde nochmals intensiv versucht, den »Fall Schempp« beizulegen. Doch obwohl Wurm die Aufhebung der Dienstentlassung in Aussicht stellte, brachten die Verhandlungen kein Ergebnis. Da Schempp im Januar 1943 aus der Landeskirche ausgetreten und seine Bereitschaft, Kompromisse zu schließen sehr gering war, wurde seine Position schließlich auch von wohlmeinenden Freunden kaum mehr verstanden. Schließlich gab Schempp, der im Januar 1943 nach Kirchheim gezogen war, im November 1944 sein Amt zurück.

Nach Kriegsende trat Schempp der reformierten Gemeinde Stuttgart bei und unterstützte den Gemeindepfarrer. Schempp wirkte als Publizist und freier Schriftsteller und trat in Predigten und Reden sowie in zahlreichen Veröffentlichungen über biblische Themen und Gegenwartsfragen als ein Theologe hervor, der die frohe Botschaft von Jesus Christus in der säkularen Welt zu Gehör bringen und ihre Relevanz aufzeigen wollte. Zugleich übernahm er den Vorsitz der württembergischen Sozietät und der Kirchlich-Theologischen Arbeitsgemeinschaft Deutschlands. Seine im Mai 1945 gefertigte Schrift *Der Weg der Kirche* – deren Erscheinen durch die Landeskirche verhindert wurde – war ein leidenschaftlicher Appell für eine Kirche, die sich in ihrer Verkündigung und Organisation ganz an Jesus Christus orientiert. Die »Sehnsucht nach dem Tag des Herrn« müsse alle »Sehnsucht nach der guten alten Zeit«, nach der »Volkskirche«, überwiegen (Weg der Kirche: 23). Doch blieb diese Mahnung ebenso unbeachtet wie die von

ihm geschriebene und zusammen mit den Freunden von der Sozietät ver-
abschiedete Erklärung vom 9. April 1946, in der ein klares und offenes
Schuldbekenntnis gefordert wurde. Im Gegensatz zur Stuttgarter Schul-
derklärung wurde explizit das Versagen der Kirchen gegenüber den Juden
angesichts der Shoa benannt: »Wir sind mutlos und tatenlos zurückgewi-
chen als die Glieder des Volkes Israel unter uns entehrt, beraubt, gepeinigt
und getötet worden sind« (Weg der Kirche: 25). Auch der Ausschluss der
Judenchristen von kirchlichen Ämtern, die »Verweigerung der Taufe von
Juden«, das Verbot der Judenmission, die Ausstellung der Ariernachweise,
die »Vergötzung unseres Volkes und seiner Machthaber«, »die Auflösung
des Rechts«, die »Selbstauslieferung der Christen einschließlich der Geistlichen an die Leib und Seele fordernde Diktatur eines irrenden Menschen«,
die »Massenermordung von Unschuldigen« und der »Überfall und die
Ausbeutung der Nachbarländer« seien seitens der Kirche ohne Widerspruch geblieben.

Anzufügen ist, dass Schempp bereits 1932 einen Vortrag über *Die Probleme der Kirche nach der Schrift* mit Überlegungen zum Verhältnis von
Kirche und Judentum begann. Er hob hervor, »daß die christliche Kirche
an das Judentum wesenhaft gebunden« sei und bleibe (Gesammelte Aufsätze: 9). Man könne »die Kluft zwischen Judentum und Kirche für noch
so abgrundtief halten, von einer qualitativen Verschiedenheit vom Judentum darf nicht die Rede sein«. 1934 protestierte er mit Verweis auf Röm
10,11 f. entschieden gegen die Einführung eines »Arierparagraphen« in der
Kirche, da dadurch das Wesen der Kirche selbst auf dem Spiel stehe. Es
passt zu dieser Einstellung, dass das Ehepaar Schempp trotz der ihm be-
wussten Gefahr bereit war, sich an der von Sozietätsfreunden initiierten
»Pfarrhauskette« zu beteiligen: Ende 1944 nahm das Ehepaar den jüdischen
Arzt Dr. Hermann Pineas für drei Wochen in seiner Wohnung in Kirchheim auf.

Nach einem klärenden Gespräch mit Wurm im November 1948 wurde
Schempp wieder erlaubt, vertretungsweise in evangelischen Kirchen zu
predigen; im Jahre 1949 übernahm er dann mit Zustimmung der Landeskirche eine Stelle als Religionslehrer am Eberhard-Ludwigs-Gymnasium
in Stuttgart. 1955 verlieh ihm die Evang.-theol. Fakultät der Universität
Bonn die Würde eines Doktors, drei Jahre später berief sie ihn zum Professor für praktische und systematische Theologie. Doch Schempp konnte
nur wenige Monate lehren, seine einzige Vorlesung behandelte das Thema
Das Wort Gottes als Verkündigung. Er starb am 4. Juni 1959 in Bonn.

Werke und Werkausgaben

SCHEMPP, Paul:
- Luthers Stellung zur Heiligen Schrift, in: ders.: Theologische Entwürfe, hg. von Richard Widmann (Theologische Bücherei 50), München 1973, 10–74 (Erstdruck: München 1929).
- Bemerkungen, Blätter zur Kirchlichen Lage 4 (1934), 50–54.
- Gesammelte Aufsätze, hg. von Ernst Bizer (Theologische Bücherei 10), München 1960.
- Theologische Entwürfe, hg. von Richard Widmann (Theologische Bücherei 50), München 1973.
- Der Weg der Kirche (29. Mai 1945). Dokumentation über einen unerledigten Streit, hg. von der Aktion Sühnezeichen/Friedensdienste u. a., Berlin 1985.

Weitere Literatur

BIZER, Ernst: Ein Kampf um die Kirche. Der »Fall Schempp« nach den Akten erzählt, Tübingen 1965.

HERMLE, Siegfried: Schempp, Paul, Baden-Württembergische Biographien 2 (1999), 399–402.

MORGENSTERN, Matthias (Hg.): Paul Schempp. Iptinger Jahre (1933–1943). Briefe und Predigten, Protokolle und Polemiken, Tübingen 2000.

SCHÄFER, Gerhard: Dokumentation zum Kirchenkampf. Die Evangelische Landeskirche in Württemberg und der Nationalsozialismus, Bd. 2: Um eine deutsche Reichskirche 1933, Stuttgart 1972; Bd. 4: Die intakte Landeskirche 1935–1936, Stuttgart 1977; Bd. 6: Von der Reichskirche zur Evangelischen Kirche in Deutschland 1938–1945, Stuttgart 1986.

WIDMANN, Sören: Paul Schempp (1900–1959), in: Lächele, Rainer/Thierfelder, Jörg (Hgg.): Wir konnten uns nicht entziehen. 30 Porträts zu Kirche und Nationalsozialismus in Württemberg, Stuttgart 1998, 351–377.

Siegfried Hermle

Julius von Jan

* 17. April 1897
† 21. September 1964
Stiftseintritt: 1919

»Gesetzt und ruhig, liebenswürdig und freundlich.« »Im Umgang sehr angenehm und herzlich, viel Sinn für Musik und gemütvolle Geselligkeit [...] Still seines Weges gehend« (AEvST: E 1, 364,1). Das wird über ihn während seines Theologiestudiums notiert. Und dieses Urteil hat sich ein Leben lang durchgehalten. Nichts deutete darauf hin, dass Julius von Jan einmal aus dem Alltag eines württembergischen Landgeistlichen heraustreten und zu einem besonderen Zeugen der christlichen Wahrheit werden würde. Nicht nur seine Kirchenleitung, sondern viele seiner Verwandten und Freunde waren überrascht und betroffen, dass gerade er es war, der wenige Tage nach der berüchtigten Pogromnacht vom 9. auf den 10. November 1938 in unmissverständlicher Klarheit und geistlicher Überzeugungskraft die Verbrechen, die da an jüdischen Mitbürgern geschehen waren, beim Namen nannte.

Julius von Jan ahnte die dramatisch schlimmen Folgen seines Zeugnisses. Im Grunde wusste er, was er mit der Predigt, die er am Bußtag 1938 hielt und die sein Leben veränderte, sich selbst, seiner Familie, auch seiner Oberlenninger Gemeinde zumutete – und konnte doch nicht anders. Weil diese Predigt ohne jedes Kalkül gehalten wurde, allein der biblischen Botschaft der Buße verpflichtet, wirkte sie für viele seiner Zeitgenossen so befreiend. Diese öffentliche Kritik am NS-Staat und den staatlichen Ordnungsorganen, die die Verbrechen jener Nacht des 9. November einfach geschehen ließen, ist dem Bußtagsprediger von Jan, der wie die meisten seiner Amtskollegen vom Geist deutsch-nationaler Gesinnung geprägt war, nicht leicht gefallen. »Misstrauen gegen das eigene Herz« und »die Bereitwilligkeit ..., lieber dem Befehl von ›oben‹ als dem eigenen Gutdünken zu folgen« (Bonhoeffer: 14) war eine auch in protestantischen Pfarrhäusern geltende Grundhaltung. Aber nun ruft er seiner Gemeinde zu: »Die Leidenschaften sind entfesselt, die Gebote Gottes missachtet, Gotteshäuser, die anderen heilig waren, sind ungestraft niedergebrannt worden, das Eigentum der Fremden geraubt oder zerstört« (Predigt: 2).

Er, dem wie den meisten seiner Generation das »Vaterland«, seine Ordnungen und Institutionen »heilig« waren, hätte sich wenige Jahre zuvor nicht vorstellen können, dass er eines Tages auf der Kanzel so reden würde.

Für dieses Vaterland ist Julius von Jan in den Krieg gezogen. Freiwillig – blutjung mit 17 Jahren, am 7. August 1914. Davor war er Seminarist in Maulbronn und in Blaubeuren. »Diese 3 Jahre«, schreibt er 1960 in einem Rückblick, »leuchten in schönster Erinnerung an Professoren und Repetenten, an Freundschaft und edler Begeisterung« (Lebensbericht).

Die intensive Freundschaft mit dem späteren Amtsbruder Otto Mörike, dem wie von Jan wegen seines Widerstands der Prozess gemacht wurde, gründete in diesen Seminarjahren.

Aufgewachsen ist Julius von Jan in Schweindorf bei Neresheim in einem Pfarrhaus. Nach fünf Jahren zieht die Familie nach Gerhausen. Im nahen Blaubeuren besucht er die Volksschule und die Lateinschule. »Abgesehen von 1 Jahr in der Volksschule unter einem Prügelmeister, war es eine sonnige Kindheit« (Lebensbericht).

Der Krieg führt ihn nach Polen, Russland und Serbien, dann an die »Westfront«. Später – in der Begründung seiner Verurteilung durch das Sondergericht am 15. November 1939 – wird ihm bescheinigt, dass er sich »als tapferer Soldat [...] bewährt« habe. Er bringt es bis zum Vizewachtmeister und erhält neben dem Eisernen Kreuz II. und der Württembergischen Silbernen Verdienstmedaille das Frontkämpferehrenkreuz (Schäfer: 132).

Am Ostermontag 1917 wird er verwundet und gerät in englische Kriegsgefangenschaft. Er kommt ins »Genesungsdepot« nach Le Havre und danach 2 ½ Jahre bis Oktober 1919 ins berüchtigte »Hungerlager« nach Brocton bei Stafford. Dass er dort überlebt, ist für ihn ein Wunder. Später spricht er von einer »gesegneten Erweckungszeit, die auch mich zu seelsorgerlichen Diensten rief und mir zu fröhlicher Überwindung von allem Schweren half« (Lebensbericht).

»Erweckung« – aus seinen späteren Aufzeichnungen wird deutlich, dass er damit vor allem die Erfahrung eines schier grenzenlosen Gottvertrauens gemeint hat, aus der sein Glaubensmut, seine geradezu unglaubliche Courage herkam.

Im Wintersemester 1919/1920 beginnt er das Theologiestudium im Tübinger Stift. Der wissenschaftliche Anspruch der Theologie bleibt ihm oft fremd. Nur schwer kann er das Studium mit dem, was er im Krieg und in der Gefangenschaft erleben musste, in Verbindung bringen. »Er sucht in der Wissenschaft hauptsächlich Erbauung, [...] mischt in die wissenschaftliche Arbeit sofort religiöse Erwägungen ein« (AEvST: E 1, 364,1). So steht es in einer Semesterbeurteilung. Seine theologischen Leistungen sind eher durchschnittlich. Nach dem Examen im Sommer 1923 wird er Vikar und Pfarrverweser in Weilimdorf, dann in Steinenberg, Neuenbürg und Deizisau. Schließlich die erste Pfarrstelle im Hohenlohischen, in Herrentierbach-Riedbach (Dekanat Langenburg). »Idyllisches Pfarrhaus mit großem Garten und Agnes-Günther-Laube mitten zwischen zwei großen Bauernhöfen« (Lebensbericht).

Seine beiden Schwestern bestreiten zwei Jahre den Haushalt bis zu seiner Heirat 1927 mit Martha Munz, der Tochter eines Missionspredigers aus Stuttgart. Zwei Kinder werden ihnen geboren: Richard 1934 und Christa 1943.

Von 1928 bis 1935 ist er Pfarrer in Brettach (Dekanat Neuenstadt), in einer, wie er schreibt, »sehr lebendigen Gemeinde, die auch im 3. Reich sich standhaft zum Evangelium hielt, als ich bereits der Gestapo ein Dorn im Auge war« (Lebensbericht). Eine Pfarrhausidylle war das letztlich nicht. Auch nicht in Oberlenningen, wo Julius von Jan 1935 die Pfarrstelle übernahm. Für die meisten seiner Gemeindeglieder war es trotz der politischen Umbrüche der Rhythmus der Jahreszeiten, der ihr Leben bestimmte. Und die Papierfabrik Scheufelen garantierte vielen im Dorf ein ordentliches Einkommen. Für Julius von Jan aber war diese vermeintliche Ordnung, auch die seiner Kirche, längst brüchig geworden. Zwar tat er dort nach eigenem Bekunden »freudig seinen Dienst als Zeuge Christi«, freilich »mitten in und im Gegensatz zu der Welt, die in Hitler den deutschen Heiland sah« (Lebensbericht). Inzwischen hatte er sich der Bekennenden Kirche angeschlossen – im Widerspruch zu den »Deutschen Christen«, die mit Bischof Müller eine »Reichskirche« im nationalsozialistischen Geist errichten wollten. Er hegte große Sympathien für Pastor Niemöller, der als »persönlicher Gefangener des Führers« im KZ Dachau inhaftiert war. Von Jan hat ihn immer wieder in die gottesdienstliche Fürbitte aufgenommen.

Ein begeisternder Prediger war er nicht, aber anerkannt in seiner Seelsorge. Die Menschen mochten ihn. Und diese Liebe zu ihrem Pfarrer sollte sich später während seiner Haft besonders bewähren.

Die Gestapo hatte ihn schon länger im Visier. In der Anklageschrift vom 23. Mai 1939 ist nachzulesen – und wurde von von Jan auch nicht bestritten –, dass er öfters »von offizieller und privater Seite wegen seiner fortwährenden Ausfälligkeiten in seinen Predigten gewarnt worden« sei (Schäfer: 130). U.a. habe er Briefe des Ortsgruppenleiters »in provozierender Weise [...] von der Kanzel verlesen«. Die Hochzeit eines HJ-Führers, bei der das Kreuz vom Altar weggenommen und offenbar beschädigt wurde, habe der Pfarrer öffentlich mit den Worten kommentiert: »Das ist der Anfang von dem, was das Dritte Reich will« (Schäfer: 131). Schon 1937 formuliert er anlässlich der Katastrophe des Luftschiffs Hindenburg im örtlichen Gemeindeblatt *Heimatgruß aus Oberlenningen* – ganz im Sinne der *Barmer Erklärung* von 1934: »Das Unglück ist auch ein Mahnung für das deutsche Volk, [...] sich nicht selbst zum Herrgott zu machen. Deshalb lehnen wir ja die politisierte deutsch-christliche Kirche ab, die lehrt: wir glauben 1. an das deutsche Volk und seinen Führer, und dann auch noch, sobald es damit verträglich ist, an Gottes Wort in der Heiligen Schrift. – Wer den Herrn Christus kennt und liebt, kann nicht zwei Herren dienen« (Schäfer: 130).

Der 9. November 1938 war für Julius von Jan letztlich die schreckliche Konsequenz dieser theologischen Verirrung. »Wer hätte gedacht, dass dieses eine Verbrechen in Paris (ein Angehöriger der Deutschen Botschaft war durch einen polnischen Juden ermordet worden) bei uns in Deutschland so viele Verbrechen zur Folge haben könnte? Hier haben wir die Quittung bekommen auf den großen Abfall von Gott und Christus, auf das organisierte Antichristentum« (Predigt: 2).

Es waren gerade diese an die Barmer Erklärung von 1934 erinnernden biblisch-theologischen Kriterien, die seiner Predigt diese große Überzeugungskraft gaben, Maßstäbe, die die meisten in der Landeskirche bis hin zur Kirchenleitung und Bischof Wurm offenbar nicht in dieser Deutlichkeit und Schärfe zu sehen vermochten. Diese »vollmächtige Predigt« – das schreibt sein Freund Otto Mörike sehr treffend – »ist in ihrer Schlichtheit nicht das Ergebnis eines heißen Temperaments oder einer rhetorischen Kraft, sondern ist geboren ganz aus dem schlichten, aber strikten Gehorsam des Glaubens. Sie ist ein Bekenntnisakt wie wohl keine zweite Predigt im württembergischen Kirchenkampf« (Mörike: 1). Gerade die theologische Argumentation trifft den Nerv der antisemitischen NS-Ideologie. Damit war – wie Julius von Jan in seinem Lebenslauf bemerkt – »die wun-

deste Stelle des Nationalsozialismus angetastet und ich stand obendran auf
der schwarzen Liste« (Lebensbericht).

Auf jeden Fall: Er wusste Bescheid, auch wenn in Oberlenningen und
der näheren Umgebung keine Pogrome stattfanden. Und die meisten seiner Gemeindeglieder wussten es auch, was im Lande vor sich gegangen
war. Seine Predigt bringt das klar zum Ausdruck: »Mag das Unrecht auch
von oben nicht zugegeben werden – das gesunde Volksempfinden fühlt es
deutlich, auch wo man nicht darüber zu sprechen wagt« (Predigt: 2).

Freilich: es war für ihn und wohl auch für seinen Freund Mörike (damals Stadtpfarrer in Kirchheim/Teck), der sich die Tage vor dem Bußtag
mit ihm beraten hat, ein langer innerer Kampf, bis er sich schließlich zu
dieser Predigt durchringen konnte. Er war auch nicht der einzige, der so
mit sich kämpfte. Viele der Amtsbrüder, die zwei Tage bei Dekan Leube in
Kirchheim zusammenkamen und den Text der Bußtagspredigt miteinander besprachen, waren der Überzeugung – so erinnert sich Pfarrer Mildenberger –, dass sie »nach diesen Vorkommnissen nicht schweigen durften.
Aber: was wir sagen und wie wir das sagen dürften, könnten und wollten,
das wußten wir nicht. Hilflos und verstört gingen wir auseinander an unsere Predigt. [...] Einer von uns, [...] der Oberlenninger Pfarrer Julius von
Jan hat auf Jesu Befehl und Verheißung gehört, die bei Matth. 10,19 steht:
›Wenn sie euch nun vor ihre Rathäuser überantworten werden, so sorget
nicht, wie oder was ihr reden sollt; denn es soll euch zu der Stunde gegeben
werden, was ihr reden sollt‹« (Mildenberger: 2).

Der Predigttext für den »Allgemeinen Buß- und Bettag« des Jahres 1938
war das Wort des Propheten Jeremia: »O Land, Land, Land, höre des Herrn
Wort!« (Jer. 22,29). Mit allen Zweifeln, ob nun gerade er dazu bestimmt sei,
das Volk zur Buße zu rufen, hat von Jan sich mit diesem Jeremia identifiziert, und seine Oberlenninger Gemeinde, die in großer Zahl gekommen
war, hat ihn sehr genau verstanden. Die Menschen waren betroffen und
gleichzeitig erschreckt über die geradezu schmerzende Deutlichkeit seiner
Worte: »Wo ist der Mann«, fragt er, »der im Namen Gottes und der Gerechtigkeit ruft, wie Jeremia gerufen hat: Haltet Recht und Gerechtigkeit
[...] tut niemand Gewalt und vergießet nicht unschuldig Blut! Gott hat solche Männer gesandt. Sie sind heute entweder im Konzentrationslager oder
mundtot gemacht. Die aber, die in der Fürsten Häuser kommen und heilige
Handlungen vollziehen können, sind Lügenprediger wie die nationalen
Schwärmer zu Jeremias Zeiten und können nur Heil und Sieg rufen, aber
nicht des Herrn Wort verkündigen. [...] Männer, die unserem deutschen

Volk treu gedient haben [...], wurden in Konzentrationslager geworfen, bloß weil sie einer anderen Rasse angehörten [...]«. Und die Antwort der Kirchenleitung? »Schmerzlicherweise haben es unsere Bischöfe nicht als ihre Pflicht angesehen, sich auf die Seite derer zu stellen, die des Herrn Wort gesagt haben.« Und was er dann – nun selber ganz in der Rolle eines hellsichtigen Propheten – voraussagt, muss den Leuten in den Ohren geklungen haben: »Wir als Christen sehen, wie dieses Unrecht unser Volk vor Gott belastet und seine Strafen über Deutschland herbeiziehen muß. Denn es steht geschrieben: Irret euch nicht! Gott läßt seiner nicht spotten« (Predigt: 2).

Unter welch ungeheurem Druck er davor und während dieses außergewöhnlichen Gottesdienstes gestanden haben mag, davon zeugen die letzten Sätze seiner Predigt: »Dieses Bekennen der Schuld, von der man nicht zu sprechen zu dürfen glaubte« war »wenigstens für mich [...] wie das Abwerfen einer großen Last. Gott Lob! Es ist herausgesprochen vor Gott und in Gottes Namen. Nun mag die Welt mit uns tun, was sie will! Wir stehen in unsres Herren Hand. Gott ist getreu!« (Predigt: 4).

Nicht nur ihm, dem Prediger, sondern jedem, der an diesem Gottesdienst teilnahm, war in diesem Augenblick bewusst: das Regime würde sich das nicht gefallen lassen. Und so kam es denn auch. Wenige Tage später klebten rote Plakate am Oberlenninger Pfarrhaus mit dem groß gedruckten Wort »Judenknecht«.

Am Abend des 25. November hielt Julius von Jan eine Bibelstunde im benachbarten Schopfloch. Er sprach über 1. Petrus 4,12–19, wo es u. a. heißt: »Ihr Lieben, lasst euch die Hitze, so euch begegnet, nicht befremden, womit ihr versucht werdet. Meinet nicht, es widerführe euch etwas Seltsames, sondern freuet euch, dass ihr mit Christus leidet, auf dass ihr auch zur Zeit seiner Offenbarung seiner Herrlichkeit Freude und Wonne haben möget. [...] Leidet aber jemand als ein Christ, so schäme er sich nicht, sondern ehre Gott mit diesem Namen.« So hat Julius von Jan die Schmähungen, die Qual körperlicher Demütigung, die Zeit im Gefängnis empfunden und ertragen können: als eine besondere Heimsuchung seines Gottes. Noch droben in Schopfloch wurde er abgeholt – von zwei SA-Männern in Zivil, die ihn in ein Auto zogen und zurück nach Oberlenningen brachten. Dort, um das Pfarrhaus herum hatten sich inzwischen über 300 Männer einer SA-Sturmabteilung versammelt. Aus dem nahen Nürtingen waren sie mit Lastwagen herangekarrt worden. Im Pfarrhaus hatten sie die Tür eingetreten und die Zimmer durchwühlt.

Mit den Worten »Mr hent en (Wir haben ihn)!« wurde er aus dem Wagen gezerrt. Er wurde angespuckt und getreten, mit Stöcken und Stahlruten schlugen sie auf ihn ein. Schreie wie: »Jetzt wird er in der Lauter daift (getauft)!« oder »Schlagt ihn tot, den Judenknecht! Hängt ihn auf, den Volksverräter!« begleiteten diese unvorstellbare Tortur. Viele aus der Gemeinde müssen mitansehen, wie »der Ermattete und Geschlagene [...] halbtot auf ein Schuppendach geschmissen, wieder heruntergezerrt und aufs Rathaus geschleppt wurde, wo sie ihn halb bewußtlos auf den Boden legten« (Mildenberger: 6). Er wäre wohl ums Leben gekommen, wenn nicht eine von der Bevölkerung herbeigerufene Polizeistreife eingegriffen hätte. Er wurde in »Schutzhaft« genommen und ins Amtsgerichtsgefängnis nach Kirchheim gebracht.

Jahre später wird Julius von Jan zu einem Freund sagen: »In meinem ganzen Leben habe ich den Frieden Gottes, seine Gegenwart noch nie so greifbar gespürt wie in der Stunde, da sie mich in Oberlenningen zusammenschlugen. Weiß du, so ist Christus bei den Seinen« (Mildenberger: 7).

Viele Oberlenninger besuchten ihn. Auf der Straße vor dem Gefängnis sangen sie Choräle. Der Gestapo war diese Anteilnahme lästig und so wurde von Jan im Februar 1939 nach Stuttgart verlegt. Im April kam er frei, wurde aber aus Württemberg-Hohenzollern ausgewiesen. Für so gefährlich hat man ihn doch gehalten. Durch Vermittlung von Bischof Wurm fand er mit seiner Familie Zuflucht in der bayerischen Landeskirche, erst in einem kirchlichen Heim, dann in Ortenburg bei Passau, wo er einen Predigt- und Seelsorgeauftrag übernahm.

Im Mai 1939 erhebt das Sondergericht Stuttgart Anklage gegen Julius von Jan, weil er »öffentlich gehässige, hetzerische und von niedriger Gesinnung zeugende Äußerungen über leitende Persönlichkeiten des Staates und der NSDAP [...] gemacht« habe, »die geeignet sind, das Vertrauen des Volkes zur politischen Führung zu untergraben«. Er habe so »als Geistlicher [...] in einer den öffentlichen Frieden gefährdenden Weise« gewirkt (Schäfer: 127). Im November 1939 wird er wegen Vergehen gegen den »Kanzelparagraphen« und gegen das »Heimtückegesetz« zu 16 Monaten Gefängnis verurteilt. Er kommt nach Landsberg/Lech, wo einst Adolf Hitler als privilegierter Gefangener untergebracht war. *Mein Kampf* ist dort entstanden. Nach fünf Monaten wird von Jan – unter Bewährung – vorzeitig entlassen, versieht drei Jahre verschiedene Gemeinden in der bayerischen Diaspora und wird im Juni 1943 als Degradierter zum Militär einberufen. Er kommt an die Ostfront. »Verleumderische Papiere von der Kreisleitung

Nürtingen begleiteten mich [...] durch alle meine Truppenteile« (Im Kampf, Sonntagsblatt Nr. 35: 6).

Dass er dort krank wurde und dann weitgehend nur noch in Bayern und der Steiermark stationiert war, erlebte er als eine Bewahrung.

Und die Kirchenleitung in Stuttgart? Ihre Reaktion war sehr ambivalent. Einerseits: Von Jan wusste, dass er es den intensiven Bemühungen von Bischof Wurm zu verdanken hatte, dass er nicht in ein KZ kam und später vorzeitig das Landsberger Gefängnis verlassen konnte. Von Jan hat so die Schutzhaft durchaus auch als Schutz, nämlich vor der Gestapo gesehen.

Er war dankbar, dass der Oberkirchenrat im Blick auf die Vorkommnisse in Oberlenningen und bei drei weiteren Pfarrern der Landeskirche Strafanzeige gestellt hat wegen Haus- und Landfriedensbruch. Auch diese drei: die Pfarrer Mörike und Veil und Dekan Dörrfuß aus Ludwigsburg waren solchen Schmähungen und Überfällen ausgesetzt gewesen. Wurm stellte sich hinter den Verteidiger von Jans, der das Urteil des Sondergerichts als »Fehlurteil« einstufte, und handelte sich damit den heftigen Widerspruch des Senatspräsidenten Cuhorst ein. Nur wenige Tage nach der Verhaftung von Jans reicht der Oberkirchenrat Haftbeschwerde ein. Es gibt Briefe des Landesbischofs u. a. an Reichsführer Himmler, an Reichsjustizminister Dr. Gürtner, den Präsidenten des Sondergerichts Cuhorst und an Generalstaatsanwalt Wagner, wo sich Wurm für Straffreiheit für von Jan bzw. für die Einstellung des Verfahrens einsetzt (Schäfer: 120). Von Jan würdigt diesen Einsatz der Kirchenleitung ausdrücklich (Im Kampf, Sonntagsblatt Nr. 34: 6).

Es wird von Jan zugebilligt, dass »die Gemeinden es vielfach erwarteten, dass »eine lebens- und volksnahe und wahrhaftige Bußtagspredigt nicht einfach über diese alle Volksgenossen bewegenden Dinge (sc. vom 9. November) hinweggehen durfte« (Schäfer: 149). Wurm sah hier – das äußert er in einem Brief an den Reichsjustizminister – vor allem die »Autorität des Gesetzes« und das »Rechtsempfinden« verletzt (Röhm: 79). Gerade deshalb hätten diese »tumultuarischen Vorkommnisse in der Nacht vom 9./10. November 1938« (Schäfer: 147) »beim weitaus größten Teil der Bevölkerung schmerzliche Empfindungen ausgelöst« (Schäfer: 144).

Andererseits wäre es von Jans Aufgabe gewesen, »die am Bußtag im Gottesdienst versammelte Gemeinde zur Buße zu rufen«, statt »in eine heftige Polemik« zu verfallen, »die keinesfalls auf die Kanzel gehörte«. Diese »Entgleisung« sei darum »seitens der Kirchenleitung scharf mißbilligt« worden (Röhm: 90). Für Wurm steht fest: »Ich bestreite mit keinem Wort dem Staat das Recht, das Judentum als gefährliches Element zu bekämpfen. Ich habe von Jugend auf [...] und als Leiter der Stadtmission in Stuttgart gegen das Eindringen des Judentums in die Wohlfahrtspflege einen öffentlichen und nicht erfolglosen Kampf geführt« (Röhm: 79).

Auf jeden Fall – so steht es in einem Rundschreiben der Kirchenleitung an alle Dekanatämter – ist es »selbstverständlich, daß der Diener der Kirche bei dieser Predigt alles zu vermeiden hat, was einer unzulässigen Kritik an konkreten politischen Vorgängen gleichkommt« (Röhm: 80). Das hat viele Pfarrer, v. a. auch seines Bezirks und über Württemberg hinaus, bei aller vorhandenen Vorsicht und Angst nicht davon abgehalten, mit einem vom Landesbruderrat der Bekennenden Kirche entworfenen Text Julius von Jan und seiner Familie im Gottesdienst am 4. Dezember 1938 fürbittend zu gedenken.

Julius von Jan überlebt den Krieg und kehrt im September 1945 in seine Heimatgemeinde in Oberlenningen zurück. Im Juli 1949 übernimmt er die Gemeinde in Stuttgart Zuffenhausen und baut dort die Kirche wieder auf. Wohl mitbedingt durch Krieg und Haft wird er sehr krank und muss frühzeitig den Ruhestand beantragen. In Korntal lässt er sich mit seiner Familie nieder. Er stirbt 1964, 67 Jahre alt.

Jener Kreisleiter aus Nürtingen, der den Überfall auf Julius von Jan angeführt hatte, kam später in seinen alten Beruf als Lehrer zurück. Über Landesbischof Wurm wird erzählt, dass es ihn bis an sein Lebensende gequält habe, dass er – anders als dieser glaubensstarke Pfarrer aus Oberlenningen – zum Terror der Reichspogromnacht nicht öffentlich seine Stimme erhoben habe.

Werke und Werkausgaben

Von Jan, Julius: Im Kampf gegen den Antisemitismus. Erlebnisse im Dritten Reich, Evangelisches Sonntagsblatt 91. Jg., Nr. 34/35 (1957).

Archivalien

AEvST: E 1, 364,1.
Predigt vom 16. 11. 1938 (Bußtag). Maschinenschr., Personalakte Julius von Jan, LKA Stuttgart: AZ A 227.
Mildenberger, Eduard: Der Weckruf des Oberlenninger Pfarrers und die Antwort darauf. Maschinenschr., LKA Stuttgart 1988: PA/B 24.

MÖRIKE, Otto: Julius von Jan. Maschinenschr., LKA Stuttgart: PA/B 27.
Lebensbericht von 1960, LKA Stuttgart: PA/B 31.

Weitere Literatur

BONHOEFFER, Dietrich: Civilcourage?, in: ders.: Widerstand und Ergebung. Briefe und Aufzeichnungen aus der Haft, hg. von Eberhard Bethge, 5. Aufl., München 1951, 12–13.
RÖHM, Eberhard/THIERFELDER, Jörg: Juden, Christen, Deutsche. 1933–1945, Bd. 3,1: 1938–1941, Stuttgart 1995.
SCHÄFER, Gerhard: Die Evangelische Landeskirche in Württemberg und der Nationalsozialismus. Eine Dokumentation zum Kirchenkampf, Bd. 6: Von der Reichskirche zur Evangelischen Kirche in Deutschland 1938–1945, Stuttgart 1986.

Hans-Dieter Wille

Hermann Diem

* 2. Februar 1900
† 27. Februar 1975
Stiftseintritt: 1920

Der Bildungsweg Hermann Diems ist für einen württembergischen Theologen seiner Zeit alles andere als gewöhnlich. Als Sohn eines Küfermeisters am 2. Februar 1900 in Stuttgart geboren, durchläuft er nicht – wie später sein jüngerer Bruder Harald Diem – die niederen Seminare, sondern besucht vor Ort die Friedrich-Eugens-Realschule. Außerdem muss er seine Schullaufbahn wiederholt unterbrechen: Das erste Mal, um seinen Vater in dessen Weinhandlung zu unterstützen und dabei selbst eine Küferlehre zu absolvieren; dann wieder im letzten Kriegsjahr 1918, eingezogen als Soldat bei den Pionieren in Ulm. Und da Diem die für das angestrebte Theologiestudium erforderlichen Sprachkenntnisse während seiner Schulzeit nicht erworben hat, kann er sich im Herbst 1919 vorerst weder an der Universität Tübingen für die Theologie einschreiben noch in den Stiftsverband aufgenommen werden. So immatrikuliert er sich zunächst an der Philosophischen Fakultät, um neben dem Besuch erster philosophischer und theologischer Vorlesungen noch die fehlenden alten Sprachen im Privatstudium nachzuholen – ein Sachverhalt, der für die inzwischen achtköpfige Handwerkerfamilie auch eine erhebliche finanzielle Belastung darstellt.

Im März 1920 hat Diem endlich alle Ergänzungsprüfungen erfolgreich abgelegt. Damit kann er an die Theologische Fakultät wechseln und sich erneut um Aufnahme ins Evangelische Stift bewerben. Bevor er jedoch mit Beginn des Sommersemesters 1920 dort eintritt, beteiligt er sich am Zug des Tübinger Studentenbataillons zur Niederwerfung des Ruhraufstandes. Gleichsam zur Wiedergutmachung dieses Einsatzes macht er sich in den

Ferien des folgenden Jahres nach Essen auf, um dort als Ferienarbeiter in der Zeche Herkules die harten wie zum Teil auch ernüchternden Realitäten des Proletariats besser kennen zu lernen.

Nunmehr als Stipendiat des Tübinger Stifts und Mitglied der Verbindung Nicaria wohnt Diem fast bis zu seinem ersten Examen mit Geldentschädigung in der Stadt, da im Stift aufgrund des großen Andrangs in der Nachkriegszeit nicht ausreichend Zimmer bereitgestellt werden können. Vom ersten Stipendiensemester an erweist er sich als »ein lebenslustiger Mann, der es mit seinen Stiftspflichten ziemlich leicht nimmt« (AEvST: E 1, 364,1). Deutlich wichtiger scheint ihm das Verbindungsleben zu sein, wo er sich sehr engagiert. Indes kommt es im Laufe des Jahres 1922 innerhalb der Verbindung zu schweren Auseinandersetzungen um die Zugehörigkeit zum »Schwarzburgbund« und um die Bedeutung der »gemeinsamen christlich-sittlichen Grundlage«, die letztlich wohl zum Austritt Diems aus derselben führen.

Als Stiftsstudierender erbringt Diem trotz großer Begabung scheinbar nur dann gute Leistungen, wenn es für ihn um etwas geht: Etwa um ein Semester im Auswärts, d. h. an einer anderen deutschen Fakultät, das er im Sommer 1921 in Marburg verbringt, oder dann zum Examen. Ansonsten rangiert er bei den regelmäßig stattfindenden Semesterprüfungen meist im unteren Drittel der Lozierten. Sein Repetent und Bundesbruder Karl Hartenstein bescheinigt ihm jedenfalls wiederholt »innere Schwierigkeiten« und eine Neigung »zur Zersplitterung« (AEvST: E 1, 364,1). Tatsächlich muss Diem in seinem Examenssemester, für das er schließlich im Stift in die Nicarenstube Baierland ziehen kann, neben einer einmaligen Strafe für Nachtruhestörung ganze 39 Mal Schließgebühr bezahlen; das heißt, er kommt im Schnitt jeden zweiten Abend nach Torschluss um 23 Uhr nach Hause.

An der Tübinger Fakultät besucht Diem überwiegend exegetische Lehrveranstaltungen bei den Professoren Paul Volz und Adolf Schlatter sowie zahlreiche Vorlesungen des Kirchengeschichtlers Karl Müller. In Marburg kommen vor allem ethische und systematisch-theologische Veranstaltungen hinzu, letztere insbesondere bei den Religionsgeschichtlern Rudolf Otto und Friedrich Heiler. Die Erste Dienstprüfung legt er im Juli 1923 ab und erhält das Gesamtzeugnis IIb. Damit ist Diem einer der Besten seiner Promotion. In der Kategorie »Führung« erhält er hingegen als Einziger des Jahrgangs ein »geordnet«, alle anderen das gewöhnliche – und bessere – »durchaus geordnet« (AEvST: E 2, 430,1).

Dialektischer Theologe und Kierkegaardforscher

Auf Diems langem Weg im unständigen Kirchendienst liegen zwischen 1923 und 1934 verschiedene Stationen als Vikar, Pfarrverweser und Religionslehrer. Gleich zu Beginn dieser Zeit nimmt Diem neben seinem kirchlichen Dienst umfassende Kierkegaard-Studien auf, wofür er eigens die dänische Sprache lernt und eine Studienreise nach Kopenhagen unternimmt. Außerdem lässt er sich für das Wintersemester 1924/1925 beurlauben, um sich noch einmal in Tübingen ganz dem wissenschaftlichen Studium widmen zu können – eine Auszeit auch von weitreichender persönlicher Bedeutung. In einem Seminar bei Karl Heim lernt er seine zukünftige Frau kennen, eine langjährige Schülerin Karl Barths. In der Folgezeit macht Diem durch wiederholte Besuche in Münster und Bonn persönliche Bekanntschaft mit Barth, von dessen Schriften er sich bereits gegen Ende seiner Studienzeit hatte begeistern lassen. Zur Verlobung mit Annelise Burmann gratuliert ihm dann auch der theologische Lehrer in einem persönlichen Brief vom April 1930: »daß sie [Annelise Burmann] nun [...] ihren Radikalismus durch den Ihrigen potenzieren lassen darf, das halte ich wahrlich für eine sichtbare Fügung« (Ja oder Nein: 28).

Vorgesetzte und Kollegen haben zu diesem Zeitpunkt freilich längst Bekanntschaft gemacht mit der dialektisch-theologischen Leidenschaft Diems, die er nicht nur in Predigt und Katechese vehement zu äußern vermag: »Bei der Pfarrkonferenz hat er [...] scharfsinnig, aber nicht ohne Ueberhebung sich beteiligt, und Barth besser zu verstehen gewusst als andere« (Dekan Kübler, LKA Stuttgart: A 127, 493a). Diem wird jedoch ob seiner offenen und aufrichtigen, dabei wohl aber stets höflichen und freundlichen Art sehr geschätzt. Dies gilt insbesondere auch für den schulischen Religionsunterricht, wo er es versteht, einen kameradschaftlichen Umgang mit den Schülern zu pflegen. Dabei kommt ihm zugute, dass er als wohltuend ›ungeistlich‹ wahrgenommen wird: »Alles, was an Feierlichkeit oder gar an Salbung erinnert, ist seiner Natur zuwider. Er gehört so auch nicht zu den Religionslehrern, die beständig religiöse Töne mit Nachdruck anschlagen« (Direktor Daiber, LKA Stuttgart: A 127, 493a).

Nachdem Diem im Frühjahr 1927 die Zweite Dienstprüfung abgelegt hat, tritt er 1928 mit seinem ersten Buch *Philosophie und Christentum bei Sören Kierkegaard* in das Licht der theologischen Öffentlichkeit. Im Promotionsverfahren fällt er dann aber zum Erstaunen aller Beteiligten zweimal hintereinander durch das Rigorosum. Stark beeinflusst von Barths Wort-Gottes-Theologie und Kierkegaards Existenzphilosophie macht

Diem dann ab dem Jahr 1930 – zum Teil gemeinsam mit seinen ehemaligen Mitstiftlern, Bundesbrüdern und späteren Sozietätsfreunden Paul Schempp, Heinrich Fausel und Richard Widmann – durch erste kritische Eingaben und Stellungnahmen beim Oberkirchenrat in Stuttgart auf sich aufmerksam.

Pfarrer in Ebersbach, Kopf der Sozietät und Kirchenkämpfer an zwei Fronten

Inzwischen verheiratet, kommt Diem im April 1934 endlich in Ebersbach an, wo er im Juni desselben Jahres zum Pfarrer ernannt wird. Er, der einst »mit den Hausknechten und Fuhrleuten von Stuttgart auf Du und Du stand« (Ja oder Nein: 17), lebt sich auch in Ebersbach schnell ein – unter anderem dadurch, dass er sich »unter das Volk« mischt; im Parteicafé der NSDAP ist er ein gern gesehener Gast, und selbst mit dem Ortgruppenleiter versteht er sich gut (Ja oder Nein: 46 f.58).

Diesen Beziehungen auf persönlicher Ebene stehen Diems eigene politische Einstellung sowie seine oppositionelle Betätigung auf der kirchenpolitischen Bühne gegenüber. Während der Zeit des Nationalsozialismus greift er immer wieder hartnäckig und energisch in die kirchlich-theologischen Auseinandersetzungen ein. Den Kirchenkampf der Bekennenden Kirche versteht er dabei als einen Zweifrontenkrieg, »einmal gegen den Einbruch der nationalsozialistischen Fremdherrschaft in die Kirche, zugleich aber [...] gegen die alte Behördenkirche« (Ja oder Nein: 162). Nach der einen Seite impliziert dieser Kampf sowohl eine entschiedene Absage an die Deutschen Christen mit ihren völkisch-nationalreligiösen Irrlehren, als auch ein klares Nein gegenüber aller staatlich beeinflussten Kirchenpolitik. Nach der anderen Seite bedeutet die kämpferische Doppelstellung Diems eine zuweilen recht heftig geführte Auseinandersetzung mit seiner württembergischen Kirchenleitung. Hauptkontrahenten dabei stellen Landesbischof D. Theophil Wurm und insbesondere dessen »Herren vom Oberkirchenrat« (Schäfer 5: 1065 f.) in Stuttgart dar. Diem zufolge fehlt dem Bischof nicht nur eine tragfähige Rechtsgrundlage, sondern er spricht ihm auch wiederholt ab, auf dem Boden des Bekenntnisses zu stehen, Teil der Bekennenden Kirche zu sein und eine geistliche Leitung in der Landeskirche auszuüben. In den Kämpfen der Zeit gehe es ihm und dem Oberkirchenrat allein um die Aufrechterhaltung der äußeren Ordnung der Kirche unter Absehung von inneren Kriterien des Glaubens und der Lehre, also letztlich auch darum, »die ›Intaktheit‹ des landeskirchlichen Verwaltungs-apparats vor den geistlichen Ansprüchen der Bekennenden Kirche zu sichern« (Schäfer 4: 835 f.).

Auf der Grundlage eines dogmatisch-profilierten Kirchenbegriffs teilt Diem diese Auffassung mit vielen seiner Freunde und ehemaligen Studien-kollegen. Aus diesem Kreis heraus entsteht schließlich die »Kirchlich-theologische Sozietät in Württemberg«, die seit Jahresbeginn 1936 auch unter diesem Namen öffentlich in Erscheinung tritt und deren Vorsitz Diem bis 1951 inne hat. Zwar versteht sich die Sozietät in erster Linie als eine Gemeinschaft strengen theologischen Arbeitens. Doch ausgehend von dieser theologischen Basis und in enger Bindung an die Entscheidungen der Bekenntnissynoden von Barmen und Dahlem des Jahres 1934 sieht sie sich immer wieder zu kritischen Verlautbarungen zu aktuellen kirchlichen, politischen und gesellschaftlichen Herausforderungen veranlasst. Dies bringt die Pfarrer der Sozietät wiederholt in einen scharfen Gegensatz zu ihrer Kirchenleitung, welcher sie vorwerfen, zur Wahrung ihrer institutionellen Interessen und des kirchlichen Bestandes dem Staat und dem Reichskir-chenregiment zu viele Zugeständnisse und Kompromisse zu machen.

Der Höhepunkt des Konfliktes zwischen Diem und der Kirchenleitung, der auf Seiten des Oberkirchenrats auch als »der von Freund und Feind längst erwartete Aufstand Diem contra Landeskirche« aufgefasst wird (Ja oder Nein: 79), ist im Jahr 1938 erreicht, als auf Anordnung Wurms auch die Pfarrer Württembergs auf Hitler vereidigt werden sollen. Diem verweigert wie viele andere Sozietätspfarrer den Treueid und wird aufgrund einer Erklärung, die er in diesem Zusammenhang veröffentlicht, beurlaubt. Als er sich standhaft weigert, dem nach Ebersbach entsandten Pfarrverweser die Kanzel zu überlassen und sich selbst von seiner Gemeinde als deren Pfarrer bestätigen lässt, wird er von der Kirchenleitung seines Amtes enthoben. Erst nach intensiven Vermittlungsversuchen und Verhandlungen kann die Absetzung wieder aufgehoben werden.

Doch auch in der Folgezeit lässt sich Diem als kritisches Gegenüber seiner Kirchenleitung nicht bremsen. Mit seinen Sozietätsfreunden hält er sich zur Dahlemer Richtung der Bekennenden Kirche, für die er neben seiner pfarramtlichen Tätigkeit viel im ganzen Reich unterwegs ist, zur theologischen Mitarbeit sowie auch als Dozent und Prüfer. Daneben nimmt er immer wieder scharf Stellung zur Haltung der lutherischen Bischöfe wie des württembergischen Oberkirchenrats, setzt sich aber auch vermittelnd im Fall Schempp ein.

Zu Beginn des Zweiten Weltkrieges wird Diem eingezogen – kurz bevor das zweite Kind der Familie zur Welt kommt. Während seiner Abwesenheit wird er zum Teil von seiner Frau vertreten, von 1942 bis 1944 kommt zusätzlich Ilse Härter, Vorkämpferin der Frauenordination, als Vikarin hinzu; zeitweise kann Diem selbst in Ebersbach sein. Von dort aus protestiert er nicht nur gegen die Euthanasiemaßnahmen, sondern setzt sich darüber hinaus sowohl durch praktische Hilfe als auch durch schriftliche Eingaben für die verfolgten Juden ein. Neben der Hilfe bei Versteck- und Fluchtaktionen verfasst er zu Ostern 1943 das vielleicht deutlichste protestantische Wort zur Judenverfolgung, den sog. *Münchner Laienbrief.*

Kirchlich-politischer Aktivist, Professor für Systematische Theologie und Kirchenordnung in Tübingen, Rektor der Universität

Nach seiner Rückkehr aus amerikanischer Kriegsgefangenschaft muss Diem feststellen, dass die »kirchliche Restauration« bereits dabei war, sich nach dem Zusammenbruch wieder durchzusetzen (Restauration oder Neuanfang: 7). Er selbst plädiert dagegen für einen Neuaufbau der Kirche von unten – von den einzelnen Gemeinden her und frei von staatlichen Bindungen – und legt zu diesem Zweck einen eigenen Entwurf für eine neue Kirchenordnung vor. Überzeugt von der Notwendigkeit eines deutlichen Bekenntnisses der eigenen Schuld setzt sich Diem in der Nachkriegszeit des Weiteren mit Helmut Thielicke über die Schuldfrage auseinander, fordert mit der Sozietät eine »vorbildlich durchzuführende Entnazifizierung gemäß den allgemeingültigen Verordnungen« (Erklärung der Sozietät vom 9. 4. 1946, in: Ja oder Nein: 168) und arbeitet am Darmstädter Wort mit. Später engagiert er sich stark gegen die Wiederaufrüstung der Bundesrepublik und beteiligt sich an Heinemanns Gründung der Gesamtdeutschen Volkspartei. Zwischenzeitlich arbeitet er sich daran ab, zwischen den Positionen Karl Barths und Rudolf Bultmanns konstruktiv zu vermitteln.

Neben all diesen Aktivitäten theologischer wie politischer Art und mehreren Auslandsreisen führt Diem nach dem Krieg zunächst seinen pfarramtlichen Dienst in Ebersbach fort, wird darüber hinaus aber schon bald auch als akademischer Lehrer tätig. 1951 erhält er einen Lehrauftrag an der Evang.-theol. Fakultät in Tübingen; die Universität Göttingen verleiht ihm im selben Jahr die Ehrendoktorwürde. Nachdem er auf Berufungslisten mehrerer Fakultäten gestanden hatte, entscheidet er sich jedoch – heimat-

(kirchen)verbunden und um die »>chthonische‹ Bedingtheit« seiner Existenz (Ja oder Nein: 233) wissend – für Tübingen, wo er 1957 zum Ordinarius für Systematische Theologie ernannt wird. In seinem Rektoratsjahr 1964/1965 wächst ihm ferner die Aufgabe zu, an der Theologischen Fakultät einen neuen Lehrstuhl für Kirchenordnung einzurichten, der ihm dann auch übertragen wird. Bis zu seiner Emeritierung im Jahr 1968 gehört Diem als Vertreter der Fakultät schließlich neun Jahre lang der Landessynode an. Er stirbt am 27. Februar 1975 in Tübingen, der Stadt sowohl seines Studiums als auch seiner Lehrtätigkeit. Für das Stift und die Fakultät bleibt zu hoffen, dass sich seine Einschätzung der »Tübinger Atmosphäre« auf Dauer nicht bewahrheiten wird, für die »es jedenfalls früher charakteristisch [war], daß man viel mehr als auf anderen Universitäten das Gefühl hatte, in einem »Naturschutzpark« zu leben, in dem man über die Wirklichkeit um so besser reden kann, je weniger man ihr ausgesetzt ist. Das wirkte sich besonders bei den Theologen [...] verhängnisvoll aus« (Ja oder Nein: 156).

Werke und Werkausgaben

DIEM, Hermann:
- Philosophie und Christentum bei Sören Kierkegaard, München 1929.
- Restauration oder Neuanfang in der Evangelischen Kirche?, 2. Aufl., Stuttgart 1947.
- Theologie als kirchliche Wissenschaft. Handreichung zur Einübung ihrer Probleme, 3 Bde., München 1951–1963.
- Ja oder Nein. 50 Jahre Theologie in Kirche und Staat, Stuttgart/Berlin 1974.

Archivalien

AEvST: E 1, 364,1.
AEvST: E 2, 430,1.
LKA Stuttgart: A 127, 493a.

Weitere Literatur

BRANDT, Renate: Hermann Diem (1900–1975) und Harald Diem (1913–1941), in: Lächele, Rainer/Thierfelder, Jörg (Hgg.): Wir konnten uns nicht entziehen. 30 Porträts zu Kirche und Nationalsozialismus in Württemberg, Stuttgart 1998, 481–504.

HERMLE, Siegfried: Art. Diem, Hermann, RGG⁴ 2 (1999), 839.

HONECKER, Martin: Art. Diem, Hermann, BBKL 33 (2012), 281–298.

SCHÄFER, Gerhard: Die evangelische Landeskirche in Württemberg und der Nationalsozialismus. Eine Dokumentation zum Kirchenkampf, Bd. 3–6, Stuttgart 1974–1986.

Steffen Kläger

Albrecht Goes

* 22. März 1908
† 23. Februar 2000
Stiftseintritt: 1926

Eine Plakette auf der Altane des Evangelischen Stifts erinnert seit Ende 2008 an den ehemaligen Stiftler und späteren Pfarrer und Schriftsteller. Die beiden großen Dichter aus dem Stift Hölderlin und Mörike, die Albrecht Goes sehr viel bedeuteten, sind wenige Meter entfernt zu sehen.

Geboren ist Albrecht Goes im Pfarrhaus in Langenbeutingen. Der Vater Eberhard Goes hatte wie seine väterlichen Vorfahren den Pfarrerberuf gewählt. Die Mutter Elisabeth Panzerbiether war vor ihrer Ehe in Berlin im Schuldienst tätig. Was die Eltern verband, war vor allem auch die Zusammenarbeit mit Friedrich Naumann. In Langenbeutingen wurden die beiden Söhne Helmut und Albrecht geboren. Sehr bitter war für die Familie der frühe Tod der Mutter im Jahre 1911.

Mit sieben Jahren kam Albrecht Goes wegen besserer Förderung nach Berlin zur Großmutter, die den Enkel vor allem an die Literatur und Musik heranführte. Als dann der Vater eine Pfarrstelle in Göppingen übernommen hatte, wechselte Albrecht vom Steglitzer ins Göppinger Gymnasium über. Nach dem Bestehen des württembergischen Landesexamens konnte Albrecht Goes seine Ausbildung in den theologischen Seminaren fortsetzen: 1922 in dem Theologischen Seminar Schöntal und ab 1924 in Urach. Seine literarischen Interessen machten sich schon deutlich bemerkbar.

Dies verstärkte sich im Studium in Tübingen ab 1926. Zunächst interessierte er sich für Germanistik und Geschichte. Nach einem Semester wechselte er ins Tübinger Stift, wo er auch seinen älteren Bruder Helmut traf. Durch das Los war ihm die Stube »Hölderlin« zugefallen. Das verstärkte seine literarischen Neigungen. Erste Aufsätze konnte er schon als Stiftler veröffentlichen. Im Wintersemester 1928/1929 zog es ihn wieder nach Berlin. Dort war es besonders Romano Guardini, der ihn mit seiner Vorlesung über Pascal nachhaltig beeinflusste. In dieser Zeit entschied sich für ihn, so bekannte er später, dass das Schreiben sein künftiges Leben bestimmen müsse (vgl. *Lichtschatten du*, in: Gedichte: 175 und *Richtungweisend: Platanenallee*, in: Tagwerk: 7–10).

Nach dem Theologischen Examen wurde er vom Vater in der Tuttlinger Stadtkirche ordiniert. Nach einem Vikariat in Echterdingen erhielt er einen Auftrag als Stadtvikar an der Stuttgarter Martinskirche. Dort hatte er auch den Dienst am Krematorium des Pragfriedhofs zu übernehmen.

Am 1. November 1933 heiratete er in Echterdingen Elisabeth Schneider (geboren 1911). In der ersten Pfarrstelle in Unterbalzheim bei Illertissen wurden den Eheleuten die beiden Töchter Christin und Brigitte geschenkt. Albrecht Goes schrieb seine Betrachtungen *Lob des Lebens* (1936) und entdeckt Mörike, den »Brudergeist«. In seinem Büchlein über ihn nannte er ihn einen »Kronzeugen für die Verläßlichkeit des inneren Reiches, für den Bestand, der dem Zerbrechlichsten gegeben ist, für die Gewalt, die dem Leisesten eignet« (Goes, Mörike: 95).

Immer mehr Kontakte entstanden zum S. Fischer Verlag. Die erste persönliche Begegnung mit Theodor Heuss fand 1937 statt. Vor allem entstand die für sein Leben entscheidende Beziehung zu Martin Buber. Er hatte Martin Buber um Rat gebeten, wie er sich in dieser Zeit des um sich greifenden Ungeistes verhalten solle. Martin Buber hatte geantwortet: »Du sollst dich nicht vorenthalten!« Seitdem hielt er sich an den Leitsatz: »Was geschieht, geht mich an« (Goes, Noch und schon: 108). Er wollte sich nicht, wie so viele andere, in die innere Emigration zurückziehen. Im Jahre 1938 wechselte er nach Gebersheim bei Leonberg. In dieser Zeit entstanden vor allem über den S. Fischer Verlag vermehrt Kontakte zu Literaten, wie z. B. zu Thomas Mann.

Im Mai 1940 wurde er eingezogen. Zunächst war er Funker in Rumänien, dann Lazarett- und Gefängnispfarrer in Winniza am Bug in der Westukraine, später auch in Polen und Ungarn.

Was er in diesen Jahren erlebte, belastete ihn ungemein. Schon im Frühling 1943 hatte er in seinem Gedicht *Gelöbnis* dem »bewaffneten Wahn« entschieden abgesagt. Nach dem Krieg versuchte er in seinen Erzählungen *Begegnung in Ungarn* (1946), *Unruhige Nacht* (1950) und *Das Brandopfer* (1954) die Erinnerung an die Unmenschlichkeit und vor allem an die Judenverfolgungen wachzuhalten. »Aber zuweilen muß einer da sein, der gedenkt«, steht gleich zu Beginn des *Brandopfers*.

Seine Frau Elisabeth hatte während des Kriegs im Pfarrhaus Juden versteckt gehalten und sich in ihrer Weise an die Seite der Verfolgten gestellt. Die internationale Beachtung seiner Erzählungen führte zu Lesereisen durch Deutschland und darüber hinaus. Die Landeskirche gewährte ihm auf seine Bitte hin ab 1953 die Entlastung vom Gemeindedienst. Am monatlichen Predigtauftrag hielt er fest. Am 27. September 1953 durfte er in der Paulskirche in Frankfurt a. M. die Laudatio zur Verleihung des Friedenspreises des Deutschen Buchhandels an Martin Buber halten. Weitere Begegnungen mit ihm schlossen sich an.

Im Jahre 1954 wechselte er seinen Wohnsitz und zog nach Stuttgart-Rohr »in den langen Hau«, wo er bis zu seinem Tod mit seiner Frau lebte. In dieser Zeit konnte er seine literarischen Interessen noch stärker verwirklichen. Er ging auch auf Reisen. Fast jährlich erschienen von ihm Bände mit einer Auswahl seiner Betrachtungen und Deutungen von Dichtern und Dichtungen.

Besonders waren ihm die Gedichte wichtig. Mehrfach erschienen gesammelte Ausgaben, so z. B. zu seinem 90. Geburtstag *Leicht und schwer. Siebzig Jahre im Gedicht* (1998).

In seinem Auswahlband *Vierfalt. Wagnis und Erfahrung* (1993) hat er vier Themenbereiche benannt, die ihn in seinem Leben besonders herausgefordert haben: Musik, Dichtung, Politik und Theologie.

Die Musik hat in seinem Leben eine wichtige Rolle gespielt. Mozart war für ihn ein Leitbild seiner Existenz. In dem Band *Mit Mozart und Mörike* (1988) hat er tiefgehende Arbeiten über Mozart zusammengestellt. In seinem Gedicht *Sieben Leben möcht ich haben* wünscht er sich auch »eins für Mozart«.

Er war ein aufmerksamer Beobachter des Zeitgeschehens. Es war ihm wichtig, »als Zeitgenosse seine Zeit zu verstehen, mitstreitend, mitliebend, mitleidend« (»Vorsatz« zu Vierfalt: 7). Mit dem Bundespräsidenten Richard von Weizsäcker fühlte er sich besonders verbunden.

Bei allen literarischen Aufgaben blieb er immer auf den Mitmenschen ausgerichtet. »Menschenlos geht uns an«, heißt es im *Brandopfer* (Erzählungen – Gedichte – Betrachtungen: 15). Die Bibel blieb die Quelle seines geistigen Ringens. Die Verbundenheit mit Israel wurde im Laufe seines Lebens immer mehr vertieft. Im Jahre 1961 schrieb er sein Gedicht *Synagoge. Straßburger Münster, Seitenportal* (ursprünglich: *Die Langverstoßne*). Dort sagt er von ihr: »Die Blickverhüllte, siehe, die Betrübte: Sie wartet und sie weiß. Sie ist's, die sieht.«

Bezeichnend für Albrecht Goes ist es auch, dass er sich am Ende seines Gedichts *Sieben Leben möcht ich haben* wünscht: »Und für alles Erden-herzleid Eines ganz«.

Einmal betont er, dass in seinem Psalter »ein einziger Vers rot angestri-chen« sei (»Vorsatz« zu Vierfalt: 8): »DU stellst meine Füße auf weiten Raum« (Ps 31,9).

Sein Lebensweg hatte ihn herausgeführt aus der Enge der Tradition und der Zwänge. Als freier Christenmensch konnte er mit den Herausforde-rungen des Lebens sorgsam und fröhlich umgehen. Täglich entdeckte er das Wunder des Wortes. Überaus gewissenhaft ging er mit der Sprache um. Er hat uns wertvolle und in die Tiefe gehende Betrachtungen hinter-lassen. Unzähligen Menschen schrieb er persönlich Briefe. Ein Menschen-leben galt ihm als das größte Geschenk auf Erden.

Werke und Werkausgaben

GOES, Albrecht:
- Lob des Lebens. Betrachtungen, Stuttgart 1936.
- Mörike (Die Dichter der Deutschen), Stuttgart 1948.
- Tagwerk. Prosa und Verse, Frankfurt a.M. 1976.
- Noch und schon. Zwölf Überlegungen, Stuttgart 1983.
- Erzählungen – Gedichte – Betrachtungen, Frankfurt a.M. 1986.
- Vierfalt. Wagnis und Erfahrung (Fischer Taschenbuch 11633), Frankfurt a.M. 1993.
- Mit Mörike und Mozart. Studien aus fünfzig Jahren, Frankfurt a.M. 1988 (4. Aufl. 2004).
- Gedichte, Frankfurt a.M. 2008 (Neuauflage von: Leicht und Schwer. Siebzig Jahre im Gedicht, Frankfurt a.M. 1998).
- Was wird morgen sein? Erzählungen (Fischer Taschenbuch 17849), Frankfurt a.M. 2008.
- Alles ist nahe. Ein Schwabe sieht Schwaben, hg. von Rose Keßler und Rolf Leh-mann, Stuttgart 2009.

Ein Werkverzeichnis mit Sekundärliteratur (bis 1987) findet sich in: GOES, Albrecht: Jahre/Tage/Augenblicke. Ein Gespräch mit Hans-Rüdiger Schwab. Mit einem Essay zum Verständnis des Werkes u. einem dokumentar. Anhang (Zeugen des Jahrhunderts 6; Fischer Taschenbuch 4607), Frankfurt a.M. 1988.

Weitere Literatur

ZWANGER, Helmut: Albrecht Goes. Freund Martin Bubers und des Judentums.
Eine Hommage, Tübingen 2008.

Friedrich Hertel

Personenregister

Autorenverzeichnis

Baur, Juliane, Studieninspektorin am Evangelischen Stift Tübingen

Beck, Alexander, Pfarrer in der Kirchengemeinde Hummelsweiler

Braun, Hans-Peter, Musikdirektor am Evangelischen Stift Tübingen und Dozent an der Musikhochschule Trossingen

Conrad, Ruth, Studien- und Forschungsinspektorin am Forum Scientiarum und Studienleiterin am Karl-Heim-Haus

Dietzsch, Andrea, Repetentin am Evangelischen Stift Tübingen

Drecoll, Volker, Professor für Kirchengeschichte, Schwerpunkt Patristik, an der Evangelisch-theologischen Fakultät der Eberhard-Karls-Universität Tübingen und Ephorus am Evangelischen Stift Tübingen

Drecoll, Sabine, Pfarrerin an der Citykirche Reutlingen

Ehmer, Andreas, Studienrat am Bismarck-Gymnasium Karlsruhe

Ehmer, Hermann, Honorarprofessor an der Evangelisch-theologischen Fakultät der Eberhard-Karls-Universität Tübingen

Franz, Michael, Hochschullehrer am Philosophischen Seminar der Eberhard-Karls-Universität Tübingen

Frenz, Albrecht, Dr. phil., Pfarrer i. R., Theologe und Indologe

Godel, Dorothee, Fachreferentin für Ethik und Weltanschauung im Evangelischen Oberkirchenrat Stuttgart

Grützmacher, Johannes, Kirchenarchivrat im Landeskirchlichen Archiv Stuttgart

Hermle, Siegfried, Professor für Kirchengeschichte am Institut für Evangelische Theologie der Universität Köln

Hertel, Friedrich, Pfarrer i.R., 1975–1987 Ephorus des Evangelischen Stifts Tübingen

Ising, Dieter, Editionen und Veröffentlichungen zur württembergischen Kirchengeschichte

July, Friedrich Alexander, Wissenschaftlicher Angestellter am Lehrstuhl für Kirchenordnung und Neuere Kirchengeschichte an der Evangelisch-theologischen Fakultät der Eberhard-Karls-Universität Tübingen

Käfer, Anne, Oberkirchenrätin und Referentin für Theologie und Kultur beim Kirchenamt der EKD

Kim, Sung, Repetent am Evangelischen Stift Tübingen

Klaeren, Herbert, Professor am Wilhelm-Schickard-Institut der Eberhard-Karls-Universität Tübingen

Kläger, Steffen, Repetent am Evangelischen Stift Tübingen

Knödler, Tilman, Pfarrer in der Gesamtkirchengemeinde Ravensburg

Knödler, Stefan, Literaturwissenschaftler an der Eberhard-Karls-Universität Tübingen

Köhrer, Alexander, Pfarrer in der Kirchengemeinde Rottenburg-Ost

Kotsch, Ondrej, Student der Evangelischen Theologie, Tiffernit

Leppin, Volker, Professor für Kirchengeschichte, Schwerpunkt Mittelalter und Reformationsgeschichte, an der Evangelisch-theologischen Fakultät der Eberhard-Karls-Universität Tübingen

Martin, Beate, Bibliothekarin am Evangelischen Stift Tübingen

Meder-Matthis, Heike, Repetentin am Evangelischen Stift Tübingen

Mojem, Helmuth, Literaturwissenschaftler am Deutschen Literaturarchiv Marbach

Morgenstern, Matthias, Hochschullehrer am Seminar für Religionswissenschaft und Judaistik an der Evangelisch-theologischen Fakultät der Eberhard-Karls-Universität Tübingen

Penzoldt, Martin M., Pfarrer und Kirchenrat im Referat für ökumenische Beziehungen im Evangelischen Oberkirchenrat Stuttgart

Potthast, Barbara, Professorin für Neuere Deutsche Literatur an der Universität Stuttgart

Rieger, Reinhold, Akademischer Oberrat an der Evangelisch-theologischen Fakultät der Eberhard-Karls-Universität Tübingen

Schelske, Oliver, Wissenschaftlicher Assistent am Lehrstuhl für Griechische Geschichte am Philosophischen Seminar der Eberhard-Karls-Universität Tübingen

Schneider, Jörg, Wissenschaftlicher Angestellter, Schwerpunkt Homiletik, am Lehrstuhl für Praktische Theologie der Evangelisch-theologischen Fakultät der Eberhard-Karls-Universität Tübingen

Schöllkopf, Wolfgang, Pfarrer am Einkehrhaus Stift Urach und landeskirchlicher Beauftragter für württembergische Kirchengeschichte

Schoor, Stefanie, Repetentin am Evangelischen Stift Tübingen

Sedlak, Christiane, Repetentin am Evangelischen Stift Tübingen

Sons, Rolf, Rektor des Albrecht-Bengel-Hauses Tübingen

Stetter, Manuel, Wissenschaftlicher Angestellter, Schwerpunkt Seelsorgelehre und Pastoraltheologie, am Lehrstuhl für Praktische Theologie der Evangelisch-theologischen Fakultät der Eberhard-Karls-Universität Tübingen

Toellner, Agnes, Redakteurin beim ARD

Ulshöfer, Gotlind, Studienleiterin an der Evangelischen Akademie Arnoldshain

Wahl, Johannes, Repetent am Evangelischen Stift Tübingen

Waidmann, Simone, Historikerin

Wille, Hans-Dieter, Prälat i.R.

Wintzek, Oliver, Vikar und Lehrbeauftragter für katholische Theologie